MIX
Papier aus verantwortungsvollen Quellen
Paper from responsible sources
FSC® C105338
FSC
www.fsc.org

VIRUS AUSTRALIA
Down Under Extrem

Thomas Kreutziger

IMPRESSUM:

Bibliografische Information der Deutschen Nationalbibliothek:
Die Deutsche Nationalbibliothek verzeichnet diese Publikation
in der Deutschen Nationalbibliografie, detaillierte bibliografische
Daten sind im Internet über: htto//dnd.dnb.de abrufbar.

Copyright © 2024 Thomas Kreutziger
Verlag: BoD · Books on Demand GmbH,
In de Tarpen 42, 22848 Norderstedt
Druck: Libri Plureos GmbH,
Friedensallee 273, 22763 Hamburg

1. Ausgabe - 2024 - Deutsch

514 Seiten / 258 Farbfotos / 20 Karten

ISBN: 978-3-7597-7021-9

Internetrecherche: Google & Wikipedia.org

Idee, Text, Fotos, Layout: Thomas Kreutziger
Text Korrektur: Birgit Kreutziger, Josef Fuchs
Reiseapotheke:
Apothekerin S.Jahn & Dr.A.Müller & Dr.Th.Münch

Thomas Kreutziger

VIRUS AUSTRALIA

3 Jahre *Down Under eXtrem*
Mit dem Oldtimer Bush-Ambulance über die
spannendsten Pisten des Outback.

Der Kontinent der Extraklasse.
Ein Flug, eine Grenze, eine Währung und nur eine
Sprache = save & easy traveling.

Geht nicht, gibt's nicht!

"The Unlimited Spirit Tour"

Thomas Kreutziger, Jahrgang 1956 und echtes "Hamburger Nordlicht", hat mit 45 Jahren den Ausstieg in's Ungewisse gewagt und seine berufliche Karriere "an den Nagel gehängt", um "das Neue" zu entdecken.

Nach erfolgreicher Fahrzeugbauerkarriere für Expeditionsmobile, hat er seinem Leben einen Neuen Drall gegeben.

Anstatt sich an jahrzehntelange Finanzierungen für "Paläste" zu binden, versuchte er, seine jugendliche Erwachsenenphase auszuleben. Wenn nicht jetzt - wann dann?!

Keine Versicherung der Welt kann einem garantieren, dass du es auch noch zum staatlich festgelegten Renteneintrittsalter schaffst und es gesundheitlich auch kannst.

Vorwort:

Das erste Reisejahr im selbst umgebauten Land Rover 110er Allrad-Wohni unterwegs. Dann später 2 x ein Jahr mit einem 40 Jahre alten, angepassten Land Cruiser Krankenwagen weiter auf den Spuren der ersten Pioniere, Goldschürfer und Opalsucher unterwegs. Mit lustigen Kontakten zu den Ureinwohnern, den Aborigines und all den Facetten ihrer einzigartigen, stark spirituellen Kultur.

Und natürlich „Angeln bis der Papst kommt", denn 25.760 km Küstenlinie wollen entdeckt und erobert werden.

Mit einem Satz - die totale Camper Freiheit!

Auf den Wegen seiner "Weltreise Scheibchenweise" haben es ihm besonders zwei Kontinente angetan.

Im Wechsel zwischen Afrika und Australien treibt es Tom und seine Lebenspartnerin drei mal für je ein volles Jahr auf den roten Urkontinent „Pangäa" - Australien, um das zu erleben, was es so auf unserem Planeten kaum noch zu finden gibt:

WEITE & RUHE & FRIEDEN.

Obendrein all das ohne ständige Grenzwechsel oder Sprachen-Wirrwarr, bei bester Infrastruktur, perfekter Medizinischer Grundversorgung und minimalster Landeskriminalität.

Prolog

VIRUS AUSTRALIA

Man muss sich schon fragen.., WAS macht Australien so besonders, so interessant und gerade reisetechnisch so beliebt?

Jeder, aber auch jeder, der schon mal eine nur kurze Berührung mit diesem fantastischen Kontinent erleben durfte, ist in der Regel begeistert, ausser er hat zu wenig Zeit mitgebracht, oder er hat sich nur an der modernen, stark belebten Ostküste rum getrieben.

Für mich liegt es klar auf der Hand...

Vergleichst du Australien mit Afrika, Südamerika, Europa oder gar den USA und Kanada, zeichnet Australien eines ganz besonders aus.

Du benötigst nur einen Anflug, nur ein Visum, nur eine Einreise, nur eine Zollabwicklung, nur eine Sprache und auch nur eine Währung - und diese gigantisch riesige, rötliche „Sandscholle" liegt dir für die ersten 6 Monate Visumzeit zu Füßen. Das ist einfach unglaublich und genial. Ausserdem ist es erstaunlich dass Australiens Bewohner so was von freundlich und hilfsbereit sind, sowie häufig gerne ein Späßchen auf den Lippen haben, dass man sich daheim dann wieder fragen muss: wieso funktioniert dass bei denen so gut und bei uns wirkt vieles so verkrampft, hektisch und Neid erweckend, obwohl gerade wir Deutschen global gesehen ja im Schlaraffenland leben.

Auch das ist kurz erklärt...

Australien hat mit seiner gewaltigen Landmasse von 7,6 Millionen km2 und einer nicht weniger beachtlichen Küstenlinie von 25.760 km eine Größe, wo unser Europa mal locker rein passen würde. Es hat aber nur eine Bevölkerungsdichte von rund 26,01 Millionen Menschen. Verglichen zu Europa mit gerne mal 452,90 Millionen Bewohnern - also ein Witz. Ergo bleibt ausreichend Platz für Freiraum und Privatsphäre. Da wo es weitläufige Entfernungen zwischen den Siedlungen, heute ja mehr Orten oder Städten gibt, sind die Menschen einfach anders und wissen es zu schätzen, möglichst schnell Hilfe zu bekommen, wenn sie in welcher Situation auch immer, dringend benötigt wird. Das zeigen zum Beispiel solche simplen Reisesituationen, wie sie uns persönlich mehrmals widerfahren sind.

Du staubst da draussen irgendwo im unendlichen Outback über die Wellblechpisten, um zum Beispiel einen dieser vielen, interessanten Off Road Tracks zu erkunden oder Nationalparks zu besuchen, hältst hier und da mal für einen Pinkel-Stopp oder für ein weiteres Foto an, um eine dieser bunt blühenden, botanischen Schönheiten am Wegesrand zu fotografieren. Kaum biste fertig, kommt gerade in diesem Moment ein Fahrzeug vorbei, stoppt kurz und fragt so ganz selbstverständlich...

>*hey mate, everything all right?*<

DAS ist Australien und es vermittelt dir umgehend das Gefühl von Geborgenheit, oh, hier passt man aufeinander auf - welch ein schönes Gefühl.

Zum Vergleich in Afrika unterwegs, die selbe Situation.., es kommen Einheimische vorbei, fragen auch ob sie helfen können, wollen aber in der Regel sofort Geld für die nur kleinste Hilfeleistung.

Oder gar Daheim mal bei miesem Regenwetter im dunkeln liegen geblieben und den Versuch gestartet, eine halbe Stunde lang vorbeifahrende Autos wegen einem Kanister Benzin anzuhalten, weil du es glatt verpennt hast, auf die Warnsignale deiner Tankanzeige zu reagieren. Ne, da muss dann doch der ADAC kommen, um diese peinliche Situation zu regeln.

Okay, Afrika ist Afrika, Europa ist Europa und Australien ist nun mal Australien, aber es ist einfach anders,

„anders normal".

Damit das auch glaubwürdig rüber kommt, darf ich hier verraten, dass ich bisher das verdammt große Glück hatte, bereits 3 x ein ganzes Jahr lang diesen maximal friedlichen und bunten Kontinent mit dem eigenen Fahrzeug bereisen zu können und auch zu dürfen. So etwas gelingt nur ganz selten den Einheimischen und das auch nur einmal in ihrem ganzen Leben.

"VIRUS AUSTRALIA"

mich hat er gepackt ;-)

Das erste Jahr hab ich noch den Irrsinn betrieben, um meinen in Hamburg gerade frisch selber zusammen "getackerten" Landrover 110er PickUp (heute Defender genannt) mit Aufsatzwohnkabine von *Hamburg* nach *Freemantle/Perth* und zurück von *Sydney* nach *Piräus/Griechenland* zu verschiffen.

Dieser Spass hatte zu diesen Tagen noch für mich utopische 12.000,-DM verschlungen und obendrein bei jeder der sechswöchigen Schiffspassagen auch noch Transportschäden hinterlassen.

Bei der zweiten, einjährigen Auszeit, gute 12 Jahre später sind wir es deutlich schlauer angegangen und haben nur den Jahres Hin-/Rückflug gebucht, um dann vor Ort ein geeignetes Allradfahrzeug zu kaufen. Nun hatten wir ja Vorkenntnisse und erste Bekanntschaften schlummerten auch schon in unserem Adressbuch. Das zum Glück richtig entdeckte und ausgesuchte Fahrzeug vor Ort gekauft und binnen 2 Wochen schnell und simpelst vor dem "Bunnings Baumarkt" ausgebaut, denn brauchen tut man in Australien nicht wirklich viel, wählt man für seine Reiseroute, zu den verschiedenen Jahreszeiten, die richtige Kontinentecke aus.

Ergo: Dauer-Sommer, wenn man so will ;-)

Mein drittes Jahr Auszeit war dann mit dem selben ja schon reiseerprobten und bis auf Widerruf auf einer Farm eingemotteten Geländewagen eine Lachnummer - in Puncto Vorbereitung.

So konnten wir wieder nur mit einem Jahresticket bestückt einfliegen. Einfach unsere bescheidenen Reisetaschen in den Wagen verstauen, die "Büchse" geschwind durch säubern, auch noch etwas Standschäden reparieren, aber dann endlich voll tanken und mit frischen Proviant aufstocken. Nun konnten wir erneut in die Tiefen des Urkontinentes eintauchen. Bequemer und sicherer geht's dann wirklich nicht mehr. Natürlich lagen auch dazu noch die einen und anderen kleinen Vorbereitungen auf der Organisationsliste, bis wir endlich losfliegen konnten. Die Pässe mussten nach langem mal wieder erneuert werden und passende Auffrischungsimpfungen waren auch angesagt.

Aber dazu dann später Genaueres und mehr.

Lieber Leser & Reisefreund,

und wie schafft man, wie schaffst du das, solch einen Reise und ja auch Ausstiegstraum zu verwirklichen?

In diesem Buch möchte ich versuchen euch einige Ideen und Reiseerfahrungen mit auf den Weg zu geben, auf die man ohne Vorkenntnisse einfach kaum kommen wird. Auch nicht durch tiefste Internet Recherche, denn das was ich erleben durfte, findet man nicht einfach so auf Webseiten anderer Reisender, auch nicht bei den mittlerweile tausenden von Youtube Selbstdarstellern und "Super Reiseprofis".

Gerne möchte ich versuchen mit meinem Buch auch bei dir diesen unbeschreiblichen "Virus Australia" weiter zu reichen - ein Versuch ist es ja wert ;-))

Zumal es ein verdammt gesunder "Virus" ist, im Gegensatz zur überstandenen "Corona Pandemie".

Go Australia - Live Your Life,
Live Your Dreams - Go Now!

Kapitel Übersicht:

Über den Autor S.5
Vorwort S.6 / Prolog S.7-11
Kapitel Übersicht - „Virus Australia" S.12-15
Kapitel 01   - Der Impuls und Danksagung S.16-18
Kapitel 02   - Wie denn, mit Was denn? S.19-23
Kapitel 03   - Fahrzeugwahl S.23-24
Kapitel 03.1 - mit dem Rad unterwegs S.25-31
Kapitel 03.2 - mit dem Motorrad unterwegs S.32-35
Kapitel 03.3 - mit dem Auto unterwegs S.35-44
Kapitel 03.4 - mit dem Lkw unterwegs S.45-49
Kapitel 03.5 - zu den gängigsten 3,5t. Grössen S.60-66
Kapitel 04   - Fahrzeug Verschiffung o. VorOrt-Kauf? S.66-67
Kapitel 05   - Fahrzeug Verschiffung S.68-70
        05.1 - Schiffs-Routen S.70-71
        05.2 - Verschiffung's Anfragen S.71-72
        05.3 - Container Verschiffung S.73-74
        05.4 - Ro-Ro Verschiffung S.75
        05.5 - Transportversicherung & Tipps S.76-79
        05.6 - Zollfreie Einfuhr von Oldtimer Fahrzeugen S.80
        05.6.1 - Fahrzeug Deklarierung & Einfuhr Proc. S.80-93
            Tipp: Foto Dokumentation S.81-82
            Tipp: Quarantäne Zoll S.82-83
            Tipp: Einfuhr Zoll S.83-85
Merke: "Carnet de Passage" Laufzeit & Verlängerung S.76-77
            Tipp: Fahrzeug Abmeldung S.86
            Tipp. Fahrzeughalter S.87
            Tipp: Kfz.-Versicherung S.88-89
            Tipp: Automobil Club's S.89
            Tipp: Miet-Wagen o. Miet-Wohnmobil S.89
            Tipp: Linksverkehr S.90
            Tipp: Beste Reisestart Zeit S.90-92
            Tipp: Best New Year Scenic View S.92-93

Kapitel 06 - Australien's Camper Service S.93-96
Kapitel 07 - Fahrzeug Transport Versicherung S.96
        Tipp: Bonitätsnachweis & Reisegeld S.98
        Tipp: Sachverständigen Büro S.90-91
        Tipp: Frachtpapiere "Bill of Loading" S.91-92
        Tipp: Bonitätseinheit/Reisegeld S.97-98
Kapitel 08 - Flug Anreiserouten + Ticket Kauf S.98-106
        Tipp: Flugrouten Wahl S.98-100
        Tipp: Flugticket Kauf S.100-101
        Tipp: Warum ist das so? S.101-102
        Tipp: Flug-/Handgepäck Feinheiten S.103
        Tipp: Reisegepäck Verlust S.103-105
Kapitel 09 - Wareneinfuhr S.105-106
Kapitel 10 - Einreisetipps mit Turbo Zollabwicklung S.106-108
Kapitel 11 - Fahrzeug-Kauf vor Ort S.108-119
        Tipp: Reisestart Sydney m. Kfz.-Kauf S.109-110
        Tipp: find & book a Down Town Hotel S.110-111
        Tipp: rent a Scooter oder grösser S.110-111
        Tipp: GPS-Navigation S.111-113
        Tipp: Privatwagen oder Händlerkauf? S.113-115
        Tipp: privates Werkstatt Gutachten S.115-116
        Tipp: Händler Angebote S.117-119
        Tipp: Lane Cove Caravan Park Deal's S.119
Kapitel 12 - Fahrzeug-Überholung vor Ort S.119-141
        Tipp: die "Nichtschrauber Schiene" S.120
        Tipp: die "Handwerker Schiene" S.120
        Tipp: Reise Werkzeuge S.121
        Tipp: Reise Ersatzteile S.121
        Tipp: Fahrzeug Grundreinigung S.121
        Tipp: Fahrtenbuch S.122
        Tipp: Material Kauf & Bezugsquellen S.123
        Tipp: Material Logistik S.123-125
        Tipp: Getriebe Spülung & Öle & mehr S.126
        Tipp: Differenziale & Achsen & Öle S.126-127

          Tipp: Kraftstoff Filter S.128
          Tipp: Bremsanlage S.129
          Tipp: Radlager S.130-131
          Tipp: Akku Kauf S.131-132
          Tipp: Batterie Typen S.132-134
          Tipp: LiFePo4 Generation S.134
          Tipp: Kühlboxen S.135-136
          Tipp: Kühlgeräte Hersteller & Marktführer S.137
          Tipp: Solar Hinterlüftung S.140
          Tipp: Füllgrad S.138
          Tipp: Verdunstungskälte S.139
          Tipp: Solar Technik S.139-140
          Tipp: LED Beleuchtung S.140-141
Kapitel 13 - Fahrzeug-Ausbau vor Ort S.142-168
          Tipp: die günstigste Domzelt Variante S.143
          Tipp: die Dachzelt Schlafvariante S.144-149
          Tipp: Fahrzeug Innenschlafvariante S.149-151
          Tipp: Kombiwagen Ausbauvariante S.151-154
          Tipp: Gewichtsaufteilung S.154
          Tipp: Campingstühle & Tische & mehr S.154-155
          Tipp: Heck Flügeltüren Variante S.156-152
          Tipp: Heck Klappen Variante S.152-56
          Tipp: Dachgepäckträger/Roof-Rack S.157-159
          Tipp: Gaskocher & Gasflaschen S.159-164
Kapitel 14 - Fahrzeug Anmeldung vor Ort S.165-169
Kapitel 15 - Fahrzeug TÜV/Pink Slip vor Ort S.169-172
Kapitel 16 - Fahrz. Wiederverkauf & Übergabe Proc. S.172-176
          Tipp: rechtzeitig Werbung schalten S.173
          Tipp: Material Auflistung S.173-174
          Tipp: Verkaufsplatz Lane Cove NP Camping S.175
          Tipp: Airport Verkauf S. 175-176
          Tipp: Last Chance S.176
          Tipp: lokaler "Aftermarket Verkauf" S.176
Kapitel 17 - Reise-Kleidung S.177

Kapitel 18 - Off-Road Vorbereitungen & Tipps S.178-187
        Tipp: Wellblechpisten S.182-183
        Tipp: Luft ablassen S.183
        Tipp: Campingplatz Laundry S.183-184
        Tipp: Town Laundrette S.184-185
Kapitel 19 - Reise-Apotheke & Impfungen S.186-194
        Tipp: Unsere Notfall Medikamente S.188-191
Kapitel 20 - Reise-Kranken-Versicherung S.194-197
        Tipp: Deutsche Flugrettung DRF e.V. S.196-197
Kapitel 21 - Royal Flying Doctor Service RFDS S.197-198
Kapitel 22 - Aboriginal Kultur & Lebensräume S.199-209
Kapitel 23 - Land & Leute S.209-213
Kapitel 24 - Klima & Zeitzonen & Reisetabelle S.213-217
Kapitel 25 - Regenzeit S.217-219
Kapitel 26 - Tankstellennetz S.219-221
Kapitel 27 - Baumärkte & Food Discounter S.221-222
Kapitel 28 - Australia's 13 best 4 x 4 Tracks S.222-395
Kapitel 29 - Rock Art Kunst S.395-400
Kapitel 30 - Testgelände *Wanagarren Natur Reserve* S.401-402
Kapitel 31 - Die Pinnacles /"Hinkelsteine" - *Nambung N.P.* S.402
Kapitel 32 - Schnorchel Adventure - *Ningaloo Reef* S.405-408
Kapitel 33 - Die Delfine von *Monkey Mia* S.408-410
Kapitel 34 - Die Road Train Geschichte S.410-414
Kapitel 35 - Turtle Rescue S.415-428
Kapitel 36 - Der kollektive Massenwahnsinn S.429-445
Kapitel 37 - 24km zwischen Leben und Tot S.446-454
Kapitel 38 - Die Pancake's vom *Purululu N.P.* S.454-456
Kapitel 39 - Die Opalgräber von *Coober Pedy* S.457-460
Kapitel 40 - Outback Kunst S.460-463
Kapitel 41 - Die 12 Apostel S.463-468
Kapitel 42 - Ameisen & Termiten und ihre Probleme S.469-473
Kapitel 43 - Krokodile und deren Problematik S.473-482
Kapitel 44 - Angeln & Golf & Wasser-Sport S.482-487
Kapitel 45 - Briefkästen S.482-487

Kapitel 46 - Bier & Wein & Mineralwasser S.487-491
Kapitel 47 - Reifenreparatur unterwegs S.491-496
Kapitel 48 - Auswandern S.496-498
Kapitel 49 - Brot & Pizza & Djapatties backen S.495-501
Kapitel 50 - Resümee - Exploring Australia S.505-506

Kapitel 01 - Der Impuls und Danksagung

Wie schon kurz im Prolog angerissen, braucht es häufig eine gewisse Anschubhilfe, um etwas besonderes in Gang zu setzen. Zu meinen ersten Australien Gedanken kam es durch meine Scheidung, meiner ersten Langzeitbeziehung und ja auch wirklich fantastischen Liebe. Ihr kennt das ja, da hast'e endlich deine "Super Perle" gefunden, lebst die ersten, aufregenden Jahre der gemeinsamen "Entdeckerzeit", erkundest die sanften Oberflächen und Tiefen deiner Körperteile, richtest dein heimisches Nest sorgsam ein und fast schon synchron wächst der Druck der Familie, doch endlich eine Familie gründen zu müssen.

Aber irgendwie war das noch nicht so wirklich mein Ding, „jetzt schon auf festen Schienen", gebunden für die nächsten, unendlich lang erscheinenden 20 - 25 Jahre eine massive Verpflichtung mit allen Konsequenzen der Kindererziehung auf mich zu nehmen.   Eine innere Stimme sagte mir:

BLOß JETZT NOCH NICHT !

So zerbrach die grosse Jugendliebe wie erste Ehe. Ich wollte lieber die Luft der großen, weiten Welt entdecken.

Ist das verwerflich und egoistisch?!?

Das Gute der Geschichte: Nach einem Ende folgt auch immer wieder ein Anfang, ein Neustart. Der ergab sich durch Zufall aus alten Hamburger Hafen Kontakten. Danke für Alles - Andrea!

>Hey Thomas, da wird auf den Malediven gerade ein Job frei, da soll ein neu entstandenes Touristik Resort fertig gebaut und in Betrieb genommen werden. Das wäre doch bestimmt was für dich, so als flexibler Allround-Techniker mit fundierten Basis-Kenntnissen!<

Gesagt getan, zum grossen Erstaunen meines "HeWiMatic" Chefs, Herbert W. kurz vorm 10jährigen Jubiläumstag den sicheren Techniker Job an den Nagel gehängt, die Wohnung unter vermietet und geschwind zwei Alukisten gepackt. Auch wenn ich ehrlich gesagt nur einen Hauch von Schimmer hatte, was mich dort erwarten wird, es kann nur spannend werden. Also auf geht's zu frischen Taten mit spannenden Abenteuern.

Nur wer Neues riskiert, kann auch die
Früchte der frischen Erlebnisse ernten!

Aus Rückschlägen wird man schlauer,
auch wenn sie manches Mal schmerzen.

So spült es mich beruflich für ein halbes Jahr und für einen maximalen Vollzeitjob auf die Malediven. Genauer ***"Villi Gandu Hura"***, ein Spiegelei rundes Palmen Juwel mitten im Indischen Ozean des Nord-Male Atolls. Meer und Luft immer um die 30°C. Also global gesehen nicht die schlechteste Ecke, um über seine Vergangenheit und bisheriges Leben nachdenken zu können. Darüber hinaus auch nicht wirklich der unangenehmste Platz, um die Zeit mit Arbeit und Geldverdienen zu gestalten. Zum Glück gibt es da einen Job, der mich maximal auf Trapp hält und kaum zeitlichen Spielraum für Trübsal und Verzweiflung lässt. Nase in den Wind, Arbeit befreit und schafft neuen Raum für frische Impulse.

Während mich jeden Morgen, zum ersten Kaffeebecher der Blick auf meine ADAC-Weltkarte an der Wand meines

Bungalows daran erinnert, wo ich gerade bin und was ich überhaupt bisher global erleben durfte, keimt in mir mit zunehmender Betrachtungszeit, so fern meiner Perle Hamburg, mehr und mehr ein Wunsch auf:

>*wenn ich diese Prüfung hier überstanden habe, spare ich weiter Geld zusammen und bereise zuerst den Kontinent, der am weitesten von Hamburg entfernt liegt - Australien<*.

So in etwa ging es mir zu diesen tropisch zauberhaften Arbeitstagen durch den Kopf. Europa, Kanada, die USA, ja auch Südamerika kannst du dir später noch als Vollzeitrentner ansehen, wenn du die 65 geknackt hast. Besser mache in jungen Jahren dass, was anstrengend ist und am weitesten entfernt liegt, solange in dir noch genügend Tatendrang, Unbefangenheit und Energie steckt.

Ein kleines, finanzielles Polster vorausgesetzt.

Diese 6 Monate Dauerarbeitszeit auf den Malediven unbeschadet und extrem lehrreich überstanden, obendrein noch etwas Englisch dazu gelernt und als Bonus sogar eine Neue Liebe gefunden (danke auch dir liebe Marina, für die tolle Zeit mit dir) und schon kann es nach wenigen Monaten des heimischen Geldverdienens, los gehen.

Wie lautet ein norddeutsches Sprichwort:

>*Ein Mann, ein Wort, ein Bier<*...

Tja, so in etwa mit dieser Kurzfassung, wurde mein persönlicher Australien-Traum geboren und konnte kaum eineinhalb Jahre später doch tatsächlich in die Tat umgesetzt werden.

Welch ein Glück!

Kapitel 02 - Wie denn und mit was denn überhaupt reisen?

Nach diesem 6-monatigen "Malediven Gehirn-Flash" mit "Turbolader und Nachbrenner Effekt", wie einem Sack voller neuer Impulse, konkretisierte sich der erste, einjährige Australien Ausstieg in greifbare Reichweite. Das Ganze beflügelt durch eine neue Liebe.

Oh ja.., in Ruhe ein Jahr lang Down Under bereisen...

JUP, DAS wäre schon der Hit!

So sind wir uns einig und geben beide nach Rückkehr in unseren Geburtsorten Basel/Hamburg beruflich Vollgas, damit wieder "Knete" in die neu gegründet Reiseidee, sprich Kasse fliesst. Tja und ihr glaubt ja gar nicht, wie schnell das geht, wenn zwei Menschen an einem Strang ziehen, um "das Licht am Ende des Tunnels" zu erreichen.

Während ich in Hamburg wieder als Antriebstechniker ordentlich Stunden kloppe, arbeitet Marina in Basel an ihrer Immobilien Kundschaft, um zu ihrem Grundsalär ordentliche Provisionen einzustreichen.

Verzichtest du weiter gezielt auf den sonst so üblichen Großstadt Feierabend Schnick-Schnack wie: Essen gehen, Kino Abende, Diskotheken Besuche und Kumpel Tours, füllt sich diese Reisekasse durch dieses eingesparte „Kleingeld" nochmals einen Gang schneller. Mann/Frau muss auch nicht ständig neue Klamotten wie Jeans, T-Shirts und Schuhe kaufen, der jetzige Bestand hält locker noch 2-3 gute Jahre durch, bevor es wirklich Ersatz bräuchte, ausser man will ständig hip sein.

Nicht ganz ohne ist, auch die Tatsache, dass wir beide absolute Nichtraucher sind. Bei 2 Rauchern pro Tag x 2 Schachteln x 365 Tage, wären das nach heutigem Rechenbeispiel runde 12.000,-€. Also ein Haufen verbrannter

Extra Kohle, die so auch positiv zum tragen kommen. Genau so geht das, wenn man, wenn DU es willst und dir ein Ziel, ein Starttermin gesetzt hast. Ganz einfach möchte man meinen.

Leider schaffen gerade DAS nur die wenigsten.

Aber auch hier entwickeln sich durch's Internet und seinen vielen Selbstdarsteller Plattformen, neue „VANLIFE" Lebensformen, die es eigentlich und tiefer betrachtet in anderer Form schon lange vor dem Mauerfall gab, nur eben nicht in dieser Masse und nicht mit solch modernen, deutsch-englischen Sprachkombinationen.

Aus der Berliner „Rollheimer Szene" und der Hamburger „Hafenstrassen Hausbesetzer Szene" entsteht wohl die aller erste Aus-/Umsteiger-Generation auf mobilen Wohnmöglichkeiten, meist in Form von umgebastelten Bauwägen, Reisebussen oder Ex-Militärfahrzeugen. Heute unter dem globalen Begriff - Tinyhouse.

Einige wenige werden sich sicherlich mit etwas schmunzeln an diese zügellose, ja verrückt bunte Zeit erinnern.

Zu diesen schrägen, aufsässigen Hippie & Blümchen-Zeiten der Atomkraftgegner "ATOMKRAFT NEIN DANKE" wurden alte Militär, Feuerwehr, THW, Krankenwagen, Möbel-Transporter und Sonderfahrzeuge der Deutschen-Bahn ausgemustert. Es war für viele mit wenig Geld der Einstieg zum "anders Leben", indem man sich solch ein Fahrzeug für kleines Geld kaufte und nach eigener Fasson dann umbaute. Natürlich mit TÜV-Segen. Aber der war da noch sehr flexibel. Die HU (Hauptuntersuchung) war noch lange nicht so streng und ausgefeilt, wie sie heute praktiziert wird und Abgasnormen gab es zu diesen Tagen auch noch nicht. „Er qualmt.., oder läuft rund und sauber und nimmt sofort Gas an", waren die klaren Aussagen von Automechanikern.

Die ersten Mutigen schweissten stumpf auf das aufgeflexte Wagendach ihres frisch erworbenen Wunschfahrzeuges einen weiteren Fensteraufbau, häufig die Oberteile von ausgedienten VW-Bussen oder Käfern, um mehr Raum und Lichtgefühl in die fahrenden Blechbüchsen zu kriegen. Zur alternativen Isolation wurden gerne Kork und Kokosmatten oder Styropor verwendet, wer wenig "Kohle" hatte. Über die Probleme mit Schwitzwasser zwischen den Wandschichten, hat Mann/Frau noch nicht tiefer nachgedacht.

"Rollheimer" Wagenburg - Hamburg
Zu diesen Tagen wurde der Grundstein zum "Vanlife" gelegt.

Ganz Verrückte ersteigerten alte Bauwagen und tuckerten, diese frisch zum Wohnwagen umgestrickt, mit einem alten Trecker vorgespannt, durch die Lande. Das Ganze schön mit einer steuerbefreiten, „grünen Nummer" (Schausteller/Landwirtschaft) hinten dran und natürlich voll umweltbewusst, die Zugfahrzeuge mit Raps- oder Sonnenblumenöl befeuert. Das roch dann nach fahrender Pommesbude. Später entwickelte sich mit der ersten Erdölkrise die „Pöl-Generation". Fahren mit recyceltem Fritten Fett.

Ja, so etwas ging da alles noch.

21

Ferner gab's die Extrem-Künstler, die dachten einen Schritt weiter voraus, so für die alten Tage und kauften gleich 2 - 3 ausgemusterte Berliner oder Lübecker Doppeldecker Busse, um diese im U eng zusammen gestellt als kompletten Wohnpark zu nutzen. Eine Buseinheit diente da zum wohnen, eine zweite zum arbeiten und der dritte wurde als Zwischenlager und Gästezimmer ausgebaut. In der Mitte dann die Holzveranda mit Yucca und Palmenhain und Eigenbau Jacuzzi / Whirlpool. Nichts mit Plastik-Fertigprodukten aus den Baumärkten.

Hey da ging noch was und nichts von deren Ideen wurde aus dem Internet kopiert, denn das war ja noch gar nicht geboren.

Tja und heute wird da ein Hype draus gemacht, als wenn man das Rad gerade neu erfunden hätte und man es jedem auf die Nase binden müsste. Es ging einfach um's machen, sich neu entdecken, mal anders zu leben, wie die Eltern oder Großeltern und nicht um Klicks mit Daumen hoch zu generieren. Man ist gereist, um was Neues zu entdecken und hat sich danach, Monate später am Lagerfeuer oder bei organisierten Diavorträgen darüber ausgetauscht. Das war noch "Social Life" pur - von Angesicht zu Angesicht.

Aber gut, alte Zeiten, nun wieder zum hier und jetzt im 2024er Zeitfenster und zurück zu Australien.

Tja und solche Freiheitskünstler entdecken wir dann auch gleich auf unser ersten, einjährigen Australien Auszeit, in der Kimberley Region der Northern Territory.

Einige ehemalige Bauern und nun Senioren haben doch glatt ihre alten "Schätzchen" zum halbwegs komfortablen Reisetrecker aufgerüstet. Ihn ordentlich gegen den Motorlärm gedämmt, für Mutti einen bequemen Beifahrer Sitzplatz eingebaut und wichtig, eine kräftige Soundanlage integriert, damit die Schneckentempofahrt auch wirkliche Freuden bringt.

Trecker-Camping auf australische Art.
„In der Langsamkeit liegt die Kraft der Erholung"

Tja, darauf muss man auch erst mal kommen, um mit einem Trecker und Wohnwagen auf Reisen zu gehen. In Europa würde das Dauerstau bedeuten, aber hier im Outback, mit den weit verzweigten, einsamen Querpisten funktioniert es.

Kapitel 03 - Fahrzeugwahl

Natürlich sollte man sich schon im Vorfelde tiefere Gedanken machen, mit was man denn diesen riesigen Kontinent überhaupt bereisen möchte, um all seinen Bedürfnissen und denen seines Partners, auch im Minimum gerecht zu werden.

Frauen und Männer haben da doch gerne mal total unterschiedliche Ansichten, wie andere Bedürfnisse.

Grundsätzlich sollte sich jeder zuerst mal fragen, wie viel Luxus er eigentlich braucht, um seinem Sicherheitsempfinden und wohl wichtiger, seiner hauseigenen Hygiene gerecht zu werden.

Ich kenne da Reisende, bei denen besteht das halbe Fahrzeug aus Liegefläche, also "Spielwiese". Für die Küche, wie Sitzgelegenheit bleibt da kaum noch Platz übrig und ein alternativer Holzofen steht da noch häufig platztechnisch vor einem Dusch und WC-Raum.

Die "Spartanos" kommen dagegen mit paar wenigen "Feuchtis" und einer Plastikflasche Sprudelwasser aus. Den anderen reicht ein nasserer Waschlappen mit einer halben Schüssel Wasser voll, nach dem Motto: >*Oma & Opa wuschen sich auch nicht anders und waren immer sauber*<, oder unsere ganz modernen Neuaussteiger die täglich zwingend wie Daheim ihre satte Dusche brauchen.

Soll es mit dem Fahrrad los gehen? Oder besser mit einem Motorrad? Oder zu zweit sicher doch bequemer mit dem eigenen Wagen? Einige wenige gehen solche Reiseprojekte auch mit öffentlichen Verkehrsmitteln an. Aber Australien? Der Nr.1 der Ringroad ginge ja eventuell noch, auch der sehr gerade wie öde verlaufende Steward Highway zwischen ***Darwin - Alice Springs - Adeleide***, aber sicher nicht kreuz und quer durchs Outback, denn da gibt's schlichtweg keine Transportmittel.

Ha werden jetzt die ganz Cleveren widersprechen, doch doch. Klar könnte man hier und da einen Profi Tour Operator buchen, um mit deren gut ausgerüsteten Allradkisten durch den Busch zu reisen, aber bezahlbar ist so was nur für wenige Tage, aber nicht für Monate. Alleine wäre man dann auch nicht, um die Schönheiten dieses Kontinentes für sich oder in Zweisamkeit zu geniessen,

denn DAS ist für mich der pure Luxus, nach dem Motto:
Weniger ist mehr - aber Intensiv sollte es sein.

Kapitel 03.1 - Mit dem Rad unterwegs

Hier fange ich mal mit dem kleinsten Transportmittel an und greife auch die Erfahrungsgeschichte von unserem Uwe P. aus B. auf. Ihm kam es eines Tages in den Sinn, mit seiner Frau Nicole doch endlich mal das zu tun, worüber man auf all den sommerlichen Europa weiten Wohnmobilreisen zwischendurch geplaudert hatte.   Endlich mal etwas für die Gesundheit tun.

WARUM nicht einmal im Leben
            mit dem Rad Australien umrunden?!?

Um es vorweg zu nehmen. Uwe & Nicole sind nur Gelegenheits-Radfahrer, so was für Monate konnten sich beide bis zu diesen Tagen absolut nicht vorstellen. Uwe's simple Antwort auf meine vielen Fragen der Planung und späteren Durchführung war vollkommen ernüchternd.

>*Hey Tom, du strampelst einfach mal los, das schafft jeder Depp und dazu braucht es auch nicht ein mega teures Spezialrad. Die ersten Tage schaffste halt nur wenige Kilometer, der Arsch brennt zwar wie beim Pavian nach einer falschen Klettertour, aber über die ersten 2 - 3 Wochen bekommst du unweigerlich mehr und mehr Kondition, bis aus 30 Tageskilometern, plötzlich 100 und mehr werden. Hauptsache du trinkst genug und hast immer zu futtern dabei, eine gute Sonnenbrille und einen Kopfschutz gegen die heftige Sonnenbestrahlung auf. Schlafen wirst du nach solchen Fahrrad-Strampeltagen, fest wie eine Betonplatte<*.

So in etwa Uwe's Worte. Nichts mit E-Bike! Seine Begegnungen waren grandios, denn Radfahrer werden gerade in Down Under mit seinen enormen Entfernungen, als "arme Schweine" empfunden und somit häufig bemitleidet, weil man sich wohl kein Auto leisten kann. Meistens wird man eingeladen oder sonst wie unterstützt. Ganz selten trifft man auf Fahrrad-

Hasser, aber die gibt es ja auch hier in Europa - leider.

Nicole & Uwe mit ihren beiden Drahteseln aus Stahl

Wer mehr dazu erfahren möchte... guckst du hier:
https://www.karifa.de

Eine weitere Geschichte, die uns auf der 2. einjährigen Umrundung widerfahren ist, war die Begegnung mit Heinz Stücke (2 facher Welt-Umrunder der Extraklasse mit mehrmaligen Eintrag in's Guinnes Book of Reckords) am Tip von **Cape York Pininsular.**

Wir stehen gerade am äquatorial südlichsten Zipfel Australiens unter Kokospalmen, vor uns läuft die sanfte Brandung des türkisfarbenen Torres Street auf den schneeweissen Korallenstrand, fast in Sichtweite liegt uns *Papuar Neu Guinea* gegenüber, ich entfache gerade unser abendliches Koch-/Lagerfeuer und plötzlich steht da, wie aus dem Nichts lautlos herbei gezaubert, Karl-Heinz mit seinem schwer bepackten Klapprad, zwei Palmen weiter neben uns. Ich denke mir so.., na wie ein Chinese schaut der nicht gerade aus, könnte eher noch ein verrückter Käskopp oder Franzose sein, denn wie bekloppt muss man denn sein, um in dieser tropischen Einöde, bei dieser Hitze, mit einem lächerlichen Klapprad unterwegs zu sein.

Auch seine Erklärung ist später simpel.

Karl-Heinz klappert dieses mal mit seinem Faltrad bestückt die letzten Ecken der Erde ab, um nun auch noch die einzelnen Protektorate diverser Kolonialstaaten abzuarbeiten. All das nur, um einmal kurz diese betreten zu können, damit er so einen erneuten Eintrag in's "heilige" Guinnes Book schafft. Tja und das eben geht nur per Hubschrauber oder Mini-Flugzeug und die nehmen nur kompakte Klappräder mit - is doch logisch oder?!?

Wärt ihr darauf gekommen?

Heinz Stücke schon wieder Startklar...

Auch hierzu der Link zu seinem beeindruckenden Radleben: https://www.radfahren.de/story/heinz-stuecke-im-interview/

Eine weitere Begegnung fällt mir auch noch dazu ein. Auch wieder, aber zwei Jahre darauf in einer traumhaften, tropischen Region in Queensland, treffen wir eines Tages auf dem unter Offroadern sehr beliebten "*Old Telegraph Track*".

Zwei junge Studenten mit ihren 26" Zoll Mountain Bike's inklusiv einrädrigen Gepäckhängern hinten dran. Vorweg muss ich betonen, dass es nur sehr wenige Off-Road Pisten gibt, auf denen eine stetige Frischwasserversorgung durch kleine Wasserläufe oder Quellen gegeben ist. Der "*Old Telegraph Track*" gehört dazu und bietet diesen unglaublich und schönen Naturluxus. So haben die zwei sich in ihrer Studienpause entschieden, mal eben 1200km (je vor & je zurück) diesem sehr holprigen Allrad-Pistenverlauf zu folgen. Das Meiste der überwiegend getrockneten Lebensmitteln in Vakuumtüten gepresst, konnte ausser eben dem Frischwasser, durch kleine Depots erfolgen, die man vorausfahrenden Fahrzeugreisenden mit auf den Weg gab, um das Zeug nach GPS-Koordinaten punktgenau, Raubtier sicher, hochgehängt an Bäumen zu deponieren.

Also in Australien funktioniert so was.

Damit sie mit ihren Drahteseln im sehr hügelig, holprigen Gelände agiler und nicht so „kopflastig" fahren können (erhöhte Sturzgefahr), haben sie sich für diese Hängervariante entschieden. Einfach weil die leichten Aluhänger gut ausbalanciert und mitdrehend wie ein Pendel selbstlagernd dem Zugrad folgen. Egal ob mit 20.., 30.., 40 oder mehr Kilos bepackt. Leuchtet irgendwie ein. Also die zwei waren zumindest mit ihrer Lösung hoch zu frieden.

Ergo: Reisen mit dem Rad geht auch, aber das Klientel dafür wird eher nur eine sehr kleine Schicht von Reisehungrigen beflügeln.

Aktuell dagegen steht derzeit die massive Entwicklung des gesamten e-Bike Marktes. DAS nämlich mischt den rein manuellen Fahrradmarkt kräftig auf und lässt vollkommen neue Radkombinationen entstehen, die nun auch normal konditionierte, kräftige Menschen, längere Etappen erlauben, ohne gleich ein Extremsportler zu sein.

Sollte die Akkutechnik in Kürze nochmals zur LifPo4 Generation einen Quantensprung in punkto Energiedichte und Bauform schaffen, dann werden bestimmt bald Lasten-Reiseräder entstehen, die deutlich mehr Zuladung, Reichweite und Komfort ermöglichen, sowie ultraleichte Hängervariationen in den man nicht nur sein Gepäck transportieren kann, sondern sie auch kombiniert bei jedem Wetter zum überdachten Schlafen nutzen kann, wäre dann der perfekte Spagat zum Zelten am Boden.

Denn das tägliche Zelt auf und abbauen, ist schon nach wenigen Tagen, spätestens Wochen doch sehr nervig, erst recht, wenn das Wetter nicht mit spielt und alles feucht bleibt.

So, let's hope & pray... ;-))

Mittlerweile gibt es auch begleitete Fahrradtouren von *Cairns* zum *Tip* hoch. Was anfänglich mit den Motorradtouren gestartet wurde, geht jetzt auch organisiert mit Fahrrädern.

Guckst du hier:
    www.topbike.com.au
        www.capeyorkemtb.com.au
            www.mulgabicycletours.com.au
                www.cycletrailsaustralia.com.au

Simon mit seinem Off Road Radgespann.

Geht da mal drauf und klickt Euch durch deren Webseiten, alles sehr inspirierend. Abends als kleine Gruppe gemeinsam zu kochen und mit einem kalten Bier am Campfeuer zu sitzen hat ja auch seinen Reiz. Wer möchte kann sich zwischendurch auch mal absondern, um seine ganz persönlichen Stunden zu geniessen.

Es ist alles erlaubt und kostet nichts extra.

Für diejenigen, die mehr Sicherheit in einer geführten Reisegruppe suchen, damit sie besser schlafen können, ist solch eine Reiseoption sicher die bessere Wahl. Wer es bisher eh schon gewohnt war total alleine seine Radstrecken zu planen, wie zu bereisen, für den wird es bestimmt der perfekte Abenteuertrip, da man ja täglich an frisches Trinkwasser kommt.

Geht immer zwischendurch - eine Runde Hängematten Bubbu im Halbschatten eines Baumes - herrlich!

Unsere Natur hält immer wieder Kunstwerke parat, wie hier dieser eingeschlungene Baumstamm.

Kapitel 03.2 - Mit dem Motorrad on Tour

Kommen wir zu unseren motorisierten Zweirädern und Gasgriff-Akrobaten. Auch hier spielt Grösse und Gesamtgewicht eine ganz immense Rolle, denn Leistung alleine mit tollen Stollen-Profil und coolem Outfit ist nicht das wirklich ausschlaggebende Kriterium, um problemlos und sicher reisen zu können.

Gerade für alle 2-rädrigen Fahrzeuge gilt:
Bodenbelastung pro cm2, sonst geht's
gen Erdmittelpunkt und nicht mehr vorwärts!

Ergo:

entweder ein niedriges Gesamtgewicht, überbreite Reifen oder mehr Geschwindigkeit. Aber das wiederum verschlechtert den Kontrollfaktor über sein Fahrzeug.

Eine gut beladene Enduro, wenn man sie alleine fährt, bringt gerne 280 - 380 Kg auf den Boden. Habt ihr schon mal versucht, solch ein Gewicht ALLEINE, nach einem Sturz wieder auf die Senkrechte zu hebeln?

Also DAS funktioniert nur dann, wenn du Hilfe bekommst oder der Bock zuvor vollständig abgeladen wird, um ihn "blanko" wieder hoch gestemmt zu kriegen - ALPTRAUM !

Also meine geliebte Suzuki DR350S war da schon ein Fliegengewicht, aber dennoch hab ich es nicht ohne Abladen geschafft, sie nach einem leichten Sturz wieder hoch zu bekommen.

Wie auch immer, selbst bei magerster Bestückung von Zelt, Isomatte, Schlafsack, Kochgeschirr, Ersatzteilen,

Kleinwerkzeug und wichtiger Treibstoff, Wasservorrat und Proviant, kommen da gewaltige Kilos zusammen. Da beisst die Maus keinen Faden ab. Aber der grösste Feind aller 2-Rädler sind von ganz anderer Dimension!

Bei allem Geschick von Planung, Materialwahl und Minimalismus, gibt es 3 ganz wichtige Parameter, die häufig vergessen und total unterschätzt werden!!!

1. Die extrem heftige UV-Berieselung mit ihren daraus resultierenden, hohen Tagestemperaturen für Mensch und Material...

2. die gnadenlosen Wellblechpisten, die sich nicht selten über hunderte von Kilometern durchs Land fressen und leider viel zu selten glatt geschoben (gegradert) werden, um das Fahren angenehm, Materialschonend wie auch sicherer zu gestalten...

3. die ebenso reichlichen Weichsandpisten, die leider immer dann kommen, wenn man die schönsten "Sahnestücke" von Australiens Traumstrände unbedingt erreichen möchte.

Gerade als Biker auf solch einsamen Strecken nur einmal heftig lang gemacht und dein Urlaub ist schlagartig zu Ende! Egal ob du ne fette BMW1200GS, eine fast ebenso schwere Honda Afrika-Twin oder ne hoch aggressive KTM-Hummel unterm Arsch bewegst. Schnelle Hilfe ist da weit, weiiiiiiiiit weg!

Ausser du fährst solche Strecken im Konvoi oder hast zumindest einen Notruf-Peilsender (LUANDA 4G Pro) dabei, der wiederum die Küstenwache und den Royal Flying Doctor Service aktiviert, nach Bedarf und natürlich nur im ECHTEN NOTFALL!!!

Vorausgesetzt man schliesst diesbezüglich eine extra Unfallversicherung ab, ansonsten wird „der Spaß" extrem kostspielig.

"Honda Afrika-Twin" mit Jumbotank & Alu-Stauboxen.

Kleiner Tipp: Wer unbedingt mit dem eigenen Bike so etwas unternehmen möchte und keine eigene Gruppe zusammen bekommt, oder zumindest einen 2. Reisepartner, der kann sich auch professionellen Tour-Company's anschliessen. Diese begleiten und versorgen eine begrenzte Anzahl von Selbstfahrern, nehmen ihr Gepäck mit und sorgen auch bei einem möglichen Sturz für die erste Soforthilfe mit Rücktransport, auch der beschädigten Maschine. Im Notfall organisieren sie den medizinischen Kranken-Rückflugtransport von schwer Verunglückten.

Der Vorteil, ihr habt nur einen kleinen, Tages-Not-Rucksack dabei, das schwere Hauptgepäck wird euch mit einem Geländewagen von Campspot zu Campspot gefahren, auch die ganzen Getränke mit dem Essen. Ebenso werden alle nötigen Betriebsmittel für einen transportiert, so das man sich um fast nichts mehr kümmern muss. Das allerdings hat seinen Preis.

Dafür fährt es sich solo und fast nackt deutlich entspannter. Es ist das pure Off Road Erlebnis mit vielen, wunderschönen Campspot's, häufig den Flüssen entlang.

Guckst du hier:
www.moatours.com.au
www.trapptours.com.au
www.cairnsaustralia.com.au
www.trailbikeadventure.com.au
www.fairdinkumbiketours.com.au
www.capeyorkemotorcycles.com.au

Zwischendurch kann eine kleine, erfrischende "Billabong Badeeinlage" auch nicht schaden, während man auf solch einsamen Pisten seine Teepausen zelebriert.

Das gilt natürlich auch für alle Rad und Motorradfahrer, denn keiner kann einem sagen, wann es wieder solch eine Gelegenheit gibt, da einfach zu wenige Fahrzeuge unterwegs sind.

Kapitel: 03.3 - Mit dem Auto unterwegs

Das wohl sicherste Transportmittel ist und bleibt ein Fahrzeug auf 4 Rädern, weil es genug Reserven bietet, um für 2 - 4 Personen ausreichend Wasser, Treibstoff, Verpflegung inklusiv dem Gepäck, transportieren zu können.

Eine weitere Frage stellt sich zur Art und Antriebsweise des Fahrzeuges. Reicht ein normaler PKW, ob Kombi oder Kleinbus mal dahin gestellt und mit 4x2 Antrieb, oder soll es doch besser ein vollwertiger 4x4 Geländewagen mit stabilem Fahrwerk, guter Bodenfreiheit und großen Reifen sein?

Für die ganz unbefleckten versuch ich das mal so zu formulieren...

Willst du Europa nur auf Autobahnen und Schnellstrassen erkunden? Oder besteht der Wunsch auch mal auf unbefestigten Waldwegen und Strandabschnitten unterwegs sein zu wollen, um seinen ganz privaten Naturdrang auszuleben?

So in etwa funktioniert das auch auf Tour in Australien. Die wirklich interessanten Highlights lassen den Zutritt nur mit 4x4 Fahrzeug zu. Für touristisch stark frequentierte Anlaufpunkte wird das an den fahrtechnischen Einstiegsstellen extra mit klaren Warnschildern gekennzeichnet. Dazu gehören, um mal einige wenige zu nennen: Das tiefere Befahren der "Bungle Bungle - Pfannkuchen-Bergregion", einige Zugangspisten der landesweit verteilten Wasserfälle "Twinn Falls", "Jim Jim Falls" der *Kimberlay Region* und des *Kakadu-Nationalparks* mit deren Nebenstrecken und diverse Kreuz & Quer-Verbindungen von extrem weichsandigen Küsten & Strand-Befahrungen, denn die gibt es reichlich auf den unendlich langen 25.760 km Küstenregionen (ohne Tasmanien, Fraser Island und weiteren vorgelagerten Inselgruppen dazu gerechnet).

Auf die von Touristen extrem angesagte Sandinsel „Fraser Island" bekommt man ausschließlich nur mit Off-Road Fahrzeug den Zugang, da schon der Einstieg über die Auffahrrampen der Fähre mit extremen Weichsand direkt am breiten Strand beginnt. Da machst du absolut nichts mehr mit einem normalen Camper, da schon die zu niedrige Bodenfreiheit und die zu kleinen Reifen dem Untergrund nicht gerecht werden.

Wer also noch kein Fahrzeug hat, sollte sich nun Gedanken machen, mit welcher Art von Fahrzeug er sich auf seiner   Australienrundreise überhaupt bewegen möchte. Dies bedingt im Minimum für mich logische 9 Kriterien:

1. verfügt man über technische Schrauberkenntnisse?
2. maximale Gesamtreisezeit?
3. mit wie vielen Personen unterwegs?
4. maximales Fahrzeug Budget?
5. schon reisefertig ausgerüstet oder nicht?
6. ein schlichter Kombi?
7. ein geräumiger Kleintransporter?
8. ein leerer Geländewagen?
9. ein fertig umgebautes Allradfahrzeug?

Versucht man seine Rundreise in die jahreszeitlich bestmöglichen Klimazonen zu legen, um möglichst der Regenzeit zu entgehen, braucht es ausser T-Shirt, Shorts und Flip-Flop's kaum mal andere Kleidung.

Doch, Sonnenschutzcreme und die in Unmengen! Möchtest du dich zuerst mal „nur" auf die australischen Highlights konzentrieren, braucht es auch nicht zwingend ein Off-Road-Fahrzeug.

Ein normaler PKW-Kombi, den sich auch die meisten Low Budget Backpacker zulegen, würde reichen und ist um die 1500

- 3000,- AU$ günstig zu bekommen. Dort eine Matratze rein + je 2 Wasserkanister, 2 Treibstoffkanister und 2 Ersatzreifen auf's Dach verzurrt, wie eine Box für Lebensmittel mit seinem Reisegepäck hinten rein und los kann es gehen.

Karin und Ute mit ihrem "Ford Falcon" Kombiwagen, zu zweit und wenn die Chemie stimmt, vollkommen ausreichend.

Die Steigerung dazu wäre ein Kastenwagen oder Kleinbus, sprich ausgedienter Handwerker Kastenwagen, der natürlich deutlich mehr Raumvolumen für umfangreiches Gepäck bietet, schlussendlich aber fahrtechnisch nicht mehr kann. Ebenso werden ständig zeitlich ausgemusterte Zustellerwagen von UPS, FedEx und der Post auf den freien Markt gestellt, natürlich mit mehr oder weniger hohen Kilometerleistungen. Diese Fahrzeuge bekommt man zwischen 3000 - 6000,-AU$ und eventuell sogar direkt bei Firmen, die ihre alten "Lastenesel" gerade ausmustern und am Strassenrand zum Kauf anbieten.

*Sabine mit ihrem "Ford Ecovan" Minibus alleine unterwegs,
bietet dieser schon enorm viel Raumangebot.*

Wer aber Down Under ernsthaft und gleich für ein ganzes Jahr erleben, sprich befahren will und nicht nur auf den geteerten und geschotterten Hauptrouten die Kilometer abspulen möchte, um intensiver das Land zu erkunden, der kommt um einen SUV oder echten Offroader schlichtweg nicht herum. „Butter bei die Fische", wie die Norddeutschen so sagen, sonst bleibt die „Ausbeute des Fangs recht mager".

Denn die eigentlichen Schönheiten, ja "Perlen" dieses fantastischen Kontinentes erreicht man leider oder besser Gott sei dank, NUR über häufig feinsandige, schmale Sandpisten, die zur Gründerzeit von Anglern und Protektoren mühselig mit Axt, Schaufel von Hand und mit kleinen Allradfahrzeugen, wie schon angerissen, angelegt und in den Busch geschlagen wurden.

Der stolze Gary mit seinem VW T2 Urgestein & Klassiker.

Lotti & Heike mit ihrem T2 extra aus Deutschland verschifft.

Der VW-T2 geht mit seinem Benzin-Heckantrieb auch da noch durch (bei abgesenktem Reifendruck), wo alle Fronttriebler mit schnell durchdrehenden Vorderreifen die Karten streichen.

Im sanften Gelände einen Spagat, bieten dann noch 2 Kleinbustypen mit Allradantrieb. VW hat leider den Australischen Markt dahingehend nie wirklich bedient, womit man nur mal selten auf VW-Kleinbusse trifft - bisher zumindest.

Aber der spannendste Kleinbus mit 4x4 Allrad und guter Bodenfreiheit dürfte wohl der Hyundai Starrex H1 sein. Ein vollkommen unterschätztes Allradfahrzeug in der selbsttragenden Leichtbauweise. Perfekt für 2 Personen.

HYUINDAI Starrex H1   4 Zyl. / 2,5L   Turbodiesel
103kW/140Ps /392Nm

Den Minizwerg unter den Allrad-Bussen bietet dann als einziger Hersteller SUBARU mit seinem Libero 1200 Modell an. Ein echtes

Raumwunder in kompaktester Bauweise, sogar Werksseitig mit zum Schlafen verstellbaren Rücksitzbänken und riesigem Glasschiebedach und zwei gegenüber liegenden Schiebetüren ausgeliefert. Kommt mit permanentem Allrad und Traktionshilfe und hat ein sehr solides Fahrwerk, auch wenn der Wagen so unscheinbar ausschaut.

Da noch einen Dachträger mit Solarzellen drauf und du hast guten Sonnenschutz. Oder doch gleich ein Dachzelt und der ganze Platz unten kann zum sitzen, kochen und für Gepäck genutzt werden. Einfache Optionen zum bezahlbaren Preis, wo man selbst mitten in Kleinstädten easy einen Nachtplatz findet.

SUBARU Libero 4x4 Minibus 3Zyl. 1,2L Benziner
38kW/52Ps / 97Nm

Aber Vorsicht, dieser Winzling von Bus, der mit einem 3zylinder

Benzinmotor ausgestattet wurde, ist bautechnisch bedingt kein Laufwunder. Ähnlich wie die heutigen "Smart's" auch, die eher für Kurzstrecken und Städtetouren ausgelegt wurden. Also immer lieber zu früh den Ölwechsel mit bestem Synthetik-Öl und neuem Filterelement durchführen, als später im Outback liegen zu bleiben!

Karosserietechnisch hat SUBARU in dieses Model fast null Aufwand in die Rostbekämpfung gesteckt, womit man fast nur noch total vergammelte Libero's auf dem freien Markt findet. Ausser einer der Vorbesitzer hat rechtzeitig Geld in eine Hohlraumwachs Versiegelung investiert.

Kapitel 03.4 - mit dem LKW & Reisetruck unterwegs

Für alle Dickschiff Freunde nun zu der Königsklasse. Ob es Sinn macht einen grossen LKW, ob 2.., 3... oder 4-Achser umzubauen, um schlussendlich ein Bett, eine Küche und sein Badezimmer durch die Gegend zu schaukeln, diese Überlegung muss sich jeder selber beantworten oder sie schlichtweg einmal aufwändigst durchleben. Denn genauer betrachtet, spielt sich ja die meiste Reisezeit draussen, neben dem Fahrzeug und in der Natur ab. Aber jeder wie er mag und finanziell auch kann.

Was nun der grosse Unterschied zum Befahren der meisten Strand Zugangspisten ist, sind die unterschiedlich breiten Spurverläufe der Naturpisten. Hier machen 50 - 80 cm mehr an Spurbreite gewaltig viel aus, denn nicht nur der Pistenverlauf gibt da die echte Fahrspur vor, nein auch der Bewuchs links und rechts davon, einschliesslich möglicher Felsen oder Baumbestände trennen dann die "Spreu vom Weizen". Ob es noch weiter vorwärts geht oder du umdrehen musst und gar nicht erst das anvisierte Ziel oder den gesuchten Traumstrand erreichen wirst, merkt man leider erst wenn man fest steckt.

Egal, nun zu den mittelschweren LKW Varianten.

Australien ist da leider anders gestrickt wie Europa. Weiter kommt noch eine Tatsache hinzu, es wird "links" gefahren. Das bedeutet, dass jeder der seinen eigenen LKW mit bringt, also rüber verschifft, hier in Down Under kaum bis gar keine Ersatzteile bekommen wird, da Linkslenker mit markengleichen Rechtslenkern baulich in vielen Konstruktionsteilen nicht identisch sind, da Spiegelverkehrt.

Ergo: Wer seinen Expeditionstruck verschiffen und unbedingt mitbringen will, sollte sich zwingend mit allen, für sein Fahrzeugtyp, spezifischen Verschleißteilen Daheim noch eindecken!

Australien's gängigsten Klein LKW Marken...

Die kleinste LKW-Marke mit um die 5,0 - 7,0T Gesamtgewicht kommt vom australischen Hersteller OKA. Leider ging die Firma inzwischen Konkurs, wurde aber von neuen Investoren wieder aufgefangen und weiter betrieben. Ob das aktuell immer noch so ist, kann ich nicht sagen.

Aber wer solch ein Fahrzeug privat erwerben will, oder zufällig für bezahlbares Geld entdeckt, muss sich klarmachen, dass er sich fast ein Unikat zu legt hat und nur über die OKA-Zentrale in *PERTH* - Bibra Lake die Fahrzeugspezifischen Ersatzteile bekommen wird. Denn nur 500 bescheidene Einheiten sind von diesem Fahrzeugtyp je gebaut worden. Ergo muss alles per Post oder Luft-Cargotransport geordert werden. Ansonsten ist der OKA eine prima Fahrzeuggrösse um ihn für 2 - 4 Personen als Reisefahrzeug umbauen und reisetechnisch nutzen zu können. Der verbaute 4,0L Cummings Turbodiesel ist perfekt, mega kräftig und wird ewig halten, von dem Getriebe kann ich leider nichts berichten.

OKA 4x4 mit 4,0L/170Ps/700Nm Cummings Turbo-Diesel

Aber der gängigste Klein-Lkw in der 7,5T Klasse dürfte der MITSUBISHI-Canter sein. *4Zyl. 3,0L/175Ps/430Nm Turbodiesel*

MITSUBISHI 4x4 Canter, hier mit Pop-Up-Camper Aufbau der ersten Generation, simpelst auf eine Pritsche montiert.

Wer es grösser braucht, sollte dann eher nach einem MITSUBISHI Fuso Truck ab 7,5T und grösser suchen (läuft seit 2011 unter Mercedes), den es in verschiedenen Chassilängen und Gewichtsklassen, wie Aufbauvarianten gibt. Auch werden die Fahrerhäuser als Doppelkabiner angeboten, was für Familien mit Kindern sicher mehr Sinn macht und praktikabler ist.

Schaut man unter den Tour-Veranstaltern, was die so täglich einsetzen und dieses ja einem grösseren Massentest gleich kommt, werden da fast ausschließlich 4x4 HINO-Busse gefahren. Ob solche Fahrzeuge für einen Privatkauf gerade zu eurem Reisezeitfenster vor Ort angeboten werden, sollte jeder schon kurz vor seinem Anflug im Internet recherchieren.

ISUZU 4X4 Truck 6Zyl.Turbodiesel 7,8L/223Ps/668Nm

Auch sehr interessant wären dann gebrauchte Kühl- / Möbel-Koffer im Leerzustand, da gegen Hitze perfekt isoliert und zum schnellen Umbau gut vorbereitet. Aber auch die wird es eher selten Privat geben und wenn doch, dann selten mit Allrad.

LKW Oltimer...

Dieses Thema möchte ich auch kurz anschneiden, obwohl Australiens Fahrzeugmarkt nicht annähernd das Potential von ausgemusterten ex. Militär- und Kommunalfahrzeugen bietet, wie wir es von Deutschland her gewohnt sind. Vereinzelte Ausnahmen bestätigen wie immer die Regel.

Eines der ersten, alten Urgesteine, ein uralter Frontlenker 2-Achser Volvo 4x4, der auch sehr häufig als 3-Achser 6x6 für schwere Haubitzen und Raketenwerfer genutzt wurde. Die Facetten des Umbaus sind vielseitig. Hier wurde auf die bestehende Pritsche eine sehr spezielle Wohnkabine fixiert.

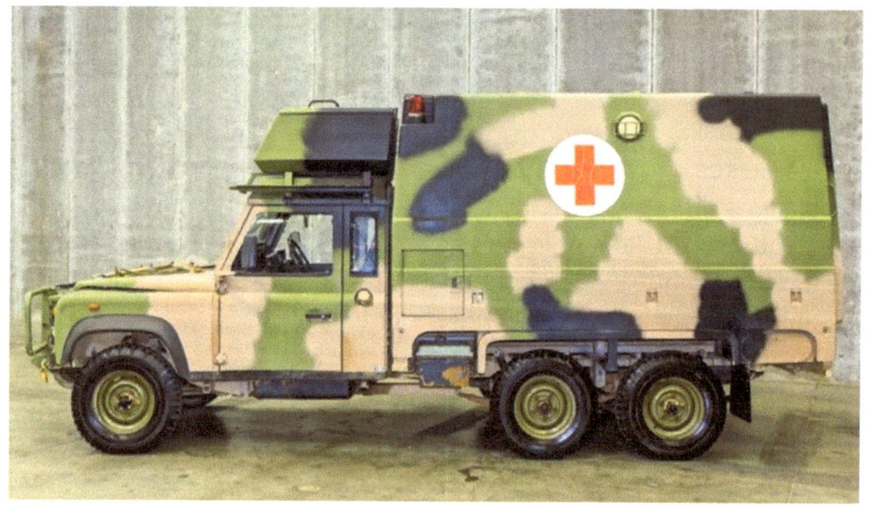

Ex.Volvo 4x4 Pritschen-Militärtruck mit Eigenbau-Wohnkabine.

Ex.Land Rover 6x6 Perentie Militärtruck, 4L ISUZU Turbodiesel

Hier ein historisch steinalter, zum Wohnmobil umgebauter Linienbus aus den 60zigern. Hauptsache Bullbar vorne dran.

Den Namen hatte ich mir leider nicht notiert, aber interessant ist, dass der Motor mit Kupplungs- und Getriebeeinheit sehr zentral, unten im Mittelrahmenbereich angeordnet wurde.

Daheim würden sie uns mit solch einem riesigen Bullbar glatt verhaften und jegliche TÜV-Freigabe verweigern, aber in Australien gehen sie damit immer noch voll entspannt um, da im Outback Känguru wie Kamel und Rinder Kollisionen (meist Nachts) nicht selten vorkommen und somit ein kräftiger Rammschutz seinen Namen zu recht trägt. Zum Einparken in Großstädten ist es natürlich der Horror, sofern man nicht seinen Beifahrer und Einweiser dabei hat, beziehungsweise eine Frontkamera montiert wurde.

Ergo Sicherheit wie Schutz des Fahrers geht vor!

Aber weiter zu der gängigsten 3,5T Allrad-Klasse...

Ich rede jetzt ausschließlich über „vollwertige 4X4 Geländewagen" mit Kastenrahmen und Verteilergetriebe, so aus meiner Kfz.-Techniker und Fahrzeugbauer Zeit, sowie aus rein persönlicher Überzeugung. Also Geländewagen mit selbsttragenden, stabilem Unterrahmen und schwingend, gelagerten Aufbauten.

Also was sind so die besten Allradfahrzeuge des Landes, für die es auch flächendeckend Ersatzteile gibt?

Die Nummer 1. der Off-Road Fahrzeug-Wahl...

ist in Australien uneingeschränkt der **TOYOTA Land Cruiser** des Typ's HZJ, gerne auch "Buschtaxi" genannt, aber im Fachjargon als "Troop-Carrier" (ursprünglich als 10 Personen Transporter für Militär und Minenfirmen eingesetzt) gelistet, weil technisch ultra simpel, ohne Elektronik-Schnick-Schnack und sehr robust ausgelegt. Aber bequem ist er nicht wirklich, da auf der Hinterachse schwere Blattfederpakete mit Trommelbremsen verbaut wurden und auch tatsächlich immer noch werden.

Dieser Geländewagen ist weltweit der meist verbreitete Allradler überhaupt, da auch gerne als wendiger Pick-Up von Camper Umbaufirmen und Farmern und vor allem beim Militär als Waffenträger für schwere MG-Gewehre und Kleinraketen-Werfern uvm. beliebt.

Ich könnte ein ganzes Buch alleine über diesen Wagentyp schreiben, aber verkneife es mir, da ja meine Fahrzeugempfehlungen nur einen Gesamtüberblick des hiesigen Marktes reflektieren sollen. Hervorgehoben haben sich seit rund zwei Jahrzehnten, die allerersten "BRITZ Cruiser" mit Camper-Hochdach, Dachluke und Fenstern drin.

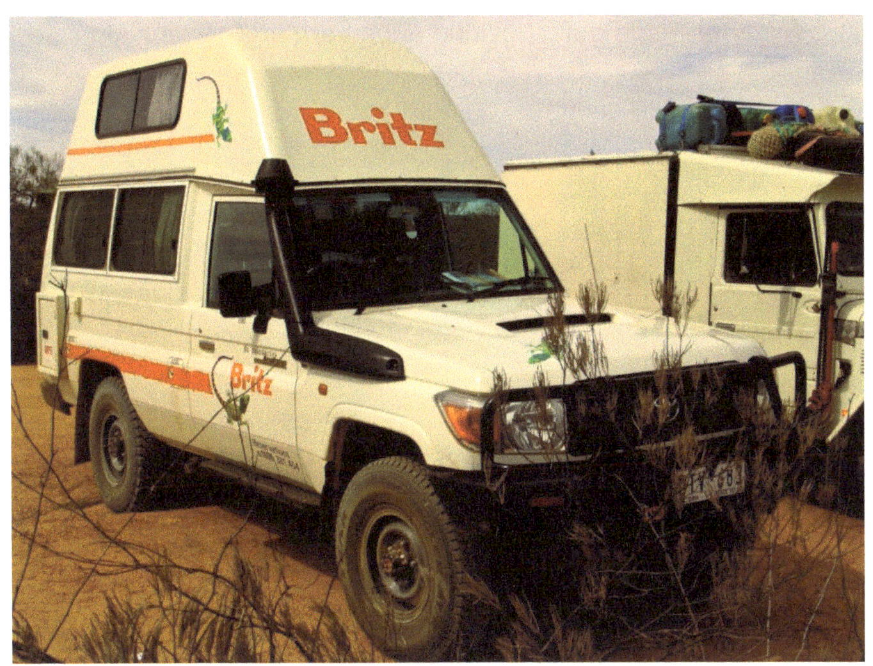

TOYOTA HZJ 78 vom grössten Autoverleiher BRITZ...
4,2L / 6Zyl.-Saugdiesel / 130Ps / 285Nm / 3,5T

hier mit festem Glasfaser Schlaf-Hochdach und Campingausbau, auf der VA-Schraubenfedern mit Scheibenbremse, auf der HA-Blattfedern mit Trommelbremse und rund 200L Kraftstoff Doppeltank-Anlage für extra grosse Reichweiten.

Die Nummer 2. der 4x4 Fahrzeuge..,

kommt dem mittlerweile sehr beliebten **TOYOTA Hi Lux** zu, da er deutlich mehr auf Fahrkomfort & Luxus getrimmt wurde. Natürlich immer mit Klimaanlage. Auch den Hi Lux gibt es als Cab-Chassi oder Pick-Up oder Station-Wagon.

Wie ihr dem Foto entnehmen könnt, hat sich der zweit grösste Autovermieter "APOLLO" mit einer Eigenbauvariante für die High-Lux Cab-Chassie Variante entschieden, die in Brisbane unter eigener Regie gefertigt und auch vermarktet wird.

TOYOTA - Hi Lux von "APOLLO Campers" mit
Pop-Up-Dach, um den Schwerpunkt niedrig zu halten...
2,5L 4Zyl.-Turbodiesel / 144Ps / 344Nm / 3,2T

Eine extrem begehrte "All-Season" Variante, hier mit voll isolierter parallel geführter pop up Aufstelldach-Sandwichkabine, die es mittlerweile als ausgemusterte Fahrzeuge privat zu erwerben gibt. Mit Klimatronik und weicherem Fahrwerk und richtig viel Wohnraumangebot, schon fast ein vollwertiges Wohnmobil, nur eben mit permanentem 4x4 Antrieb.

Ehrlich gesagt, wäre das derzeit mein persönlicher Favorit, der aber sicher immer noch recht teuer gehandelt wird.

Meine 3. Wahl..,

wäre der Nachfolgetyp, der Edel Land Cruiser HDJ80-GX

oder VX (4,2L / 6 Zyl.Turbodiesel / 176Ps / 360Nm / 3,35T) in UK und Australien auch "Amazon" genannt ist ein Laufwunder und die perfekte Wahl in bezahlbarer Größenordnung.

TOYOTA Land Cruiser HDJ80 Station Wagen.

Der J8 mit permanentem Allrad, 3 Sperren, rings rum Service freundlichen Schraubenfedern, belüfteten Scheibenbremsen und serienmässig mit Klimatronik. Er wurde bis 1998 ohne Elektronik-Schnickschnack produziert, ab 95 mit AirBags, ist aber deutlich komfortabler und leiser auf Luxus getrimmt, was man gerade bei Wellblechpisten deutlich merkt. Der Kastenrahmen und die Starachsen sind, wie der robuste Fahrwerksaufbau des J7, fast identisch. Beide Modelle sind privat von den Farmern und Handwerkern, wie auch von vielen, mehr exklusiven Tour-Operator'n sehr begehrt und somit die meist gefahrenen Allrad-Edelkutschen des Kontinentes. Nebenbei bemerkt auch die sehr gerne gefahrenen Safari-Fahrzeuge im südlichen Afrika.

Der HDJ80 unterscheidet sich dann nochmals gravierend in der Führung der Hinterachse. Ganze 4 Längslenker (2 kurze oben, 2 lange unten) halten mit einem sehr stabilem Querlenker die Starachse in Position. Sprich alle Schub- und Wechselkräfte verteilen sich auf 8 Gummi-Lagerbuchsen mit kräftigen M16 Bolzen! Das Aufbaugewicht wird dabei ausschließlich und separat von allen 4 Schraubenfedern getragen. DAS ist gigantisch über konstruiert, wenn man bedenkt, das ALLE Blattgefederten Fahrzeuge nur mit 4 winzigen Gummilagerbuchsen an den Federenden gehalten werden, deren M16mm Bolzen auch noch gleichzeitig zur Achsführung, das Aufbaugewicht tragen müssen.

Sorry - Feinheiten (;-)(

Einziger Haken, diese J8 Land Cruiser Typen werden selbst mit sehr hohen Kilometer-Laufleistungen im und über der 500.000 km Marke, immer noch teuer gehandelt.

Meine 4. Wahl..,

würde heute auf einen **NISSAN Patrol** Station oder Pick-Up mit 3,0L Saug-Diesel fallen, da die meisten Kommunikations-Servicefirmen in Australien dieses Modell als Pick-Up Arbeitstier benutzen, um ihre Richtfunk und Handy-Türme regelmässig zu warten. Da allerdings als Pick-Up mit Alu-Heckaufbau für das ganze Ersatzmaterial. Natürlich wohl auch, weil die "Flottenrabatte" bei NISSAN günstiger ausfallen, als wie bei Toyota.

Wie auch immer, er ist ebenso ein sehr geräumiges Allradfahrzeug mit Starachsen, welches sich mit wenig Aufwand zum Reisefahrzeug aufrüsten lässt, wenn das nicht schon der Vorbesitzer für Urlaubsreisen so umgesetzt hat.

nächste Seite, der *NISSAN Patrol - Station Wagen...*
3,0L / 6Zyl.Turbodiesel / 158Ps / 354Nm / 3,5T.

54

Meine 5. Wahl..,

wäre dann ein **MITSUBISHI - Pajero**, ebenfalls mit leistungsstarkem 3,6L Turbo-Diesel Motor und geräumigem 5-Türer Station Aufbau. Da passt hinten locker eine 2m lange Matratze rein, ohne das man die vorderen Sitzlehnen maximal nach vorne quälen muss. Leider verbaut MITSUBICHI nur sensiblere Dreiecks-Vorderachslenker an seinen Modellen, die viel schneller verschleissen, als wie alle Starachsenmodelle. Na ja, auch wieder Feinheiten ;-)(

Aber auch dieser nochmals etwas geräumigere Kombiwagen, wie der NISSAN Petrol, wäre eine solide Reisekutsche, nachdem man nach seiner Fasson seine eigenen Wunschumbauten durchgeführt hat. Auch hier wieder gerne mit Dachzelt oben drauf, um drinnen den Raum als Gepäckfläche nutzen zu können. Auch MITSUBICHI bietet eine gute Ersatzteilversorgung - Landesweit und es gibt günstige Aftermarket-Teile aller gängigsten Verschleißteile.

Nächste Seite der *MiTSUBISHI-Pajaro - Station Wagen...*
3,2L / 6Zyl-Turbodiesel / 170Ps / 373Nm / 3,5T.

Meine 6. Wahl..,

wäre dann der **LAND ROVER Defender** (110er mit langem Radstand, oder als 130er mit extra langem Radstand), der zwar absolut authentisch ausschaut, vom Fahrwerk extrem robust ist, auch ringsum Schraubenfedern mit Scheibenbremsen hat. Leider ist er kein grosses Laufwunder, da die 2,5L Turbomotoren schon zu sehr überzüchtet sind und kaum mal 250.000 - 300.000km schaffen und schon als Neuwagen eine Dauerbaustelle bedeuten. Von den seit Anbeginn an bekannten Undichtigkeitsproblemen der Fahrerkabine & Servopumpe ganz zu schweigen. Wie hiess es noch zu meiner 12 Jährigen Land Rover Zeit: "die läufigen Bergziegen"...

<wenn er nicht leckt - ist was faul> ;-)(

Leider wurden Werksseitig nie Achssperren verbaut, nur eine zentrale Differentialsperre. Dafür bietet die 130er Langversion extrem viel Aufbauplatz, um reichlich Gepäck und Ladung unter zu bringen oder Personen zu transportieren.

LAND ROVER Defender 130er - Doppelkabiner - Pritsche
2,5L / 4-Zyl.Turbodiesel /113Ps / 265Nm / 3,5T
mit einem landestypischen Tiny-Aluboot dabei.

Meine 7. Wahl..,

wäre aus der gleichen, britischen Familie die leichtere
Bauweise (ähnlich dem Hi Lux), der **Landrover Discovery3,** auch
kurz **"Disco"** genannt. Er ist eine deutlich schwächere Variante
des 110ers, dafür aber sehr pfiffig und komfortabler ausgelegt.
Auf beiden Achsen mit Einzelradaufhängung und
Schraubenfedern (später mit Luftfedern) und Scheibenbremsen
bestückt.

Der 5-Türer Aufbau sehr praktisch und modern frisch
plus peppig durchgestylt, aber leider in der Gesamtlaufleistung
(Motor / Getriebe) genau so schwach wie die Defender Modelle.
Alles was über 250.000km an echten Tachostand anzeigt,

kommt in den Bereich einer "fahrenden Zeitbombe", da beißt die Maus keinen Faden ab. Ausnahmen bestätigen die Regel.

Super schick, der *LAND ROVER Discovery - Station...*
3,0L / V6 Zyl.Turbodiesel / 256Ps /450Nm / 3,3T.

Diese Modellreihe hat leider auch enorme Elektronikprobleme, wovon die Fahrzeugeigner eher nicht gerne berichten. Dennoch werden gerade die Landy's beim Verkauf in Down Under fast mit "Gold" aufgewogen und sind somit auf dem Gebrauchtwagenmarkt extrem teuer. Für mich, aus technischer Sicht, überhaupt nicht nachvollziehbar. Aber wer schlau ist und nicht so viel technisches Verständnis hat, tut gut daran sich für die 1. , 2. , 3. , 4. oder gar 5. Fahrzeugempfehlung zu entscheiden, denn australische Werkstätten sind heute genauso teuer wie die bei uns in Europa. Bitte glaubt auch nicht, das es dort wie bei uns geschulte "Meisterbetriebe" sind, das gibt es nicht in Australien. Alles "Anlernbutzen", Familienbetriebe, wo das Wissen vom Vater auf den Sohn übertragen wurde. Okay, einen 6 - 12 monatigen Crashkurs auf einem Technikcollege gibt es schon. Aber mit unser deutsch gründlich fundierten, gut 3 jährigen Gesellenausbildung + 1 jährigen Meisterbrief Erweiterung bis zur Selbstständigkeit, hat das hier nichts zu tun. In den letzten 20 Jahren ist der australischen Regierung dann auch klar geworden, dass es so, nur mit Anlernkräften nicht mehr lange weiter gehen kann, da der Druck auf dem immer moderner werdenden Fahrzeugmarkt enorm zugenommen hat und die Modellvielfalt langsam unüberschaubar geworden ist.

Sonstige Allradfahrzeuge, wie zum Beispiel die Mercedes-G Klasse, 4x4 Sprinter oder VW-Syncro oder die IVECO - Daily Baureihen sieht man nur extrem selten mal und das eher nur in Großstädten. Auch nur vereinzelte Jeep und Hammer Modelle, aber diese wiederum mehr als Show-Fahrzeuge und somit eher selten zum Reisefahrzeug umgebaut. "MITSUBISHI Canter" und leichte "HINO's" bestimmen den täglichen Markt der 4x4 Kleintransporter Branche.

Weitere, mögliche Allradfahrzeuge...

Die Fahnenstange von Off-Road / SUV-Fahrzeugen ist natürlich noch viel länger. Selbstverständlich fahren in Down Under auch einige "JEEP-Cherokee" der alten und neuen Generation und immer als Station (5 Türer) umher, "FORD-Ranger" kommt als PickUp mit Doppelkabine daher, ebenso der "VW-Amarock" der dem "TOYOTA Hi-Lux" unten rum fast baugleich kommt und der aktuellere "MITSUBISHI-L200". Des weiteren fallen mir noch der sehr kompakte "HYUNDAI Kombiwagen-Terracan" ein, aber so ultra kompakte Mini-Geländewagen wie der "SUZUKI Jimny" oder der "LADA Niva", sind ehrlich gesagt ganz nett, aber leider viel zu klein wie zu kurz, um sie ernsthaft als Reisefahrzeuge nutzen zu können, da deren Treibstoff- wie Zulandungskapazitäten für die weiten Reiseetappen viel zu klein sind.

Und bitte all diese Infos nur als grobe Richtschnur & Kaufhilfe betrachten.

Kapitel 03.5 - mit dem Lkw unterwegs

Unsere LKW Freunde möchte ich auch nicht vergessen, da ich selber in Europa & Afrika über gut 2 Jahrzehnte lang meinen 12t. DEUTZ Expeditions-Truck mit Freude bewegt habe. Da aber kostete der Liter Diesel noch weit unter 1€ !

MAGIRUS Deutz Expeditionstruck 8,5L / V6Zyl.-Diesel-Direkteinspritzer / 140kW/190Ps / 480Nm / 12T

Damals bin ich noch davon ausgegangen, dass man global ALLES auch mit einem geländegängigen Lastkraftwagen, egal wie schwer und mit wie vielen Achsen auch immer, unseren bunten Globus erkunden kann - so auch sicher Australien.

FALSCH!

Um es kurz zu fassen, nicht nur die LKW-Verschiffung seines Lieblings ist rüber nach Australien exorbitant teuer, da ordentlich Kubikmeter an Frachtraum benötigt werden, (Gewicht spielt dabei eher keine Rolle). Schlimmer noch ist die Tatsache, dann drüben angelandet, das man eben NICHT alle Zubringerpisten entlang der begnadeten Küstenführung befahren kann. Das sind wirklich mehr wie nur paar hundert, spannende wie schmale Strecken, die einen nach einem Abstecher von den Haupt-Verbindungs-Highway's an die Superperlen australischer Buchten bringen.

Aber WARUM soll das denn nicht gehen,
werden sich jetzt einige fragen?

Australien ist Stück für Stück mit zunehmender Besiedlungsdichte von deren ersten Pionieren, Farmern, Fischern und Landvermessern (Prospektoren/Schürfern) per Kleingeländewagen erkundet worden. Allein schon um an die besten Anglerplätze zu gelangen. Da hat man sich mit 2 - 3 Allradfahrzeugen der 1. Generation, also Land Rover Serie I + II plus Land Cruiser der J4 Baureihe, wie einigen ausgemusterten US-Willis-Militär Jeeps im Konvoi und mit Axt, Hacke, Schaufel und Machete "bewaffnet" auf den Weg gemacht, um neue Zufahrtswege durch den Busch, oder oben im Tropischen, durch dicht bewachsene Mangrovenwälder zu schlagen. So was ging über Wochen bis man die 20 - 60 Rest-Kilometer an die Buchten und Strände der Küste geschafft und erreicht hat.

All diese Naturpisten quer durch das Unterholz geschlagen, wurden über die Jahrzehnte kontinuierlich weiter und weiter ausgefahren und durch die stetigen Befahrungen verfestigt. Dennoch sind sie nie breiter, wie die einer Kleinwagenspur von 180 - 200cm geworden. Nicht nur Baumstämme, sondern auch Felsbrocken und Termitenhügel begrenzen den Spurverlauf, von einer engen Kurvenführung mal abgesehen. Fährst du nun mit einem 2,5m breiten Expeditions-Lkw daher, evtl. einen drei- oder Vierachser, weil "is ja so sicher und komfortabel", kommst du ganz schnell an deine Grenzen des machbaren, nicht nur in der Breite, auch häufig in der Höhe unter den Bäumen durch. Schlimmer sind dann noch die Kollegen, die ganz knapp über'n Boden Kleingestrüpp wie Minibäume und Gestrüpp geschwind, schräge mit der Machete abhacken, um schneller oder von der Streckenführung leichter voran zu kommen. Diese Baumstammreste von frischem Grünzeug umwachsen, sind die perfekten Reifenkiller für alle nachfolgenden Fahrzeuge.

Seitlicher Karkassenschaden durch Hartholzsplitter beim streifen eines rausragenden Baumstammrestes.

Merke: auch scheinbar riesige Lkw-Reifen sind in den Seitenflanken kaum 1 cm stark und sehr empfindlich!

Also ich habe mehrmals meine Karkassen seitlich aufgeschlitzt, weil ich zu meinen Anfängen, solch speziellen Fahrsituationen nicht kannte und dachte: *<och, da fahr ich doch einfach mal drüber, über das bisschen Gestrüpp und mach den Busch platt* - ARSCHKARTE !!!> Das war teures Leergeld, wenn du eine an sich vom Profil her noch gute Karkasse verlierst, denn seitliche Risse lassen sich NICHT oder nur für kurze Zeit vulkanisieren/flicken, da sie zu sehr beim rotieren auf- und ab walken und der Reparaturbereich wieder schnell aufreisst. Danach bin ich mit ganz anderen Augen frisch bewachsene Pisten angegangen, um solche Reifenpannen möglichst zu vermeiden. Auch fahre ich dann immer mit offenem Seitenfenstern, um das "piff piff piff Luftgeräusch" eines beginnenden Plattfußes rechtzeitig zu realisieren. Meinen Lkw-Freunden David und Peter ist genau DAS auch auf der beliebten und weichsandigen Wüstendurchquerung mit der "Canning Stock Route" widerfahren.

Auch sie lagen mit ihren Großfahrzeugen, einem 10tonner Mercedes 1017 4x4 und einem 19tonner MAN KAT6x6 um 50cm mit einer Radseite neben der Hauptspur. Der Spaß hätte ihnen fast die kompletten Fahrzeuge gekostet. Nur durch ihr umfangreiches Reifenflickzeug und der Tatsache, dass sie noch Schlauchreifen benutzten, konnten sie mit buchstäblich den letzten Schlauch- und Karkassenflicken die Sahara ähnliche Wüstentour der 1960km langen Sandstrecke am Stück bewältigen. Das trifft zwar nicht für alle bekannten Outbackpisten zu, aber für die *Canning* war und bleibt es so, da eben auch dort neben der Weichsandspur versteckte Reifenkiller unter der Sandoberfläche schlummern.

Links: Mercedes 1017 6Zyl.Turbodiesel...
*   5,7L / 172Ps / 540Nm / 10T*
Rechts: MAN KAT6x6 V8- Bi-Turbodiesel &
*   Bi-Ladeluftkühler 12,7L / 320Ps / 990Nm / 19T*

By the way.., heute ist ein Groh der *Canning* Route für Großfahrzeuge, auch für OKA's gesperrt! All das erfährst du genau bei der Permit-Beschaffung in *Wiluna* oder *Halls Creek.*

Der KAT 6x6 kaum 50cm breiter wie PKW's und zig
mal neben dem Hauptspurverlauf eingesandet.

Wem das nicht so wichtig ist, solche spannenden Kleinstpisten abzuklappern, um einsame Buchten und Traumstrände zu erkunden, der wird auf den sonst ja bis zu 16m breiten Hauptpisten und Highways natürlich keine Probleme haben. Aber ich frage mich wozu man denn überhaupt diesen gewaltigen Umbauaufwand eines Großfahrzeuges betreibt und horrende

Summen, wie Umbauzeit mit Energie investiert, wenn man dann doch fast nur auf "Autobahnen" durch die Welt fahren kann?!? So schön Größe für Reise und Wohnkomfort mit Zuladung ist, Größe wird zunehmend immer hinderlicher, was wir aktuell mit Erschrecken gerade auch in Europa erleben dürfen. Kaum noch Streckführungen der europäischen Küstenlinien entlang, an bunten Fischerorten und kleinen Dörfern vorbei, wo selten mal mehr wie 3,5t erlaubt werden.

Das war vor gut einem Jahrzehnt noch deutlich lockerer und jetzt aktuell diese durch die "Covid Pandemie" erzeugte "Vanlife-Schwemme" versaut auch noch die allerletzten, "grünen Flecken" auf unserem Planeten, da unsere "Selbstdarsteller" ja mit voller Begeisterung ständig ihre Traumplätze posten und diese sogar noch extra in die einzelnen "Camper-Apps" wie "Park4Night" oder "Stellplatz" einbringen. Schon klar, dass jeder seine Begeisterung gerne weiter reichen möchte, aber doch bitte im Privatbereich unter Freunden und Bekannten, damit es "Geheimtipps" bleiben.

Leider bleiben es ansonsten keine "Reiseperlen" mehr und die Zufahrtswege werden mehr und mehr von den betroffenen Gemeinden reglementiert, da die Anwohner genervt sind und es Beschwerden hagelt. Ausserdem ist es ein grosses Ärgernis, dass doch recht viele Camper nicht nur ihren Müll vor Ort zurück lassen und ihn nicht mitnehmen, um ihn fachgerecht zu entsorgen, wo er hin gehört. Sondern auch gerne mal ihre überlaufenden Porta-Pottis und Fäkaltanks in den Busch entleeren, wenn kein offizieller Dumppoint um die Ecke zur Verfügung steht.

Unser Bemühen war bisher immer, egal ob in Afrika, Europa oder hier in Australien unterwegs, unseren Stellplatz immer so sauber wie möglich zu hinterlassen, als wenn wir dort niemals gestanden hätten.

Und DAS kann doch jeder Camper, wenn er ehrlich ist.

Kapitel 04 - Fahrzeug-Verschiffung oder Vorort-Kauf ?

Erklärung - Fahrzeug Verschiffung...

Das ist sicher bei vielen die Gretchenfrage, die zwar schon über ein Reisefahrzeug verfügen, aber nicht zwingend damit eine Verschiffung in Betracht ziehen, da sie einfach sehr aufwändig, riskant und auch teuer ist, von dem ganzen Zollprozedere mal abgesehen. Wer aber unbedingt sein reisefertig umgebautes Fahrzeug mit rüber nehmen möchte, muss sich klar machen, dass er drüben angekommen, immer auf der "falschen Seite" sitzt und für seinen links gelenkten Wagen innerhalb Australiens keine, oder nur sehr bedingt Ersatzteile bekommen wird, von einigen Ausnahmen, wie Leuchtmittel, Betriebsmitteln, Bremsklötzen, Reifen und Motoröl usw. mal abgesehen.

Da hier nur Rechtslenker fahren, werden für europäische Linkslenker keinerlei Teile gelagert, weil sie ja "Spiegelverkehrt" in vielen Bauteilen nicht passen würden. Wer dennoch eine Verschiffung plant, sollte sich die wichtigsten, Fahrzeugspezifischen Verschleißteile wie: Lenkköpfe, Längs-/Querlenkerteile und solche Dinge vorsorglich einpacken.

Hinzu kommen die Doppelkosten für Flug und Fahrzeugverschiffung, DAS alles rechnet sich eigentlich nur, wenn man das Land für ein volles Jahr bereisen kann.

Erklärung - Fahrzeug Vorort - Kauf...

Für alle die es finanziell nicht so fett haben und in punkto Handwerk etwas flexibel, wie auch geschickt sind, ist es sicher die vernünftigere Entscheidung, sein passendes Reisefahrzeug vor Ort zu kaufen. Das läuft nicht viel anders ab, als wie bei uns daheim, nur in englischer Sprache mit anderer Währung, da

Australien ja zu der ex. Commonwealths Union gehört, wird halt links und nicht rechts gefahren. Ergo sitzt das Lenkrad auf der rechten Fahrzeugseite.

Ob du dein gesuchtes Reisefahrzeug dann über rein private Kleinanzeigen, natürlich auch im Internet, oder bei einem der unzähligen Autohändler findest, ist nicht ganz so egal wie man meint. Meine Erfahrung ist die, dass Fahrzeuge von Privater Hand gekauft, günstiger und ehrlicher erworben werden, als die von Autoschiebern. Es lassen sich sogar einige der Privatverkäufer darauf ein, nach dem Vertragsabschluss (je nach Sympathie und Vertrauenswürdigkeit), den Wagen zwar auf deinen eigenen Namen, aber noch mit deren alter Meldeadresse auf ihre Hausanschrift umzumelden. DAS erleichtert vieles und das Kennzeichen bleibt meistens auch das alte. Das wiederum hängt ein wenig von dem jeweiligen Bundesland ab, wo das Fahrzeug registriert war. Nachfragen lohnt sich und spart meist viele Nerven, Geld und Lauferei.

Natürlich geben auch da die Händler den einen oder anderen Tip weiter, vor allem den, wo man "günstig" den nächsten Technikreport (Pink-Slip) erlangen kann, denn mit diesen Werkstätten arbeiten sie gerne selber zusammen und kassieren Provision dafür, oder wenn nicht, dann zumindest Bonuspunkte. Eine Hand wäscht auch da die andere, denn sie leben ja davon.

Aber gut, so oder ähnlich läuft es ja überall auf der Welt ab, leben und leben lassen, wie man so schön sagt. Hauptsache man kommt zum Erfolg und verplempert nicht zu viel Zeit um seine "Traumkutsche" zu finden.

Schlussendlich braucht ihr ein brauchbares, zuverlässiges Reisefahrzeug, zu dem man Vertrauen und ein gutes Bauchgefühl hat, um die späteren, langen Reiseetappen störungsfrei bewältigen zu können.

Kapitel 05 - Fahrzeug Verschiffung

Da Australien zu meinem allerersten Trip für uns absolutes Neuland ohne jegliche Vorkontakte war, kam ein dortiger Fahrzeugkauf absolut nicht in Betracht. Die einzige Logik bestand aus einer Fahrzeugverschiffung. Einmal hin und nach einem Reisejahr wieder zurück - basta. Ganz einfach, würde man meinen. Heute sehe ich das anders und für vollkommen "verbrannte Kohle", denn diese Variante hat uns damals starke 12.000,-DM genommen, mit denen man glatt hätte ein weiteres Jahr umherreisen können. Ob einem dieser "Luxus" an Spaßfaktor wirklich wichtig ist, muss natürlich jeder für sich entscheiden.

Also gut, so folgte eine "Open-Top" Container Verschiffung von *Hamburg* nach *Fremantle/Perth* und auf dem Rückweg dann ein offener "Flat-Rack" - Containertransport von *Sydney* nach *Piräus/Athen*, da 500,- DM günstiger, da unser Landy nicht in einen High-Cube Container passte, denn an dieses wichtige Umbaudetail hatte ich noch nicht gedacht.

Was ein Stress und auf beiden Routen ging dann auch glatt beim Verladen was zu Bruch. Die Versicherung zahlte natürlich nicht sofort und gleich erst recht nicht die 100% des errechneten Reparaturgutachtens. Nach zähen 6 Monaten hin und her wuchsen gerade mal 70% der Gesamtsumme rüber - man könnte kotzen!

Was will ich Euch damit sagen?

Vertraut KEINER Versicherung und kauft Euch besser vor Ort ein eigenes, passendes Reisefahrzeug! Das spart wirklich eine Menge Nerven und noch mehr Geld.

"Drive What The Local's Drive", da
ist einfach was dran ;-)(

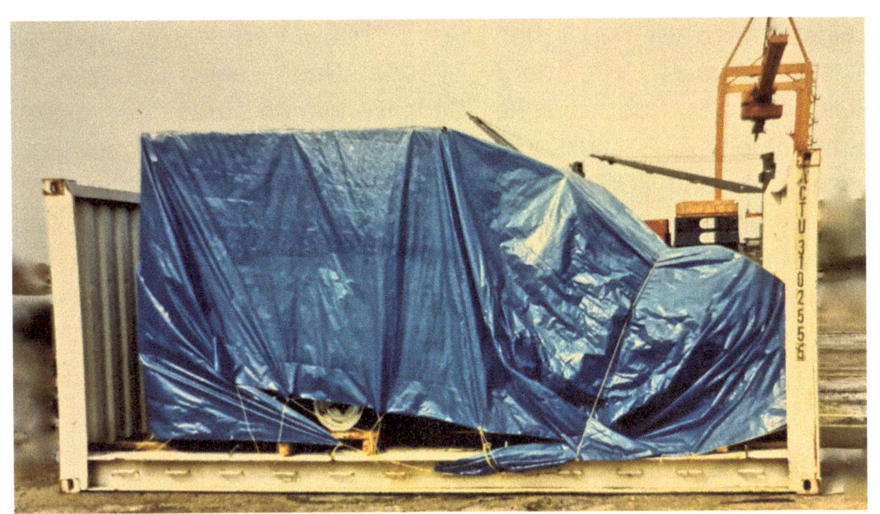

Hier unsere "Flat-Rack" Rückverschiffung, der
Landrover oben rum nur mir Plane gegen
Salzluft & Gischtnebel geschützt...

Das raus und runter rangieren war dann noch im
Beisein des Hafenagenten eine sportliche
Aufgabe, aber kein wirkliches Problem...

Leider tragen wir Deutschen dieses "100% Perfekt-Gen" in uns, dieses gepaart mit dem "150% Gen" eines Schweizer Reisepartners lässt solche Gedankengänge erst gar nicht aufflammen. Alles muss tipptopp vorbereitet, durchorganisiert, beschriftet und 200% sauber sein. Wer also unbedingt wie ich zu meiner aller ersten Australien Auszeit mit seinem eigenen Reisefahrzeug anreisen möchte, kommt um einen teuren Seetransport nicht herum. Natürlich betrifft das auch die Fahrzeugbesitzer, die ihren bereits fertig umgebauten "Liebling" unbedingt überall mit hinnehmen wollen, da er sehr speziell um- und ausgebaut wurde - egal wie teuer.

Hier gibt es nun 2 Möglichkeiten sein Fahrzeug
von einem zum anderen Kontinent zu verfrachten.

Kapitel 05.1 - Schiffs-Routen Latain

Vorab aber, von Deutschland/Europa gehen täglich Containerschiffe und Stückgutfrachter nach Australien rüber. Die direkteste Route geht von der "Norddeutschen Küste", also **Antwerpen, Rotterdam, Bremerhaven, Emden** oder **Hamburg** nach **Fremantle/Perth** rüber. Geht der Frachter über den weiten, Indischen Ozean, läuft er zuerst für einen weiteren Be-/Entladungs-Zwischenstopp die Frachtknotenpunkte in **Singapore, Bangkok** oder **Guala-Lumpur** an. Erst danach steuern die Schiffe weiter die Westküste Australiens an. Von dort gehen wie getaktete Buslinien die Frachter "gegen den Uhrzeigersinn" der Küste entlang und machen je nach Disponenten und je nach Dringlichkeit der Fracht in **Adelaide, Melbourne, Sydney, Brisbane** bis hoch nach **Cairns** ihre Ladestopp's.

Zeitlich vorgegebene Termine können dabei nur grob eingehalten werden, da ja zwischendurch auf deren Überfahrt noch täglich neue Frachtaufträge dazu kommen könnten und die einzelnen Be- und Entladezeiten sich somit verschieben würden.

Der zweite Zeitkiller kann auf hoher See eine weitläufige Schlechtwetterfront bedeuten, die entweder umfahren wird, oder halt mit viel Antriebskraft gradewegs durchkreuzt wird. Also auch hier können einige Tage an Verzögerung zum vorgegebenen Ankunftstermin sich addieren.

Das dritte Zeitproblem könnten Schiffs-Motorschäden sein, die wenn sie dann auftreten, umgehend vor Ort geregelt werden müssen. Da können gerne mal 2-3 Wochen extra in's Land gehen, weil die Schiffscrew auf passende Ersatzteile, geliefert über einen weiteren Frachter, warten muss.

Kapitel 05.2 - Verschiffungs-Anfragen

Bei euren Angebots-Anfragen an die einzelnen Übersee-Speditionen, oder auch direkt bei den einzelnen Reedereien, sollte man möglichst die Firmen nehmen, die in Australien vor Ort in den jeweiligen Haupt-Ladehäfen ein eigenes Büro unterhalten. Dazu gehören unter anderem **Danzas, Kühne & Nagel, A.Hartrodt, Wallenius-Wilhelmsen, Grimaldi...** um mal einige zu nennen. Dadurch wird sicher gestellt, das eine unkompliziertere Abwicklung aller Einfuhrpapiere ohne zusätzliche, versteckte Nebenkosten gegeben wird und obendrein häufig eine deutschsprachige Kontaktperson zur besseren Verständigung vor Ort bei Seite steht, für die Reisenden, deren Englischkenntnisse nur rudimentär sind.

Als derzeitiger, globaler "Verschiffungsexperte" rangiert schon länger das kleine Reisebüro, die Firma **Seabridge**, um jegliche Art von Wohnmobile, ob gross oder klein in RoRo-Schiffen über den "grossen Teich" zu bringen. Allerdings bedient **Seabridge** nur **RoRo-Fahrzeugtransporte**, KEINE Containerfracht, da das zollrechtlich anders gehandhabt wird. Also alle Fahrzeuge werden vom Hafenpersonal in und aus den Schiffsbauch gefahren und dort einzeln am Decksboden verkeilt & verlascht.

Tipp: Frachtpapiere "Bill of Loading"...

All das setzt weiter voraus dass man zur Fahrzeugübergabe die passenden **"Frachtpapiere"** erhält, ohne die man sein Fahrzeug später NICHT aus den Hafen bekommt. Das bedeutet, dass man ein anständiges **"Bill of Loading"** B/L (***Board-Konnossement*** - mit einem unterzeichneten ***"shipped on Board"***) erhält, womit der Verfrachter bestätigt, dass die Güter zur Verschiffung an Board eines mit Namen benannten Schiffes/ Frachters amtlich verladen worden sind. Nur dieses Papier verbrieft das Versprechen des Verfrachters (also der Spedition/Reederei) die Ware, also das Fahrzeug an den legitimierten Inhaber dieser Urkunde wieder auszuhändigen, was durch dieses Papier und deinen Reisepass dann zur Abholung bestätigt wird.

Also zum Beispiel bei Krankheit oder Anreise/Flugverspätung eine andere Person für die Abholung zu beauftragen, funktioniert NICHT! (soweit mir bekannt)

Grundsätzlich gilt, dass das ***Konnossement*** maßgebend für die Rechtsbeziehung zwischen Verfrachter und Auftraggeber/Empfänger ist, während die Bestimmungen des "Seefrachtvertrages" maßgebend für die Rechtsbeziehung zwischen Verfrachter und Befrachter bleiben. Ergo Papierkram und der ist und bleibt wie immer kompliziert.

Man kann aber auch zur Sicherheit sich und seinen Partner im Vorfelde mit eintragen lassen, damit beide Personen das Recht zur Fahrzeugabholung haben. Sollte einer dieser Personen krank werden, könnte die andere Person dennoch das Fahrzeug aus den Freihafenbereich fahren.

Natürlich ändert sich auch hier ständig was, da in unser schnelllebigen Zeit nichts mehr länger Bestand hat. Also bitte zwingend aktuell selber abklären was Sache ist.

Kapitel 05.3 - Container-Verschiffung

Eine Containerverschiffung ist mit Abstand die sicherste, schnellste und auch meist günstigste Transportvariante die man buchen kann, um sein Fahrzeug trocken und gut geschützt vor Diebstahl und Transportschäden zu verfrachteten. Dieser Service kann auch gegen Aufpreis und vorab zollrechtlich verplombt (zuständiges Zollamt fragen), von "Haustür zu Haustür" erfolgen. Es braucht da nur einen geeigneten, privaten Stellplatz für die Containerbeladung. Das kann auf einem Speditionsgelände, oder auch auf einem sonstigen, gesicherten Privatgrundstück mit genügend Rangierplatz (Sportplatz) erfolgen, da die Spezial-Lkw's seitlich über Fahrzeug eigene Hebevorrichtungen verfügen, die den Huckepack geladenen Containern selber auf- und abladen können, ohne das es fremde Gabelstaplerhilfe bräuchte. Auch das bitte dann vorher aktuell neu anfragen und abklären.

Aktuell werden zunehmend reine, riesige Spezialfrachter gebaut, die ausschließlich für den Containertransport konzipiert werden. Da läuft die ganze Logistik wie in einem "Fahrstuhlschacht" ab. Grob erklärt besteht solch ein Schiff aus lauter eng nebeneinander, zusammen geschweissten Führungsschächten, in denen von oben die jeweiligen Container Längen/Typen je nach 20" und 40" getrennt, blitzartig reingeschoben, oder eben wieder rausgezogen werden. Das sonst übliche gegenseitige verriegeln der einzelnen Container entfällt hierbei und spart enorm viel Ladezeit. Das derzeit grösste, gebaute Containerschiff, die "MSC IRINA" hat mit ihrer enormen Länge von 400m und einer einer Breite von 61m (die Titanic hatte 269m Länge zu 28m Breite), ist ergo fast 4 x so groß wie die alte Titanic!

Auf diesen Giganten von Schiff passen kaum vorstellbare 24.346 einzelne Standardcontainer in 20" und 40" Länge!!!

DAS ist für den Leihen eine schier unvorstellbare Menge und Größenvorstellung - einfach nur K R A S S !

Auch gibt es Spezialcontainer, die extra Vakuumdicht verschlossen werden können, um einen Salzlufteintritt für z.B. hoch empfindliche Elektronikgeräte oder sensible medizinische Geräte zu unterbinden. Wie weit man sich da selber finanziell drauf ein lässt, muss jeder für sich entscheiden.

Merke: die weltgängigsten, wie günstigsten Container sind die 40" Teile, egal ob Standard Bauhöhe oder Highcube Bauhöhe.

Zu meiner Landrover Verschiffung hab ich mich für die Hamburger Überseespedition **A.Hardtrodt's** entschieden und auf dem Hinweg mein kleines Expeditionsmobil in einem oben, offenen "Open-Top Container" (Container mit fehlendem Dach, da Fahrzeug-Container-Überhöhe, dafür dann mit loser Plane abgedeckt) von Hamburg nach Fremantle/Perth verfrachtet. Auf dem Rückweg ging der Landy dann auf einem 20" Flat-Rac (reiner Containerboden mit Vorder-/Rückwand dran und sonst seitlich und oben offen, Fahrzeug da auch mit Plane abgedeckt, siehe Fotos) von Sydney nach Piräus/Athen zurück, da 500,- DM günstiger. Unser Australien Trip sollte eben dort enden, um das Ganze noch mit etwas Ägäis Abspannurlaub ausklingen zu lassen, bevor der Arbeitsstress daheim dann wieder los geht.

Merke: Eine Minuten schnelle Container Verladung kann nur gegeben werden, wenn an jedem Container oben 4 genormte Transportecken "Twistlocks" eingeschweisst sind, damit die riesigen Containerkraken oder spezial Gabelstapler die bis zu 26,5 Tonnen schweren Stahlwürfel sicher anpacken können. Pure Logistik und weltweit millimetergenau vereinheitlicht. Wer DAS erfunden und patentiert hat, braucht sich um seinen Kontostand absolut keine Sorgen mehr machen.

Kapitel 5.4 - Ro-Ro Verschiffung

Ro-Ro heisst "roll on - roll off" (fahr rein - fahr raus) und findet immer über riesige, bordeigene Laderampen des Schiffes statt. Die Variante einer Ro-Ro Verschiffung ist ein sehr umfangreiches Thema. Alles was nicht in seiner Größe zwingend in einen 20" oder länger 40" Container oben auf Deck passt, wird über diesen Weg in den Schiffsbauch "handisch" rein- und rausgefahren.

Das wiederum passiert mit hafeneigenen Spezialsattelzugmaschinen und Monster Gabelstaplern, deren Sitze sich zum Vor-/Rückwärtsfahren 180° drehen lassen. So können diese ultra kurzen Zugfahrzeuge blitzartig den jeweiligen Sattelauflieger hydraulisch anheben und in gleichem Tempo vor oder rückwärts raus- und reinfahren und auf engstem Raum umher rangieren. Wer das mal live miterlebt hat, versteht warum "loses Frachtgut" gegen Rämpler nicht so gut geschützt werden kann.

Bei normalen Pkw's und sonstigen, selbstfahrenden Kleinfahrzeugen kommen ganze Fahrerkolonnen an Bord, um die hunderten, ja tausenden von Einzelfahrzeugen im Blitztempo von Bord zu fahren. Da geht es zu wie im Wespennest, und gefahren wird mit Hochtempo, Zeit ist Geld! Je schneller der Kahn entladen und auch wieder beladen wird, desto geringer fallen die Kailiegebühren der einzelnen Häfen aus und das in 10.000er Euro Schritten - pro Stunde!

All das bedingt bei der immerzu zeitlichen Hektik des Be- und Entladens es schnell mal zu Ragierschäden kommt. Dem angeheuerten, ja an sich gut geschulten Hafenladepersonal ist es vollkommen egal, ob es da kleinere Beulen oder Kratzer gibt oder Spiegel oder Seitenblinker abgefahren werden, da jeder davon aus geht, das immer alles versichert ist.

Kapitel 5.5 - Fahrzeug Transport-Versicherung -
(Verschiffung)

Wo wir gerade dabei sind...

Wie eben schon angerissen, geht es bei solchen Transportversicherungen nicht um Pille-Palle, also Kleinkram. Winzige Schrammen, Beulen oder hier und da mal abgerissene Reflektoren, Blinkgläser oder defekte Seitenspiegel, all diese Minischäden zählen nicht. Erst bei Materialschäden ab mind. 1000 - 3000,- € und höher (je nach Versicherung und Höhe der Eigenleistung), tritt eine Übersee-Transportversicherung in Kraft.

Um sicher zu stellen, dass dein Fahrzeug zum Zeitpunkt der Übergabe in einem "makellosen Zustand" war, kann ich nur aus eigner Erfahrung folgenden Tip geben. Macht direkt zu der **Fahrzeug-Schlüsselübergabe** mit der von der Spedition beauftragten Empfangsperson je Fahrzeugseite ein Bild. Gerne in dem Fall mit Datum und Uhrzeit eingeblendet und gerne noch ein 5. Bild von den Frachtpapieren mit Quittung die man gerade von dem Agenten handquittiert erhalten hat.

Sollte nach Ankunft im besagten Zielhafen zur Übergabe sofort nach Erstbegehung ein äusserer, sichtbarer Schaden bestehen, vollzieht man mit den anwesenden Speditionsagenten die gleiche 4-seitige Fotoprozedur. NUR SO hat man die Beweispflicht geleistet, dass eben dieser "Schaden" nur bei der Be- und Entladung oder auf bei dem Seetransport passiert sein konnte. Eine Schadensmeldung mit Dokumentation in Papierform und Abgestempelt besiegelt diese Tatsache perfekt. Leider gehen schnell mal bei all der Aufregung und Übergabehektik solche Präventivmaßnahmen unter. Na, und zum Glück passiert ja auch nicht bei jeder Fahrzeugverschiffung etwas.

Bei Containerverschiffungen geht es dagegen mehr um

den Totalverlust. Dieses kann passieren, wenn dein mit Fahrzeug beladener Container ganz weit oben an Deck gestapelt und über kreuz verlascht wurde und dann bei sehr sehr schwerem Seegang diese Überlastsicherungen der Containerverschlüsse ansprechen, um einen totalen Überschlag (Kränkung) des Schiffes zu vermeiden. Containerfrachter werden immer so berechnet dass, bevor sich der ganze Frachter zur Seite legt und in totale Schräglage kommt, lieber etwas Ladegut über Bord zu werfen ist. Statistisch gesehen gehen so Weltweit tausende von Container über Bord und sind für immer verloren, da sie mit Entlüftungsöffnungen versehen werden, um ein möglichst schnelles sinken zu gewährleisten. Ansonsten wären sie für die Seefahrt umher dümpelndes "Treibgut" und ein erhebliches Kollisionsrisiko.

Also genau für diesen Fall von "total lost" gibt es diese Versicherungsverträge, die natürlich nach dem Sach-/Warenwert mit möglicher Selbstbeteiligung veranschlagt werden. Diese Versicherungsprämie wird also Kundenspezifisch berechnet und vom englischen Lloyd weltweit abgedeckt.

Das selbst mit fetten "ABUS Ringschlössern" gesicherte Container geplündert werden, kommt äusserst selten vor. Gehört habe ich aber auch schon davon, denn in den asiatischen Umladeknotenpunkten sollen organisierte Banden die Inhalte bestimmter Container plündern, weil von den Ladelisten geheime Kopien verwendet werden. So können die Containernummern dem Inhalt zugeordnet werden. Das betrifft natürlich mehr elektronische Luxusgüter, die sich auf dem Schwarzmarkt leicht veräussern lassen. Ergo, 100% sicher ist da garnichts. Wenn du also solch eine Transportvariante anstrebst, benötigst du ein

Wertgutachten eines Kfz.-Sachverständigen.

Tipp: Sachverständigen Büro...

An dieser Stelle möchte ich geschwind das sehr kompetente, Hamburger Ingenieurbüro:

Peter Lehmann
Mehlhopweg 1, DE 22397 Hamburg
eMail: peter.lehmann4@freenet.de
Handy: +49 (0) 17693156810

erwähnen, welches sich auf Wohnmobile, Oldtimer und Unfallgutachten, wie auch auf Fahrzeuggutachten für zu verschiffende Reisefahrzeuge spezialisiert hat.

Grundsätzlich müssen alle dem Fahrzeugkauf, wie Fahrzeugumbau relevanten Papiere in Kopie dem Gutachten beigelegt werden. Eine Kopie des Kfz.-Scheines, weitere Kopien aller höherwertigen Belege, die den Umfang mit der Ausstattung des Fahrzeuges belegen, um den gewünschten Zeitwert des reisefertigen Fahrzeuges genauer zu berechnen und damit begründen zu können. Ein gewisser Spielraum ist nach oben und unten möglich, sollte aber in einem realistischen Verhältnis stehen. Optische Restschäden die zu dem Tag der Erstellung des Gutachtens noch bestehen und nicht mehr vor der Verschiffung beseitigt werden, sind bitte auch mit einzeln zu listen und durch ein Detailfoto zu dokumentieren.

Auch der aktuelle, letzte **Tachostand** wird zwingend zusammen mit der **Fahrgestellnummer** gebraucht. Sollte der Motor und oder das Getriebe gewechselt worden sein, ist dieses auch mit anzugeben, wenn die Gesamtlaufleistung nicht mehr dem Tachostand entspricht. Des weiteren sind alle Fahrzeugansichten von Aufbau und Einrichtung rings herum im Detail mit Fotos zu dokumentieren und in Kopie beizulegen.

So in etwa geht das mit der Erstellung einen Gutachtens.

Ob man dann genau nach der Höhe dieses Gutachtens sein Fahrzeug auch versichern möchte, hängt von jedem einzelnen und seiner Bonität, wie Risikobereitschaft ab. Aber sicher auch von der jeweilig berechneten Prämie der einzelnen Versicherungen.

Vergesst bitte nicht..,Versicherungen leben in erster Linie davon und das sehr gut, dass sie meistens KEINE Schäden zu regulieren haben!

Noch etwas. Es ist in einigen Ländern, wie z.B. Ägypten oder Iran nicht ratsam ein möglichst hoch ausgestelltes Gutachten dem Einfuhrzoll vorzulegen. In solchen Ländern mit extrem niedrigen Treibstoffpreisen werden dann gerne extrem hohe Strassenbenutzungsgebühren erhoben, um dem günstigen, heimischen Treibstoffverkauf entgegenzuwirken.

Bei Ro-Ro Verschiffungen sollte das Fahrzeug auch gegen Einbruch, Beschädigung und natürlich im Brandfall auch gegen Totalverlust versichert werden. Es lohnt sich zumindest drei unterschiedliche Versicherungen zu kontaktieren, um danach die realste Angebotsvariante zu wählen.

Zu diesem Versicherungsvertrag legt man 4 aktuelle Fahrzeugbilder aller Seitenansichten bei, wie der Wagen oder dein Expeditions-LKW überhaupt vor der Übergabe zur Verschiffung, fertig bepackt, ausgesehen hat. Bei optischen Vorschäden werden diese auf einem Extra Papier dokumentiert und bestätigt, plus vom Hafenagenten bei der Fahrzeug und Schlüsselübergabe gegen gezeichnet. Auch wenn ich mich hier leicht wiederhole - hilft das enorm, für den "Fall der Fälle".

All dieses Prozedere klingt wiedermal sehr kompliziert, beruhigt aber enorm und ist schlussendlich nicht so aufwendig wie gedacht.

Kapitel 05.6 - Zollfreie Einfuhr von Oltimer Fahrzeugen

Seit Anfang 2018 hat das derzeit wohl global einzige Land Australien die Importregeln für historische Fahrzeuge ab 30 Jahre und älter geändert und den Einfuhrzoll für solche noch verkehrstüchtigen wie gepflegten Veteranen vollständig aufgehoben. Wohingegen zum Beispiel in Schwarzafrika in einigen Ländern die Fahrzeugeinfuhrsteuer für ältere Gebrauchtwagen mit mehr wie 10 Jahre extrem angehoben wurde.

Somit können nun zum Beispiel begehrte Allradfahrzeuge, wie Rechtslenker (und NUR Rechtslenker!) aus Großbritannien, schon bei uns in der Heimat erworben, aus- und umgebaut, dann rüber verschifft und Zollfrei eingeführt werden. Natürlich wird vor der Anmeldung eine umfangreiche, technische Vollabnahme stattfinden (Ingenieurs Report), um das Fahrzeug nach den australischen Richtlinien zu zertifizieren. Also Dinge, wie Beleuchtung, Bremsen, Lenkung, Achsführung und Aufbauzustand. Ist diese Prüfung vollzogen, bekommt das Fahrzeug für immer ein zusätzliches, australisches Typenschild in den Motorraum genietet und somit auch neue, australische Fahrzeugpapiere zu gewiesen.

Dieser Service wird um die 500 - 1500AU$ kosten und einige Stunden an Zeit verschlingen, aber dann hat man ein unverdorbenes Fahrzeug am Start, welches sich nach seiner Rundreise sicher auch sehr gut weiterverkaufen lässt, da ja "noch wenig" Kilometer auf der "Uhr", gemessen an den sonst üblichen, hohen Kilometerleistungen der heimischen Fahrzeuge.

Kapitel 05.6.1 - Fahrzeug Deklarierung & Einfuhr Prozedere

Hat dein Fahrzeug endlich australisches Hoheitsgebiet erreicht, gilt es nun den Wagen möglichst SCHNELL aus dem

Freihafengelände zu bekommen. Leider darf man aus versicherungstechnischen Gründen als Leihe nicht einfach so in den Hafenbereich rein spazieren und da ziellos umherirren, bis man evtl. seinen Container oder Wagen entdeckt hat.

Der ganze Verschiffungsprozess funktioniert nur über einen ortskundigen, registrierten Zoll, oder Hafenagenten. Hat man sich daheim für eine Internationale Spedition entschieden, die in Australien im anvisierten Hafen eben auch ein eigenes Büro unterhält, ist man fein raus. Dann nämlich bekommt man schon im Vorfelde mitgeteilt, an wen man sich vor Ort zu wenden hat. Auch nahe liegende Hotelunterkünfte werden so schon vorab vermittelt, um seiner Kundschaft das leichter zu gestalten. Mit diesem "hauseigenen Agenten" fährt man dann in das bewachte Freihafengelände, um sein Fahrzeug umgehend rauszuholen.

Diese Agenten wissen schon durch den Lademeister, wo genau der Container oder gar das Fahrzeug auf dem ja sehr weitläufigen Gelände abgestellt wurde. Fahrzeuge werden da gerne in riesigen Hallen zwischen deponiert, um auch bei schlechtem Wetter eine problemlose Zoll und Quarantänekontrolle abwickeln zu können. Beamte werden nicht gerne nass. Bei Verschiffungen ohne direkte Kontaktperson, muss man sich selber einen passenden Agenten vor Ort suchen, der dann mit einem und gegen gutes Extrageld das besagte Fahrzeug aus dem Hafen holt. All dieses Procedere ändert sich ständig, so oder ähnlich läuft es aber weltweit ab. Also aktuelles Nachfragen ist obligat und ein muss.

Tipp: Foto-Dokumentation... (siehe genauer Kapitel 7)

Auch wenn ich mich wiederhole, sollte man sich im Vorfelde auf einen ja durchaus möglichen Transportschaden wappnen, gerade bei Ro-Ro Transporten. So kann ich nur empfehlen direkt bei der Fahrzeugübergabe, wie auch bei dem

Fahrzeugempfang mit dem jeweiligen Agenten vor eurem Fahrzeug, von allen 4 Seite geschwind je ein Foto zu knipsen, ohne das die Person das Fahrzeug verdeckt. So könnt ihr bei Schadensmeldung die Alten mit den Neuen Fotos vergleichen, um zu beweisen, das am Tag der Übergabe keine optischen Mängel vorhanden waren und das Fahrzeug zum Einschiffungstag noch makellos war. Alle sonstigen, sichtbaren Vorabschäden trägt man natürlich peinlichst genau und mit Detailfoto dokumentiert in die Verschiffungs- und Frachtpapiere mit ein und lässt sich diese vor Abfahrt des Schiffes auch gegenzeichnen.

Aktuell (01.22) habe ich gerade von einer Hamburg - Montevideo/Südamerika LKW-Ro-Ro Verschiffung mit massivem Einbruch erfahren, das zumindest "Grimaldi" in Zukunft Reisefahrzeuge nur noch auf Totalverlust versichert, aber nicht mehr gegen Einbruch und Kleinschäden.

Über andere Weltreise Freunde die aktuell (03.22) von Hamburg nach *Hallifax*/Kanada per Ro-Ro verschiffen wollten, erfahre ich, dass Kanada keine Großfahrzeuge über 3,5t GG mehr rein lassen will. Das mag ich kaum glauben. Somit sind beide Aussagen ohne Gewähr!

Tipp: Quarantäne Zoll...

Okay, nun folgt die "Quarantäne Prozedur". Da sind die Australier äusserst pingelig, aber doch auch wieder korrekt. Wer je sein Fahrzeug nach Australien zeitlich begrenzt einführen möchte, sollte es auf den letzten Metern bei einer letztmöglichen Tankstelle mit Waschplatz vor dem Hafengelände, direkt vor der Übergabe zur Einschiffung, gründlichst mit einem Hochdruckreiniger von allen Staub und Erdresten befreien. Denn genau danach schauen die Quarantäne Offiziere, ob es nicht doch noch Lehm und Schmutzreste unter den Kotflügeln, am Rahmen oder im Motorraum hat. Wenn doch, wird eine teure Spezialwäsche vor Ort fällig, inkl. einer Pestizid-Bestäubung, die man sich gerne ersparen sollte. Einige Länder vollziehen als erstes nach dieser "Reinlichkeits-Abnahme" dem Fahrzeug vor verlassen des Hafengeländes ein sogenanntes "Tauchbad", indem man durch ein Betonwanne mit Desinfektionsmittel fährt, um all das, was da noch an den Reifen und Bremsenteilen klebt, zu desinfizieren. Diese ca. 30 cm tiefen "Laugenbäder" sehen ziemlich ekelig aus. Egal, man soll ja nicht drin baden, sondern nur deren Einreisevorschriften nach kommen.

Ist auch das erledigt, geht es an das Wageninnere. Auch hier sollte alles blitze blank sauber sein, auch unter den Fußmatten. Alles an Wäsche sollte frisch gewaschen und in klare Plastiksäcke verpackt, wie beschriftet werden. Schuhe sollten ebenfalls an den Sohlen wie neu aussehen und in den Küchenregalen und Stauboxen sollten keinerlei Lebensmittel beinhalten. Eine exakte Gepäckstückliste sollte vorab in englisch ausgedruckt und dem Offizier bei der Begehung in die Hand gedrückt werden. Dazu eine kleine Geschichte, was man denn in Australien alles schönes besichtigen will und schon ist man willkommen.

Ach und die "Porta Potti", also das Bord WC sollte natürlich auch von innen wie Neu aussehen! Entweder zum Reisestart schön mit Chlor reinigen oder gleich eine Neue Einschubkassette kaufen. Das gleiche gilt nun auch für die gerade schwer angesagten "Trenntoiletten" und fest verbauten Grauwasser- und Fäkalientanks - NULL Kompostinhalt!

Tipp: Einfuhr-Zoll...

Ist auch diese dritte Hürde genommen, kommt der nächste Schritt zur zeitlich begrenzten Fahrzeugeinfuhr. Hier kommt nun das **"Carnet de Passage"** zum Einsatz, welches über einen Automobilclub über einen befristeten Zeitraum von maximal einem Jahr ausgestellt wird und versicherungstechnisch über den englischen Lloyd abgedeckt ist. In dieses orangefarbene Blockdokument wird nun der Wagen mit Fahrgestell und Motornummer (lasst euch von eurer Werkstatt daheim vorab zeigen, wo bei eurem Modell die Motornummer steht) zur Einreise "eingestempelt", wovon der Zoll den 1. der 3 Abschnitte behält. Nach "einem Jahr" oder weniger, wird des Fahrzeug zur Rück-/Weiterverschiffung wieder "ausgestempelt", wovon der örtliche Zoll wiederum, nun den 2. Abschnitt behält. Der Rest dieser einen, auf das Land bezogenen Carnetseite verbleibt mit beiden Ein- und Ausreisestempeln zum Beweis im Heft. So ginge das denn beim nächsten Reiseland weiter, bis man wieder Zuhause aufschlägt oder das Heft voll ist und bei nächster Fluganreise ein neues mitgebracht werden müsste, um das "alte volle" auszulösen und dann per Post wieder zum Automobilclub heim zu schicken.

Merke:

Ein CARNET wird NIEMALS verlängert, es MUSS nach spätestens einem Jahr Laufzeit gegen ein Neues getauscht werden!!!

Wenn das nicht passiert, also bei Diebstahl des Fahrzeuges oder unverzolltem, wiederechten, heimlichen Fahrzeugverkauf, dürfte der australische Zoll (weltweit jeder Zoll, nach ca. einem halben Jahr Wartezeit), dieses Dokument beim englischen Lloyd dann einreichen, welcher dann nach der angegeben Fahrzeugsumme, dem australischen Staat, diese Deckungssumme dann auszuzahlen hat. Das wiederum wird aber auch erst nach weiteren 6 Monaten Wartezeit eingeleitet, denn es könnte ja sein, dass das Fahrzeug doch wieder auftaucht.

Also verliert bitte NIEMALS dieses Dokument!!!

Sollte es dennoch bei einem Fahrzeugeinbruch mit

anderen Wertgegenständen gestohlen werden, MUSS man dies auf jeden Fall mit einer polizeilichen Diebstahl-Verlust-Anzeige durch deren Bestätigung schriftlich dem Carnetaussteller /ADAC, ÖVP, usw. umgehend gemeldet werden, um schnellstmöglich ein Neues Dokument per Kurier zugeschickt zu bekommen. Manchmal funktioniert das dann auch mit den anderen, gestohlenen und neu beantragten Papieren über die Deutsche Botschaft.

Tipp: Foto-Dokumentation aller Dokumente...

Macht Euch von jedem Dokument und Stempeleintrag unbedingt je ein aktuelles Foto und schickt es euch selber auf's eigene Postfach. Nur so könnt ihr später bei einem möglichen Totalverlust beweisen und leicht nachvollziehen, wie der letzte aktuelle Stand, bis zum Dokumentenverlust denn war.

Der Einfuhrzoll kontrolliert nun weiter stichprobenartig, ob das alles was sich laut eurer Packliste im Fahrzeug befindet, nach eurem Privatzeug ausschaut und ob natürlich auch keine Drogen, Waffen oder ähnliche nicht erlaubte Waren heimlich eingeführt werden. Eine persönliche Frage dazu wird vor dem Betreten und vor der Fahrzeugkontrolle, je Person erfolgen, ähnlich wie bei der Ankunft am Flughafen. Ein korrekt freundliches Auftreten in angemessenem Dresscode mit einer kleinen Geschichte, was ihr denn so reisetechnisch vorhabt, hilft auch hier wieder enorm und schwups ist auch diese Einreisehürde genommen.

Eine Liste der gängigsten, verbotenen Gegenstände:
- Drogen
- Schusswaffen
- Alkohol in grossen Mengen über 2L pro Person
- Tabakwaren nicht mehr wie eine Stange pro Person
- Tierfelle, wie alle aus Tieren gefertigten Produkte
- jegliche Art von tierischen Knochen & Hornprodukten

- alle Lebensmittel
- aktualisierte Gegenstandslisten könnt ihr Euch
                        im Internet frisch runter laden.

Tipp: Fahrzeug Abmeldung & Zweitkennzeichen...

Wer seinen Australientrip für eine Reisedauer von 6-12 Monaten plant, tut gut daran, das Fahrzeug für diesen Zeitraum abzumelden, um die unnötigen KFZ.-Steuern wie Versicherungsraten einzusparen. Ein kurzes **Saisonkennzeichen** wäre auch eine Option, damit man seine "Wunschnummer" weiter behält und alle damit einhergehenden Originalpapiere.

Zum späteren Abmelden holt man sich ansonsten einen Satz ungestempelte Zweitschilder (Duplikate) und tauscht diese im Freihafen unmittelbar vor der Fahrzeugübergabe gegen die gestempelten aus (diese neuen Schilder schon daheim vorbohren, damit es im Hafen keinen Stress gibt). Mit den gestempelten Schildern fährt man dann nach der Fahrzeug-Übergabe zum Verkehrsamt und meldet das Fahrzeug vorübergehend ab (vorübergehende Stilllegung). Eure Nummer bleibt danach noch 1 Jahr in Eurem Namen bestehen, danach wird sie für andere Fahrzeughalter mit Neuanmeldungen freigegeben. Dieses geht auch in jedem anderen Verkehrsamt, sollte der Heimatort nicht in der Hafennähe liegen.

Abmelden geht überall, Anmelden dagegen nur beim Wohnsitz! In Australien selber interessiert es keine Sau, welche und ob überhaupt Stempel auf den Schildern kleben, da zählt nur eine registrierbare Nummer (also für Strafzettel von Geschwindigkeitsvergehen und Falschparken usw.), sprich sichtbares Kennzeichen.

Auch die Farbe des Nummernschildes spielt absolut keine Rolle. Ob rot, grün oder schwarz, egal. Theoretisch könnte man also mit einer grünen "Bauern- oder Schaustellernummer oder noch besser mit einem roten, TÜV-freien "07er Oltimer-

Wechselkennzeichen" um die Welt ziehen, alles "Banane". Ein Fahrzeug muss immer nur amtlich zu erfassen sein. Das zweit wichtigste ist dann die Fahrgestell-, sprich Rahmennummer.

Tipp: Fahrzeughalter...

Der Fahrzeughalter sollte gerne mit dem Fahrer ein und die selbe Person sein. In Australien ist das nicht ganz so wichtig, aber in weiteren 3.Weltländern führt das häufig zu Unklarheiten, da sich dort die Beamten oft nicht vorstellen können, das dem Fahrer das mitgebrachte Fahrzeug nicht auch selber gehört, weil es evtl. von einem Freund mit anderen Familiennahmen geliehen wurde, oder für eine Organisation überführt werden soll. Oder es aber auch gestohlen sein könnte, wenn man nicht ein passendes, amtlich beglaubigtes Dokument (Nutzungsvollmacht) dabei hat, um die Situation zu erklären.

Klebt Euch gerne ein heimatliches Bundeslandwappen an's Heck, ob es ein "Lübecker Stadttor", ein "Hanseatisches Wappen" oder ein "Bayrischer Löwe" ist, so in der Art. Ihr glaubt ja nicht, wie häufig man dann von ex. Auswanderern angesprochen wird, weil sie sofort einen Landsmann aus ihrer Heimatregion erkennen. Also so was schafft auch schnell neue, nette Kontakte.

Das alles klingt sehr kompliziert, ist aber sicher schon nach wenigen Stunden erledigt und schon könnt Ihr das Freihafengelände auf eigenen Rädern verlassen. Der Erste Weg geht dann natürlich zuerst einmal an eine Tankstelle, um den Kraftstofftank wie Wassertank frisch zu befüllen und dann weiter zu einem Supermarkt, damit der Kühlschrank nicht so blank ausschaut. Tja, und schon kann die grosse Reise beginnen.

Halt STOPP - nicht ganz!

ALLE Linkslenkerfahrzeuge, die Australien betreten,

müssen noch hinten am Fahrzeug ein ca. DinA3 grosses Warnschild haben. Ob auf die Rückwand geklebt oder als Blechschild verschraubt oder mit Spanngummis hingezippt, egal. Wichtig, es muss...

"*Caution Left Hand Drive*" drauf stehen!

Eigentlich Blödsinn, denn ich habe noch nie bei uns im extrem stark frequentierten Europa ein englisches Fahrzeug gesehen, bei dem hinten "Caution Right Hand Drive" drauf klebte. Es ist auch vollkommen egal, solange man sich auf der richtigen Fahrbahnseite bewegt, die landestypische Verkehrsregeln beachtet und natürlich auch keinen Unfall verursacht. Wichtiger ist dann mit einem Linkslenker die verbauten "Scheinwerfer-Glasdreiecke" abzukleben, damit man bei Nachtfahrten den Gegenverkehr nicht blendet. Das leuchtet ein und macht Sinn. Natürlich könnte man dieses perfektionieren und vorab daheim schon "englische Scheinwerfereinsätze" besorgen und vor montieren, aber eine geklebte Abdeckung tut's auch, denn die meiste Zeit werdet ihr sicher tagsüber reisen, um was von den Schönheiten der Landschaft mitzubekommen.

Achtung !
und **fahrt möglichst NIEMALS Nachts im Dunkeln durch's Outback!!!**

Die Gefahr auf Kängurus, Wildpferde, Rinder, Wildkamele und im tropischen Süd-Osten auch Wombat's (diese Riesenhamster) zu treffen, ist verdammt hoch, zumindest auf Outback-Querverbindungen, aber eher selten der Küste entlang. DAS möchtet keiner erleben, wenn ihm 80kg und mehr an Frischfleisch unverhofft in die Haube springen.

Tipp: Kfz.-Versicherung...
Bevor man nach dem Volltanken und Einkaufen den

Urlaub beginnt, folgt die landestypische Haftpflichtversicherung. Hier bietet sich auch der Australische Automobilclub (AAAC) an, damit das Fahrzeug wenigstens gegen "Third Party-Property Insurance", also gegen eigenhändig verursachte Unfälle mit "gegnerischen" Personen- und Sachschäden abgedeckt wird. Auch eine Vollkaskoversicherung "Full-Comprehensive Insurance" kann man abschliessen, macht aber für Altwagen keinen Sinn und ist natürlich auch eine Frage wie risikobereit ihr seit. Eine Rechtschutzversicherung wäre auch sinnvoll und ist nicht teuer, ausser ihr seit selbst euer Anwalt. Natürlich sitzen solche Versicherungsbüros gerne da, wo sie gebraucht werden. Meist direkt schon in Hafennähe oder ganz sicher im Stadtzentrum. Kurzer Blick ins Internet und schon habt ihr die aktuelle Adresse.

Tipp: Automobil-Club...

Wer schon im heimischen ADAC Mitglied ist, wird hier, nach vorzeigen der deutschen Mitgliedskarte kostenloses Kartenmaterial bekommen und gegen eine bescheidene Zuzahlung den vollen australischen AAA-Service geniessen. Auch kann man daheim über den ADAC und in Verbindung mit dem australischen AAA-Club deutlich günstigere Mietwagenkonditionen abschliessen. Vorraussetzung ist, dass diese Buchungen schon daheim vor dem Abflug und im Zusammenhang mit dem Flugticket getätigt wurden. Also eine aktuelle eMail Anfrage lohnt sich.

Tipp: Miet-Wagen / Miet-Wohnmobil...

Gleich dazu kommt die simple Überlegung, ob es nicht sinnvoller und günstiger ist, sich statt einer Fahrzeuganmietung mit Zimmerbuchung für die Gebrauchtwagensuche, nicht besser gleich für die ersten 1 - 2 Wochen ein kleines Wohnmobil zu mieten. Damit habt ihr gleich nach Ankunft einen fahrbaren Untersatz sowie ein Bett unterm Arsch. So seit ihr maximal flexibel und stellt euch nachts zum schlafen irgendwo in einen ruhigen Park oder an's Ende einer Sackgasse. Die Gebrauchtwagensuche gestaltet sich damit, sowie mit einem aktuellen Navi bestückt, deutlich entspannter und würde euch obendrein mit einer Stadtrundfahrt, der von euch gewählten Ausgangscity, bereichern.

Tipp: Linksverkehr...

Sollte mich heute einer fragen, was nun wirklich besser oder vorteilhafter sei, müsste ich langsam lügen, denn mittlerweile hat sich das „Links Fahren" genauso in's Hirn eingebrannt, wie unser „Rechtsverkehr" in Europa. In Afrika, sprich in seinen ehemaligen englischen Kolonialstaaten war das anfangs irgendwie spannender, da sich einfach immer und überall Menschen und Tiere auf der Strasse bewegen und du deutlich mehr mit unverhofften Situationen am Wegesrand zu rechnen hast. Aber hier bei den Australiern ist ja alles so unglaublich präzise geregelt, bevor da mal einer zu früh oder zu hektisch abbiegt, muss schon was dringendes passieren. Ausserdem kannst du dich meistens prima an den vorderen Verkehrsfluss orientieren, womit sich alles erklärt.

**Aber denkt daran: bei L I N K S V E R K E H R,
hat auch RECHTS Vorfahrt!!!**

Die gefährlichsten Verwechslungsmomente der Strassenseite, bestehen während der ersten Reisetage und sind häufig beim WEGFAHREN von Supermarkt Parkplätzen, so nach dem Großeinkauf.

Klebt euch dazu einen LINKS-ZEIGENDEN Pfeil vor euer Lenkrad an die Scheibe, das hilft enorm und ist schnell zu realisieren.

Tipp: Beste Reisestart Zeit...

Wo ich gerade dabei bin, fällt mir noch ein, dass der günstigste Zeitpunkt dafür in der letzten November, sprich ersten Dezember Woche liegt.

Warum werdet ihr jetzt fragen...

Wenn ihr das schafft bis Mitte/Ende Dezember, also bis kurz vor Heiligabend euren Wunschwagen zu finden und auch in 1 - 2 Wochen, so wie ihr ihn braucht für eure Reisezeit umzubauen, ja dann könntet ihr das für mich weltgeilste Silvesterfeuerwerk in dieser fantastischen Megacity live miterleben. Also was Sydney da an Pyrotechnik und an 6 Stellen synchron raushaut, ist wirklich nicht zu toppen. Einfach nur MEGA und GIGANTISCH !

Natürlich werden genau so spektakulär in *Perth, Adaleide, Melbourne* oder *Brisbaine* Großfeuerwerke von den Kommunen zelebriert, damit die Bewohner glücklich in's Neue Jahr starten.

Vorab bemerkt gestaltet sich eine Fahrzeugübernahme mit Ummeldung und späterem Weiterverkauf in Perth WA, zumindest von der bürokratischen Seite gesehen am unkompliziertesten, da man dort schon lange alles per Post und Online erledigen kann. Aber dazu später unter "TÜV / Pink Slip" genaueres und mehr.

Es ist eines der grössten und geilsten Partys die man sich überhaupt nur auf diesem Planeten vorstellen kann. Friedlich ist sie auch noch dazu und alles läuft vollkommen ohne Krawalle ab. Da private Feuerwerke wegen der hohen, sommerlichen Brandgefahr grundsätzlich verboten sind, spendet jede Großstadt Australiens seinen Bürgern und Besuchern solch ein Großfeuerwerk aus der "Haushaltskasse". Also wer danach seine Reise beginnt, trägt bereits ein australisches Lächeln in seinem Herzen und wird diesen Kontinent gleich mit anderen Augen bereisen, weil er sehr wahrscheinlich schon dort seine aller ersten Freundschaften schliessen konnte, einfach nur - TOLL !

Tja und was bringt solch eine mega Party noch mit sich?

Es werden Unmengen an Campingklamotten, Zelte, Decken,

Campingstühlen, Isomatten, Luftmatratzen und Grillzeug, Weingläser und und und einfach liegen gelassen, weil viele schlichtweg zu faul oder auch zu betrunken sind, um ihre Silvesterausrüstung nach der Party zu früher Morgenstunde wieder mit Heim zu schleppen. Also Übernachtet gerade eine Strasse um die Ecke und geht sehr früh Morgens, sobald es hell wird los, oder feiert einfach durch, um für Euren Trip noch nützliche Sachen aufzusammeln, bevor die Stadtreinigung an rückt und alles in die Tonne haut.

Ein kostenloser Flohmarkt - besser geht nicht :-)

Tipp: Best New Year Scenic View Point...

Die mit beste Aussichtslocation, um gleichzeitig auf die City und die Harbourbridge zu blicken, wenn das Feuerwerk startet, ist der Fähranleger "Cremone" !

Von dort nur 200 - 500m zu Fuß dem Rad- und Wanderweg folgend, ergeben sich hunderte tolle Rasenplätze mit direkten Panoramablick auf City und Brücke. Eine Besonderheit bietet das Reservieren von Rasenflächen. Ja ihr habt richtig gehört! Wer 2 - 3 Tage zuvor die Grünanlagen abläuft und sich seinen Partyplatz reservieren will, kann das ganz einfach realisieren, indem er eine grosse Decke oder Plane mit Erdheringen am Boden verankert - markiert.

Es dürfen keine Schnüre abgespannt werden, wo man drüber stolpern könnte, verwendet werden, aber bündig in den Boden gesteckte Zeltheringe schon. Tja Leute und das funktioniert und keiner klaut euch diesen markierten Partyplatz weg - irre. Aber bitte steckt euch nur so viel Platz ab, wie ihr selber mit 2 Stühlen wirklich benötigt, oder es nach Personenzahl sinnvoll ist.

Und keine Sorge, es werden reichlich extra Mülltonnen und Dixi-WC's entlang dieser Partymeile aufgestellt, auch das funktioniert prima in Australien.

Kapitel 06 - Australien's Camper Service

Weiter kommt der all umgreifende, australische Camperservice gerade den Rad-/Motorradfahrern sehr zu Gute. Natürlich profitieren auch alle Besitzer von Campervan's davon, sofern gewünscht. Will sagen, egal wo man der Küste entlang oder auf den bekanntesten Outbacktracks unterwegs ist, immerzu gibt es in den noch so kleinen, zu passierenden Orten wie Städten sogenannte "Puplic Parks" mit sauberen Toiletten und gemütlichen, beschatteten Barbeque Grilleinrichtungen. Genauer definiert sind es fast immer gemauerte kleine Toiletten und Waschhäuschen, wo in der Mitte eine barrierefreie Behinderten-Toilette stufenlos platziert wurde und links / rechts davon je eine kleine Damen- und Herrentoilette.

Wer jetzt nicht zwingend immer auf einen teuren Privat Campingplatz fahren möchte, um seine Reisekasse zu entlasten, der kann zwischendurch auch folgende Variante nutzen.

Der Trick besteht darin, sich vorab ein Stück Gartenschlauch (2m) mit Brausekopf (z.B. Gardena) sowie einen Übergangsadapter für Wasserhähne im Baumakt zu besorgen. Damit bestückt, kann man die geräumigen "Behinderten-Toiletten" nun auch kurz als Duschraum nutzen. So auf der Durchreise für schnelle Zwischenstopps, die perfekte Lösung um eine kurze Erfrischung zu finden.

Ob ihr es glaubt oder nicht, all diese öffentlichen Grill - und Sanitäranlagen werden fast überall täglich gereinigt und mit frischem Toilettenpapier bestückt. Auch die Grillstationen werden vorab gründlich mit Drahtbürste geschrubbt und dann mit einem Hochdruckreiniger "durchgekärchert". Hey, DAS ist unglaublich, dieser fantastische Service. Und mit was fahren die meisten Serviceteams umher? Mit einem Land Cruiser J7 oder heute eher mit einer moderneren High-Lux oder Nissan Pritschenwagen. Somit gibt es natürlich auch immer Frischwasser. Dazu kommen dann um die WC Komplexe angeordnete, kleine Grilleinheiten, also Barbecue Blöcke. Auch da sind es meist überdachte (eher wegen der starken Sonne, nicht wegen dem seltenen Regen), mit schönen Ziegeln gemauerte Grilleinheiten, die zu einer Hälfte aus einer Edelstahl Grill und Bratmulde bestehen und zur anderen Hälfte eine Arbeits-/ Ablagefläche bieten, das ganze dann Gas (selten mal elektrisch) betrieben und kostenfrei. Hey, das ist verdammt viel Liebe zum Detail und ein unglaublicher Service mit Luxusfaktor.

Doppelgrillplatz mit Esstischeinheit unter Palmen.

Und nie haben wir vermüllte Plätze oder auch nur mal selten mit Graffiti vollgeschmierte Wände (wenn nur in Großmetropolen) entdeckt. KRASS hier funktioniert das.

Zwar hat man zu den Anfängen noch diese öffentlichen Freizeitplätze und Grillstationen mit Münzautomaten bestückt, damit jeder der den Grill benutzen will, dort seinen Obolus entrichtet, aber das hat sich nicht wirklich bewährt, da die Münzautomaten A. immer wieder defekt waren (Staub und Sand im Outback) und B: weil einige dann auch versucht haben, diese zu knacken um an die Gasflaschen zu gelangen, oder eben um die Kasse zu plündern. Schlussendlich wurde es aufgegeben und so bietet man nun diesen Grillservice kostenlos, finanziert aus der kommunalen Kasse an, denn das verursacht den örtlichen Verwaltungen unterm Strich am wenigsten Arbeit mit Kosten.

Ergo bist du als Australienurlauber super gut bedient, wenn du an solchen Grillplätzen spät Nachmittags aufschlägst. Meistens kann man dort auch gleich eine Nacht Zelten oder zumindest im Auto schlafen. Im Outback sowieso, aber nicht immer an der stark belebten Ostküste entlang, da einfach zu viel Fahrzeug- und Personenbewegung dort stattfindet und Camper dann diese Plätze zu sehr blockieren würden, wenn sie sich gleich mehrere Tage niederlassen. Ergo muss an solch öffentlichen "Hotspots" verschärft mit Camping Verbotsschildern gerechnet werden.

Weiter hat sich auf den langen Outback Strecken bei Motorrad- wie Fahrradfahrern so eine Art "Depotservice" etabliert. Gehst du also so eine mehrere hundert Kilometer lange Strecke an, wo sicher ist dass es zwischendurch keinerlei Nachschub gibt, besorgt man sich vorab beim Ausgangspunkt eckige 5L, 10L oder 12L Trinkwasserkanister aus dem Supermarkt und bittet Autofahrer, die in die selbe Richtung fahren, alle 100km einen bis 2 Kanister mit deinem Namen per "Edding" beschriftet, an den Strassenrand zu stellen. Das funktioniert meistens gut, ist aber leider nicht zu 100% sicher, da es auch "Gegner" von solchen Aktionen gibt, die diese Kanister einfach mitnehmen oder gar zerstören.

Ergo: Nicht alles was du als Rad- und Motorradfahrer toll und praktisch findest, müssen andere auch super finden. Traurig, aber das ist nun mal so und das leider nicht nur in Australien. Aber egal, toll ist ja das es überhaupt solche Hilfeleistungen gibt, um einem solche exponierte Reiseabschnitte überhaupt zu ermöglichen. Auch hier braucht es wieder etwas Vertrauen in die Menschheit und alles ist gut. Ich persönlich bin noch nie zu solchen Aktionen gezwungen gewesen, um solche Probleme zu lösen, aber das kann ja noch mal kommen, wenn auch wir länger mit dem Fahrrad auf Tour gehen.

Kapitel 07 - Langzeit Visa 3 / 6 / 12 Monate
(subclass 600 Download Formblatt 1419)

Im heutigen, digitalen Zeitalter ist diese Prozedur eines Visaantrages zum Glück recht einfach geworden. In Australien selber kann man heute fast alle behördlichen Dinge online erledigen, so auch die aktuellen "Visa Applications" (eVisum). Wer es nicht eilig hat und mit dem Computer nicht so gut zurecht kommt, schickt seinen Pass (muss noch mind. 6 Monate länger gültig sein, wie die maximal gewünschte Visazeit) im frei frankierten Rückumschlag an die:

Australische Botschaft
Wallstraße 76-79, DE 10179 Berlin
Tel. +49(0)30-8800880
8:30 - 17:00 Uhr geöffnet

Mittlerweile als eVISA: https://immi.homeaffairs.gov.au/Visa-subsite/Pages/visit/600-visitor-landing.aspx

Dazu zwei biometrische Passbilder, einen Kontoauszug zur Bestätigung, das man für 12 Monate genug Geld zur Selbstversorgung hat (1500,-AUD pro Person/Monat), plus eine passende Reisekrankenversicherung mit Rücktransportoption, für die angedachte Aufenthaltszeit und ab damit zur Visa-Beantragung. Ein 12 Monate Jahresvisum kostet derzeit

195AU$. Nach ca. 2 Wochen hat man seinen Pass inkl. Visum zurück. Nach Bewilligung und Erhalt dieses Visa's ist es für 12 Monate ab Visa-Bewilligung zur Einreise gültig, worauf ab gestempeltem Einreisedatum die freigegebene Visazeit anfängt abzulaufen.

Erst danach sollte man anfangen sein Jahres-Flugticket zu buchen und die andere Vorkehrungen zu treffen, die mit der bewilligten Aufenthaltszeit (3, 6 oder 12 M.) zusammen hängen.

Tipp: Bonitätseinheit / Reisegeld...

Rechnet bitte ca. 1000,-€ pro Person pro Monat, DAS solltet ihr im Minimum auf Eure Reisemonate umlegen. Bedenkt, Australien ist riesig!

Wer gerne viel Essen geht und sich noch lieber in Cafe's rumtreibt kann nochmals locker 500,-€ pro Person drauf packen. Der Kauf eines Wagens gehört nicht dazu, denn dieser variiert sehr vom Fahrzeugtyp und wird mehr oder weniger nur ausgelegt. Ergo, wer sein Reisefahrzeug gut pflegt und heil ans Ziel zurück bringt, wird mit einem kleinen Abnutzungsverlust (Kilometergeld), fast seine ganze Investition wieder raus bekommen. Die Kaufsumme solltet ihr als finanzielle Extraeinlage betrachten.

In Australien selber, kann selbst dieses volle Jahresvisum nochmals verlängert werden. Soweit mir bekannt, bekommt man es bei jeder Emigration-Vertretung ohne Extra Kosten um einen Monat verlängert, aber danach MUSS man den Kontinent schlussendlich verlassen. Bedenkt auch bitte, wenn man so was noch plant, muss natürlich auch der Rück-/Weiterflug um diesen Zeitfaktor verschoben oder umgebucht werden, was häufig recht teuer kommt. **WICHTIG !**
Erledige das mindestens 3-4 Wochen
BEVOR das Ablaufdatum erreicht ist!

Danach wird es sehr sehr teuer und unangenehm, da es eine Straftat ist! Ob es sich dann auch lohnt, ebenso den Abflugtermin um einen Monat zu verschieben, muss sich jeder selber fragen, denn dieser Service ist soweit mir bekannt, nur bei First-Class-Tickets frei (auch Stornierungen), nicht aber bei Economy-Tickets und schon gar nicht funktioniert das ohne Extrakosten mit pauschalen Charterflügen.

Kapitel 08 - Flug Anreiserouten mit Ticket-Kauf

Die Nachkriegszeit der grossen Auswanderer Wellen nach Amerika, Australien oder Kanada liegen schon Dekaden zurück. Zu dieser Epoche wurden noch Facharbeiter mit freien Flugtickets und Schiffs-Fährpassagen geködert, um möglichst viele "Europäer" wie auch Asiaten in die unterbesetzten Länder zu locken. Heute ist diese Art vom Auswanderungsabenteuer vorbei und man muss sich selber bemühen, sein Traumziel zu erreichen. Ergo bleibt nur noch das Fliegen, da eine Wochenlange Fährpassage mit Koje und Verpflegung viel zu teuer käme.

Na nicht ganz. Tatsächlich und aktuell (3.2022) besteht die sehr edle Reisemöglichkeit mit der zauberhaften "Queen Marry2" von Hamburg nach NewYork binnen 7 Tagen, um maximal Stielvoll rüber zu schippern. Leider funktioniert das nicht so schnell und günstig, direkt nach Australien rüber.

Tipp: Flugrouten Wahl...

Da Australien mehr oder weniger genau auf der anderen Erdkugelhälfte liegt und durch seine Größe sogar 4 Zeitzonen durchläuft, ist es eigentlich egal wie rum man fliegt, um dort hin zu gelangen. Einzig und allein bestimmen die Ticketpreise den Anreiseweg. Spielt bei euch Zeit nicht so eine grosse Rolle, versucht man die sehr lange Flugzeit mit einem geeigneten

Zwischenstopp zu unterbrechen. Ob dieses nun für magere 3 Tage ist oder gleich für mehre Wochen sein soll, hängt vom einzelnen ab. Allerdings ginge bei einigen Wochen Stopover diese Zeit von dem gesamten Jahresticket Zeitfenster verloren. Also überlegt euch was euch wichtiger ist.

Die mit Abstand gängigste Stopover Variante ist Frankfurt-Bangkok - Perth oder Sydney. Wer das schon kennt, nimmt dann sicher Frankfurt-Singapore-Perth/Sydney. Und wer diese Option auch schon kennt hat noch die Wahl von Frankfurt - Gualalumpur - Perth oder Sydney. Wer es noch exotischer liebt, der fliegt Frankfurt - Thaipe - Perth oder Sydney an.

Wer aber lieber in Perth, Melbourne oder Adelaide seine Reise starten möchte, muss halt nach diesen Flugverbindungen schauen. Ich beziehe mich mit meinen Recherchen auf Sydney.

Der Kracher sind seit kurzem die neuen "Quantas Direktflüge" von London nach Perth (ausschliesslich Perth!). In schlappen 16,5 Stunden und zu einem Preis zwischen 1.100-2.100,-€ Hin- und Rückflug (Frühbucher/Saisonabhängig) wird man bequemst mit einer riesen, zweistrahligen Boing 787-900 Dreamliner die 14.500km von einem auf den anderen Kontinent "geschossen", die dabei ca. 105.000L / 90t. Kerosin verbrauchen wird - krass.

Auch Direktflüge zwischen Frankfurt - Sydney (10.132 Meilen/16.306 km) sind im Gespräch, ob dann mit einem Airbus A350-1000 Ultra (ab 2025 verfügbar), oder einer Boeing Dreamliner bleibt abzuwarten. Also es bewegt sich was.

Allerdings wird sich durch unser aktuelles, globales Covid19 Problem auch diesbezüglich einiges ändern, da mittlerweile sogar bekannte Fluglinien Konkurs gegangen sind - leider. Da ich dieses Buch während meiner Recherchen gar nicht so schnell aktualisieren kann, wie sich momentan die Weltlage, auch wegen dem aktuellen Ukraine-Krieg ändert, muss sich bitte jeder selber per Internet die neuesten Kombinationen raus suchen. Hier liste ich das auf, was mir bisher bekannt wurde.

Auch bietet "Quantas" aktuell Kombipakete mit Flug- und Caravan Buchung ab 1099,-€ die für 2 Wochen "Schnupperkurs" gedacht sind an, die aber bis auf maximal 3 Monate ausgedehnt werden können. Aber weiter, wo wir gerade beim Thema sind.

Tipp: Flugticket Kauf...

Die gängigsten, wie günstigsten Australien Flugtickets gibt es nur von Frankfurt a.M., bezogen auf Deutschland. Alles was da sonst noch von Berlin, München, Hamburg oder dann London angeboten wird, ist immer mit einem Zubringerflug, oder Rail & Fly Bahnfahrt verbunden. Also ein mal mehr Einchecken mit Sicherheitskontrollen und die Gefahr von Gepäckverlust steigt enorm, da es ja umgeladen werden muss.

Zu den bequemsten Airlines (bezogen auf Comfort, Essen/Getränke und Fußraum-Abstand) gehörten bisher Emirats-Air, Ethiat-Air, Thai-Air, Malaysian-Air. Mein Favorit in puncto Design, Crew-Auftritt mit Rundum-Service ist das von Emirates, einfach nur traumhaft.

Aber worum geht es.., doch in erster Linie darum, sicher, bezahlbar und möglichst bequem vom A nach B zu kommen. Wenn dann noch der Service freundlich ist, das Essen schmeckt und das Entertainmentcenter auch noch mit einer bunten Auswahl von Movies die Langeweile vertreibt, bekommt man die Zeit doch schnell rum. Mit dem Gedanken **first class** zu fliegen könnte ich mich, selbst wenn ich die Finanzen dazu hätte, nie anfreunden.

Aber weiter. Für mein persönliches Empfinden folgen Quantas-Air (heute deutlich schlechter da mit British-Airways fusioniert und häufig mit Sammelstopp und langen Wartezeiten in London belegt), Lufthansa-Air, Türkisch-Air.

Die günstigsten Tickets boten bisher, vor Corona, China-Air, Ethiat-Air, Ehtiopian-Air, Qatar-Air und alle weiteren "Kleinunternehmen" an, wobei klein heute auch nicht mehr wirklich klein bedeutet. Der Ticketmarkt schwankt enorm und ist hart umkämpft. Das digitale Zeitalter hat auch hier einen totalen Umbruch gebracht. Was heute noch Standard ist, kann morgen schon nicht mehr existieren, da insolvent/pleite. Siehe Air Berlin oder das Drama mit dem Urgestein aller Charter-Plattformen, Thomas Cook. Alle Billiganbieter haben extrem lange Anreisezeiten, da auch immer mit langen Zwischenstopps verbunden.

Tipp: Warum ist das so ?...

A: da sie immer die Route über ihre

Heimatstützpunkte wählen,

B: weil dort immer sehr lange Stopover Einkaufszeiten einkalkuliert werden.

Diese dienen nicht nur dazu dass man sein Geld dort schon mal vorab verballert, sondern natürlich auch, um den Anschlussflieger möglichst voll zu bekommen. Denn nur volle Flieger bringen maximalen Profit! Nicht selten kalkulieren die Company's auch eine Hotelübernachtung inklusiv Frühstück mit ein. Das scheint günstiger zu kommen, als eine halbvoll besetzte Maschine auf den Weiterflug zu schicken. Gerne wird da mit "technischem Defekt" argumentiert, das ist aber in der Regel nur eine Ausrede, sprich Notlüge.

Fakt ist, wer Geld sparen will, muss ein halbes bis dreiviertel Jahr im voraus sein Jahresticket online buchen. Dabei spielen auch die Wochentage eine erhebliche Rolle, da die meisten ja einem Job nachgehen und somit bis zum

Wochenende durcharbeiten wollen und frühestens am Freitag Abend abreisen können. Ergo sind Tickets in der Woche von Montag bis Donnerstag günstiger, von wenigen Ausnahmen mal abgesehen. Klickt man sich nun durch deren Ticketportale schwanken die Preise teilweise von einem auf dem anderen Wochentag, manchmal sogar von einem Vormittag zum Nachmittag um beträchtliche 300,-€, pro Ticket! Also das hin und her zippen lohnt sich.

Tipp: Die Klickfallen...
Aber auch da Gemach und Vorsicht!

Hast du dich auf deinen Favoriten mit dem gewünschten, passenden Zwischenstopp eingeschossen und die für dich optimalste Flugkombination raus gesucht, registrieren die Großrechner der Ticketplattformen beim Umherzippen sofort deine Rechner ID und ziehen plötzlich von einem auf dem nächsten Klick die Preise an. Besser ist es, sich je Fluglinie ein Screenshot zu machen und dann diese png-Bilddateien in Ruhe "offline" untereinander zu vergleichen, ohne online weiter umher zu suchen. Erst danach, klickt man sich, mindestens 6 Std. später wieder in deren Portal ein, um schlussendlich mit einem Final-Klick seine Buchung zu tätigen.

Bezahlen kann man zunehmend nicht nur per **VISA-Card** und **Banküberweisung**, sondern nun auch vermehrt per **ApplePay**, **PayPal**... was den Ticket Kauf nochmals erleichtert und das ewige Einlockverfahren verkürzt. Befremdend ist heute, das es keine Ticketbestätigungen in Papierform mehr gibt (ausser bei einer örtlichen Reisebürobuchung). Die Onlinebestätigung und der Reisepass beim Check-In-Schalter reicht und zack hältst du deine Bordingcard in der Hand.

Mittlerweile schicken die Buchungsplattformen auch wie beim "Covid Pass" verschlüsselte Barcodes raus, die dann im

Airport vom Check-In-Personal nur noch abgescannt werden.

Tipp: Flug-/ und Handgepäck Feinheiten...

Die einzelnen Airlines buhlen mit unterschiedlichen Freigepäck Kilos. Bei Interkontinentalflügen sind das in der "Economy Class" häufig um die 23-30Kg/pro Person inklusiv eines Handgepäck Stückes (kleiner Minikoffer oder Sporttasche) um die 48 x 34 x 23cm bei maximal 5-7Kg. Bei "First oder Business Class" sind es meist sogar um die 40Kg/ pro Flugticket. Nichts extra kostet die Mitnahme einer fetten Fototasche, eines Stativ's oder eines Laptop's (im Briefcase), solche Sachen gehören heute zum Standard-Handgepäck.

Dagegen zählen Sportgeräte mit Überlänge oder sperrigen Packmassen wie: Paragleitschirme, Surfboards, Ski und Snowboarder Ausrüstungen, Golfer-Bags im Schutzsack zum Sperrgut und müssen separat beim Extraschalter aufgegeben werden, was eine zusätzliche Eincheckzeit von gerne 30-45min verschlingt.

Grundsätzlich solltest du kurz vorm Abflug die aktuellen Gepäckvorgaben deiner dann gebuchten Airline abfragen, damit es keine Probleme gibt. Bei Interkontinentalflügen sind die Fluglinien deutlich großzügiger, als wie bei den günstigen Charterflügen innerhalb Europa's. Denn da wird mit jedem Extra an Service Geld verdient, da sie an den eigentlichen Flugtickets kaum noch Profit machen - scheinbar.

Tipp: Reisegepäck Verlust... (ganz übles Thema)

Mir persönlich sind schon zweimal Koffer über Wochen und mit wichtigen Dingen abhanden gekommen. Darum kann ich nur jedem empfehlen alles Wichtige, ob vom Elektrorasierer, über Externe 2,5" Harddrive-Laufwerke, Camara-Ladern, Batterie Multi-Ladern, Steckdosen-Adaptern, Ersatz-Akkus, Reiseapotheke usw., all diese speziellen Dinge UNBEDINGT mit in das Handgepäck zu packen. Denn wenn diese mit dem Großgepäck verloren gehen, bedeutet das einen Haufen Lauferei, wo es dann im anvisierten Reiseland noch nicht einmal sicher gestellt ist, all diese speziellen Dinge überhaupt nachgekauft zu bekommen. Eine gute Freundin aus der Frankfurter Flughafen Logistik, hatte mir mal verraten, das rund 15-30% des Fluggepäckes in der Hochsaison verloren gehen, weil die Gepäckanlagen dann schlichtweg mit der Flut an Koffern und Taschen überfordert sind. Ob das nach der Buchveröffentlichung auch noch so ist, kann ich leider nicht sagen.

An sich ist diese Tatsache in dem heutigen, voll digitalisierten Zeitalter ein absolutes Unding. Trotz einmaliger "Barcode Gepäckzuordnung" lügen die Servicekräfte der "Lost Luggage" Schalter einen an, wenn sie forschend in ihre Bildschirme schauen. Den Gesellschaften ist es einfacher, pro gemeldetem Gepäckstückverlust eine Pauschalsumme aus zu zahlen, die oft bei 150 USD liegt, abhängig von der Fluglinie. Dieses Geld sollte man sich sofort nach der Ankunft, nach angemessener "Suchzeit" (meist 3 Tagen), auszahlen lassen.

Aber in Wirklichkeit wird all dieses Gepäck in riesigen Hallen gesammelt und in regelmässigen Abständen an Firmen versteigert, die sich dann daran machen, diese Kofferberge zu öffnen und nach ihren Inhalt bezogenen Dingen auszusortieren. Wer Glück hat kann also bei solch einer Versteigerung seinen eigenen Koffer zurück ersteigern. Was eine kranke Welt.

Die einzige Chance nach max. 2 Wochen Wartezeit des stetigen vertröstet werden's, besteht darin, einen richtigen Schadensbefund (Claim) mit allen, einzeln gelisteten Gepäckstücken, inkl. der jeweiligen Neukaufpreise, bei der Fluglinie einzureichen. Erst dann, wenn ein solch möglichst hoher Sachwertverlust von über 1500,- USD aufgerufen wird, bewegt sich was. Man wird sich wundern, das plötzlich dein gutes Gepäckstück doch plötzöich wieder aufgefunden wurde.

Dennoch, selbst wenn dann endlich dein Koffer/Tasche wieder vor dir steht und alles soweit mal gut ausschaut, lohnt es sich mit Nachdruck dem Abteilungsleiter des "Lost Luggage" Personals eine abschliessende Frage zu stellen, wie bei uns am Flughafen in Adelaide passiert.

<Sir, what do you thing about any final Compensation for this realy long, stressfull waiting process & phone horror?>

Ja und Ihr werdet Euch wundern, denn pro Woche Wartezeit gibt es nochmals 150 US$ - pro Gepäckstück! Zack hatten wir nach 4 Wochen Nervenkrieg 600,-US$ Extra Cash in der Hand - geile Nummer, nach all diesen Sorgen.

Ergo: fragen lohnt sich und kost nichts extra.

Kapitel 09 - Wareneinfuhr

Australien ist nicht irgend ein Drittweltland mit schwammigen Einfuhrbestimmungen. Wer auch immer auf diesen Kontinent einreisen möchte, wird extrem gründlich kontrolliert. Aber die "Oussis" sind auch keine Folterknaben, sondern immer korrekte und freundliche Erdenbürger. Das Zollpersonal ist super geschult und weiss genau worauf es zu achten hat. Schon auf den Zubringer Stoppover Flughäfen gehen im letzten Bording Bereich zivil gekleidete, australische Zöllner durch die wartenden Passagierreihen und picken sich auffällige Personen heraus, um eine unnötige Rückführung einer nicht legitimierten (ohne gültiges Visum), oder sonst wie suspekten Person zu vermeiden. Auch ungepflegt und nach Drogenkonsum aussehende Typen werden vorab gründlich gefilzt, bevor sie den Flieger betreten dürfen.

Dazu dienen heute nicht nur vorzüglich dressierte Drogen Hunde, um auf dem Flugvorfeld suspekte Koffer vorab selektieren. Aber nun kommen auch moderne "Schnüffeltest" mit hauchdünnen Klebestreifen zum Einsatz, die an den Händen und Gepäck kurz "angetupft" werden und durch spezielle Analysemaschinen geschoben werden, um nach restlichen Krümeln von Drogen zu ermitteln. Das dauert nur wenige Minuten und man kann weiter gehen oder muss sich, bei positiven Befund, einer weiteren, sehr gründlichen Leibesvisitation unterziehen, die sich bis hin zu einem X-Rai Ganzkörperscan ausweiten kann, um auch im Darm vorab verschluckte "Kondomkapseln" erkennen zu können.

Kapitel 10 - Einreisetipps mit "Turbo Zoll-Abwicklung"

Mein persönlicher Tipp, möglichst schnell an den langen Einreiseschlangen nach der Landung und dem Gepäck-Run vorbei zu kommen:

Stellt Euch einfach bei den zu deklarierenden Schaltern an, wo man Waren zur Einfuhr freiwillig angeben möchte. Hier ist fast nichts los und die Flughafenzöllner sind super entspannt. Auch wenn ich ja eigentlich nichts anzumelden habe, gebe ich alles, was ich unterwegs an essbaren angebrochen habe, an. Vom Mars-Riegel bis zu den Bonbons oder Keksen die ich noch im Handgepäck dabei habe, oder halb aufgegessene Sandwiches die ich im "Duty Free Bereich" beim Zwischenstopp schnell nachgekauft habe, weil ich noch hungrig war.

Zu allererst folgt die Frage nach dem Gepäckstatus, ob du den Koffer selber gepackt hast und ob das deine Unterschrift auf der Zoll-Deklarationskarte ist, die ihr im Flieger Stunden vor der Landung, vorab bekommen und ausgefüllt hattet. Danach geht's los. Sehr schnell und gezielt sind die paar wenigen Dinge vom Zöllner aussortiert, können aber bis auf offene, angebrochene Lebensmittel meist behalten werden.

Alles was undefinierbar ist, landet im Sondermüll. Grundsätzlich ist selbst die Einfuhr von Vakuum verpackten Lebensmitteln (eingeschweisster "Schwarzwälder Schinken" oder die "Edelsalami") bis auf wenige Dinge nicht erlaubt, erst recht nicht, wenn etwas aus Tierhäuten, Knochen- und Fellprodukten besteht. Gar nicht gehen alle Art von botanischen Mitbringseln, alles was mit Samen, Erde und den daraus resultierenden Gewächsen zu tun hat, kommt nicht ins Land und landet ebenfalls im Sondermüll Container, worauf später alles verbrannt wird. Ja da sind die Australier sehr genau. Auch Konservendosen werden nur selten durchgelassen, sie könnten ja manipuliert sein, um Drogen, Waffen, Munition und solches Zeug heimlich ins Land zu bringen. Schlussendlich hängt alles vom agierenden Zöllner und natürlich von deinem Auftreten ab. Wie in jedem Job, so gibt es auch bei den Zollbeamten einen gewissen, menschlichen Handlungsspielraum.

In diesen Fragebögen wird sehr detailliert nach allem Möglichen gefragt und vor allem ob du deinen Koffer selber gepackt und aufgegeben hast. Diese Zettel müssen mit deiner Unterschrift bestätigt werden. Also nehmt bitte alle diese Dinge sehr ernst und füllt sie korrekt aus. Das Flugpersonal ist bei mangelnden Englischkenntnissen sehr bemüht dir bei der Übersetzung zu helfen.

Auch eine Devisenerklärung ist obligat. Für die Visa-Erteilung wird bei einem 6 oder 12 Monats Visum nach der Bonität gefragt und muss mit einem passend gedeckten Kontoauszug belegt werden.

Nicht so bei Pauschalurlaubern und Kurzzeitbesuchern von unter 3 Monaten. Ist man erst mal eingereist und hat all diese Prüfungen bestanden, könnte man sich problemlos für den Rest seines Lebens illegal im Nirvana des Outback's verkrümeln.

Genau das wollen die Einwanderungsbehörden vermeiden. Derzeit geht man von 1500 AUD$ pro Person/Monat Aufenthaltszeit aus.

Nicht so bei den "Work & Travel" Leuten, die ja bis zum 30. Lebensjahr diese problemlose, tolle Arbeits-/Reisevariante nutzen können und das Visum sehr leicht bekommen.

Grundsätzlich muss bei der Anreise ein gültiges Hin-/Rückflugticket oder Weiterflugticket vorgewiesen werden, sonst wird man erst gar nicht in den Flieger gelassen. Davon natürlich ausgenommen, australische Staatsbürger und frische Immigranten, die mit einem vorab bewilligten Einwanderungspermit nur einen Hinflug brauchen.

Deutsche Work & Travel Urlauber sind in **Down Under** äusserst beliebt und gern gesehene Gäste, da man die deutschen Tugenden von Pünktlichkeit, Sauberkeit und flotter Auffassungsgabe sehr zu schätzen weiss. Nicht zuletzt die Tatsache dass wir Deutschen mittlerweile auch über recht passable Englischkenntnisse verfügen und somit bereits eine gute Verständigungsgrundlage gegeben ist. All das erleichtert das Miteinander und schenkt einem auch später häufig neue Kontakte wie Freundschaften.

So sollte es sein, wenn man diesen fantastischen Kontinent später nach seiner Auszeit wieder verlässt.

Kapitel 11 - Fahrzeug-Kauf vor Ort

Jetzt kommen wir zu meinem Lieblingskapitel ;-))
Dieses Thema finde ich mittlerweile am spannendsten, da es einen schlagartig den Einheimischen näher bringt und so das Land zeigt, wie er wirklich ist und tickt. Denn alleine die Fahrzeugsuche mit der passenden Kaufabwicklung und Registrierung führt einen in die Gepflogenheiten australischer

Weltenbürger ein.

Tipp: Reisestart Sydney mit Kfz. Kauf...

Auch wenn ich mich hier leicht wiederhole, ist gerade *Sydney* zum Jahreswechsel mit seinem Mega-Feuerwerk hoch interessant. Natürlich gingen auch alle anderen Großmetropolen, aber *Sydney* wird global gesehen, Anreise-Flugtechnisch sehr bevorzugt und ist somit häufig günstiger wie alle anderen australischen Flugverbindungen. Allerdings würde **Perth** Flugtechnisch vor Adelaide, Melbourne und Sydney liegen, wo die Flugroute nochmals quer über den australische Landmasse verläuft und zusätzliche Stunden kostet. Deswegen sind EU - **Perth** Flüge zeittechnisch die kürzesten.

Die Erstbeste und vorab leichteste Möglichkeit schon mal den Automarkt zu durchleuchten, bieten einige der bekanntesten Auto-Handel-Plattformen, wie:

www.carcity.com.au
www.gumtree.com.au
www.carsguide.com.au
www.autotrader.com.au
www.bestbuyautos.com.au
www.cumberlandford.com.au
www.sydneycitytoyota.com.au

Aber auch die privaten Kleinanzeigen der örtlichen Zeitungen können zur Trophäe führen, auch wenn es immer weniger werden:
- *Sydney Post*
- *Harald Tribun*
- *Sunday News...*
usw. können das eine oder andere Schnäppchen in ihren Privatanzeigen parat halten, nämlich dann, wenn betagte Rentner ihr über Jahrzehnte gut behütetes Garagenfahrzeug

noch bei einer der Tagesblätter annoncieren, weil sie die Welt des Internets nie zuvor erlernt haben.
Also rechtzeitig die Augen auf, nicht erst wenn ihr gelandet seit.

Tipp: find & book a Down Town Hostel & Hotel...

Sucht Euch im und um den Innenstadtbereich ein günstiges Backpacker Hostel wie z.B.:
www.originalbackpackers.com.au
www.jollysbackpackers.com.au

Das **www.yha.com.au** wäre das mir einzig bekannte mit dem fantastischen Blick auf die legendäre "Harbour-Bridge" und dem Operettenhaus, aber es kostet natürlich auch mehr. Mittlerweile kann man auch das alles bequem von daheim über **www.tripadvisor.de** oder w**ww.rbnb** buchen und gleich per PayPal oder VisaCard oder auch später vor Ort in Cash zur Einweisung der Unterkunft bezahlen.

Wer es luxuriöser mag und das nötige "Kleingeld" bereit ist auszugeben, der kann sich natürlich auch im "Hilton", "Shangri-La", "Park Hyatt", "Fullerton", "Four Seasons", "Sofitel Sydney" oder "Intercontinental" 5star Hotel einquartieren.

Einige wenige, die bereits in einem Ruderclub und Yachtclub oder Handball und Fussballverein sind, empfehle ich, über diese Schiene, sich mit dem örtlichen Vereinen kurzzuschliessen, denn in und um *Sydney*, natürlich auch in und um die anderen Großstädte herum, gibt es wirklich viele Sportclubs. Diese haben Kontakte zu weltweit gleichgesinnten Clubs und verfügen häufig über hauseigene Gästeunterkünfte, die sie immer für ihre Großveranstaltungen parat halten und die auch deutlich günstiger sind.

Tipp: Rent a Scooter oder grösser...

Australien ist teuer geworden und Großstädte erst recht.

Auch wenn *Sydney* ein extrem gut ausgebautes, öffentliches Nahverkehrs-Bus und Bahn wie Pendelfähren-Netz hat, dauert deren Transport einfach zu lange, da sich diese riesen City durch ihre vielen Einzelvillen enorm weit ausstreckt. Da gilt natürlich auch für alle anderen Großstädte. Drum mietet euch rechtzeitig vorm Flug einen Kleinwagen, oder noch günstiger, einen Automatik Roller (wer einen Führerschein dafür hat) der 125 - 250ccm Klasse, damit seit ihr bei dem guten, sommerlichen Wetterbedingungen extrem flott und luftig unterwegs und spart einen Haufen Wartezeiten an den ja sonst üblichen Umsteigepunkten. Auch Treibstoff brauchen diese Teile nicht wirklich viel. Zunehmend kommen jetzt auch vermehrt E-Roller, wie E-Bike's auf den Markt, die eine weitere Transportvariante bieten.

Wer es noch simpler mag und doch was festes zum Fahren und Schlafen bevorzugt, mietet sich für seinen Fahrzeugkauf und Suche, einen einfachen, langen Kombiwagen an, in dem man ja auch gut drin schlafen kann. Auch diese Variante kommt deutlich günstiger, wie ein Backpacker-Hostel und man kann sich von einem Stadtteil zum anderen hangeln, ohne jedes mal zum Zentrum zurück fahren zu müssen. Auch diese Option schon gerne zusammen mit dem Flugticket vor gebucht, spart Kosten.

Die vorab gebuchte Variante mit dem Flugticket & Wohnmobil hatte ich ja schon erwähnt. Derzeit bieten BRITZ & MAUI kombinierte Frankfurt - Perth Flüge inkl. zweiwöchigen Camper an.

Tipp: GPS-Navigation...

Bevor ihr nun los fliegt, ladet euch auf euer Smartphone oder Tablet zum Beispiel von **"MapsMe"** oder besser, die von den Entwicklern neu aufgebaute, werbefreie Offline Kartennavigation, **"Organic Maps"** drauf. Oder nehmt euch euer heimisches **"TomTom"** oder **"Garmin"** mit vorinstallierter Australienkarte mit. So könnt ihr vor Ort sofort und problemlos ganz entspannt auf die Fahrzeugsuche gehen und der Reihe nach die bereits anvisierten Gebrauchtwagen bei den Privatleuten und Händlern abklappern. Das ist keine Hexerei. Vergesst den passenden Armaturenbrett- oder Scheibenhalter nicht!

Natürlich gilt das auch für alle die sofort mit einem Mietcamper durchstarten wollen.

Wer iPad Benutzer ist kann sich die noch besseren, Karten von "MapOut" drauf spielen. Diese Karten sind nochmals genauer und vor allem topographisch dargestellt, in denen man dann ja auch Höhen und Tiefen von Gebirgszügen, Flüssen und Steilküsten gut erkennen wird, um sich das Geländegefüge besser vorstellen zu können. Optisch nochmals besser wären dann die Satellitenfotos von Google, aber dazu muss man ständig Netzverbindung haben und die gibt's nun leider, oder auch zum Glück, nicht flächendeckend für den ganzen Kontinent.

Allerdings könnte man sich vorab bei schnellem Netzzugang von seinen anvisierten Wunschplätzen Screenshots machen und diese im passenden Reiseordner weg sortieren.

Das Gleiche gilt für alle "Garmin Freunde", die ja eigentlich die Erfinder von GPS-gesteuerten Navigationssyste sind. Ich denke da persönlich noch stark an meine ersten Sahara Touren mit einem "Garmin 45" oder später dem "Garmin 75", die sich durch ihre 6 oder später 12 Kanal Empfänger unterschieden haben, um immer genauer und schneller zu werden. Diese konnten aber auch "nur" die geografischen Schnittpunkte von Längen- und Breitengraden anzeigen, keinen symbolischen Strassenverlauf. Diese ursprüngliche Landnavigation verlangte aber auch gute Übersichtskarten in Papierform und mit genauen, eingebetteten Längen- und

Breitengrad-Linien drauf. Noch heute nehme ich gerne meine alten Michelin Übersichtskarten mit. Denn wenn da mal die Elektronik total aus steigt, hat man immerhin noch eine grobe Übersicht, um einen nächst möglichen Ort überhaupt finden zu können.

DAS ist nun alles Geschichte. Ergo müsst Ihr euch einfach mal im Netz schlau machen, was da gerade aktuell vor eurem Trip angesagt ist. Mittlerweile bieten einige Navigationssysteme auch kombinierte Rückfahrkameras zum Nachrüsten an, die in den Nummernschildhaltern integriert werden. Da häufig schon ein 4:3 oder 16:9 LCD-Monitor im Armaturenbrett vorhanden ist, muss somit nur noch der Kameraimpuls eingespeist werden.

Tipp: Privat-Wagen vor Händler-Ware?
und weiter zum Fahrzeug-Kauf...

Ich persönlich würde ein Fahrzeug von einem privaten Haushalt deutlich bevorzugen. Erstens sind dieses meist sehr ehrliche Fahrzeuge, häufig sogar aus 1. und 2. Hand und fast immer gut gepflegt und zweitens sind sie günstiger, als die von Händlern, denn die wollen ja möglichst viel daran verdienen. Im Schnitt sind das gerne 1000 - 2000AU$ - pro Fahrzeug! Wenn euch also das Glück zur Seite steht, findet Ihr evtl. schon schnell eine unverbastelte "Familienkutsche" aus privater Hand. Auch sind die Australier bei allem, was das Umschreiben und Registrieren angeht, sehr behilflich. Eventuel kann man sogar das Fahrzeug noch auf deren alter Adresse weiter laufen lassen und muss mit dem Kaufvertrag nur einen Halterwechsel vornehmen. Fragen kost nichts extra und wichtig, folgt auch hier eurem Bauchgefühl.

Dagegen sind die australischen Autodealer echte Schlitzaugen, tun zwar auch grinsend mit "no worris made" sehr locker und hilfsbereit, aber deren Job ist es möglichst viel an jeder Kiste zu verdienen, sonst wären sie nicht Autohändler geworden. Ergo müssen bei denen die Fahrzeuge teurer sein. Über die wirkliche Vorgeschichte/Historie eines jeden Wagens, wissen die auch nicht viel zu berichten.

Vorsicht wenn da was von Generalüberholt oder so hoch angepriesen wird, die Jungs tricksen mit allen Mitteln der Kunst. Wenn die von "Motor überholt" reden, heisst das noch lange nicht, dass es so gründlich wie bei uns in Deutschland gemacht wurde. Ein paar Dichtungen neu, Ventile nachgestellt, Filter getauscht und zum Schluss frisches Öl rein wie Farbe drüber gegossen, lässt total falsche Vorstellungen einer Revision aufkommen. Wie es wirklich mit der Kompression und dem Ölverbrauch auf 1000 gefahren Kilometern ausschaut, kann nur eine Kompressionsprüfung, eine Kurbelgehäuse-Überdruckprüfung und eine chemische Laborprüfung des alten Motor Öls belegen. Und diesen Aufwand werden sicher die wenigsten Kaufinteressenten auf sich nehmen. Natürlich gehört auch der Soundcheck eines laufenden Motors dazu, ob der rund und weich klingt oder irgendwas klingelt, klopft oder nach Hammerschlägen tönt, aber vor allem, wie gut er Gas annimmt und dabei Rußwolken ausstösst oder einfach null Abgasqualm zeigt. Sehr interessant ist auch das Abgasverhalten bei Bergabfahrten im Schubbetrieb.., wenn der Motor da ständig weiss qualmt, ist der Motor ziemlich fertig. Gut ist es da, einen technisch visierten Freund an seiner Seite zu wissen oder selber sein eigener Kfz.-Techniker zu sein.

Wer da nicht wirklich Ahnung von Autotechnik hat, wird nur schwer rausfinden können, ob der Wagen verschliessen, passabel oder noch wirklich fast jungfräulich ist. Der Kilometerstand alleine sagt heute gar nichts mehr aus, den kann man locker manipulieren, indem die Tachos zurückgestellt oder aus jüngeren Unfallwagen mit Totalschaden ausgebaut und dann getauscht wurden, um wenig Laufleistung vorzutäuschen. Bei privaten Anbietern merkt man schnell mit wenigen Fragen wo der Hammer hängt und wie ehrlich die Antworten rüber kommen. Vorbesitzer/Verkäufer im Seniorenalter sind mir da die liebsten.

Auch habe ich noch nie in Europa so hohe Motor-Laufleistungen wie in Australien entdeckt, echt krass. Ist bei uns daheim ein Fahrzeug mit 200.000 - 250.00km schon maximal grenzwertig, ja fast schon Schrott, fängt dort bei den Ouzzis der Spaß erst richtig an. Also in der Toyota Szene sind 350.000 - 450.000km ganz normal und selbst damit sind deren Preisvorstellungen noch exorbitant hoch. Leider betrifft es bei solchen Kilometerleistungen dann auch das Getriebe und deren Antriebsstrang, also auch die Achsen mit allen Lenkungsteilen. Reparieren lässt sich ja alles. Die Frage ist nur zu welchem Zeitaufwand und Materialpreis und rechnet sich dass überhaupt noch - für die ja relativ kurze Reisezeit?

Tipp: Privates Werkstatt-Gutachten...

Wer sicher gehen will und nicht der begnadete Schrauber ist und auch keinen technisch begabten Freund dabei hat, der kann dem Verkäufer vorschlagen, dass man den Wagen nimmt (wenn ansonsten alle Parameter stimmen), aber man zuerst noch gerne eine Werkstattexpertise einholen möchte, um eine klare Aussage über den Zustand von Motor und Fahrwerk zu erhalten. Diese Kosten übernimmt man natürlich und gerne selber, um Klarheit zu haben. So kann man auch gleich feststellen ob das anvisierte Fahrzeug den nächsten "Pink-Slip", also "Werkstatt-TÜV" / Roadworthy-Check bestehen würde. Oder bei Zuzahlung des Gutachtens gleich noch einen Kompressions-Prüfung inklusiv Kurbelgehäuse-Druckprüfung mit durchführen lässt, denn die zwei Parameter sagen sehr viel genauer was über den tatsächlichen Verschleiss eines Motor aus. Wer es als Verkäufer ehrlich meint, wird mit solch einer Aktion sicher kein Problem haben, vorausgesetzt man übernimmt diese Voruntersuchungen aus eigener Tasche.

In puncto Laufleistung noch ein letzter Profitip:
Im Maschinenbau gibt es eine Faustformel... >steigt der Motorölverbrauch auf 1000 gefahrene km pro Liter Hubraum auf 1 Liter Öl an, ist die maximale Verschleissgrenze erreicht!<

Also wenn z.B. bei einem 2,5L Turbodiesel nach 1000 gefahrenen Kilometern 2,5L Öl nachgekippt werden müssten, damit der Ölmessstab wieder den Maximalwert reflektiert, genau dann sollte man die Finger von diesem Fahrzeug lassen! Diese Frage kann aber ehrlich nur ein privater Vorbesitzer beantworten, ein Händler würde dadrüber sicher nie genau was wissen, oder wenn doch, eher nichts sagen wollen.

Ein weiterer Maschinenbauer Tip ist der Vorabtest mit dem Kurbelgehäuse Überdruck. Jeder Motor bläst etwas Kompression in das untere Kurbelwellen-Gehäuse (Ölwanne) an den Kolbenringen vorbei. Dieser anfänglich leichte Abgasdruck wird oben rum über Entlüftungswege, meist dem Luftfiltergehäuse zurück geführt und mit verbrannt.

Öffnest du den Öleinfüllverschluss am Ventildeckel oder Ölnachfüllstutzen, darf bei laufenden Motor im Standgas dort nur ganz zart etwas Ölnebel aufsteigen. Bei stark verschlissenen Kolbenringen bläst verstärkt die Verbrennungskompression in das Ölwannengehäuse. Dann merkt man deutlich das ein richtiger Druck am Einfüllstutzen raus schiesst. Legt man nur kurz die Handfläche fest drauf, nimmt der Druck rapide zu. Lässt man die Hand wieder weg, zischt es richtig doll raus.

Genau DANN ist der Motor auch fertig und verbraucht ganz sicher sehr viel Öl auf 1000Km. Ergo: Finger weg!

Tipp: Händler Angebote...
Die meisten Fahrzeugdealer sitzen in den Zentren der

Großstädte und für Sydney in der "Paramatta Road", einer sehr langen und breiten 4-6 spurigen Haupteinfallstraße von Sydney. Hier kann man sich fast von einem Händler zum nächsten arbeiten, um nach seinem bestmöglichen Reisefahrzeug Ausschau zu halten. Diese Händler sind natürlich in allem sehr behilflich, ob jeder eine genauere Begutachtung auf einer Bühne zu lässt, wenn sie denn selber eine haben sollten, hängt vom Einzelfall ab. Fragen lohnt sich.

Aber einen Wagenheber kurz hier und dort mal unter die Achsen angesetzt, ist auch keine grosse Tat, um die Radlager und Spurstangenköpfe auf ein mögliches Spiel zu prüfen. In jedem Fahrzeug sollte ein passender Wagenheber (Jack) sowie ein passendes Ersatzrad (Spare Tire) mit Radbolzen-Schlüssel (Wheel Wrench) vorhanden sein. Nicht selten werden vollkommen falsche Ersatzräder beigefügt, nur damit eines zum vorzeigen im Kofferraum liegt, Hauptsache Ersatzrad. Das dieses später bei einer Panne dann nicht wirklich passt oder auch schon defekt ist, merken die meisten beim Kauf erst recht nicht, da man mit allem Anderen viel zu sehr abgelenkt und beschäftigt ist. Also achtet auf ein heiles und in der Grösse richtiges Ersatzrad sowie auf einen passenden Wagenheber mit Radkreuz (Wheel Spider)!

Packt euch eine gute Taschenlampe ein, denn bei dem grellen Tageslicht siehst du ohne Lampe absolut nichts unterm dunklen Auto oder in den Radkästen wie Motorraum!

Tipp: "Lane-Cove Caravan Park" & Traveler Treffpunkt...

Eine weitere sehr gute Option "zwei Fliegen mit einer Klappe zu schlagen", ist die sehr schön gelegene "Lane-Cove-NP Camping Anlage (www.discoveryholidayparks.com.au) in einem kleinen Nationalpark direkt östlich vor Sydney.

Hier hat es alles um von dieser geräumigen Campsite

direkt agieren zu können. Du kannst hier mit minimalistischen Gepäck anreisen und dir dort eine Mini-Hütte mieten, oder nur dein Zelt aufstellen, oder gerade "blanko" mit einem (Swag) im Freien schlafen. Jeder wie er mag. Es gibt ringsherum Toiletten und Duschhäuser, schöne Grillecken mit Tischen und Sitzbänken. Auch hat es einen kleinen Supermarkt, eine Waschküche sowie ein freies WiFi-Netz auf dem Gelände. Das Wichtigste ist aber, dass sich hier die "Neuen Traveller" wie die "Alten Reisenden" die Klinke geben, um evtl. schon direkt auf diesem Campground ihr Fahrzeuge verkauft zu bekommen, oder anders herum schon, einen fertig umgebauten zu finden, ohne sich Tagelang in der der Standt die Hacken abzulaufen, bis man überhaupt mal ein Basisfahrzeug gefunden hat. Also hier sollte man sich gerne eine gute Woche Zeit nehmen, denn täglich kommen und gehen Reisende. Keine Ahnung ob dies auch noch zur Fertigstellung meines Buches so ist, aber bei Google kurz mal rein geguckt und ihr werdet es erfahren.

Weitere Campground's in Sydney City Nähe wären da noch der: **"Bonnie Vale Campground"** und **"The Bassin Campground".** Aber Allradfahrzeuge findet man hier eher selten, meistens PKW-Kombis oder Kleinbusse und Van's, die dann auch sicher schon in ihrer Laufleistung ein paar mal diesen herrlichen Kontinent umrundet haben und somit wirklich eine Haufen Kilometer drauf haben. Das Gute ist, fast jeder Verkäufer und Reisende bewahrt penibel all seine Rechnungen auf, von dem was man auf seiner Tour alles in sein Auto investiert hat, um es am laufen zu halten. Lustig ist auch dass diese Fahrzeugreisenden nach dem Aufräumen und Fahrzeug säubern all Ihr Campingzubehör nebst Bordwerkzeug tagsüber direkt vorm Wagen ausbreiten. Somit sieht der Campingplatz in einigen Ecken wie auf einem Flohmarkt aus. Vereinzelt kann man auch so direkt ein Schnäppchen machen, indem man diesen Fahrzeugverkäufern das eine oder andere Zubehör oder

Campingteil direkt abkauft, auch wenn man nicht den ganzen Wagen haben will, oder gerade einen anderen gefunden hat. Fragen lohnt sich.

Tipp: Der mögliche "Last-Minut Jack-Pott"...

Wenn du dich dann so durch die Fahrzeugangebote hangelst, sollte man auch gleich und ganz beiläufig nach deren genauen Abflugtag fragen. So kannst du durchaus das Glück haben, sofern deren Fahrzeug nicht gleich weg geht, es auf dem letzten Drücker, also ein bis zwei Tage vor deren Abflug, extrem günstig gekauft zu bekommen. Vorausgesetzt es gefällt einem und die Fahrzeugtechnik, wie der Umbaustil, gehen mit deinen Vorstellungen einher.

Kapitel 12 - Fahrzeug Überholung vor Ort

Habt ihr also Eure Traumkutsche gefunden, kommt der nächste, wichtige Schritt.

Auch wenn man nun sofort mit dem Einzug in's Neue Reisefahrzeug durchstarten möchte, ist es wichtig zuerst die "Schmutzarbeit" zu erledigen.

Also bevor ihr nun das Fahrzeug anfangt, nach euren Bedürfnissen weiter um- und auszubauen, sollte man zu allererst eine gründliche Reinigung und technische "Generalüberholung" vornehmen, denn ihr wisst ja nicht, ob der Vorbesitzer das was er berichtet hat, auch alles stimmt. Ergo besser den Tag X mit "Null" beginnen.

Dazu fahrt ihr zu allererst zu einem Autowaschplatz und dampft den Wagen mittels Hochdruckreiniger von oben bis unten mit allen Rahmen und Achsteilen, Radkästen usw. gründlich ab. Auch den Motor solltet ihr gut reinigen, um später beim fahren etwaige Ölleckagen leichter lokalisieren zu können. Wenn der Vorbesitzer das schon gemacht hat, habt ihr Glück gehabt und könnt Euch diesen nervigen Arbeitsschritt sparen.

Bist du der "Schrauber-Typ" oder eher der "Akademiker" mit zwei linken Händen"? Denn ab hier trennt sich die Vorgehensweise...

Tipp: Die Nicht-Schrauber Schiene...

Also gut, wer also eher "zwei linke Hände" hat und mit Fahrzeugtechnik nicht viel anfangen kann, ausser mit dem was er bei der Fahrschule vor Jahren mal gelernt hat, der tut gut daran eine Fachwerkstatt anzulaufen. Eventuell die, wo der Vorbesitzer auch schon immer Kunde war, um seinen "Pink Slip TÜV" frisch erledigt zu bekommen. Die Spezis kennen den Wagen ja schon und werden euch, nach Durchsicht, einen Kostenvoranschlag machen, damit das Fahrzeug für die nächsten Monate wieder fit ist und eure Reise somit auch sicher beginnen kann.

Ansonsten sprecht an einer Tankstelle oder auf einem Discounter Parkplatz nach dem Einkauf mal ältere Fahrer an, wohin die ihre Autos so zum Service bringen. Empfehlungen sind häufig die besten Adressen. Die Australier sind da gerne sehr hilfsbereit und wollen das man ihr Land gut in Erinnerung behält, solchen Personen darf man da gerne vertrauen.

Tipp: Handwerker Schine...

Für die "Schrauber Fraktion" geht es darum, sich erst mal günstig mit passendem Werkzeug auszurüsten, damit man überhaupt etwas selber machen kann. Sollte der Wagenkauf nicht schon Bordwerkzeug beinhalten, von dem Wagenheber mit Radkreuz mal abgesehen, bleibt nur der Weg, entweder zum **"Bunnings** Baumarkt" oder zum Autozubehörriesen **"SuperCheap"** Spares & Retailer. Auch die Landesweit zweit grösste, aber rein für Ersatzteile orientierte Händlerkette **"Repco"** wäre eine weitere Option, um ganze Werkzeugsätze zum bezahlbaren Preis zu organisieren.

Tipp: Reise-Werkzeugliste...

- Wagenheber (funktionsfähig ?)
- Unterlegbrett für weiche, sandige Bodenverhältnisse
- Radkreuz oder Radbolzenschlüssel mit Verlängerung
- 2 schräge Holzkeile oder Plastik-Bremsschuhe
- mittelgrossen, 3/8" Ratschenkasten (8 - 19mm)
- einen Satz Ring-Maulschlüssel (8 - 22 mm)
- einen Satz Schraubendreher mit Kreuz & Schlitz Bits
- eine Spitzzange
- eine kleine Rohrzange
- einen Seitenschneider
- ein mittelgrossen Hammer (250Gr.)
- eine kleine Mini-Axt mit Hammerende (Holzhacken)
- eine kleine Pucksäge (für Metall)
- eine grössere Holz Säbelzahnsäge (für Brennholz)

Tipp: Reise Ersatzteile...

- 2 komplette Ersatzräder mit Luft gefüllt (3,5bar)
- 1 Satz Ersatz-Leuchtmittel, passend zum Fahrzeug
- 1 Ersatz-Keilriemen (Werkstatt fragen)
- 2 Stück 20L Kunstoff-Kraftsoffkanister
- 1 Sprühdose Bremsenreiniger (zum Entfetten und mehr)
- 1 Sprühdose Silikonspray (Türgummis/Reisverschlüsse)
- 1 Sprühdose WD40 Multiöl (für alle Metallscharniere)

Tipp: Fahrzeug Reinigung inkl. Wechsel aller Betriebsmittel...

Wer einen Wagen frisch gebraucht übernimmt, muss davon ausgehen, dass der Vorbesitzer lange nichts mehr in das Fahrzeug investiert hat, um einfach Kosten zu sparen. Auch wenn es zuerst einmal von aussen betrachtet, schick und sauber ausschaut, sagt das nichts darüber aus, wie gut oder schlecht die einzelnen Verschleissteile und Betriebsmittel noch sind.

Grundsätzlich gilt es da nach einer gründlichen Wagen und Motorreinigung ALLE Betriebsflüssigkeiten + Filter zu erneuern.

Tipp: Fahrtenbuch & Werkstatt-Handbuch...

Legt Euch ein "Logbuch" zu, in dem ihr rein schreibt, wo ihr was austauscht oder auch nur nachfüllt, plus die Preise dazu. Nur so habt ihr eine Kontrolle über den tatsächlichen Verbrauch und Verschleiss auf gefahrene 1000km Wegstrecke.

Bevor ihr nun mit dem Austausch der einzelnen Betriebsmittel los legt, ist es ratsam sich vorsorglich ein passendes "Werkstatt-Handbuch" zu besorgen, sofern es nicht schon beim Kauf dabei wahr. Da gibt es entweder für sehr teures Geld originale Werkstatthandbücher der jeweiligen Fabrikate, oder deutlich günstiger in den Autoteileläden (Super Cheap & Repco) in DinA4 abgespeckte Ausführungen mit Kurzanleitungen, die sich bei allen relevanten Pflege und Reparaturanweisungen auf das Nötigste beschränken, sowie technisch nicht zu sehr in die Tiefe gehen. Diese DinA4 Bücher machen Sinn und sind sehr hilfreich. Auch wenn es unterwegs dann mal Probleme geben sollte, hat man ein gutes Gefühl, sich selber schlau lesen zu können, um erst mal weiter zu kommen.

Wer sein neu erstandenes Auto lieber in eine Werkstatt geben möchte, um all diese schmierigen Ölfilterwechsel und Abschmierservice bequem machen zu lassen, sollte auch da etwas aufpassen. Die Australier können auch hier ganz schöne "Schlitzaugen" sein, denn schnelleres Geld kann man nicht verdienen, wenn vom Vollservicepreis, dann doch nur die Hälfte abgearbeitet wurde. Wer kontrolliert das schon, ob in seinen Achsen noch altes oder frisches Öl drin ist und wer weiss schon wie frisches oder altes Öl genau auszusehen hat, oder wie ekelig Hypoid-Öl riechen kann, wenn es noch neu ist. Sicher die wenigsten.

Tipp: Material Kauf & Bezugsquellen...

Um nun die passenden Ersatzteile zu bekommen, fahrt ihr zu einem dieser schon erwähnten, zahlreichen Auto Zubehörläden (Auto-Parts) wie: **"Repco"**, **"SuperCheap"** oder einen der unzähligen, weiteren Kleinsthändler und kauft oder bestellt, falls nicht auf Lager, euch alle relevanten Ersatzteile, passend zu eurem Fahrzeugtyp. Über **eBay.com.au** geht das natürlich auch zum Teil, sofern ihr eine Lieferadresse wie: Campingplatz, Hostel, Hotel oder eine Privatadresse angeben könnt. Das Fahrzeugmodell, das Baujahr, der Motortyp und vor allem die Fahrgestellnummer reichen den Händlern, um exakt die passenden Teile liefern zu können. Und bei den alten Allradklassikern ist es eh einfacher, da beliebte Modelle sehr bekannt sind.

Grundsätzlich empfehle ich **alle Öle nebst Filter** zu erneuern, egal wie gut oder schlecht die von aussen betrachtet so aussehen. Bedenkt bitte, ihr wollt damit sehr lange, sehr weite und sehr einsame Strecken stressfrei bewältigen, so ist es gut zu wissen, dass ihr ALLES gegeben habt, damit der Wagen möglichst lange ohne Pannen durchhält. Schlussendlich wollt ihr ja auch euren "Reiseliebling" nach der Rundreise schnell wieder los werden, bevor der Rückflugtag naht.

Tipp: Material-Logistik...
Motor Öl...

Bei "jungfräulichen Motoren" bis 250.000km/LL nehmt ihr ein 15W40 Mehrbereichsöl. Bei älteren Motoren mit über 250.000km LL nehmt ihr besser ein etwas dickeres 20W50 Mehrbereichsöl. Bei Motorlaufleistungen ab 500.000km wäre auch ein 20W60 Mehrbereichsöl sinnvoll. Ein reines Einbereichsöl wie etwa ein W40 oder W50 tut es auch, sofern ihr vor habt in Australien ausschließlich die heissen Outback und die tropischen Top-End Regionen zu befahren. Grundsätzlich gibt es heute super gute Markenöle (Exxon, Gastrol, Shell, BP...) die diese Öle für Benzin wie Dieselmotoren gleichzeitig oder gesondert an bieten. Mischt später möglichst kein Öl mit anderen Herstellerölen, da jedes Basisöl mit unterschiedlichen Additiven versetzt wird. Von Ölwechsel-Intervall zu Intervall solltet Ihr immer bei einer Sorte bleiben!

Dazu passend eine neue Ölfilterpatrone oder Kartusche oder Element genannt und gut is. Auch hier muss es nicht zwingend das teure Originalteil sein. Die Hersteller von "HENGST", "KNECHT", "MANN" oder "VALVOLINE" bieten "after market" Filter in Erstausrüsterqualität zum halben Preis an.

Motor-Luftfilter...

Auch hier solltet ihr nicht sparen und das alte Papierfilterelement einfach nur ausblasen, denn je älter solch ein Filter wird, desto grösser ist die Wahrscheinlichkeit, dass es feinste Risse in den einzelnen Papierfaltungen geben kann. So etwas kann zu vorzeitigem Motorschaden führen, denn Öl plus Sandstaub wirkt wie Schmirgelpapier und das mögen die Kolbenringe wie Laufbuchsen des Motorblocks überhaupt nicht. Also erneuern, sofern er nicht wirklich neuwertig ausschaut.

Getriebe Öl...

ist bei Schaltgetrieben immer ein so genanntes Hypoidöl (riecht sehr streng & ekelig) mit der 80W90 GL4 oder GL5 Spezifikation. Versucht ein GL5 zu bekommen, denn das ist die höchste Druckstufe und ist eigentlich für schwerste Baumaschinen gedacht, die im täglich harten Einsatz laufen. Ergo ist es für Kleinfahrzeuge unter normalen Fahrbedingungen extrem gut und verlängert die Laufleistung des ganzen Antriebsstranges, da eben dadurch möglichst kein Metallabrieb statt findet. Auch läuft ein mit Hochleistungsölen befülltes Getriebe etwas leichter und leiser.

Merke: *Grundsätzlich bildet ein gutes Öl immer eine hauchdünne (halbe Haarstärke) Trennschicht zwischen den sich sehr schnell bewegenden Metallteilen. Je stabiler dieser ultradünne Ölfilm ist, desto länger halten die rotierenden Bauteile. Reisst solch ein Film auf oder ganz ab, meist durch zu wenig Ölstand mit starker Überhitzung, oder durch Überalterung und zu viel Wasseranteil /Schwitzwasser (z.B. bei Wasserdurchfahrungen), so können die rotierenden Metallteile immer wieder ohne Schmierung aneinander geraten, was im schlimmsten Fall zu einem Kurbelwellen-Lagerschaden oder zu einem kapitalen Kolben-Pleuelabriss führen kann. Der Obergau! Also immer gutes Qualitäts-Markenöl nach DIN-Norm verwenden und immer auf den richtigen Ölstand achten (siehe Handbuch).*

Alle Öle binden über die Monate Schwitzwasser oder sogar das eindringende Wasser von kleineren Flusspassagen (floodway crossing), wenn die achsführenden Dichtringe verschlissen sind und somit leichter Wasser durch lassen. Deswegen sollten diese immer mal wieder erneuert werden (was man bei der Ölprüfung / Ölwechsel an einer weißmilchigen Schaumkonsistenz des Altöles erkennt!) Für den Leihen sieht das dann wie ein cremiger Espresso aus, stinkt aber fürchterlich.

Auch hierzu ein kleiner Profitip:

Nehmt mal einige Tropfen billiges Öl zwischen Daumen und Zeigefinger und versucht durch Reiben eure Hautflächen zu berühren. Ihr werdet feststellen dass dies recht leicht geht, aber bei Hochleistungsölen nur sehr schwer möglich ist. Egal wie die Farbe oder der Geruch des Öles ist. Das Beste was der Markt hergibt sind reine Synthetik-Öle, kosten gerne das doppelte von mineralischen oder halbmineralischen Ölen, aber diese Öle sind in der Qualität nicht zu toppen, da sie die höchsten Leistungsreserven bieten. Also wem es auf ein paar Dollars mehr nicht an kommt, gönnt sich vollsynthetische Öle!

Tipp: Automatik & Lenkgetriebe - Öle...

Alle Automatik, wie Servolenkungsöle sind rötlich schimmernde ATF- (Automatic-Transmisson-Fluid) Leichtlauföle mit der Bezeichnung: Dextron II oder III D. Auch und gerade diese Öle würde ich komplett erneuern, sowie deren integrierte Filterelemente (sofern verbaut - "im Werkstatthandbuch nach lesen"). Diese Arbeit kann man nur schwer selber machen, da meistens die ganze Ölwanne des Getriebes abgeschraubt werden muss, um an den inneren Feinfilter zu gelangen.

Im Vorratsbehälter der Servolenkung sitzt auch häufig ein kleiner, runder Filter unten im Behälter eingebettet. Ego: lasst diese Arbeit von einer Fachfirma erledigen, so gibt es auch kein Problem mit der Altöl-/Filter Entsorgung.

Auch hier empfehle ich gerne vollsynthetische ATF-Markenöle zu nehmen, da diese bereits viele Additive, gegen Alterung, Abrieb, Überhitzung und sogar weichmachende Polymere für eine längere Lebenszeit der verbauten O-Dichtungen und Wellendichtringe beinhalten.

Tipp: Getriebe - Spülung... (bei Automatikgetrieben)

Bevor man mit dieser schmierigen Öltauschaktion überhaupt mal beginnt, sollte man sich ein Getriebe-Reinigungs-Additiv (z.B. "Lube-Gard", "Liqui-Moly" "Mr.Perfect", "ERC-Clean-Up"... usw.) kaufen und dieses über das Öl-Peilstab-Röhrchen langsam einfüllen, um danach noch mal rund 30-60km in allen Gangstufen zu fahren. Dieser Zusatz löst sämtliche, über die Jahre angesammelten Einlagerungen an allen Ölführenden Leitungen, Gehäusewandungen sowie Hohlschrauben ab. Erst danach lasst ihr das Getriebeöl noch warm ab. Ihr werdet Euch wundern was da für eine dunkle Brühe raus kommt, wo sonst das Automatiköl rotschimmernd frisch aussehen sollte, kommt dann eine schwarze "Kaffeesoße" raus.

Danach sollte man die Getriebeölwanne abschrauben und sie auch von innen gründlich reinigen. Gerade bei Automatikgetrieben werden am Boden der Ölwanne häufig grosse Flachmagnete hingeklebt, damit diese den am Sumpf rotierenden Metallabrieb binden. Auch diese Magnete müssen zur Säuberung kurz raus und hinterher wieder an den selben Stellen hin geklickt werden.

Weiter muss der interne Feinstfilter raus, um diesen ebenso gut mit Bremsenreiniger rückstandsfrei zu säubern.

Ob ihr das nun selber erledigt, oder ihr es dann doch besser bei einer Werkstatt ausführen lasst, müsst ihr selber entscheiden. Fakt ist, ein Automatik Getriebe läuft und schaltet nur dann super präzise, solange alle internen, ölführenden Kanäle / Schalter / Druckventile sauber schalten können und 100% Durchgang haben. Da bautechnisch bedingt in jedem Getriebe über die Jahre ein hauchfeiner Abrieb erfolgt, haftet sich dieser feinste "Metallstaub" gerne an allen, inneren Bauteilen an. Dieser Ölschlamm blockiert dann irgendwann irgend ein Ventil und somit treten folglich die ersten Probleme mit abnormalen Schaltsprüngen auf, bis hin zum Totalverlust des Vortriebes.

Um diesem entgegen zu wirken, gönnt man seinem Getriebe gerne alle 100.000km solch eine Reinigungsprozedur.

Tipp: Differenzial-/Achs-Öle...

sind ebenfalls meistens Hypoid-Öle der 80W90 GL4 oder GL5 Klasse. Auch hier wieder, wenn zu bekommen GL5 verwenden! Das Erneuern dieser Öle braucht ihr nur einmal nach dem Fahrzeugkauf durchführen, danach nicht mehr. Ansonsten werden diese Öle nur nach allen 100.000 km Laufleistung erneuert.

Tipp: Kraftstoff-Filter...

Bei Benzin und Dieselmotoren werden immer Kraftstoff-Filterelemente vor der Vergaser, Einspritzanlage oder Dieselpumpe platziert. Sie dienen dazu dem Verbrennungssystem nur reinsten Brennstoff zu kommen zu lassen. So wird bis auf einen geringen Wasseranteil gewährleistet, das die feinst gehonten Pumpenteile sowie Einspritzdüsen keinen Schaden nehmen.

Diese runden Feinstfilter (mit 5 - 30 Micron Durchlassgröße) müssen auch regelmässig erneuert werden. Hier holt ihr euch gleich zum Ersatz eine zweite Filterkartusche dazu. Denn die meisten Leistungsprobleme eines Motors rühren auf überalterte, verstopfte Filterelemente hin. Leider kann man nicht in diese Teile reinschauen, so bleibt nur ein vorsorglicher Austausch.

Einige Geländewagen (Diesel-Fahrzeuge) verfügen zudem oben im Motorraum oder auch unten am Innenrahmen des Fahrwerkes über bereits verbaute "Wasserabscheider". Diese sind regelmässig zu entleeren (welches auch automatisch über eine Warnleuchte im Armaturenbrett gemeldet wird), was leider die wenigsten wissen (siehe Bordhandbuch, wenn noch vorhanden), da sehr versteckt verbaut. Häufig ist unten an der Wasser-Abscheider-Bowle eine 10er Ablassschraube und oben drauf oder seitlich angeordnet, ebenso eine 10er Belüftungsschraube verbaut. Beide muss man kurz eine Umdrehung links aufdrehen und einige Sekunden warten, bis unten nur noch reiner Kraftstoff rausläuft, um dann die Schrauben wieder zu zu drehen.

Da Dieselkraftstoff ein Leichtöl ist, schwimmt es auf und Wasser setzt sich unten ab. Dieses kann man somit gut trennen und ablassen. Bei Benzinmotoren funktioniert es nicht.

Tipp: Bremsanlage...

Dieses ist ein sehr umfangreicheres Thema. Damit ich hier kein Werkstatthandbuch zusammen schreiben muss, solltet ihr den Austausch aller Bremsflüssigkeiten (Behälter, Leitungen wie Bremszylinder) einer Kfz.-Werkstatt überlassen, die genau wissen in welcher Reihenfolge wie und was zu tun ist, was in einer "Fachwerkstatt" rund eine Stunde verschlingen wird. Da diese wässrig-dünne und klare Bremsflüssigkeit hygroskopisch wirkt (sie bindet sehr gut Luftfeuchtigkeit), muss sie alle 2 Jahre erneuert werden, ansonsten steigt der Siedepunkt und das Bremssystem verliert bei Stress (Bergabpassagen mit starker Reibungshitze der Bremszangen und Zylinder) die Leistung.

Ein Druckabfall (fading) will kein Mensch unter solchen "Downhill" Bedingungen erleben, denn dann verliert man die Kontrolle über sein Fahrzeug! Nach dem Bremsflüssigkeitswechsel packt euch noch gerne eine 0,5L dieser ATE-Bremsflüssigkeit (DOT4) in Reserve ein, so könnt ihr bei leichtem Verlust gleich wieder die fehlende Menge nach kippen (siehe Betriebshandbuch). Aber bei unzureichendem Bremsdruck wie Unklarheiten, fahrt ihr lieber die nächst mögliche Werkstatt an, um dort professionelle Hilfe zu erhalten. Weiter würde ich je einen Satz der passenden Bremsklötze der Vorderachs-Bremszangen/Sättel und ebenso einen Satz Brems-Klötze oder meist dort verbauten Bremsschuhe/Backen für die Hinterachs-Trommelbremsen (sofern dort nicht auch schon Bremsscheiben verbaut sind) in Reserve mit einpacken. Da es heute viel zu viele Fahrzeugmodelle gibt, ist es besser auch hier schon gleich Ersatz dabei zu haben. Die Teilehändler halten heute nur die wirklich aller gängigsten Ersatzteile der aktuellen Fahrzeugtypen auf Lager. Solche Teile später im Notfall per Busch/Post-Flugzeug einfliegen zu lassen, käme dann exorbitant teuer.

Tipp: Radlager...

Jedes Fahrzeug hat hinter jedem Rad sogenannte Radlager mit Öl und Staubdichtungen sitzen. Grundsätzlich sind auch diese in Lagerfett rotierenden Hochleistungs-Schrägrollenlager über die vielen gefahrenen Kilometern, wie Millionen von Umdrehungen einem Verschleiss unterlegen. Schlaglöcher und Waschbrett mit Wellblechpisten (Gravelroads) tun verstärkt das Übrige, um diesen Alterungsprozess zu beschleunigen.

Ergo empfehlt es sich auch alle 4 Radlagersätze vor der grossen Rundreise mit zu erneuern (sofern der Vorbesitzer das nachweislich per Rechnung nicht gerade erledigt hatte), was eigentlich keine grosse Arbeit und auch nicht so ein hoher Kostenfaktor ist. Neue Lager mit frischen Kugellagerfett montiert, lassen zumindest auf euer Rundreise keine Probleme mehr aufkommen. Dennoch, nach sehr langen, schwierigen Pistenfahrten, nehmt euch gerne bei einem geeigneten Campside Stopp, zwingend die Zeit und bockt jedes Rad mit dem Bordwagenheber kurz einzeln hoch. So kann man das Rad allseitig mit beiden Händen kräftig anpacken, um mit langsam hebelnden Bewegungen zu prüfen, ob die Radlager immer noch spielfrei drehen, oder ob da etwas "klackert"?!?

Stellst du ein Spiel fest, sollte das Lager umgehend nachgestellt werden!

Auch das ist in einer nächst möglichen Werkstatt in kurzer Zeit erledigt, sofern ihr es nicht selber erledigen könnt. Aber eventuell macht ja auch gerade ein Techniker auf eurer Campsite Urlaub, der diese Aktion umgehend vor Ort erledigen könnte, sofern er die Lust und Zeit dazu hat.

Tut man das nicht, wird dieses Spiel in sehr kurzer Zeit immer grösser, gerade auf Wellblechpisten geht das dann ruckizucki und es kommt zu einem kapitalen Radnabenschaden, der in der Summe der einzelnen Teile dann richtig aufwändig und auch richtig teuer wird. In Afrika habe ich da schon richtig schlimme Unfälle mit LKW's gesehen, wo ganze Antriebssteckachsen in Kurven seitlich rausgelaufen sind und die Fahrer die Kontrolle über ihren ganzen, meist schwer überladenen Sattelzug verloren haben - Alptraum!

Bedenkt bitte.., in einem Jahr Australienbefahrung spult man rund 30.000 - 60.000km ab!!!   Da ist es wichtig, regelmässig so alle 10.000km das Radlager und Lenkungsspiel zu prüfen. Erst recht, wenn ihr beim Fahren plötzlich fremdartige Geräusche wahrnehmt. Sofort an nächst bester Stelle anhalten, um eine rundum Sichtprüfung vorzunehmen. Findet ihr bei der ersten Rundschau nichts, dann lieber zusätzlich jedes Rad kurz aufbocken, dran drehen und Hebeln. Besser ist besser. Danach auch alle Radbolzen noch mal gerne prüfen und nach ziehen!

Tipp: Akku-Kauf...

Wenn das Fahrzeug nicht gerade vor dem Fahrzeugverkauf noch eine neue Starterbatterie erhalten hat (normalerweise wird das Montagedatum oben auf der Batterie markiert - nach Kaufquittung fragen), würde ich NUR bei dem Auto-Parts Discounter "Super-Cheap" oder dem Baumarkt-Riesen "Bunnings" einen neuen "Heavy Duty" Akku kaufen, da nur diese Companys landesweit mit ihrem Filialnetz Garantie leisten, sollte der Akku vorzeitig unterwegs den Geist auf geben. Da ihr ja ständig in Bewegung seid, wird man zu dem Zeitpunkt eines Ausfalls, sicher nicht da sein, wo man die Batterie ursprünglich erworben hatte. Somit ist es gut dort zu kaufen, wo man Landesweit auf Garantie Ersatz bekommt. Alle anderen Händler bieten diesen Service leider nicht an, da es Franchiseunternehmen sind und nur da was auf Garantie ersetzt/getauscht werden kann, wo man es erworben hat.

Tipp: Batterie -Typen...

Welchen Batterie-Typ brauchst du für dein Fahrzeug?

Das hängt zuerst mal von der maximalen Größe der Batteriehalterung wie dem Platz im Motorraum ab. Aber meistens kaufen die "Fahrzeugkäufer" das nach, was aktuell bereits an Batteriegröße werksseitig verbaut wurde. Das steht dann sehr groß auf jeder Batterie oben wie seitlich drauf.

Dennoch, auf dem Batteriesektor bewegt sich was, immer mehr sind die AGM-Batterien am kommen, da sie sehr gut rüttelfest und auch zyklenfester sind. Aber auch reine Gelakkus kommen zunehmend gerne zum Einsatz, brauchen aber dann wiederum eine höhere Ladeschlußspannung, die durch einen anderen, oder einstellbaren Reglertyp angepasst werden müsste. Leider verbauen viele Camping-Fahrzeugbesitzer diese Batterien zu ihren normalen Säurebatterien und wundern sich später, warum das Kombisystem nicht zu 100% funktioniert. Das wiederum liegt an der unterschiedlichen Bauweise, da ein herkömmlicher Säureakku (Wett Cell) eine Ladespannung von ca. 13,8-14,2V braucht, aber ein nachgerüsteter Gelakku eine höhere Ladespannung von 14,4 - 14,6V bräuchte und die somit nie erhält, um 100% voll zu werden.

Durch die zunehmende Start/Stopp-Motorentechnik der neueren Fahrzeuge, wächst der Bedarf an nochmals spezielleren Energiespeichern. Lithium-Ionen Akkus (LiFePo4) sind hierfür leider noch viel zu teuer. Diese werden nur in Spezialfahrzeugen der Seefahrt und Luftfahrt, wie in sehr hochpreisigen Expeditionsfahrzeugen verbaut. Auch benötigen sie eine sehr ausgeklügelte Ladetechnik. Mit anderen Worten, viel zu viel Elektronik und damit zu teuer, gerade für euer ja doch recht kurzes Reisezeitfenster. Ergo bleiben immer noch gute, rüttelfeste Säureakkus oder eben die hochwertigeren AGM Säureakkus perfekt für euer Reisefahrzeug.
Wer eine Kompressor Kühlbox mit auf seine Reise nimmt und das sind sicher die meisten, sollte sich unbedingt einen gleich grossen, zweiten Akku zulegen, um diesen einfach parallel zu schalten, also Plus an Plus und Minus an Minus - fertig. So verdoppelt man die speicherbare Gesamt-Ah-Zahl, also die gesamte Energiemenge, um gerade die Nachtphase zum Betrieb einer zyklisch durchlaufenden Kühlbox zu ermöglichen, damit am nächsten Morgen, unbedingt der Motor noch anspringt. Zur besseren Batteriekontrolle ist die einfache Montage eines kleinen, digitalen Voltmeters (Kfz.-Zubehör oder Elektronik-Shop oder eBay) am Armaturenbrett (Dashbord) perfekt.

Sinkt die Bordspannung unter 12,2 Volt, startet man den Motor um entweder weiter zu fahren, oder nur um die Akkus schubweise, bei erhöhtem Standgas (1000-1200U/min), ca. 30 - 60 min. wieder nach zu laden. Dann allerdings benötigt ein normales Fahrzeug mit seinen meist mittelgross verbauten Lichtmaschinen von 60-80A Ladeleistung, mindestens ca. 1 - 2 Stunden Fahrzeit, bis die Akkus mit 13,8 - 14,4 Volt wieder fast 100% voll sind. Ein kleines "Honda 10i" Notstrom-Aggregat tut es natürlich auch, benötigt aber zusätzlich etwas Platz, um es verstaut zu bekommen und wiegt natürlich mit vollem Tank nochmals 15Kg extra. Auch bräuchte es dann ein extra Akkuladegerät z.B. "CTEC 300" mit 25A Ladeleistung oder "Victron-Blue Smart" mit 30A (lässt sich über eine Victron App ansteuern), was wieder etwas Arbeit, Montageplatz und nochmals Kosten verursacht.

Ergo kommt ein 2. Akku viel günstiger, spart in der summe Gewicht und ist weniger fehlerbehaftet, wie fast überall nachzubekommen. Wer ab und an wirklich ganz einsam steht, sollte dann zur absoluten Sicherheit einen der Akku's über Nacht am MINUS-POL ab klemmen, damit der Wagen am nächsten Morgen ja wieder anspringt.

Fazit: Wer nur ein kleines Reisebudget hat kauft 2 gleich große der gängigsten "Normal Heavy Duty Säureakkus" (meist in der 12V/66 - 85Ah Variante). Wer ein grösseres Reisebudget hat, der besorgt sich 2 gleich grosse AGM Akkus. Eigentlich sollten all diese Säureakkus nie unter 60% der Nennkapazität entladen werden. Erst recht nicht bis zur 12V Grenze oder tiefer. Dann nämlich erleiden sie einen Tiefentladungsschaden und verlieren stark an ihrer Gesamtkapazität.

Tipp: Litium-Ionen Akkus der "nicht brennbaren"

LiFePo4 Generation...

Diese absolut rüttelfesten und lageunabhängigen Hochleistungsakkus mit integriertem Zellenmanagemant können deutlich mehr Lade/Entladezyclen wie alle Standardbatterien ab, Auch können sie wie bei einem Laptop locker bis zu 80/90% entladen werden und das tausendfach. Leider sind sie in den benötigten Kfz.-Größen (80 - 100Ah) derzeit noch viel zu teuer und rechtfertigen für euren ja kurzen Besuch nicht solch eine hohe Investition. Ausser Geld spielt keine Rolle.

Wir reden von rund 150 zu 500-900AU$ - pro Akku!

Aber wichtiger ist, dass sie **nicht** zum Starten von Motoren konstruiert wurden, da sie kurze, sehr hohe Starterströme von 160-350A und mehr (je nach Motortyp und Aussentemperatur) nicht mögen und eher für niedrigere, konstante Leistungsabgaben entwickelt wurden.

Auch funktionieren sie nur bis ca. +5°C. Sie mögen also richtige Kälte-Frostbereiche überhaupt nicht und müssten bei Gefriertemperaturen ständig beheizt werden, was wiederum von der eigenen Speicherkapazität an Energie verloren gehen würde.

Ergo müsste man für den Motor eine Blei-Säure Akku zum Start/Bordbetrieb belassen und für den "Wohnmobil / Campingaufbau" einen extra LiFePO4 Akku extra schalten und dass noch mit Trennrelais und 12V zu 12V Ladebooster.

Fazit: viel zu technisch und viel zu teuer, dafür das ihr ja nur eine recht kurze Zeit in Australien verbringt.

Tipp: Kühlboxen...

Wo ich dabei bin, hier gleich das Thema Kühlboxen. Wenn nicht schon beim Fahrzeugkauf eine Kühlbox oder Kühlschrank dabei war, dann solltet ihr zumindest in diesem Punkt nicht sparen, um auch im tiefen, heissen Outback und erst recht im tropischen *Cape Yorke Pininsula* und der *Kimberleys* Region immer gut gekühlte Lebensmittel und Getränke geniessen zu dürfen.

Vorab, es gibt "Eisboxen" und "Kühlboxen".

Die bekanntesten, simplen EISBOXEN von "Coolman" sind einfachste, isolierte, wasserfeste Kuststoffbehälter mit einem Bodenablassventil. Diese werden einfachst mit einem grossen Beutel Eiswürfel halb aufgefüllt und dann mit den zu kühlenden Getränken und Lebensmitteln bis zum Maximum voll gepackt.

Es ist die älteste und für kurze Zeit auch günstigste

Durchkühlmethode, die aber nur 24 Stunden funktioniert, bis halt die Eiswürfel sich vollkommen zu Wasser aufgelöst haben. Danach muss man das Schmelzwasser abgelassen werden, damit es nicht anfängt zur stinkenden Bakterienbrühe zu mutieren.

Richtige **KÜHLBOXEN** oder **GEFRIERBOXEN**, egal ob mit Peltier-Elementen oder Kompressor betrieben, brauchen immer eine stabile 12V Betriebsspannung, damit sie funktionieren.

Peltier-Kühlboxen bringen aber keine große Kälteleistung zustande und eignen sich eher nur für gemässigt warm-trockene Regionen. In den Tropen funktionieren sie fast gar nicht, da die Luftfeuchtigkeit zu hoch.

Kompressor-Kühlboxen sind dagegen für alle Klimaregionen perfekt geeignet, da sie mittels einem leistungsstarken Kälteverdichter, also Kompressor (zwischen 10 zu 25 bar Arbeitsdruck), eine sehr hohe Kälteleistung in kurzer Zeit zustande bringen. Dafür benötigen sie aber auch eine stabile 12-14,5V = Gleichpannung. Die gängigsten Fabrikate benötigen dabei bis 100L Kühlraumvolumen 4,5 - 6,5A an Leistung. Die prozentuale Laufzeit hängt dabei von der Isolation, der Umgebungstemperatur und natürlich auch dem Kühlraumvolumen, wie dem Inhalt ab.

Tipp: Füllgrad...

Versucht die Kühlbox oder den Kühlschrank möglichst immer voll zu halten. Je grösser die kältebindende Masse, also der Lebensmittel und Getränke Inhalt ist, desto höher fällt der Laufzeit-Wirkungsgrad aus. Ein fast leerer Kühlschrank kann keine Energie binden/speichern, da ja nur Raumluft vorhanden ist und diese bietet keinen Speichereffekt. Ideal wäre es, alles mit Getränke - Tetrapack's voll zu packen.

Gut wäre auch entstandenen "Leerraum" mit Wasserflaschen auf zu füllen. Gefrorenes Wasser ist ein sehr gutes, günstiges Speichermedium.

Tipp: Hersteller & Marktführer ...

Im Groh hat sich der Kühlschrank und Kühlboxen-Markt auf 2 namhafte Hersteller aufgeteilt...

"ENGEL" aus Japan, die mit ihren sehr leise und leistungsstarken "Schwingkompressor" Kühlboxen seit Jahrzehnten sich einen extrem guten Namen und Ruf gemacht haben und...

"WAECO" aus Deutschland, die mittlerweile zu einem der grössten Globalplayer in der mobilen Kühltechnik mutiert sind. WAECO setzt dabei auf reine Kompressor-Kühlagregate von **"Danfoss und Secop"**, der Rest ist mehr oder wenig ähnlich.

Dann wäre noch die Münchner Firma **"Kissman"** zu erwähnen, die so den 3.grössten Kühlgerätebereich auf dem Reisesektor abdecken. Aus der Schweiz käme noch die Qualitätsfirma **"WEMO"**, die als einzige ihre Kühlagregate bis -30°C offerieren. Alle Hersteller haben ihre Kühlboxen wie Kühlschränke für einen reinen 12/24V Gleichspannungsbetrieb ausgelegt und diese somit in fast jedem Auto und Klein-LKW über die genormten "Zigaretten Steckdosen" betrieben werden können. Auch sind alle Kompressorkühlboxen -/ Kühlschränke nicht so empfindlich gegen Schräglagen.

Absorber Kühlgeräte (z.B. Elektrolux, wie in fast allen Wohnwägen und Wohnmobilen verbaut) mögen Schräglagen nur sehr eingeschränkt (max. 3°), da die Ammoniak-Wassergas-Lösung ansonsten nicht mehr im "Schwerkraftbetrieb" arbeiten kann. Dafür lassen sie sich alle Absorber mit 12V= oder 230V∼ und / oder auch im Kombi mit Gas (auch LPG) betreiben, brauchen dann aber nach draussen durch die Fahrzeugwand, sehr grosse Belüftungsöffnungen, die wiederum auch viel Staub in den Übergangsbereich lassen. Ausserdem verlieren die Absorbergeräte schnell mit steigenden Aussentemperaturen an Kälteleistung.

Einige Kompressor-Kühlgeräte-Hersteller bauen ihre Kühlschränke nun so, dass die Abwärme nicht mehr zwingend über hinten angeordnete Kühlgitter abgeführt wird, sondern beidseitig über die metallischen Seitenwände in den Wohnraum geleitet wird, was eine deutlich höhere Wärmetauscherfläche ergibt, aber auch somit den Innenwohnbereich zusätzlich aufheizt. Im Winter ganz praktisch, aber im Sommer kontraproduktiv.

Tipp: Verdunstungs-Kälte...

Ich habe es zuerst auch nicht für möglich gehalten, aber nachdem ich mal nur so zum Spaß eine 0,5L Bierbüchse in eine nasse Frotteesocke gesteckt habe und wärend der Fahrt aussen an den Spiegel gehängt und 30min. gefahren bin, hat's mich fast aus den Latschen gehauen. Unglaublich was der trockene, 35°C warme Fahrtwind mit dem schnell verdunstenden Wasser der Socke anstellt. Die Bierdose wurde auf gute 15-18°C runter gekühlt. Vorausgesetzt du befeuchtest die Socke zwischendurch (ein Handtuch oder ähnliches ginge natürlich auch super gut, muss halt ordentlich Wasser binden) regelmässig alle 15 min. mit Wasser und ab geht die Kälte-Post! Also rund 20 °C Temperaturunterschied ist mal eine kräftige Ansage und auch ohne Thermometer deutlich zu spüren.

Leider funktioniert das nur in trockenen Regionen, nicht so in tropischen mit hoher Luftfeuchtigkeit!

Tipp: Solar-Technik...

Ein weiterer Schritt, um seine ständigen Stromverbraucher zu füttern ohne für teures Geld, sprich Spritkosten den Motor laufen zu lassen, ist die Nachrüstung von

2 bis 3 Solarmodulen im 100 - 120W Bereich. Diese hinterlüftet, direkt auf's Dach geschraubt oder in "begehbarer Ausführung" auf's Dach geklebt, dazu einen passenden Solarregler geschaltet und schon habt ihr euer eigenes Solarkraftwerk an Bord. Sobald die Sonne knallt gibt's "kostenlos" Strom, um die Akkus nach zu laden. Als Richtschnur sind 100 - 120W Solar Module die günstigsten wie gängigsten auf dem Markt. Ein Solarpanel mit 100W Nennleistung bringt bei gutem Herstellungs-Wirkungsgrad von 20-22% rund 5,5 - 6A maximalen Ladestrom, eine optimale Sonneneinstrahlung vorausgesetzt. Eine gängige 12V Kompressor Kühlbox von "Engel" oder "Waeco" braucht um die 45 - 65 Watt, ergo 3,5 - 4,5A bei 12,8V wenn der Kompressor gerade läuft. Je nach Umgebungstemperatur, eingestellter Kältestufe, Boxenfüllstand und Isoliergrad der Kühlbox und natürlich auch einer möglichst perfekten Belüftungsmöglichkeit, wären das ca. alle 15-30 Minuten, 5min Laufzeit.

Wer dann noch tagsüber ständig einen Laptop betreiben möchte, der je nach Modell und Bildschirmgrösse 40-65W Leistung zieht, sollte sich gleich ein zweites bis drittes 100 - 120W Solar Modul auf's Dach packen, denn von nichts kommt nichts. In diesem Fall gilt, je mehr - desto besser!

Sehr bewährt haben sich die neuen und fast 10kg leichteren und bis zu 30% biegsamen "Flexi-Solar-Module" die bei 100W Leistung nur noch zarte 2,3 kg wiegen und ohne dicken Alurahmen direkt auf's Dach oder die Seitenwände geklebt, oder mittels verpresster Rand-Ösen, mit kleinen Gurten verzurrt werden können. Diese Solarmodule könnt ihr dann auch direkt über eBay Australia bestellen oder eventuell vor Ort über die passenden Händler (Baumärkte, Camping, Schiffsausrüster oder Wohnmobilhändler) kaufen. Daheim kostet solch ein 12V/100W Solarpanel um die 160,- bis 240€.

Dazu noch je Panel eine Kartusche PU-Karosseriekleber

-/Dichtmasse (Sikkaflex... oder ähnliche Anbieter) und die Teile sind ruck-zuck am Auto verbaut. Na nicht ganz, die Kabel noch und einen passenden MPPT-Solarregler mit Vorsicherung, damit alles seine Ordnung hat.

Tipp: Solar-Hinterlüftung...

Damit diese Solarmodule möglichst immer ihre volle Leistung bringen und nicht überhitzen (sie sollten nicht über 65°C kommen!), sollten sie gerne leicht hinterlüftet montiert werden. Darum ist es ratsam diese 3mm flachen Panele auf 2cm Abstandsleisten oder Gummis oder Kunstoffleisten oder ähnlichem zu fixieren, damit unten rum immer etwas Luft zirkulieren kann. Denn brennt gegen Mittag die Sonne im rechten Winkel auf diese dunklen Siliziumzellen der "verbackenen Panele", kommen da locker Temperaturen von 65° - 80°C zustande und dass eben bremst den Wirkungsgrad der Solarpanele aus. Also noch mal, die max. Arbeitstemperatur aller Namhaften Solarmodule liegt bei max. ca. 65°C. Was darunter, bis zum Frostbereich liegt, wäre perfekt.

Tipp: LED-Beleuchtung...

Ein weiteres Thema ist für alle Camper die Innenbeleuchtung der Reisefahrzeuge. Damit der Stromverbrauch bei längeren Camping Standphasen niedrig bleibt, solltet ihr wenn nicht schon vom Vorbesitzer umgesetzt, alle Beleuchtungsmittel auf LED-Lampen umrüsten.

Das ist kein Problem mehr, da heute selbst in den Discountern, Baumärkten und Chinaläden 12V LED-Lampen und Strahler aller Art angeboten werden. Den mitgelieferten 230/12V Netztrafo lasst ihr einfach weg, um nur die LED-Leuchteinheit direkt an das 12V Bordnetz anzuschliessen. Allerdings sind diese "12V" LED's für genau 12V=Spannung über die sauber geregelte Trafo-Ausgangsspannung konfiguriert und halten nicht ganz so lange, wie speziell für Fahrzeuge produzierten Leuchtmittel, die eine gewisse Multispannung von 11,5 - 14,8V= vertragen.

Aber auch alle Auto-Zubehör-Shops haben da Diverses und in verschiedenen Farben im Angebot. Die normalen Glühlampen sterben mehr und mehr aus. Fakt ist, grösster Verbraucher ist und bleiben der Kühlschrank, eine Kühlbox und ein Laptop wie Fernseher mit Sattelitenanlage.

Auch Autoradios mit extra Bassverstärkern (Subwoofer) und bei hoher Lautstärke betrieben saugen richtig kräftig vom Bordnetz ab, da die Mosfett-Leistungsendstufen für die Bässe heftig Energie benötigen, sofern man gerne richtig fett, laute Mukke hört. Das erkennt man sehr leicht am schwankenden Innenlicht. Dagegen ist dezente Hintergrundmusik kein Ding und kann problemlos für Stunden betrieben werden.

Kapitel 13 - Fahrzeug-Ausbau & Schlaf-Varianten

Unterwegs gut zu Schlafen und zu "Wohnen" ist Gold wert, somit stellt sich die Frage, wie möchte man das am besten realisieren?

So liegt es an euch wie verwöhnt und komfortabel, oder doch eher bescheiden und spartanisch ihr unterwegs sein möchtet. Grundsätzlich würde ich mir einen Plan machen wie und wo ihr denn überhaupt im oder auf dem Auto schlafen wollt.

Bedenkt, die meiste Zeit werdet ihr euch draussen hinterm, oder neben dem Fahrzeug aufhalten und eher nur zum fahren wie zum schlafen im Fahrzeug sein.

Tipp: die günstigste Domzelt Boden-Variante...

"SALEWA" - Kuppelzelt mit zusätzlicher Überzeltplane

*Hier das sehr clevere, australische Schirmzelt
"BLACK STUMP", das wirklich in Sekunden aufgestellt ist.*

Diese ja sehr beliebte wie preiswerte Variante einer naturnahen wie bequemen Übernachtung wählen sicher diejenigen, die mit einem normalen PKW unterwegs sein wollen, ohne einen zusätzlichen, grossen Umbauaufwand betreiben zu müssen. Sicher auch die, wo das Reisezeitfenster sehr kurz bemessen ist. Egal ob mit Fahrrad, Motorrad oder Pkw unterwegs, ist diese einfache "Iglo" oder auch "Domzelt-Variante" die preislich sinnvollste. Wie ihr euer Zelt dann auf zu stellen habt, muss ich sicher keinem erklären. Was ihr aber nicht wisst, beschreibe ich nun kurz und deutlich.

Übrigens: einfache Domzelte gibt es preiswert bei allen "Bunnings" Baumärkten wie in den grossen Discountern von "K-Mart" oder "Woolworth" zu kaufen. Heute sicher auch bei allen "ALDI" und "IKEA" Filialen der Großmetropolen.

Habt ihr also euren neuen Campspot im Outback oder der Küste entlang am nachmittag gefunden und festgelegt wo ihr den Wagen parken wollt, solltet ihr klären, wo ihr das Zelt dann aufstellen möchtet. Diesen Platz bereitet ihr schon mal gründlich vor, um ihn von Steinen und Gestrüpp zu säubern, denn dünne Zeltböden mögen keine scharfkantigen und spitzen Gegenstände. Achtet darauf, dass es keine Ameisenstrasse im Bereich und um dieser Zeltfläche gibt! Auch hohl liegende Steine, wo evtl. Skorpione ihren Platz gefunden haben, sollten verschwinden. Nun zum Wichtigsten, was aber nur für die sehr warmen bis ultra heissen, zentralen Outbackregionen mit extremer Sonneneinstrahlung gilt.

Stellt euer Zelt unbedingt erst eine Stunde nach dem Sonnenuntergang und somit im Dunkeln auf!!!

Warum? Na, weil der meist wunderschöne, feine, rote, australische Mutterboden enorm viel Sonnenenergie speichert und wie ein Backofen wirkt. Das will im Zelt mit Schlafsack auch sicher keiner, denn diese Bodenenergie braucht locker 1-2 Stunden bis sich die ersten 10cm Erdreich durch die Abendthermik wieder runter gekühlt haben. Stellst Du aber vorher schon Dein Zelt auf, geht das die ganze Nacht wie mit einer Wärmflasche unterm Arsch. Du kommst Dir echt wie auf einem Backblech vor und schwitzt wie ein nasser Aal.

Aber probiert mal selber ;-)(

Reisenden die im Fahrzeug Inneren oder oben schön luftig auf ihrem Fahrzeugdach schlafen, fällt so was natürlich nicht auf. Ergo, Zelt nach dem Sonnenuntergang mit Stirnlampe aufbauen!

Warum speichert diese rote Erde besser die Sonnenenergie? Australiens rote Muttererde hat häufig einen sehr hohen Eisenerz Anteil. Dieses Sand- und Eisenerzgemisch hat eine höhere Dichte und speichert somit viel besser die UV-Energie. Ausserdem erhitzt sich eine dunklere Sandstruktur um rund 15-20°C mehr, wie ganz heller Quarzsand, der halt besser das grelle UV-Licht reflektieren lässt.

Tja, und genau darum werden Segeljachten und Wohnmobile fast immer nur in weiss lackiert.

Tipp: Dachzelt-Schlaf-Variante...

Die erste, revolutionäre Dachzeltvariante stammte vom italienischen Hersteller "MAGGIOLINA" (1958), gefolgt vom seit 1961 eingetragenen Air-Camping (Autohome/Italien) Dachzelt.

Auf einer meiner ersten Italienreisen, hab ich auf einem Campingplatz vor Florenz einen kompakten "FIAT 500" Kleinstwagen (Schweizer Begriff: "Schinkenrucksack") gesehen, der solch eine "Dachzelt Keksdose" auf seinem winzigen, gewölbten Blechdach verschraubt hatte.

Ich war vollkommen geplättet, wie ich dann sah, dass die zwei Besitzer das Teil in kaum 30 Sekunden hochgekurbelt hatten und es sich als vollwertiges Schlafdachzelt mit Innenbeleuchtung und Moskitoschutz entpuppte. Der schnell ausgezogene Leiterzugang machte diese geniale Version von "Hochbett" perfekt.

F A N T A S T I S C H !

NISSAN Patrol mit sturmfesten "Maggiolina" Halbschalenzelt

Dieses Scherengitter-Parallel-Kurbelzelt ist die stabilste, sturmfesteste, schnellste und auch die geräumigste Dachzeltvariante. In diesem stabilen Zelt kann man sich bequem im Hochsitz umkleiden und es lassen sich auch prima die Tagesklamotten über Nacht unter der Decke aufhängen, ohne das sie beim Schlafen stören.

Ein weiterer Vorteil sind die beiden sich gegenüber liegenden Zugänge und Belüftungseinheiten (inklusiv doppeltem Moskitoschutz), die über ein ebenso, beidseitige Option des Leiteranlegens verfügt. Denn je nach Umgebung und Untergrund kann man dann spontan entscheiden, wohin man den Leiterzugang wählt und fixiert, um einen leichteren Aufstieg zu ermöglichen. Die Sonnenaufgangsseite wäre da auch noch zu beachten, um dem Zelt wenig Angriffsfläche zu bieten.

Auch können so die Schuhe mit hochgenommen werden, und schnell zwischen Fahrzeugdach und Zeltboden in die Regenrinne klemmt werden.

TOYOTA Land Cruiser HJ60 mit "Brettschneider"
  Moskito-Domzelt auf Tropen-Dachträger Plattform fixiert

TOYOTA - Land Cruiser HDJ80 mit sehr
  geräumigen "Howling-Moon" Klapp-Dachzelt bestückt.

Vorteile...

Wer es gerne luftig im Hochsitzstiel mag, ist mit einem Dachzelt zum aufklappen oder hochkurbeln ("Air-Camping", "Eezi-Awn", "Simtec", "Gordi-Gear", "Howling-Moon", "Maggiolina"...) bestens bedient. Der erste Morgenkaffee zum Sonnenaufgang hoch oben auf der Matratze ist die Perle des Campen, mehr Romantik geht nicht!

Die Frage ist, wer klettert zuerst runter
und bereitet den Kaffee vor ;-)(

Da Australien ja zu den friedlichsten Reiseländern, ja Kontinenten überhaupt gehört, ist in Bezug Sicherheit und Wildtiere keinerlei Bedenken angesagt. Bewegt man sich ausserhalb der Regenzeit in den klimatisch angenehmen Regionen, ist eine Hochdach-Betten-Plattform perfekt, um den Rest des Fahrzeuginnenraumes als Packstation mit Kochoption nutzen zu können.

Auch bieten die aufgeklappten Dachzelte (nicht das Maggiolina) die Hälfte ihrer langen Liegefläche, aufgeklappt, gleichzeitig als schattigen Sonnenschutz an, was kombiniert mit der offenen Heckklappe eines Kombiwagens sehr nützlich ist. Dazu noch eine kleine Sonnenschutzplane extra zur Verlängerung rangezippt und fertig ist das Basislager. Auch eignet sich beides so kombiniert bei leichtem Regentagen, um geschützt und trocken draussen neben dem Wagen sitzen zu können.

Die Montage einer Dachzelteinheit besteht fast immer aus 3 Stück Quer-Dachträgern, die ergo mit ihren 6 Füßen an der Regenrinne, oder bei einigen Modellen verklemmt an deren werksseitig gelieferten Dachstreben verschraubt wird.

Ein weiterer Vorteil ist auch das ein Dachzelt ein Dach über dem Fahrzeugdach bildet, quasie ein "Tropendach", was den Innenraum deutlich kühler hält, wenn die Mittagssonne oben volle Kanne drauf brennt. Auf der zweiten Dachhälfte dann noch einen weiteren, kurzen Dachträger mit ein Stück Alublech oder dünner Siebdruckplatte montiert, bildet dies einen weiteren Sonnenschutz für den kompletten Innenraum. Dort dann 2 Stück 20L Kraftstoff-Kanister und einen zweiten Ersatzreifen drauf verzurrt, eventuell noch eine Sandschaufel und 2 Stück 1,5m langen Holzbretter, so als Anfahrhilfe für Weichsand Probleme, und los kann die Reise gehen.

Nachteile...

Der **erste Nachteil** ist, wenn man sich zu Shoppingtouren in grössere Orte und Städte begibt, sich einen Nachtplatz inmitten der Wohnviertel suchen muss und dann natürlich sich sofort als Camper outet, da solch ein aufgestelltes Dachzelt wie ein englische Telefonzelle in die Gegend leuchtet. So was wird von den Bewohnern in den ruhigen Wohnvierteln nicht mehr so gerne gesehen. Wer mag es schon als Hausbesitzer gerne, wenn direkt vor seinem Haus ein Wohnmobil parkt und die Aussicht versaut. In diesem Fall wäre eine innere "Notliegeoption" sehr hilfreich, die man sich beim einfachen Umbau des Autos mit einplanen sollte.

Der **zweite Nachteil** eines Dachzeltes ist die Tatsache, dass man während der Regenzeit über mehrere verregnete Tage sein Zelt nie wirklich trocken bekommt, bevor man es zusammen gefaltet hat, um es dann mit der Schutzhaube, für die Weiterfahrt ab zu decken. Das gibt dann ruck-zuck Schimmelbefall und Moddergeruch unter der Haube, was einfach ungesund und vollkommen ekelig ist.

Nur das italienische "Maggiolina" Fabrikat, ist mit seiner
2 Glasfaser-Halbschalen-Konstruktion deutlich
regenfester konstruiert.

Der **dritte Nachteil** ist die Tatsache, dass man zum "Pipigang" einen weiten Weg nach unten und zurück hat. Die geübten und Reiseprofis unter den Campern wissen sich da allerdings mittels einer "Pinkelflasche", oder bei den Mädels, mittels eines Vaginaltrichter und Pinkelflasche sich zu helfen.

Der **vierte Nachteil** ist, dass Dachzelte grundsätzlich sehr windempfindlich sind und man beim Wildcampen der Küste entlang sehr darauf zu achten hat, nicht nur einen Schattenplatz zu finden, sondern den auch noch gerne etwas windgeschützt, oder zumindest gegen die Windrichtung ausgerichtet zu platzieren, damit die Windangriffsfläche so gering wie möglich gehalten wird.

Der **fünfte Nachteil** des Dachzeltes ist die hohe Geräuschempfindlichkeit und schlechte Wärme/Kälte-Isolation. Da es ja oben in erhabener Höhe schwebt, fängt es auch alle umliegenden Geräusche, wie ein Trichter deutlich besser ein, als wie ein gekapselter Schlafplatz im Fahrzeuginneren.

Der **sechste Nachteil** wäre dann bei Starkregen mit heftigen Gewitterblitzen, die Gefahr vom Blitz getroffen zu werden, was zwar extrem selten vor kommt, aber doch könnte.

Ergo, so himmlisch ein Dachzelt zum Schlafen mit Aussicht bei Schönwetter und in der freien Natur ist, so umfangreich können auch die Nachteile für man einen sein. Hier sollte sich also jeder genau überlegen zu welcher Jahreszeit, er in welchen Regionen des roten Kontinentes er unterwegs sein möchte, um den Gebrauch eines Dachzeltes zu geniessen.

Tipp: Fahrzeug-Innen-Schlafvariante...

Auch wenn es etwas mehr hin-her Gepacke bedeutet, bis man sein Bett gebaut hat, ist es bestimmt für die meisten die sicherste, wie heimeligste Variante zu nächtigen.

Unser Umgeklapptes Innen-Doppelbett (140x200cm)
im umgestalteten Krankenwagenaufbau.

Vorteile...

Es ist die unauffälligste Methode umher zu reisen und doch nicht wie ein fahrender Zirkuswagen aufzufallen. Man findet bei der Verwendung eines langen Pkw.-Kombis ("FORD Falcon", "HOLDEN", "DEAWOOD", usw.) oder eines Kleinbusses (FORD Ecovan, MITSUBICHI L300, TOYOTA Hiace, HYNDAY Starex H1, VW-Bus, usw.) und auch eines langen Geländewagens immer überall Parkplätze, solange die Fahrzeuge die 2m Breite nicht überschreiten. Zur Not kann man auf den **Aldi**, **Woolworth**, **Cools** oder den **Bunnings** - Kundenparkplätzen mal eine Nacht stehen, um gleich morgens vorm Frühstück seine Besorgungen zu tätigen. Ich persönlich plädiere da auf das gefühlstechnisch sicherere Schlafempfinden im Innenraum eines Fahrzeuges, was aber jeder mit seiner eigenen "Sicherheitswelt" aushandeln muss.

Nachteile...

Leider erzeugt das Innenraumschlafen etwas Stauraumverlust und davon kann man ja bekanntlich nicht genug haben. Ausserdem bietet es deutlich weniger Kopffreiheit, ausser bei den extra hohen Hochdachkombinationen schon ausgebauter "Apollo", "Britz" und "Kia" Allrad-Camper. Ebenso müssen so leider immer wieder die Reisetaschen oder das Koffergepäck hin und her geschichtet werden, damit man hinten, über Nacht die volle Schlaffläche frei bekommt.

Hat man sich für eine Australien Rundtour in ausschliesslich trockenen Regionen zur doch mehr heissen Jahreszeit entschieden (siehe Kapitel: Klimatabelle), so wird sich die Bekleidung auf T-Shirt, Shorts und Flip-Flops mit Sonnenbrille beschränken. Eventuell mal eine leichte Fleecejacke oder eine lange Jogginghose abends drüber, aber viel mehr braucht es nicht, um sich wohl zu fühlen.

AUSBAUVARIANTE - KOMBIFAHRZEUGE:

Aber zurück zur Innenraum-Schlaf-/Sitzposition.
Die simpelste, wie praktischste Umbauvariante besteht aus einem einfachen Klappunterrahmen (aus Dachlatten oder dünnwandigem Quadratstahlrohr), der mit seiner Rahmenbefestigung direkt hinter den Fahrer-/Beifahrersitzen fixiert wird. An dieses, am Wagenboden und den Sicherheitsgurtpunkten verschraubten Grundgestells, schraubt man dann mittels 3 Stück Scharnieren eine glatte, 12-16mm Tischlerplatte oder eine wasserfest versiegelte Siebdruckplatte (Plywood) aus dem Bootsbau. Alu-Cobond Werbetadeln in 6mm tun es auch, sind aber nicht überall zu kriegen und doppelt so teurer. Dafür müssen sie nicht extra versiegelt, also gestrichen

werden. Egal, auf die Grundfläche wird dann eine 10-20mm dünne, rutschfeste Isomatte (Yogamatte, Sportmatte, Zeltmatte) gegen Schwitzwasser und Rutschen mittels Kontaktkleber (Pattex, Araldit, Superbond) drauf geklebt. Dann kommt die eigentliche 8-12cm dicke Kaltschaummatratze drauf und fertig ist das Schlafgemach.

Man könnte auch diese selbstaufblasenden Isomatten ("Thermarest" etc.) nehmen, aber die Teile sind rutschig und es entsteht eine Kerbe zwischen den beiden Schlafhälften, da es sie nicht in 120-140cm Breite gibt. Auch sind diese Teile nicht atmungsaktiv, da ja nach dem Aufblasen die Luftkammern dicht halten sollen. Das gibt ein komisches Schlafgefühl, besonders wenn es tropisch warm/feucht wird.

Die einzige Lösung wären da noch die englischen Matratzenschoner, die man oben drüber spannt und die sich gut in grossen Waschmaschinen bei reinigen lassen. Nachteil bei solchen selbstaufblasenden Teilen wäre auch, dass sie, bei täglichen Gebrauch über Monate nicht lange halten und Luft verlieren. Sehr unangenehm, wenn du morgens mit schmerzenden Beckenknochen aufwachst.

Also nichts geht über eine halbharte Kaltschaummatratze in 45/55 Shore-Härte, damit sie sich nicht gleich durchliegt. Die super Billigteile aus den Baumärkten kann man in der Regel voll vergessen, da sie viel zu weich sind und sich vom Schaum her nicht mehr generieren, nachdem man immer wieder die selbe Stelle mit seinem Hintern und Rücken über Nacht komprimiert hat. Gute Qualität bekommt man unter anderem auch bei allen IKEA Häusern. Leider sind die üblichen Hausmatratzen mit 18-25cm für Campingfahrzeuge viel zu dick bemessen, was einen in der Liege wie Kopfhöhe des Fahrzeuges dann im Campingfahrzeug benutzt, deutlich einschränkt.

Hat man also seinen Stellplatz gefunden, stellst du von

hinten diese einteilige Liegefläche am Fußende bis zum Deckenanschlag hoch, damit man nun ganz bequem an die dadrunter liegenden Stauboxen und Vorräte gelangt. "Keep it simple". Oben gehalten wird die Liegefläche durch einen Haken oder durch ein Gurtband zur Decke hin. Ein Stock mittig, Hochkant darunter gestellt ginge natürlich auch, ist aber leider auch immer etwas im Weg. Eine passende Gasdruckfeder wäre zum Gewichtsausgleich optimal, kostet aber mehr und ist schwerer zu kriegen und nicht so leicht zu montieren.

Tipp: Gewichtsaufteilung...

Der Ausbau oder besser die Fahrzeugoptimierung beginnt grundsätzlich mit dem kompletten Entfernen der Rücksitzbänke. Dadurch entsteht direkt hinter den Fahrer-/Beifahrer-Lehnen ein tieferer Fußraumbereich. Dieser eignet sich perfekt um je 2 Stück 20L Frischwasser und 2 Stück 20L Kraftstoffkanister stehend und mit Spanngurt gesichert zu transportieren. Dahinter folgen dann bis zur Heckklappe des Laderaums, möglichst gleich hohe, passende Plastikstauboxen "Bunnings Baumarkt" oder "Clark-Rubber". Bei uns wären es "CURVER Uniboxen" in 27x35cm / 35x40cm oder "EUROboxen" in 30x40cm / 40x60cm, in Australien gibt es ähnliche.

Profiboxen aus richtigen, unzerbrechlichen und Lebensmittel neutralen Nylon gibt es im Angler und Fischereibedarf, aber nur in weiss und deutlich schwerer. Perfekt ist es, wenn sich die Höhe der Kanister mit der Oberkante der Stauboxen genau aus geht. So könnte die Liegefläche im mittleren wie hinteren Bereich einfach drauf ruhen, die Auflagekräfte würden sich gut verteilen und man müsste nicht ein extra Untergestell konstruieren. Das spart Montagezeit und auch Gewicht. Ergo zuerst die Kanister besorgen, an geeignete Stelle hin platzieren und dann nachmessen wie hoch die Differenzhöhe wirklich ist, um passend hohe Stauboxen zu organisieren. In den zahlreichen China-Großmärkten gibt es sicher auch noch weitere Einkaufsmöglichkeiten. Die Qualität dürfte aber nicht die Beste sein.

Alles was es an Kleinkram unter zu bringen gilt, findet dann weiter links und rechts neben diesen Boxen in den Radkastenseiten statt und wäre unterwegs dann genauso schnell und praktisch zugänglich, nachdem man die Liegefläche schräge hochgeklappt hat.

Tipp: Campingstühle & mehr...

Besonders "Schirm-Campingstühle" die sich wie ein Regenschirm sehr kompakt zusammenfalten lassen (Bunnings, Discounter, Camping Outdooremärkte, Chinamarkt, Aldi, usw.) sind sehr zu empfehlen. Eine Topqualität bietet da nur "COLMAN" mit seinen "Slingchair" Typ an. Lasst euch Zeit bei der Auswahl und Suche der Stühle und probiert sie ausgiebig aus. Die ganz billigen Dinger mit den Bierdosen Haltern aus den Chinamärkten sind Katastrophe und halten wirklich nicht lange, ausser ihr wiegt nur 40Kg, da sie alle unten an den Rohrlöchern einreissen. Denn wenn sie den Geist aufgeben, biste gerade da im Outback unterwegs, wo es nirgends Ersatz gibt. Auch diese Alu-Regiestühle mit seitlichem Klapptisch dran sind super praktisch, in guter Qualität auch von "COLMAN - Deck-Chair" genannt, sind aber nicht so bequem, um sich lang zu lümmeln. Aber es bieten sich auch noch voll verstellbare "Relaxeklappstühle" an, die zum Teil auch mit langen Fußgestellen daherkommen. Diese Teile fressen aber enorm viel Stauraum weg.

Denkt dran, vernünftig sitzen ist Gold wert!

Eine weitere, edle und mega entspannte Variante sind diese Hängestühle mit extra Beinauflage. Die Teile verbreiten richtig gute Laune und Urlaubsstimmung, bedingen aber dass man in seiner Fahrzeugnähe einen Baum mit stabilem Ast zur Verfügung hat. Zusammen gerollt kann man sie fast überall platzsparend mit rein stopfen. Tja, und schwer sind sie auch nicht, da ja fast nur aus Stoff gefertigt.

Weiter lieben einige Reisende ein Feldbett dabei zu haben, besonders die, die einen Horror vor Krabbeltiere & Schlangen am Boden haben. Diese gibt es heute sogar in Alu-Bau/Steckweise mit extra Moskitonetz Oberteil. Perfekt um mal zwischendurch auf steinigem Boden im Schatten eines Baumes ein Nickerchen zu genießen. Tja und durch das Moskitonetz wird man dann auch nicht von den nervigen Fliegen gepiesackt.

Die vorletzte Relaxe-Vatriante ist dann noch eine schöne Hängematte. Ob nun als 1-Personen oder 2-Personen Modell mal dahin gestellt. Auch hier sollte man nicht zu sehr sparen, eine gute Baumwolle -/ oder Canvasmatte ist fast unkaputtbar und verträgt auch mal einige Funken eines nahen Lagerfeuers. Die reinen billigen China Naylon Dinger oder die teuren aus Flugzeugseide mögen das absolut nicht und reissen schnell ein. Also nimmt euch auch dahin gehend etwas Zeit mit der Kaufauswahl. Die qualitativ Besten kamen bisher aus Südamerika.

Aber der neueste Schrei sind diese "Luftbeutel-Relax-Sitze" aus beschichteten Nylonstoff. Tolle Idee, in vielen Farben erhältlich und wirklich leicht. Auch funktionieren sie auf dem Wasser wie eine Luftmatratze, AAABER Vorsicht wohin ihr sie platziert, denn sie mögen absolut keine spitzen Steine & Dornen, denn dann ist das Liegevergnügen sehr schnell dahin, weil sie halt Luft verlieren und somit nutzlos werden.

Tipp: Heck Flügeltüren - Variante...

Die meisten Geländewagen haben hinten 2 Hecktüren ("Barn-Doors" - also Scheunentor genannt) verbaut. Diese eignen sich bestens, um an deren Innenseiten mittels zweier Scharniere, Alubleche oder dünne Holzplatten zu montieren, um diese als Klapptische nutzen zu können. Diese werden dann mittels zwei dünner Stahl-/ oder Nylon-Seile oder auch WC-Kettchen auf 90° ausgestellt gehalten. So ergeben sich zwei zusätzliche Abstellflächen. Darüber passen häufig noch vor die Hecktürfenster verschraubt, zwei Wandutensilo und schon hast du deinen Kleinkram von: Körper, Zahnpflege, Waschmittel und Küchenkram perfekt und griffbereit untergebracht.

Einige nutzen auch gerne die Türinnenseiten um ihren Gaskocher klappbar zu montieren. So hat man in Bauchhöhe eine praktische Kochfläche. Eine geeignete 3 - 6 kg Gasflasche befestigt man dann mittels gutem Spanngurt & Haltegestell draussen an der Ecke des Dachträgers oder an der oberen Heckpartie des Fahrzeuges. Die wird dann zum Kocher hin mit einem Gasschlauch per Druckminderer verbunden. Diese Gasflaschen bekommt man zum einen in allen "Bunnings" Baumärkten, aber auch bei den diversen Tankstellen und Campingläden gekauft und nachgefüllt, oder zumindest getauscht.

Leider ändert sich diesbezüglich auch ständig etwas.

Tipp: Heck-Klappen-Verschluß & Variante...

Einige Fahrzeugmodelle haben auch eine kombinierte, untere Blechklappe mit überlappender, oberer Fensterklappe verbaut. Hier wird gerne die geöffnete, untere Klappe mit einer abwaschbaren Edelstahl, Kunststoff oder Aluplatte beplankt, auf der man dann prima alle Küchenarbeiten inklusive Kochen verrichten kann. Ist man mit dem Kochen und Essen fertig, kann man diese offene Klappe auch prima als Hochtisch oder Sitzplatz nutzen. Jeder wie er mag. Die geöffnete, obere Klappe dient dabei immer gerne als Sonnen- oder Regenschutz.

Tipp: Dachgepäckträger / Roof Rack und mehr...

Nicht selten werden Geländewagen in Australien schon fertig mit vormontiertem Dachgepäckträgern (Framework) verkauft. Wer kein Fahrzeug mit fertig montiertem findet, sollte sich einen zulegen. Warum...?

Ein richtig montierter und ausgelegter Dachgepäckträger bietet weit mehr, wie nur sein sperriges Gepäck zu transportieren. Mit einer glatten, durchgehenden Alu oder Siebdruckplatte (Plywoodboard) bestückt, wird er so auch gleichzeitig zum "Tropen-Doppeldach" erweitert. Platztechnisch richtig aufgeteilt, kann man dann zwei komplette Ersatzreifen oben auf dem Dach transportieren. Ob in der vorderen oder hinteren Dachhälfte hängt von der Gewichtsaufteilung ab und ob der Wagen ein Schiebedach besitzt. Auf der zweiten Hälfte wird dann ein Dachzelt montiert, was später ausgeklappt ja einen weiteren Sonnenschutz zum drunter sitzen ermöglicht.

Legt man nun ein weiteres, dünnes Alublech auf beide Reifen (mit 6 Spanngurten verzurrt) und klebt darauf wiederum ein grosses, passendes ca. 150 - 200W Solarpanel, hat man 2 Fliegen mit einer Klappe geschlagen.

A: zum einen werden nun die Ersatzreifen vor direkter UV-Bestrahlung geschützt.

B: werden die Solarpanele extrem gut von unten belüftet, was ihren Wirkungsgrad beim Akkuladen erhöht.

Zwei Stück 20L Treibstoffkanister (Nylonkanister) finden dann sicher auch noch seitlich einen Platz, um sie nicht im kostbaren Innenraum transportieren zu müssen.
Auch achtet bitte beim Kauf von Spanngurten/Ratschengurten darauf, **das sie UV-fest sind!!!**

Die China Billigteile verbleichen in wenigen Wochen,

werden porös und reissen recht schnell, was ihr sicher nicht wollt!

Dachgepäckträger gibt es eventuell auch sehr günstig bei einigen Autoverwertern, wenn vorhanden, oder halt für das doppelte Geld, in Neu bei allen KFZ-Ausrüstern. Natürlich sollte auch zur Orientierung der Blick über eBay-Kleinanzeigen von Privat nicht fehlen. Das Stöbern in den örtlichen Kleinanzeigen der Tageszeitungen kann, wie bei der Fahrzeugsuche, ebenso gerne zum Erfolg führen.

Auf diesen Dachträger nietet man sich, wie schon angerissen, ein ca. 1,0 bis 2,0mm starkes Alublech (alte Verkehrs-/Werbeschilder vom Recyclinghof tun's auch), oder wenn nichts anders zu finden, dann halt ein Neues, als ganze Blechtafel (sheet metal) bei einem Eisenwarenhändler (Hardware-Store) gekauft (gibt es in: 1x2m, 1,25x2,5m und 1,5x3,0m). Holzplatten sind dafür eigentlich zu schwer und quellen trotz Farbanstrich nach kurzer Regenzeit leider auf, ausser die wasserfest verleimten Siebdruckplatten, auch Bauschalungsplatten (Plywoodplatten) genannt, die aber nur beim Holzfachhandel oder den Bootsbauern erhältlich sind. Leider sind sie nicht günstiger wie die Alubleche und wiegen viel mehr.

Ergo besser Alubleche.

1. bilden sie ein perfektes "Tropendach", was zu 100% vor der direkten UV-Strahlung und Hitze schützt und ausserdem viel gesünder und effektiver wie eine Klimaanlage ist.

2. kann man darauf, wie oben beschrieben, easy 2 komplette Ersatzräder mit einer grossen Alubox für Abschleppseil, Wagenheber, Sandschaufel, Grillrost usw. unterbringen, ohne sich den Innenraum zu verbauen.

3. ist auch die Mitnahme eines Kajaks, Stand-Up-Boards oder eines Schlauchbootes noch gut möglich. DAS wäre eine riesen

Bereicherung, da ihr "on tour" noch unendlich viele Flüsse, Seen sowie Küstenabschnitte befahren werdet. Auch Brennholz lässt sich noch irgendwo mit ranzippen, um an den stark frequentierteren Campspots immer etwas Feuerholz am Start zu haben. Denn was gibt es schöneres, als ein romantisch knisterndes Lagerfeuer zum Sonnenuntergang, auch "Bush TV" genannt ;-))

Es fällt wirklich nicht schwer, entlang der Küstenfront ruhige, schöne wie freie Campingmöglichkeiten zu finden.
Hier mal sehr speziell mit tausenden, durchsichtigen Sichel-Quallen der Mangrovenküste entlang.

Tipp: Gaskocher & Gasflaschen-Systeme...

Ob es in Down Under Sinn macht mit einem Benzin- oder Spirituskocher rum zu machen, möchte ich stark bezweifeln. Da es, wie schon erwähnt, landesweit genormte Gasflaschen in verschiedenen Grössen gibt und sie diese auch überall tauschen oder sogar direkt vor Ort nachfüllen.

Hier eine SB GAS-Tankstellen-Nachfüllstation mit deutscher 5kg Flasche und "Dachdecker"-Ventil-Kombination.

Dieses Thema ist viel einfacher, als wie bei uns in Europa, wo es ca. 6 verschiedene Ventilsysteme gibt. So ist es eher unlogisch nicht mit Gas zu kochen. In Afrika unterwegs schaut es wiederum anders aus, da dort von Land zu Land die

Flaschenhalssysteme wechseln, es in kleineren Orten gart kein Gas gibt und das Nachfüllen immer ein riesen "Galama" bedeutet. Also eine Suche nach Händlern mit dem folgenden Nachfüllprozedere, unter dann Haare sträubenden Bedingungen.

Auch die weltweit genormten, blauen, kleinen "Caming-GAZ" Kartuschen (aus Frankreich) werden immer noch gerne für die direkten Aufschraubbrenner verwendet, sie sind aber, wie die aktuell hoch in Mode gekommenen, seitlichen Langkartuschen-Kocher mit einem Riesennachteil behaftet. Auch wenn sie erstmal "günstig" erscheinen, haben beide Varianten den Nachteil, dass diese Einwegkartuschen über Monate sehr teuer kommen, enorm Müll produzieren und schlimmer noch, nach dem 1. Kocheinsatz der Gasdruck rapide nach lässt und das Kochen sich zunehmend länger hinzieht und nervig wird.

Deutlich leistungsstärker sind dagegen die kompakten, klappbaren Multifuelkocher von "PRIMUS", "COLMAN", "OPTIMUS" oder "MSR", da sie selbst in grossen Höhen mit dünner Luft eine kräftige Flamme erzeugen, sehr windfest sind und wahlweise eben mit Gaskartuschen oder Benzin oder sogar Kerosin mittels der mitgelieferten Aluminium-Druckflasche betrieben werden können (bei unterschiedlicher Düsenbestückung). Davon 2 Stück und du hast alle Optionen, um extrem Platz und gewichtssparend dein Essen kochen, oder Tee aufsetzen zu können. Das ist deutlich effizienter wie alle billigen Gaskartuschen-Kocher und viel haltbarer sind diese Qualitätskocher dann auch noch, da sie fast alle aus Edelstahl gefertigt werden.

Eine alte Tradition ist und bleibt natürlich auch auf Holzfeuer, sprich der Glut, mit einem Grillrost und gusseisernen Topf ("Billy Pot" oder "Dutch Oven BBQ" genannt) zu kochen. Romantischer geht's nicht und vertreibt gleichzeitig die Fliegen wie Mücken. Aber das bedingt etwas Übung und auch

Sorgfaltspflicht, da es so extrem schnell zu Buschbränden kommen kann, wenn man diese Art des offenen Kochens nicht in halbwegs geschlossenen Erdmulden oder Feuerschüsseln betreibt. Von dem Transport der Holzkohle ganz zu schweigen.

Ergo ein altes Grillunterteil, halbes Ölfass, Bierfass, Autostahlfelge oder Wäscheschleudertrommel oder ähnliches kann sehr hilfreich sein, damit das Kochfeuer unter Kontrolle bleibt. Denn abends kommen durch die einbrechende Thermik nach dem Sonnenuntergang gerne mal heftige Winde auf. Ist in dem Moment dein Holzfeuer nicht gut geschützt, hast du schlagartig ein Problem.

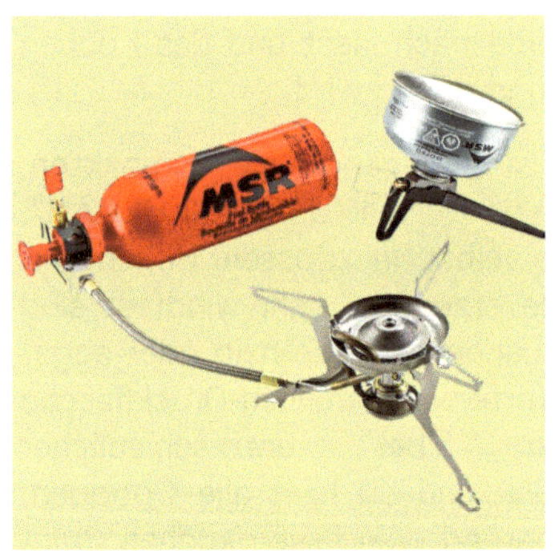

PRIMUS, OPTIMUS, COLMAN,
MSR Multifuel-Kocher

GAMPING GAZ Rund-
Kartuschen-Kocher

Grundsätzlich ist das Thema **KOCHER** sehr umfangreich und somit nenne ich hier nur die wichtigsten wie gängigsten Kochmöglichkeiten die der Markt so bietet. Grundsätzlich besser sind natürlich fest verbaute, windfeste Gaskocher, die über grosse Gasflaschen oder im Rahmen fest verbaute LPG-Gastanks betrieben werden.

HOBO Holz/Holzkohle Kocher   **Lang-Kartuschen Kocher**

*Der Gusseiserne Billy-Pot / Dutsh-Oven. womit perfekt
alle Fleisch-Schmorgerichte mit Gemüseeinlage gelingen.*

Brot und Kuchen backen funktioniert wegen der gleichmässigen
Wärmeverteilung des Gusseisens super gut. In den Städten sind
offene Feuer grundsätzlich verboten, auch in einigen Teilen der
Nationalparks. Nur da, wo ausdrücklich Feuerstellen eingerichtet

wurden, darf man auch zündeln. Auf einigen, öffentlichen "Grate Dividing Range" Forrest Tracks gibt es auf deren Camground's mit freiwilliger "Tucker Box" (Briefkasten Zahlstelle) häufig sogar fertig gehacktes Kleinholz. Das ist dann der super Luxus und Service, welcher von den kommunal betriebenen Servicekräften ermöglicht wird. Hierfür ist ein bescheidener Übernachtungsobolus fällig, den man mittels beschrifteten Briefumschlag (mit Kfz.-Kennzeichen) in deren Tackerbox wirft. Da in Australien überwiegend Eukalyptusbäume wachsen, werdet ihr sehr wahrscheinlich häufig mit den ätherisch getränkten Hölzern Lagerfeuer entfachen, sofern ihr überhaupt Lagerfeuer Freunde seit. Das Feuer entfachen mit diesen ätherischen Blättern gestaltet sich kinderleicht.

In diesem Fall haben wir unseren alten Vakuumbehälter der Toyota-Bremsanlage recycelt, aufgeflext und zum Holzkocher umfunktioniert. Hat immer prima funktioniert. Die Töpfe haben wir von aussen verrusst gelassen und in Zeitungspapier gewickelt und nur die Innenseite gewaschen.

Tipp: Sonnenplane oder Schirm...?

Bevor ihr nun auf grosse Tour geht, besorgt euch auch gerne noch ein grosses, UV-dichtes Sonnensegel (3x4 oder 4x6m) mit eingenieteten Metallösen auf allen Aussenseiten. Auch 20 Meter 5mm Nylonschnur und eine handvoll Erdheringe / Nägel / Erdanker aus dem Campingbereich sind später zum Befestigen sehr hilfreich. Die massive Sonnenbestrahlung ist australienweit das wirklich grösste Problem. Selbst wenn man sich ständig mit Schutzcreme einreibt, wird man auch im Schatten unweigerlich knackig braun. Im australischen Radio wie in den Tageszeitungen werden täglich regional die zu erwartenden UV-Bestrahlungszeiten bekannt gegeben. In den Supermärkten werden ganz selbverständlich Sonnenschutz-Cremes in 1 - 2 Liter Pumpflaschen mit UV-Schutzfaktor **+50** angeboten - krass. So was findet man in ganz Europa nicht.

Tipp: Moskito-Domzelt oder Kasten-Netz...?

Ein weiteres, Down Under "Problem" sind die vielen Fliegen und an einigen eher stehenden Gewässern natürlich auch die Moskitos. Noch übler sind die mini Sandflies, die unscheinbar wie unsere Obstfliegen daher kommen. Haben sie einen erst mal entdeckt und gebissen, jucken diese Stichstellen extrem kräftig und schlimmer Tagelang. Leider realisiert man diese Quälgeister erst, wenn es häufig zu spät ist.

Weiter zum Thema **Moskitodomzelt** und für **Markisenbesitzer** der Tipp eines rechteckigen Kasten-Moskitonetzes. Wer so was dabei hat kann wenigsten in Ruhe draussen die frische Luft und Umgebung geniessen, ohne ständig genervt wie attackiert zu werden. Die Moskitoschutzzelte sind so geräumig, dass man bequem zu zweit mit 2 Stühlen und Tisch drinnen sitzen kann, um ganz entspannt ein Buch lesen, seinen Laptop "quälen" oder sein Essen geniessen zu können.

Ebenso ist es mit den Kasten-Moskito-Netzen, die man entweder an Baumästen oder und an einem Markisengestänge ran bindet, damit die Kastenform stabil zum Tragen kommt. Unten haben die Teile meistens einen glatten Stoffabschluss mit Bleiband vernäht, damit der Bodenbereich einen dichten Abschluss bildet. Beides ist nicht wirklich teuer und auch nicht schwer und wird einem über die vielen Monate sicher sehr gute Dienste leisten.

Moskito Schutzzelt mit Magnetdurchgang. Lässt sich auch frei unter Bäumen aufspannen und bildet zum Boden mit einigen Steinen oder Sand beschwert einen guten Abschluss.

Tipp: Mückenschutz mit Nachhaltigkeit...

Da es in Australien partiell sehr heftigen Fliegen- wie Moskitobefall gibt, sollte man sich mit passenden "Repellent" Mitteln vorsorglich eindecken. Die 4 aktuell hautverträglichsten Schutzmittel ohne das giftige DEET (Nervengift, was auch viele Arten von Kunstoff wie: Schmuck, Uhren, Brillen usw. an löst) wären:

"BALLISTOL-Stichfrei", "NIENDORF's Mückensray", "GREEN-Hero", INSEKTO-Mückenschutz" und "SENTZ-IR3535". Diese 4 sind mit einem UV-Schutz versetzt und halten auch Zecken fern, riechen angenehm frisch und sollen keine Verfärbungen auf Kleidung hinterlassen. Natürlich gibt es weitere DEET Produkte wie: "AUTAN-Activ", "SEVENTOL-Protect", "PIJUR-Activ", "NOBITE-Spray", "CARE-Plus", MUGGA-Repellent", VELIND-Mückenspray", "JUST-Insectspray", "SUMMFREI-Insektenschutz", NO-bzzz, die aber alle mehr oder weniger das giftige Kontaktgift beinhalten, was wiederum nicht jeder gut verträgt und unsere Körper mit noch mehr Chemie belastet.

Hilfreich sind auch, **nach** Stichbefall, sehr gut "Elektroschocker" mit dem Namen "No Bite". Deren Kontaktspitze genau auf die juckende Stichstelle gepresst, den Knopf gedrückt, zerstört eine gezielte Erhitzung das Eiweißsekret unter der frischen Stichstelle, was ca. 3 Sekunden dauert. Das funktioniert gut und schnell, kostet aber anfangs Überwindung. Nach meinem persönlichen Empfinden helfen auch ein - zwei Tropfen des "ODOL" Mundwassers über die Stichstelle gerieben. Die sonst üblichen "Anti-Juck" Cremes (Sumiton, Bite-Away, CoLinDol-Gel, Ballistrol-Stichfrei, Fenestil-Salbe), taugen eher nichts und kosten nur Geld. Bei uns zumindest.

Tipp. Kopfschutz...

Nicht zu vergessen sind die landestypischen Kopfschutznetze, die es auch kombiniert mit Schlapphüten gibt.

Diese sind sehr wirkungsvoll, gerade in Gebieten, wo die Tagesfliegen einem extrem aggressiv in's Gesicht springen.

Tipp: Duschsack...

Ein weiteres, super nützliches Hilfsmittel zur Outdoor-Körperpflege sind die leichten "Solar-Duschsäcke" mit fertig anvulkanisierten Duschkopf. Diese schon zwischendurch mit kaltem Wasser gefüllt (10 - 15L) und gleich nach dem Fahrstopp vorne auf die noch warme Motorhaube gelegt und oben mit einem Badehandtuch abgedeckt, können nach einer guten halben Stunde perfekt zum Duschen unterm Baum mit passender Astgabel genutzt werden. Dazu eine Innenraum-Gummimatte beigelegt und schwups bekommt man auch keine sandigen Füsse mehr.

Stehst du mehrere Tage auf einer Campsite, legt man diese Duschsäcke einfach irgendwo glatt in die Sonne, am besten oben auf die schräge Motorhaube, sofern sie der Sonnenuntergangsrichtung ausgerichtet ist. Keine Sorge, die australische "Gelbe Sau" hat so unglaublich viel Energie, dass euer Duschsack innerhalb einer Stunde fast zu kochen beginnt. Also gönnt euch für wenige Dollar solch einen einfachen Duschsack aus irgend einem Campingshop.

Die beste Qualität bieten da uneingeschränkt die schwarzen, Schweizer, Militär Gewebewassersäcke, die es leider nur in 20L gibt. Aber auch die Nürnberger Qualitätsfirma "Ortlieb" kommt mit sehr leichten Wasser und Duschsäcken in verschiedenen Grössen & Farben daher. Ebenso bietet der US Hersteller "MSR" in ähnlicher Top Qualität, geschmacksneutrale, innenbeschichtete, BPA-freie 6 Liter Säcke (auch Trinkwasser geeignet) an, die das volle Spektrum zwischen Gefrierpunkt und Siedepunkt aushalten, ohne Schaden zu nehmen. Ergo für Bergsteiger, Alpinisten, Radfahrer und Biker ein muss und für uns motorisierte Autocamper somit auch ideal.

Kapitel 14 - Fahrzeug Anmeldung vor Ort

Hast Du also deinen perfekten Reiseuntersatz gefunden und fertig umgestaltet, oder eventuell so schon übernommen, geht es als erstes zur Umschreibung. In einigen Fällen und natürlich nach Absprache, kann man das Fahrzeug auch weiter auf der alten Meldeadresse des Vorbesitzers laufen lassen und muss nur den Halterwechsel melden. Dazu braucht man die Fahrzeugpapiere, seinen Reisepass, den Kaufvertrag, seinen Führerschein, besser Internationalen Führerschein und eine aktuelle "Pink-Slip TÜV" Bescheinigung, die nicht älter wie 3 Monate sein darf. Wer Freunde, Verwandte oder Bekannte in Australien hat, darf nach Absprache eventuell auch deren Adresse als Fahrzeugmeldeadresse angeben, das würde die Sache deutlich erleichtern. Denn irgendwann kommt dort von der Fahrzeugmeldebehörde auch mal Post an. Diese können dann die Freunde nach Absprache öffnen und per Foto via WhatsApp oder eMail zu euch weiterleiten. Alles kein Hexenwerk mehr.

Aber auch eine befreundete Ruder, Tennis, Fußball Clubanschrift würde gehen, sofern ihr evtl. durch einen Sportverein schon im Vorfelde Kontakte zu australischen Sportlern gepflegt habt. Hauptsache eine per Landespostcode registrierte Hausanschrift.

Aber über allem steht eigentlich die Ummeldung möglichst dort vorzunehmen, wo der Wagen bisher registriert war, da ansonsten die Ummeldung in ein anderes Bundesland "interstate transfer" aufwendiger und auch kostspieliger wird.

Die einzige Ausnahme bildet da WA Western Australia, da es in dieser landesweit grössten Verwaltungsregion schon sehr lange möglich ist alles per Post und Internet auch rein digital zu regeln.

Kapitel 15 - Fahrzeug-TÜV (REGO) / Pink Slip und mehr

Den sogenannten technischen Fahrzeug-TÜV (Roadworthy Check), im Volksmund "Pink-Slip" kann man nicht wirklich mit unserem heimischen, deutschen TÜV vergleichen. Im Rahmen der wachsenden australischen Bevölkerung (2017 waren es um 17 Millionen Menschen, 2020 bereits 25,7 Millionen) und der damit einhergehenden steigenden Verkehrsdichte, besonders um die Ballungszentren: *Perth, Adelaide, Melbourne, Sydney, Brisbane, Townsville* und *Cairns* herum, also überwiegend der dicht besiedelten unteren West -/ wie der kompletten Ostküste entlang, hat man irgendwann realisiert, dass durch die Zunahme von Verkehrsunfällen mit mangelhaften Fahrzeugen eine technische Fahrzeugkontrolle unabdingbar wird, um dieses Problem besser in den Griff zu kriegen.

So führte man in den 70er Jahren einen Werkstatt-TÜV, mit dem sogenannten Sicherheitszertifikat dem "Pink-Slip" ein. Diesen bekommt man nur an autorisierten Werkstätten. Diese Technikkontrolle muss, nach den ersten 5 Betriebsjahren eines Neuwagenkaufes, jährlich erfolgen, um die Versicherung weiter aktiviert zu bekommen (Scheibenaufkleber).

Ein optische Sichtprüfung auf einer Hebebühne mit einigen Kontroll- wie Hebelhandgriffen ist häufig alles, eventuell dann noch ein kurze Fahrprobe mit Vollbremsung und bums hälst du deinen neuen "Pink-Slip" in der Hand. Vorausgesetzt das die Beleuchtung und die Hupe funktioniert, sowie der Wagen keinen schrottigen Eindruck macht und alle Reifen noch brauchbar sind. So alte Hippieschlurren will da keiner mehr rumfahren sehen, auch Australien ist modern geworden.

Hat also euer Wunschfahrzeug nicht schon bei der Kaufübernahme eine frische REGO Inspektion erhalten, müsst ihr nun selber eine passende, zertifizierte Kfz.-Werkstatt finden, um diese kleine Hürde vor dem Urlaubsstart zu meistern.

Es gibt da mittlerweile 3 unterschiedliche Technikprüfungen:

1. - **"Blue Slip"** steht für technische Vorprüfung **abgemeldeter Fahrzeuge.**
2. - **"Pink Slip"** steht für technische Prüfung **angemeldeter Fahrzeuge.**
3. - **"Rosa Slip"** steht für technische Prüfung aller **Elektro Fahrzeuge.**

Aber Achtung, nicht in jedem Bundesland sind die Regeln und Auflagen gleich. Gut beraten ist der, der das Auto da weiter angemeldet lässt, wo es bereits registriert, gefahren und angemeldet war, denn eigentlich behält jedes Fahrzeug sein Leben lang (wie übrigens in der Schweiz auch) das gleiche Nummernschild. Vorreiter der digitalen Fahrzeugerfassung mit allem was dazu gehört, war übrigens der grösste Bundesstaat Western Australia WA, was ich schon erwähnte.

Warum..?

Na weil Western Australia wirklich enorm groß ist, ja ca. die Hälfte des ganzen Kontinentes abdeckt und man den vielen Bewohnern im tiefsten Outback es nicht zumuten kann, nur wegen Papierkram tausende Kilometer umherzufahren, was gerade heute nicht sehr ökologisch wie zeitgemäß wäre. So hat man dort sehr früh das digitale Zeitalter aller möglichen Behördenformalitäten eingeläutet. Ergo sind Fahrzeug An und Ab sowie Ummeldungen auch per Mail bei den jeweiligen Ämtern möglich.

Dabei fällt mir gerade ein, wie wir in Sydney zur Fahrzeugummeldung gingen, dass die von der Kfz.-Meldebehörde das komplette Computersystem auf frische

"MAC-Rechner" umgestellt hatten, da sie mit ihren Microsoft Rechnern zu viele Spam und Hacker Probleme und die damit einhergehende Ausfälle hatten.

Wer sein Auto technisch gut im Griff hat und darauf achtet dass seine Radlager wie Spurstangenköpfe kein Spiel haben, die Bremsen gleichmässig ziehen und die Bremsscheiben normal aussehen, sowie die Beleuchtung funktioniert, muss sich keine Sorgen machen. Sollte der Motor oder das Getriebe unten herum etwas mehr Öl verlieren (schwitzen), ist es dienlich direkt vor der Technikprüfung seinem Fahrzeug eine Motor wie Unterbodenwäsche zu gönnen, denn so sind die Prüfer ganz glücklich. Eine zeitnahe Abdichtung der besagten Leckagen wäre fachlich natürlich korrekter.

Die Reifen sollten natürlich auch noch die 3mm Mindestprofiltiefe erfüllen, sowie ein gleichmässiges Profilbild zeigen. Auch dürfen die Reifen an den Karkassenflanken (Seiten) keine Alterungsrisse aufweisen. Die Windschutzscheiben müssen ohne Risse sein und die Scheibenwischer sollten mit ihrem Reinigungssystem funktionieren.

Ergo Auflagen, die dir ein "sicheres Reisen" erlauben und nicht nur eingeführt wurden, um dir das Geld aus der Tasche zu ziehen.

Kapitel 16 - Fahrzeug-Wiederverkauf mit Übergabe-Procedere

Eigentlich gehört dieses Thema an den Schluss und doch wiederum nicht ganz, da wir gerade bei all den Fahrzeug relevanten Dingen sind.

Bevor ihr nach eurer Outback Auszeit wieder in den Heimatflieger steigen könnt, solltet ihr für den Weiterverkauf eures Reisefahrzeuges genügend Zeit einplanen, damit Ihr den Wagen pünktlich vorm Rückflug verkauft bekommt und so wenig wie möglich Stress habt.

Tipp: Rechtzeitige Werbung schalten...

Macht euch also rechtzeitig, 1 - 2 Monate vor dem Reiseende, die Mühe und setzt in den einschlägigen Internet Fahrzeugplattformen euer Auto in die Verkaufsrubriken rein. Dazu natürlich aktuelle Fotos, die euer Prachtstück von allen Seiten und mit ganzen Campingoutfit zeigen. Ebenso die Chance das Auto an Freunde zu vermitteln, wäre eine Option, die sich auch für eine Australienreise interessieren, aber nicht die Zeit dazu haben, sich selber was passendes zu suchen, um es dann auch noch vor Ort selber umzubauen oder anzupassen. Jeder von uns schreibt heute mehr oder weniger kleine Reiseberichte für seine Familie und Freunde, nicht wenige davon stellen nun auch Youtube-Filme in's Netzt. Somit liegt der Gedanke nicht fern, dass der eine oder andere eurer Freunde auch mal den grossen Australientraum realisieren möchte.

Ergo eine informative Bild mit Text Dokumentation als PDF zusammengestellt, um diese im Netz und den passenden Reiseforen, oder eurer eigenen Webseite zu verbreiten, hilft enorm um zum Abflug den Stressfaktor zu senken. Wer gut im Filmchen drehen und auch zusammenschneiden ist, macht einen kurzen Verkaufstrailer, in dem er sein Fahrzeug aus allen Blickwinkeln erklärt und mit deren Details beschreibt, die das Fahrzeug so einzigartig machen. Das bei "Youtube", "Facebook", Instagram reingestellt und schwups könnt ihr einen aktiven Link per WA oder Mail zu eurem Fahrzeugverkauf weiter verlinken. Ein weitere deutsche Verkaufsplattform für Reisefahrzeuge, ist der online "EXPLORER Fahrzeugmarkt". Hier werden sehr gezielt nur ausgebaute Reisefahrzeuge aller Grössen vermittelt.

Tipp: Material-Auflistung...

Fertigt euch rechtzeitig eine **Ausstattungspackliste** aller mitgeführten **Campingsachen**, aller **Bordwerkzeuge**, sowie aller **Ersatzteile** an. Fügt diese Listen bei der Verkaufsanzeige gleich bei. Bei Vorortpräsentation (Campingplatz) breitet ihr diese Listen mit all den Teilen schön sortiert vor eurem Wagen auf einem Tuch oder Plane aus. Das macht Eindruck und wirkt wie ein kleiner Flohmarkt, was die Leute neugierig macht. So können Interessenten gleich sehen, wie umfangreich euer Wagen ausgestattet ist. Die wenigsten haben ein umfangreiches Technikverständnis, so sind diese froh schon ein passendes Komplettpaket übernehmen zu können.

Solltet ihr sehr knapp bei Kasse sein, könntet ihr auch im Vorfelde einzelne Teile eures "Flohmarktes" solo verkaufen, damit wieder gleich etwas Taschengeld in die Reisekasse fließt. Es ist zwar schön, wenn man alles "tuto-kompletti" los wird, aber manches mal geht es leider nicht anders. Beim Autoverkauf zählt in erster Linie die Kilometerlaufleistung sowie der generelle, optische Wagenzustand. Ein schon eingebautes Radio oder drauf geschraubter Dachgepäckträger ist ganz toll, aber wichtig ist der eigentliche Motor- und Getriebezustand und natürlich der äussere, erste Gesamteindruck, der durch gute Reifen und sauberes Erscheinungsbild deutlich aufgewertet wird. Die Ansprüche sind heute stark gestiegen und so viele "Bastler und Fachschrauber" wie zu meiner Jugendphase gibt es nicht mehr.

Tipp: "VerkaufsCamp" - Lonegrave Nationalpark Campsite...

Wie schon bei der Anreise, benutzt ihr nun auch zur Abreise hier oder auf einer ähnlichen Location die Möglichkeit von Camping und Fahrzeugreinigung, um den Wagen auf Hochglanz zu trimmen und eure Reisetaschen für den Rückflug zu packen. Hier auf dieser herrlichen Campsite hättet ihr die besten Voraussetzungen all das in Ruhe zu gestalten und doch auch gleichzeitig weiter etwas Entspannung zu finden. Aber auch dafür darf man gut und gerne 3-5 Tage einplanen, denn es soll ja spielerisch passieren.

Plakatiert euer Auto gleich schon zum Anfang allseitig hinter den Scheiben mit deutlichen Verkaufsschildern und legt danach mit dem aufräumen los. Je mehr Leute der Campingplatz Nutzer an eurem Wagen vorbei tippeln, desto eher besteht die Chance, dass einer dabei ist, der gerade eurer Fahrzeug für das richtigen hält.

Bedenkt bitte, ihr seid nicht die einzigen, die ihr Reisefahrzeug möglichst schnell los werden wollt und ja auch müsst. Die Gespräche rund um's Fahrzeug, nebst Motorcheck und Probefahrt, gestalten sich hier deutlich entspannter, als sein Fahrzeug einem Händler unter Zeitdruck zu offerieren. Das ganze kann man natürlich auch in jeder anderen Großstadt erledigen, die von Europa aus angeflogen wird, wenn es nicht gerade Sydney sein soll.

Tipp: Airport-Verkauf...

Also sollten die vorher genannten Verkaufsoptionen, ob privat, beim Händler oder auf der Campsite nicht gefruchtet haben, gäbe es noch eine allerletzte Airport Variante, wie wir es in Aukland/Neuseeland im Flughafen mal erlebt haben.

So drei Tage vor eurem Abflugtag fahrt ihr mit dem fertig präparierten Wagen zum Airport rüber. Vorab bastelt Euch ein grosses Verkaufspappschild mit Bild und Haupttext.., den fett mit Edding geschrieben, so wie: **"Outback-Camper startklar zu übernehmen"**... Oder **"Super Off-Road Camper & Campingausrüstung & Ersatzteile & Werkzeug zu übernehmen"**... usw.

Sucht Euch passende Reisende unter den Neuankömmlingen raus, die nach Abenteuerlust aussehen und sprecht sie einfach mal freundlich an. Viele haben sich bestimmt schon vorher im Netz schlau gemacht und wissen in etwa, wie teuer die einen oder anderen gesuchten Fahrzeuge gehandelt werden. Also keine Hemmung, probiert es einfach. Bietet den Suchenden bei Interesse gleich die City-Shuttlefahrt als kostenlose Probefahrt an, das schafft Vertrauen und wäre eventuell dann auch der Final Deal, um den Wagen los zu werden.

Tipp: "Last Chance"...

Sollten alle "Stränge reissen" und ihr keinen Käufer gefunden habt, bleibt nur noch der Weg zum "Fachhändler", um dort seinen Reisefreund in Bares zu verwandeln. Dies ist bestimmt mit grossen Aderlass verbunden, denn die Händler wollen ja einen möglichst hohen Schnitt machen und werden so den Ankaufpreis ordentlich drücken, zumal sie ein Gespür dafür haben, wenn Kunden unter Zeitdruck stehen.

Tipp: Lokaler "Aftermarket-Verkauf"...

Fein ist der raus, der durch seine Rundreise, neue australische Freunde gewonnen hat, um diese, nach der Abreise zu bitten eine Fahrzeugübergabe zu gestalten. Zwar müsstet ihr noch selber eine Anzeige schalten, aber die Kaufabwicklung findet dann bei den Freunden Tage oder Wochen nach eurem Abflug statt. Das Fahrzeug mit allen relevanten Papieren bereitet ihr dazu schon vor.

Die Hoffnung stirbt also auch hier zuletzt. Egal, so wäre man auch fein raus und ihr könntet ohne diesen Verkaufsdruck im Nacken, den Rückflug antreten. Gelingt dann erst nach Wochen der Fahrzeugverkauf, tritt man seinen Freunden natürlich und gerne nach Absprache eine angemessene Verkaufsprovision ab. So haben alle was davon, ihr weniger Stress und eure Freunde etwas Taschengeld und nicht irgend ein fremder Händler, der nur sein Geschäft wittert.

Kapitel 17 - Reise-Kleidung

Das ist ein recht kurzes Thema. Wer Australien zur Trockenzeit bereisen will und der Regenzeit möglichst davon fährt (ja in Australien geht das...), bewegt sich fast immer in warmen bis sehr heissen, trockenen, bis hin zu subtropischen Klimaregionen. Somit beschränkt sich die Kleidung auf eine luftig-leichte Bekleidung von T-Shirt, Shorts und Turnschuhen oder Flip-Flop's und natürlich Kopfschutz.

Auf die beste Reisezeit gehe ich detailliert im Kapitel: 24 mit Klima & Zeitzonen & Reise -Tabelle S.209-213 ein.

Die altbewährte Jeans, eine weite Cargotrouser sowie weite Baumwollhemden und synthetikfreie Unterwäsche und ihr seit perfekt dabei um alle Klimaregionen gut zu meistern.

Auch ein leichtes Baseballcap oder weiter Cowboyhut (Schlapphut) wird gerne auf dem Kopf getragen, schon alleine um die Nackenbereich vor Sonnenbrand zu schützen. Nehmt euch also leichte, aber möglichst UV-undurchlässige Kleidung (wird in Australien zum Teil mit genauem UV-Index beworben) mit, denn die lässt deutlich weniger aggressive Sonnenenergie durch. Ihr werdet euch wundern wie schnell man dort einen Sonnenbrand bekommt. Das Sonnenlicht ist irgendwie viel intensiver und daher auch aggressiver.

Einen Satz leichte Sportschuhe und zum Wandern, trittfestere Trackingboots dabei, mehr braucht es nicht. Gute Badelatschen gibt es hier an jeder Ecke. Ich persönlich habe immer meine halb geschlossenen Volleder (Bosten) "Birkenstock" dabei gehabt, in die man ja super schnell rein und raus schlüpfen kann und die trotzdem vorne guten Zehenschutz bieten.

Was sonst noch vergessen wurde und fehlt, bekommt

man easy, so ziemlich in fast jeder grösseren Stadt nach gekauft, von einigen super Sondermodellen mal abgesehen. Auch dahingehend macht man sich vor einer grossen Reise viel zu viele Gedanken. Irgendwie geht man immer davon aus, nur daheim alles perfekt und in bester Qualität zu bekommen. Aber dem ist nicht so, ausser bei speziellen technischen Werkzeugen, die das bekannte "MADE IN GERMANY" tragen.

Für die wenigen, kalten Bergregionen und Regentage nehmt am besten eine leichte Gore-Tex Kapuzenjacke und oder winddichte Softshelljacke wie einen Poncho mit.
Und Badekleidung findet ihr dort massivst an jeder Ecke, sofern ihr nicht schon euer persönliches Zeug mitbringt.

Wir neigen eher zu Minimalismus, da es ja landesweit eine sehr gute Infrastruktur von Waschsalons, beziehungsweise Unterkünften mit Waschmaschinen gibt und das Reinigen jederzeit möglich ist.

Kapitel 18 - Off-Road Vorbereitungen & Tipps & Mehr
Strassen-Bedingungen...
Die Haupt "Ring Road" ist schon seit Jahrzehnten voll durchasphaltiert und somit durch den festen Teerbelag auch ganzjährig befahrbar.

Bei geschotterten Naturpisten schaut es anders aus, denn Australien ist nicht Afrika und so werden z.B. zur grossen Regenzeit lokal, je nach gemeldeten, grösseren Niederschlägen, viele Naturpisten bis zum wieder abtrocknen geschlossen und durch Verbotsschilder oder Barrieren gesperrt. Wer das missachtet, zahlt fette Geldbussen, sofern er denn trotzdem weiterfährt und erwischt wird.

Die betroffenen Farmer kennen diese Jahresbedingten Fahrbahnzustände und stellen sich mit hauseigenen

Lebensmitteldepots darauf ein. Die grösseren von ihnen betreiben eigene Mini-Landebahnen auf ihren Farmen, um dann halt weiter mit ihren Cessna's und Helikoptern davon unabhängig zu sein.

Durch diese Absperrungen wird die totale Zerstörung vorsorglich unterbunden, damit eben diese Schotterpisten keinen Schaden nehmen. Und das eben wollen die einzelnen Strassenbauämter (Road-Depatments) verhindern, da sonst nach der Regenzeit zu viele Naturpisten zu reparieren währen, was enorm arbeits- wie zweitaufwändig wäre.

Durch die gigantische Grösse Australiens sind das abertausende Kilometer die da jedes Jahr zu pflegen sind und die regelmässig "gegradert", also abgezogen und nachgewalzt werden müssen.

Anbei mal ein Beispielbild aus **Tansania**, nach der Regenzeit, wenn eine, als rot markierte Hauptverbindung durch Schwerlastverkehr zerstört wurde. Also mit einen Normal-PKW machst du da nicht mehr viel, weil ihm schon die Bodenfreiheit nicht reicht, um solche "Spurrillen" zu queren.

Während der trockenen Jahreszeit sind eh schon permanent kleine Bautrupps unterwegs, die im Wochen-Rhythmus, Kilometer um Kilometer weiter durchs Land ziehen, um die Wellblechpisten mit Planierraupen zu begradigen und auch gleich hinterher mit Wassersprängler und Walze frisch zu verfestigen. Solch einen "Pisten Luxus" kennt man in fast ganz Afrika nicht, von Südafrika und Namibia mal abgesehen. Auch die zahlreichen Wasserunterführungen müssen gereinigt und von Verstopfungen, wie z.B. von Ästen und Baumwurzeln befreit werden, damit die Wassermassen von einer Seite auf die andere fliessen können, ohne den eigentlichen Strassendamm zu unterspülen, sprich zu beschädigen. Es gab schon Jahrhundert-Regenzeiten, wo es abertausende Quadratkilometer buchstäblich

Meter hoch geflutet hat und viele vorher dachten, ne da kommt sicher niemals Wasser hin. Auch in Down Under verändert sich schleichend das Wetter und macht Situationen möglich, die es seit den ersten Wetter-Aufzeichnungen, so heftig niemals zuvor gegeben hat. Wie ich gerade in den "Deutsche Welle" Januar 2023 in den Tagesnachrichten vernehme, hat es oben in den Kimberley's so heftig geregnet, wie seit Gedenken nicht mehr und bei uns haben wir gerade "Frühlingsgefühle" in Bayern im Januar - krass!

KLIMAWANDEL !?!

Dazu mal etwas tiefer nachgedacht.., seit wann wird denn eigentlich unser Wetter und Weltklima dokumentiert?

"Kollege Google" meldet dazu:

Am 12.07.1613 soll der Venezianer **Giovanni Sagredo** die allerersten Temperaturschwankungen mittels eines Alkohol-Luftröhrchen grob ermittelt haben. Einheitliche Daten können aber erst 105 Jahre später und viel genauer mit der Erfindung des Quecksilberthermometers, des Danziger Erfinders **Daniel Fahrenheit**, zu Beginn 1718 gemessen werden. Ergo können wir erst seit gut 300 Jahren, zumindest um die Bevölkerungsreichsten Städte herum, unser Jahreswetter definieren. DAS ist Zeitlich betrachtet nicht mal ein "Wimpernschlag" im Entstehungszeitfenster unseres 4,54 Milliarden alten Erdplaneten.

Das die stetig zunehmende Ressourcen Ausbeutung und Umweltverschmutzung nicht zwingend gut sind, sollte jedem Normaldenkenden klar sein. Dennoch könnte ich mir sehr gut vorstellen, dass wir uns immer noch in einem, begünstigten, Klimafreundlichen, abklingenden Zeitfenster einer Eiszeit befinden, bevor eine Neue, bitterkalte Eiswelle heran rollt. Einen sehr fundierten, wissenschaftlichen Bericht eines international renommierten, deutschen Physikers, Kernphysikers und Informatikers, Herrn Prof.Dr.Horst-Joachim Lüdecke bringt das sehr verständlich wie sachlich auf den Punkt:

http://youtu.be/crxl37tMNKw?feature=shared

Aber zurück zum hier und jetzt...

Die "Ring Road" und der "Steward Highway" sind mittlerweile bestens geteert, dazu gehören natürlich auch alle stark bewohnten Regionen der Großstädte. Sobald du aber zum Beispiel die *Great Dividing Range* der Ostküste entlang, Richtung Outback überquerst, hört nach wenigen, dutzenden Kilometern der Luxus mit asphaltiertem Strassenbelag auf. Die Pisten wechseln dann häufig zu tennisplatzroten Sand Untergrund.

Ab da heisst es gemässigtes Tempo, denn wer auf fest gewalzten Naturbelag fährt, kommt in Kurven schnell an seine physikalischen Kontaktgrenzen. Die meisten Autounfälle von Urlaubern sind und bleiben massive Fahrzeugüberschläge, wegen zu hoher Geschwindigkeiten, bei Kontrollverlust des Spurverlaufes der Kurvensektionen.

Der Grad zwischen guter Reifenhaftung bis hin zu dem Moment wo sie schlagartig abreisst, ist sehr schmal auf sandiger Piste. Das ist fast wie auf Schnee fahren. Wellblechpisten verschlechtern die Fahrstabilität nochmals erheblich! Viele Reisende die damit nicht aufgewachsen sind, unterschätzen die Tücken solcher Fahrbahnbedingungen und fahren nicht mit angepasster Geschwindigkeit. Im Rausch der Urlaubsgefühle begleitet von belebenden Musikklängen geht das ganz schnell. Das Resultat ist dann in langgezogen Kurven, dass die Hinterachse plötzlich ausbricht und das Fahrzeug stark in's Driften gelangt, was meistens in den breit und sanft aus geschobenen Wassergräben endet, wodurch sich dann die Fahrzeuge durch diesen "Schanzeneffekt" heftigst überschlagen. Dieses endet leider häufig mit tödlichen

Verletzungen und bei den Fahrzeugen mit Totalschäden.

Also passt bitte gut auf und lasst es langsamer angehen, sobald ihr auf den reinen "Gravel Roads" unterwegs seit - besonders in den Kurven!!!

Tipp: Wellblechpisten...

Wenn der Tag der weiten Outback Befahrungen dann beginnt, werdet ihr unweigerlich mit den Folgen des schnellen Fahrens auf Naturpisten konfrontiert. Ein Phänomen ist nämlich, dass schnelle Sandpistenbefahrungen einen kleinen, unangenehmen Nebeneffekt produzieren. Ohne zu tief in die Physik einzusteigen, entstehen beim schnell rotierenden Antriebsrad (überwiegend über die Hinterachsen), durch den "Sandschlupf" leichte Ausreibungen der Fahrbahndecke.

Je häufiger nun ein weiteres Fahrzeug die selbe Stelle mit hoher Geschwindigkeit passiert, desto tiefer werden die anfänglich kaum wahrnehmbaren Unebenheiten noch mehr ausgerieben. Das geht dann so weit, bis die festen Sandhubbel eine Grösse von 5 - 10cm bei einen Abstand von rund 20 - 40cm erreichen. Das nennt man dann "Waschbrett", oder auch

"Wellblech", im englischen also "gravel road". Um diesen, wie ja auch in Afrika und Südamerika sehr verbreiteten Untergrund weiter bedingt "gut" befahren zu können, bleiben einem nur zwei Möglichkeiten...

A: man fährt extrem langsam über jeden Hubbel, was in etwa dem Jogging Tempo von 15-20 km/h nach kommt, oder

B: du gibts so lange Vollgas, zumindest auf geraden Strecken, bis deine Fahrzeugreifen nur noch die Sandkuppen berühren. Ab da wird das fahren wieder recht erträglich. Kaum vorstellbar und irgendwie witzig. Das Tempo bewegt sich dann allerdings, je nach "Wellblech-Abstand und Höhe" zwischen 50 - 70 km/h !

DAS wiederum lässt den Grad zwischen "Haftung" und "Abschmieren" sehr gering werden, weil sich ja das ganze Fahrwerk extrem schnell aufschwingt und dann erst zur Ruhe kommt. Bei diesen Geschwindigkeiten geht das Fahren mächtig in's Material. Radlager, Spurstangenköpfe, Stoßdämpfer wie Achsführungen werden da richtig gequält, weil die hunderten von "Hammerschläge" pro Minute über längere Zeit alles "zu Brei reiten". Für lange Strecken ist das auch für die Stoßdämpfer der Horror und gefährlich, das so extrem schnelle Wechselwirkungen das interne Ölführungssystem zum Kochen bringen. Ergo, die Teile werden richtig heiss, wo es sich empfiehlt so alle 50km anzuhalten, um sie per Hand zu prüfen. Kann man sie nicht mehr anfassen, empfiehlt es sich die unteren, ölhaltigen Stoßdämpferrohre mit einem nassen Frottéhandtuch zu kühlen und dabei auch gerne eine Teepause einzulegen.

Tipp: Luft ab lassen...

Was weiter hilft ist eine uralte, von "MICHELIN" empfohlene Lösung, um die Fahrzeugmechanik deutlich zu schonen. Lasst bei solchen Wellblechpisten grundsätzlich mal Luft aus den Reifen. Gerne minus 1 - 1,5 bar bringt schon mal enorm viel, damit das Groh der Schläge danach in den weicheren Gummi der Reifen abfangen werden, um das Fahrwerk zu entlasten. Das dann bitte auch bei leicht gedrosselter Fahrgeschwindigkeit, sonst werden die Reifen zu heiss und könnten platzen.

Zur Prüfung geht ihr bei einer Teepause ein mal um's Fahrzeug rum und haltet euren Handrücken gegen die seitliche Gummiwölbung (Karkasse) der Reifen. Könnt ihr die Temperatur nicht mehr aushalten, muss wieder etwas Luft drauf gegeben werden, oder ihr fahrt nochmals langsamer. Sehr gut handwarm ist okay, aber nicht richtig heiss, ergo über 60-70-80°C sollten es nicht sein!

Orientiert euch dabei auf die der Sonnen abgewandten Schattenseite.

Nach Erreichen einer geteerten Fahrbahn, sprich eines Ortes füllt ihr den Luftdruck nach Herstellervorgaben und aktueller Beladung an der nächsten Tanke mit Luftservice wieder auf. Ansonsten mit dem eigenen 12V Elektrokompressor mit Druckmannometer ginge es natürlich überall auch. Nehmt Euch aber auch gerne eine gute Handluftpumpe mit, auch da werden schon kombiniert Druckmanometer mit verbaut.

WASCHTAG

Tipp: Campingplatz-Laundry...

Zum Thema Wäsche, denn die Klamotten wollen ja auch zwischendurch mal gründlich gereinigt werden. Hier gibt es zwei etablierte Möglichkeiten, von einer kleinen Handwäsche so zwischendurch mal abgesehen. Wir haben immer wieder, wo es gut passte und es sich vom timing her an bot, doch mal einen vollen Tag auf einem privaten Campingplatz verbracht.
A: um mal wieder richtig ausgiebig duschen zu können.
B: um den Wagen wieder aufzuräumen und durch zu säubern.

C: um die Dreckwäsche in einer Waschmaschine waschen und können umgehend aufhängen zu können. Frisch geschleuderte Wäsche ist nach kaum einer Stunde locker trocken, hängt man sie um die Mittagszeit auf.

Tipp: Town Laundrette (Laundry - Washcenter)...

In jeder Stadt hat es sogenannte "Laundry's", also Waschcenter mit modernen Münzvollautomaten und ebenso passenden Wäschetrocknern/Tümmlern (Dryer). Vor solch einem Laden parkst du also dein Auto, kramst deine Dreckswäsche zusammen und fütterst gleichzeitig 2 - 3 Maschinen auf einmal, je nach Stoffsorte. Natürlich jeder wie er mag. Die schmerzfreien hauen ihr Zeug auch komplett in eine Trommel zusammen rein, wem das Verfärben von unterschiedlichen Wäschematerial gänzlich egal ist. Waschpulver gibt es dort auch aus dem Automaten, wir haben aber immer unser eigenes, gut riechendes Lieblingsmittel vom Discounter mitgebracht und verwendet. Während der eine auf die Wäsche wartet, kann der andere schon mal einige Einkäufe tätigen. So ist man schneller mit all den "häuslichen" Pflichtarbeiten durch.

185

Aber kurz eine kleine "Warnung" dazu!

Die meisten australischen Waschcenter benutzen noch die alten, englischen Toplader. Fakt ist, dass diese Maschinen Nonsens sind, da sie nur einen Propeller haben, der sich 45° hin und her bewegt und somit die Wäsche nicht rotiert und viel zu wenig gewendet wird, sprich nicht richtig gründlich gewaschen wird. Dadurch werden die Klamotten mehr grau als sauber. Nur die Neueren Waschcenter benutzen unsere europäischen Frontlader mit vollwertigem Reinigungsprogramm.

Kapitel 19 - Reise-Apotheke & Impfungen

Ein nicht ganz unwichtiges Thema, zu dem sich jeder Langzeitreisende ernsthaft tiefere Gedanken machen sollte, was man denn für sich persönlich mitzunehmen hat.

Auch wenn es in Australien, gemessen an der gewaltigen Kontinentalfläche eine perfekte Infrastruktur von Apotheken (Pharmacy), Krankenhäusern (Hospital) und Arztpraxen (Doctor's Surgery) gibt, diese landesweit auch noch fast flächendeckend durch den Royal Flying Doctor Service aus der Luft unterstützt werden, ist es trotzdem ratsam, sich seine ganz persönliche "Reiseapotheke" zusammenzustellen. Denn sicher wird der eine oder andere schon seine altersbedingten Zipperlein haben und sollte sich darum besser mit geeigneten, vom Hausarzt verschriebenen Medikamenten, in EU-Qualität vorbeugend eindecken. Ob nun als Diabetiker oder Bluthochdruckkandidat oder ähnlichen Problemen, packt eure personenbezogenen Medikamente mit ins Handgepäck. Listet diese dann ausgedruckt mit auf, damit man bei Bedarf und Verlangen am Zoll ihr dies auch vorweisen könnt, ohne gleich alles einzeln auspacken zu müssen.

Aber achtet drauf, sehr starke Schmerzmittel (in D

meistens verschreibungspflichtig) enthalten gerne Opiate und sollten dann mit einem ärztlichen Begleitschreiben (in englisch) genehmigt werden (wofür / wogegen), damit da kein falsches Bild entsteht.

Tja und was für den Einen und den Anderen dann wirklich wichtig erscheint, damit er mit einem guten Bauchgefühl perfekt vorbereitet die grosse Reise beginnen kann, das kann ein grosser Spagat sein. Es gibt nicht wenige Menschen, die haben ausser einer Handvoll ASS Aspirintabletten und Zahnseide weiter nichts dabei. Willst du aber in Australien wirklich einsamere Regionen bereisen, macht es schon Sinn, dahingehend perfekt vorgesorgt zu haben. Ausserdem beruhigt es die eigene Psyche um maximal entspannt reisen zu können. Im Falle eines Falles, lässt sich dann wenigstens das wichtigste vor Ort regeln und behandeln, bis man im Ernstfall die nächste Stadt erreicht hat, um dort zum Doc. oder auch gleich in die Notaufnahme des örtlichen Krankenhauses zu gelangen.

Die meisten Probleme bereiten kleine bis große Unfälle, ob mit dem Fuß nur kurz umgeknickt, die Bänder überdehnt bis angerissen, oder blöde gestolpert und dumm gefallen und sich dabei einen fetten Bambussplitter quer durch die Haut gerammt. Oder wie bei uns im tiefsten Marokko einsamst nahe der algerischen Grenze, dort trotz gutem Schuhwerk über Vulkangestein gestolpert und dann so plöde mit der Hand abgefedert - gelandet, um sich glatt 90° einen Finger zu brechen. Oder mein lieber Reisefreund David, will "nur mal geschwind" sein LKW-Fahrerhaus ankippen um sitzend auf dem grossen Vorderreifen den Ölfilter zu wechseln. Verliert aber das Gleichgewicht und landet rücklinks am Boden, mit dem Resultat einer ausgerenkten Schulter. Also es gibt die aberwitzigsten Unfallkombinationen, die deutlich mehr vorkommen, als kurze Erkältungen, Magen-Darm Infektionen oder sonstige Infektionen, durch unzureichende Hygiene oder verdorbenes Essen.

Tipp: Notfall - Reise - Medikamente...

Liebe Leute, Anfangs hab ich noch stark an unser frisch aktualisierten Reiseapotheke gearbeitet und sie durch eine befreundete Apothekerin wie zwei befreundeten Ärzten (Notarzt / Tropenarzt) aufgefrischt, um der Zeit mit ihren wechselnden Medikamenten gerecht zu werden. Aber nach einigen juristischen Hinweisen kann ich euch leider diese umfangreiche Liste nur mit Kürzeln anbieten, um den vollen, registrierten Handelsnamen nicht ganz auszusprechen. Ich habe keine Lust alle Pharmakonzerne einzeln anzuschreiben, um sie um eine Copyright-Druckfreigabe zu bitten. Eigentlich ist es ja ne prima Werbung für sie.

Eine gute Apotheke wird aus meiner Liste sicher ihre Schlüsse ziehen, um euch mit den passenden Medikamenten perfekt auszustatten. Sollte bei eurer Australienreise was fehlen, könnt ihr sicher auch die nötigen Medikamente vor Ort nachkaufen. Australien ist ja kein Entwicklungsland. Also hier meine rein persönliche und recht umfangreiche Reiseapotheke, die wir für all unsere **Autoreisen**, auch in Afrika mit Kühlmöglichkeit dabei hatten. Wer mag kann sich daraus eine abgespeckte Version zusammenstellen. Für die Richtigkeit kann ich keine Gewähr übernehmen, also klärt bitte eure Reiseapotheke persönlich mit eurem Haus-/Tropenarzt ab.

Die Darreichungsformen entnehmt bitte dem aktuellen Beipackzetteln oder sprecht sie zusätzlich mit eurem Arzt ab.

ANTIBIOTIKA:	Markenname:	Anwendung:
20 Tbl.	**Amox./Clavul.**	875/125mg eitrige Madelentzündung & superinfizierten Hautinfektionen (rezeptpfl.)
20 Tbl.	**Metron. Ratioph.**	400mg Durchfall mit Blut im Stuhl und Fieber (rezeptpflichtig)
20 Tbl.	**Azithr.**	500mg Therapie bei Diarrhoe & Fieber +/- Blut im Stuhl, Bakterieller Befall der Atemwege, Bronchitis, (rezeptpfl.)

20 Tbl.	**Cotr. For.** **Radioph.**	Atemwegs & Harnwegsinfektion (rezeptpflichtig)
20 Tbl.	**Doxyc.** 200	Cholera, resistente Malaria (rezeptpfl.) + extrem viel trinken, inkl. ...
20 Tbl.	**Onda.** 4mg	gegen Übelkeit & Erbrechen (rez.pfl.)

SCHMERZEN

20 Tbl.	**Parac. comp.**	stärkere Schmerzen, beruhigende Wirkung durch Codeinzusatz (rez.pfl.)
20 Tbl.	**Noval.**	starke Schmerzen, sehr gut fiebersenkend (rezeptpflichtig)
20 Tbl.	**Ibup.** 600mg	starke Schmerzen/Rücken/Zahnschm. (rezeptpflichtig, bis 400mg rezeptfrei)
50 Tbl.	**Volt.** ret. 100mg	Arthritis, Gicht, Rheuma, Rücken- schmerzen (rezeptpflichtig)
24 Tbl.	**Myd.** 50mg	muskelentspannend Rückenschmerz. (rezeptpflichtig)
10 Tbl.	**Tram. lon.** 200mg	sehr starke Verletzungsschmerzen (rezeptpflichtig/opiathaltig-Einreise!)

PILZINFEKTIONEN

| 1 Kombipack | **Gyn. Canes. 1** | inkl. Injektor für Scheideninfektionen
plus Partnerbehandlung |

AUGEN & OHREN:

10 N EDO	**Berbe.** Tropfen	1x Blisterpipetten, Bindehautentzündung
5 g	**Dexaq.** Tropfen	Augenentzündung, Ohrenentzündung
5 ml	**Otob.** N Tropfen	schmerzhafte Ohren &Gehörgang- Entzündung (rezeptpflichtig)
3 x 10 ml.	**Nove.** 0,4%	Tropfenanästhesi zur Fremdkörperentfernung, hilft auch bei "verblitzter Netzhaut" (rezeptpflichtig)
10 ml.	**Cipro.** Tropfen	Ohrenentzündung (rezeptpflichtig)

ERKÄLTUNG:

20 Tbl.	**Trachi.** Lutscht.	Halsschmerzen
10 ml	**Nasi.** Spray	Nasentropfen, Erkältung, Schnupfen
100 ml	**Mucos.** Hustensaft	Bronchitis, Erkältung (schleimlösend)

HAUT & ALLERGIE & SONNENBRAND

50 g	**Bepan.** Salbe	Wund & Heilsalbe (auch fürs Auge)
25 g	**Tyro.** Gel	Wunden & Verbrennungen (kühlend)
30 g	**Sove.** Hydro-Cort 0,5%	Creme bei akuten Hautentzünd.

		Allergie/Ekzem/Mücken/Sonnenbrand
50 g	**Ecu.** Fettcreme	Nesselfieber & Neurodermitis
		(stark cortisonhaltig / rezepftpflichtig)
20 Tbl.	**Cetri.** ratiopharm	Heuschnupfen & Nesselfieber
		(Antiallergikum)
10 g	**Fuci.** Salbe	Hautantibiotikum (Furunkel etc.)
30 g	**Betai.** Salbe	feuchte Wundbehandlung aller
		infizierter Wunden +/- Eiterbildung ect.
2 g	**Zovi.** Creme	Herpesinfektion im Lippen/Mundbereich

SONSTIGES:

100 g	**Thromb.**	60000 oder 180000 Heparin-Gel bei stumpfen
		Verletzungen, Prellungen, Verstauchungen
50 Tbl.	**Levo.-ADGC**	bei Allergien 1 x 1 Brausetabletten
60 Tbl.	**Magnesium** 400	bei Bein & Wadenkrämpfen
2 x 50ml	**Nyd.** express	Shampoo gegen Kopflaus & Nissen - Befall
20 Tbl.	**Hog. Nigh.**	leichte Schlaftabletten

DURCHFALL:

50 Kps.	**Perent. forte**	zur Durchfallbeh. & Wiederherstellung der
		Darmflora z.B. nach Antibiotikabehandlung
100 Stk.	**Kohlekompretten**	bei Durchfall, mild stopfend, resorbiert
		Nahrungsgifte
20 Tbl.	**Tannac.**	statt Kohlekompr., Durchfallbasisbehandlung,
		wirkt mild stopfend & entzündungshemmend
10 Tbl.	**Vapr.** 100mg	stark stopfend - nicht für Kinder!
15 Beutel	**Elot.** Pulver	Isotonisches Getränkepulver - Erwachsene

SONSTIGE VERDAUUNGSBESCHWERDEN:

20 Drg./30Zä.	**Duro.**	gegen Verstopfung (auch als Zäpfchen)
20 Drg.	**Busc.** plus	krampflösend & schmerzstillend
20 Tbl.	**MC. A. 10**	Übelkeit, Erbrechen, Magenschmerzen
		(rezeptpflichtig)
50ml	**Iber. Advance,**	pflanzlich, Magen & Darmbeschwerden
20x10ml Kps.	**Riop. MagenGel**	Sodbrennen, Völlegefühl, Magenschmerz.
20 Tbl.	**Omep.**	mit Säureblocker bei starken Sodbrennen

MALARIA:

24 Tbl.	**Ria.** 20/120mg	"Artemisia" Malariamittel (rezeptpflicht.)
12 Tbl.	**Mala.** 250mg	"stärkeres" Malariamittel - standby

(rezeptpflichtig unter ärztl. Kontrolle)
ACHTUNG: die Behandlung einer starken Malaria Erkrankung (abnormale Fieberschübe um die 38,5°C+ und Schüttelfrost...) ist stark von der bereisten Region abhängig und sollte zwingend mit einem Tropenarzt abgeklärt werden !

VERBANDMATERIAL & CHIRURGIE:

500 ml	**Steril.Alkohollösung**	Hände & Oberflächen - Desinfektion
50 ml	**Octen.** Spray	Wund & Hautdesinfektion
100 Stk.	Alkoholtupfer	zur Wundrand Reinigung & Entfettung
1	**Lupenbrille**	für Fremdkörper Entfernung
1	**Stirnlampe**	fokussierbar mit USB-C Aufladung
1	**Pinzette**	Splitter & Fremdkörperentfernung
1	**OP-Schere**	feine, spitze Haut&Verband-Schere
4	**Einweg-Skalpelle**	zum öffnen von Geschwüren etc.
diverse	**Einwegspritzen**	inkl. Kanülen
diverse	**Einmal-Handschuhe**	Latex (gepudert oder blanko)
4/3 Stück	**Leuk.-Strip**	Klammerpflaster bei Schnittwunden
1m x 6m breit	**Hansa.**	elastisches Pflaster für Mullbinden
1 60 ml	**Sensip.** Spray	Blutstopp-Sprühpflaster (Schürfwund.)
5 Ampullen	**Lido.** 1%/2ml	Lokalanästhesie unter die verlet. Haut z.B. Nähen & Fremdkörperentfernung
25 x 2	Mullkompressen	10 x 10cm steril für Wundversorgung
15cm x 2m	**Peh.-Haft** Klebemull	für die Wundversorgung
1m	**Zem.** Vliesstoff	für die saugende Wundversorgung
diverse	**Mullbinden** elastisch	für die Wundversorgung
2 Stk.	**dauerelastische Binden**	für Verstauchungen & Brüche & Prellungen & Venenentzündungen & Thrombosen...

SONSTIGE DIAGNOSE & TESTGERÄTE:

1 Fieberthermometer
1 Blutdruck & Puls & Herzschlag - Kombimessgerät mit autom. Pumpbinde
1 Sauerstoff & Puls Finger Oximeter
1 Satz Urin-Teststreifen auf Glukose, Eiweiß, Nitrit, Leukozyten
1 Satz **Corona** Schnellteststreifen
1 Satz **Malaria** Schnellteststreifen
1 Satz **Dengue** Schnellteststreifen
Aufbewahrung: alle Medikamente in Salben & Tropfenform (flüssig), aber auch zum Teil Tabletten, sollten möglichst dunkel & kühl (2-8°C / Kühlbox/Kühlschrank) eingelagert werden, um stabil zu bleiben.

Auch zu diesem Thema unsere kleine,

persönliche Reiseanekdote (etwas ekelig)...

Wir also im tiefsten Australischen Busch unterwegs, genauer auf dem Weg zum TIP, *Cape Yorke Pininsular,* dem "Old Telegraph Track" folgend. Eines Tages und wie immer beim täglichen Busch-Toilettengang (wir hatten kein WC an Bord) guck ich nach erfolgreich getätigtem Geschäft auf mein Häuflein, so bevor man es mit Erde begräbt. Mich trifft doch glatt der Schlag. Sehe ich doch mitten auf meinem Scheißhaufen, dicke, fette weisse Maden, wie die sich vor Freude in der klebrigen Masse räkeln - FUCK noch mal, was ist DAS denn?!?

Panikgefühl befällt mich - ich verwese!

Das gleiche passiert immer wieder, jeden Tag, was einen natürlich schlechte Laune macht und einen denken lässt, du trägst lebendiges Ungeziefer in deinem Körper spazieren. Echt voll ekelig. So was hatten wir zuvor noch nie, auch nicht in Afrika oder Asien. Also ab zum nächsten Krankenhaus und dort die makabere Situation in der Notaufnahme erklärt. Kein Problem, die freundliche Notärztin: <nehmen sie diese Tabletten hier (Wurmkur) 3 Tage hintereinander und ihre Maden sind weg>, so ihre Worte - super. Was haben wir zu zahlen? Sie sind Deutscher Staatsbürger, somit brauchen sie nichts zahlen, denn unsere Gesundheitssystem hat mit den deutschen Krankenkassen ein gegenseitiges Abkommen - prima. Also weiter. Tage später und trotz penibler Einnahme der besagten "Anti-Wurm" Tabletten selbiges Phänomen - SHIT noch mal, kann doch nicht sein!

2 Wochen später ergo erneut in das nächst mögliche Krankenhaus und alles auch dort dem hiesigen Stationsarzt wieder erklärt. Mmm, nach einer Weile sagt er, <okay, da machen wir jetzt mal einen Stuhlgangtest und sehen weiter>.

Der Test ist zu aller Erstaunen ohne negativen Befund, alles normal, alles gut. Was uns doch sehr beruhigt und deutlich besser schlafen lässt. Wieder on tour out in the tropical bush geht der Scheiss erneut los. Immer gleich nach der Bushtoilette, Maden auf dem "Häufchen" - kann nicht sein, ich werde noch blank im Kopf!

Erneut ab zum nächsten, nun 3. Krankenhaus und wieder die Situation erklärt. Da meint der nun 3. Arzt das es nicht an meinen Stuhlgang läge und wir auch keine Maden in uns trügen, nein, die Fliegen dort in diesen Subtropischen Regionen tragen bereits junge Maden in ihrem Körper. Sobald sie also einen Wirt lokalisiert haben, in dem Fall also nicht den Kothaufen eines Rindes, eines Känguru's oder Schafes, sondern eines Menschen, setzen sie sich sofort auf die Fäkalien und drücken die schon fertigen Maden aus ihrem Körper in die feucht warme Masse - KRASS!

So muss jeder denken, dreht er sich nach wenigen Sekunden des Po abwischen's um, dass man selber der Erzeuger ist. Tja, und dann haben wir das mal blitzartig beobachtet wie es dort mit der Evolution der Fliegen ausschaut, verrückt. Warum? Na weil das Zeitfenster extrem kurz ist, bis der Scheißhaufen von der starken Sonneneinstrahlung und Hitze total ausgetrocknet und somit "unbrauchbar" wird und danach seine Funktion als feuchter Energiespender verloren geht. Ja sorry für diese schaurige Geschichte. Könnte mir aber gut vorstellen, dass es dem einen oder anderen unterwegs dann in solchen Regionen auch mal so ergeht.
An dieser Stelle noch mal einen ganz herzliches Dankeschön an die Australische Regierung und ihrer Krankenversorgung!

We Love Australia! ;-))

I M P F U N G E N...

Bis auf die normalen Standard Auffrischungsimpfungen

von Tetanus, Hepatitis A, Polio brauchen aus Deutschland Einreisende keine Extra Impfung. Ausser ihr macht einen längeren Zwischenstopp in einem asiatischen Land, dann käme noch eine Gelbfieberimpfung hinzu. Bitte dennoch nachfragen!

Kapitel 20 - Reise-Kranken & Unfall-Versicherung

Eine Pflichtübung ist es heute zu jeder längeren außereuropäischen Urlaubsreise, sich eine passende Reisekrankenversicherung zu finden, die euren Vorgaben nach (1 oder 2 Personen, oder die ganze Familie), das geeignete und anbieten. Während für alle EU-Staaten unsere heimische Krankenkasse gültig ist, muss man in vielen Ländern ausserhalb der EU eine extra Reisekrankenversicherung abschliessen, ohne die man häufig gar nicht erst in das anvisierte Land einreisen darf. In erster Linie geht es um die finanzielle Abdeckung eines medizinischen Gaus. Das kann beim Freizeitklettern ein Sturz mit Beinbruch und schwerer OP sein, oder bei einer Motorradtour ein unglücklicher Motorrad-Unfall mit Überschlag und mehreren Dingen gleichzeitig sein.

So gibt es schon von daheim aus diverse Reisekranken-Versicherungen, die für ein ganzes Jahr lang pauschal günstige Tarife anbieten und wichtig, diese mit Rückflugoption offerieren. Das Alles ist natürlich altersabhängig und somit unterschiedlich teuer. Hier nenne ich mal einige gute und bekannte Versicherungen, die letzten 3 davon versichern als einzige bis zu 5 Jahren am Stück, wobei, bei den anderen nach 1 Jahr Schluss ist. Der kleine Haken dabei, dieses gerne im Kleingedruckten, versteckt vergraben. Die meisten sind NUR für die ersten 62 Reisetage einer jeweils angetretenen Reise gültig!!! Also wer länger unterwegs sein möchte, muss sich erstmal gründlich schlau machen. Tja und ab 2 Jahren am Stück wird es kompliziert und teuer. Ab dem vollendeten 65zigsten bis zum

194

vollendeten 70zigsten wird es richtig teuer und ab 71 eher kaum bezahlbar. Also GENAU das Kleingedruckte lesen, bevor ihr da etwas abschliesst!

By the way.., innerhalb Europas gilt eure heimatliche Krankenversicherung, da die Krankenkassen innerhalb der Union einen gegenseitigen Leistungsaustausch bieten - WAS eine Reiseerleichterung, von der Eurowährung ganz zu schweigen.
Also schaut hier mal aktuell rein, nachdem ihr euer Reisefenster festgelegt habt, damit ihr brandaktuell informiert seit. Aber Achtung, die meisten versichern nur für je eine max. 6 wöchige Reisezeit - am Stück, innerhalb eines Versicherungsjahres!

- **ALLIANCE-Travel** Reise-Krankenversicherung
- **ARAG** Reise-Krankenversicherung
- **ADAC** Reise-Krankenversicherung (nur für Mitglieder)
- **AXA** Reise-Krankenversicherung (auch bis 1 Jahr)
- **COSMOS DIREKT** reine Online Reise-Krankenversicherung
- **DKV** Reise-Krankenversicherung
- **ENVIVAS** Reise-Krankenversicherung (empfohlen von der TKK)
- **ERV** Reise-Krankenversicherung
- **LVM** Reise-Krankenversicherung
- **HANSE MERKUR** Reise-Krankenversicherung
- **RNV** Reise-Krankenversicherung
- **STA-TRAVEL** - ist mit die einzige, die einen noch bis zum
          beendeten 70zigsten Lebensjahr günstig und bis
          max. **5 Jahre** am Stück versichert!
- **GENERALI** - auch bis **5 Jahre** am Stück!
- **BDAE** - auch bis **5 Jahre** am Stück!
- **Dr. Walter-Protrip** Reisekrankenvers. inkl. Haftpflicht & Unfall !
    Natürlich ist es ratsam, sich aktuell und unmittelbar vor dem Abflug noch einmal im Netz schlau zu machen, was denn gerade das günstigste ist, bei gleichen Leistungspaket. Denn auch hier ist der Markt, wie bei den Mobilfunkbetreibern oder den Flugticketpreisen sehr unterschiedlich und sprunghaft.

Tipp: Deutsche Flugrettung...

Die DRF Deutsche Luftrettung (Förderverein) wurde am 6.9.1972 von der Björn Steiger Stiftung e.V. gegründet und hat allein in Deutschland 49 Stützpunkte.

Die DRF e.V. Zentrale sitzt in:
Rita-Maiburg-Strasse 2
DE 70794 Filderstadt
eMail: foerderverein@drf-luftrettung.de
www.drf-luftrettung.de
Tel. +49 (0) 711 7007 2211

Der Förder-Jahresbeitrag von aktuell 84€ als "Familien-Mitgliedschaft deckt eine Weltweite Krankentransport-Rückflug Option ab, immer in Absprache mit den vor Ort behandelten Ärzten, nach einem Notfall mit absehbaren Langzeitbehandlungen. Ein Verunglückter muss nach der Erstversorgung, zumindest liegend, flugtauglich sein! Eher wird ein Sanitäts-Rückflug, auch in Begleitung eines Arztes und weiterem Hilfspersonal (Krankenschwester), nicht freigeschaltet!

Zu diesem Zeck nimmt die Zentrale der DRF dazu persönlichen Kontakt mit den gerade vor Ort behandelten Ärzten auf. Erst wenn alle Parameter stimmen, wird ein kostspieliger Rückflug organisiert und bewilligt. Dabei geht es auch um mögliche, direkte Flugrouten und zu genehmigende Überflugrechte von Krisengebieten. Nicht selten müssen grosse Umwege mit Zwischenstopps einbezogen werden, um den Patienten und deren Rettungscrew heil an's heimatliche Wunschziel zu bringen.

Dazu zwei Beispiele: Mein eigener Vater hatte mit seinen 75 bei einer Karibik-Kreuzfahrt plötzlich schwere Kreislauf und Herzprobleme. Er wurde beim nächst grösseren Hafenstopp in eine Privatklinik gebracht und vor Ort rund eine Woche lang behandelt, bis sein Zustand stabil war. Danach wurde er inkl. Ärzteteam über Kanada mit einem Privatjet und nötigen Zwischenstopps in die Heimat zurück geflogen. So was hätte man Privat kaum zahlen, geschweige denn selber planen können.

Ein Norwegischer Reisebekannter und Motorradfahrer ist auf seiner Afrikadurchquerung im **NIGER/*InJamena*** schwer an Malaria mit Nierenproblemen erkrankt und musste ausgeflogen werden. Da ausserafrikanische Fluglinien zu diesen Tagen dort keine Landerlaubnis erhielten, musste der Krankenflug über **KENIA** organisiert werden. Nur so gelang es den Patienten auszufliegen. Sein Motorrad wurde solange beim Flughafenzoll eingelagert, da es ja nicht normal die Ausreise antreten konnte.

Kapitel 21 - Royal Flying Doctor Service, kurz: RFDS

Der heute innerhalb von max. 4 Std. jeden Punkt in Australien per eigenem Spezialflugzeug erreichen kann. Diese Landesweite Institution wurde 1928 von **John Flynn**, einem Pfarrer als gemeinnützige Institution gegründet und seitdem über die vielen Jahrzehnte australienweit perfekt ausgebaut. Dies wiederum wurde erst durch die Erfindung von leistungsstarken Sprechfunkgeräten möglich, welche 1928 von dem deutschen Ingenieur **Alfred Dräger** entwickelt und zur Serienreife gebracht wurden.

Nun konnte man auch bis zu 500km entfernte Farmer, mit Sendestarken Sprechfunkgeräten kontaktieren, um erste beratende, medizinische Hilfe über ausgeklügelte Fragestellungen zu leisten. Erst danach, wenn sich heraus stellte, dass es wirklich dringend professionelle Hilfe bedarf, oder sogar eine schnelle Krankenhauseinlieferung nötig erscheint, erst dann schickte man ein Ärzteteam mit dem Flugzeug los, das in der Lage ist, fast überall im Outback zu landen. Das wiederum kann eine grosse, freie Buschfläche sein oder eine passable

Buschpiste, ein Stück geteerte Strasse oder meistens heute der Airstrip einer Farm. Egal, es beruhigt enorm dass es solch einen fliegenden Notarztservice gibt, auch wenn man ihn hoffentlich nie selber in Anspruch nehmen wird. All diese Spezialflugzeuge verfügen über mindestens einen Liegeplatz mit allen der Notfallmedizin entsprechenden Gerätschaften. Ein Notarzt und eine Krankenschwester sind ausser dem Piloten im Team mit an Bord, sowie ein weiterer, Sitzplatz für einen möglichen Verwandten des zu transportierenden Patienten.

Tipp: RFDS Museum...

Der RFDS unterhält mittlerweile in 4 Städten: *Darwin, Broken Hill, Kalgoorlie* und in *Alice Springs* eigene Museen, in denen man ausrangierte, aber noch voll bestückte Maschinen bewundern kann und sich dort auch mal reinsetzen oder auch legen darf, um sich das alles besser vorstellen zu können. Auch das alte, medizinische Material kann man bestaunen, um festzustellen mit wie wenig Equipment die Notärzte und Krankenschwestern zu der Gründerzeit noch agieren mussten.

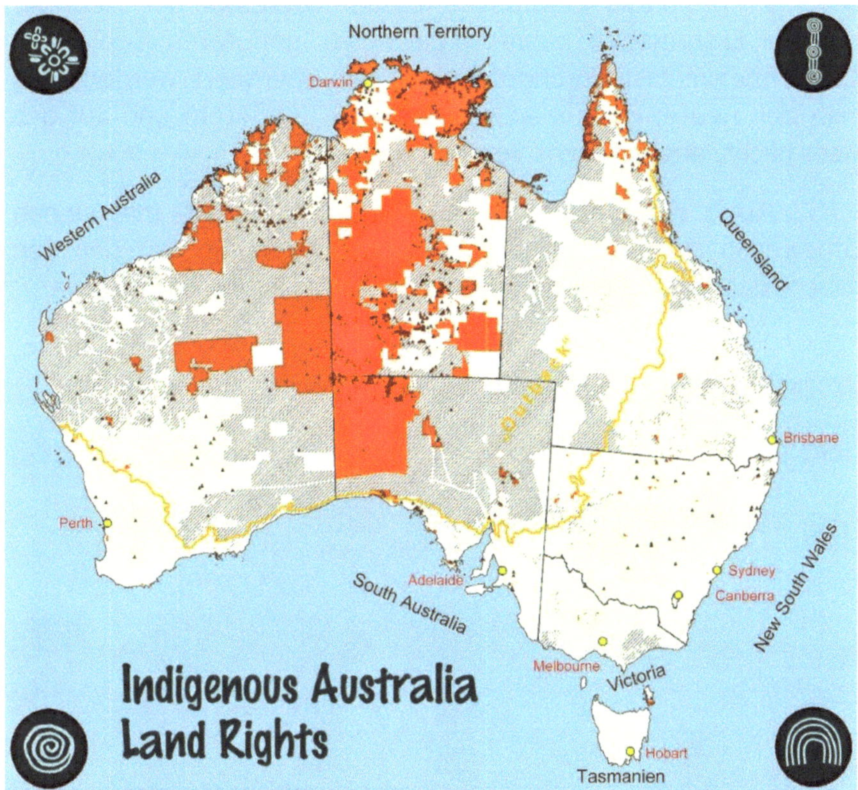

Die orange markierten Felder zeigen die Aboriginal Landrechte ihrer überwiegenden Lebensräume.

Nun komme ich zu einem sehr spannenden Thema. Aber ich will euch auch hier keine wissenschaftliche Abhandlung unterbreiten, nur eine leicht verständliche Zusammenfassung.

Die Aboriginal sind eine der ältesten Kulturgruppen unseres Planeten überhaupt. Nach neuesten Forschungsergebnissen geht man davon aus, dass die aller ersten Aboriginal vor ca. 40.000 bis 60.000 Jahren diesen Kontinent vom Norden her, also dem heutigen Queensland, über den Zipfel der *Cape Yorke Pininsula* Halbinsel, zu besiedeln begangen. Zu dieser Zeitepoche lag der Meeresspiegel niedriger und bei Extremebbe konnten die sonst gefluteten Gebiete & Korallenbänke fast durchgehend zu Fuß überquert werden, was man sich heute, wenn man dort an der Küste steht und auf das Meer blickt, absolut nicht vorstellen kann.

Auch musste das Meer zu dieser Urzeit mit seinen Lebewesen einen so immensen Fisch & Muschelvorrat geboten haben, dass das Überleben der Küste entlang kein Problem war.

Tja und so nahm die Aboriginal Besiedelung aus dieser tropischen Region her seinen Lauf und entwickelte sich weiter.

Traditionelle Strohhütten Behausung um 1900 rum.

Der verallgemeinerte Begriff *Aboriginal* (Ureinwohner, "von Beginn an") ist eine übergeordnete Definition von unterschiedlichen Stämmen und Clans, mit unterschiedlichen Dialekten und Bräuchen. Die Bezeichnung "Aboriginal" wurde schriftlich zum ersten mal 1803 dokumentiert, vermute stark von britischen Missionaren.

Egal, eigentlich fing das Leben hier genau so einfach und pragmatisch wie bei den Urvölkern in Afrika oder Südamerika an.

Laut diverser Quellen und Recherchen sollen zur Zeit der ersten Britischen Besiedler wie Forscher dieses Ur-Kontinentes (vor 200 Millionen Jahren noch als Gondwanaland bezeichnet), um 1788 herum, ungefähr 400 bis 600 verschiedene Stämme existiert haben, was eine sehr grobe Einschätzung dar legt. Da es zu dieser menschlichen Epoche noch keine schnellen Kommunikationsmöglichkeiten gab, sollte man solche Zahlenangaben mit großer Vorsicht betrachten, denn einzig und allein wurden zu diesen Tagen "Volkszählungen" von den ersten Missionaren, und die auch nur in deren Wirkungskreis getätigt, der Rest sind Hochrechnungen und Schätzungen.

Die Ureinwohner waren bis zu dieser Zeit Jäger und Sammler, bis die erste Ankunft einer ganzen Armadar von britischen Segelschiffen in der Bucht von *Port Jackson / Sydney* vor Anker ging. Nach einer 8-monatigen, strapaziösen Schiffspassage mit ca. 700 Personen pro Galeere, setzten am Samstag den 26.01.1788 die ersten britischen Galeeren in dieser Bucht ihre Anker. Da die Gefängnisse im britischen Königreich überfüllt waren, hat sich das Königshaus überlegt und entschieden, möglichst viele dieser Kriminellen einfach und bequem abzuschieben.

Die Aboriginal hingegen ahnten von ihrem "Glück" noch nichts und lebten ganz ungezwungen und bevorzugt der fruchtbaren Küstenregionen entlang. Erst später wagten sich einzelne Gruppen ins heisse, trockene Outback. Ob zu Land, bei der Jagd mit Pfeil, Bogen und Speer, oder der immerzu ergiebigen, fruchtbaren Küste entlang, konnten sie durch Fischfang mittels Angel, 3-Zack-Speer und geflochtenen Bambusreusen ihr Leben meistern. An der Cape York Spitze hoch zu liegen noch heute auf viele Kilometer verteilt gut sichtbar 5 - 10m hoch aufgetürmte Muschelberge, die auf keinen Fall durch Naturkräfte zustande kamen. Ergo ein klarer Beweis von menschlicher Aktivität und Besiedlung.

Rock Art - Steinmetzkunst vom Feinsten.

Zwischen 1788 und dem Anfang des neunzehnten Jahrhunderts, bis ca. 1920 herum, sank die Ureinwohnerzahl von geschätzten 1.000.000 auf drastisch wenige 60.000 indigene Aboriginal. Ergo unglaubliche 900.000 sollen überwiegend durch die eingeschleppten Krankheiten und Seuchen der europäischen Zuwanderer zum Opfer gefallen sein. Beulenpest, Cholera, Gelbfieber, Malaria, Pocken, Tetanus, Ruhr und und und, waren die unliebsamen Mitbringsel der westlichen Kultur. Aber auch hier ist Vorsicht bei der Angabe von Zahlen geboten. Denn bedenkt man, wie gross Australien's Landmasse ist und weiter dass es zu diesem Zeitfenster keine Verkehrswege, geschweige denn schnelle Transportmittel zu Boden oder in der Luft gab, so sind auch solche Geschichtsangaben wieder mit Skepsis zu betrachten.

Wie bei den Indianern in Nordamerika, wurden hier sehr viele Ureinwohner schlicht weg bei den Gebietskämpfen von den weissen Eindringlingen, heute sagt man lieber Besiedlern (klingt ja so romantisch), erschossen und auch noch bis zum Anfang der 30er Jahre aus dem fahrenden Auto oder sogar Zug, "sportlich gejagt" und einfach abgeknallt. Das haben mir bei meinem aller ersten Australienbesuch vor 35 Jahren, noch alte Zeitzeugen berichtet. Diese Besiedlerphase war somit eine der grausamsten, der gesamten Australiengeschichte.

Erst seit 1930 herum wurde durch eine Assimilationspolitik der Weissen begonnen, diese Steinzeitkultur zu Integrieren und etwas später auch mehr und mehr zu achten, indem man schubweise Kulturzentren eingerichtet hat. Der Versuch diese "Wilden" in, vom Staat vorkonfigurierten Standardwohnhäuser, sprich Siedlungen zu setzen, ist anfänglich fast gänzlich gescheitert. Einem Ureinwohner das Tageslicht zu nehmen, der es von seiner Geburt an gewohnt ist, unter freiem Himmel im Einklang mit der Natur und allen Jahreszeiten zu leben, wäre in etwa so, einer Kellerassel zu erklären, das es ab sofort keine feucht-dunklen Kanalschächte mehr gäbe, nur noch heisse Pizzaöfen.

Leider sind durch den starken Alkoholhandel der weissen Siedler auch sehr viele Aborigines alkoholsüchtig, sprich abhängig geworden und somit viel zu früh an Leberzirrhose gestorben. Dieser Umgang mit sehr viel stärkeren narkotisierenden Getränken, als das was sie zuvor mit ihren hauseigenen, vergorenen Bio-Genussmitteln gewohnt waren, hat ihren Willen und auch ihr Kulturelles "Ich" gebrochen. Zudem war ihnen anfänglich **der** Umgang mit Geld und Wertsachen, so wie wir es von Schulbeginn an gelernt haben, gänzlich fremd. Ebenso das tragen von engen Kleidern. Die Wertstellung zu materiellen Dingen, Luxusgütern, das tragen einen glitzernden Armbanduhr, der Bezug zu einer geprägten Münze oder eines bunten Geldscheines, konnten sie nur schwer aufbauen. In ihrer Kultur gab es keine Besitzansprüche, wie wir sie kennen.

Konnten sich die weissen Siedler beim Krämerladen ganz normal Lebensmittel und Alkohol kaufen, wurden die Aborigines durch Hinterhausklappen, wie Hunde behandelt und mussten ihre "wöchentlichen Rationen" nach dem staatlich geregelten, wöchentlichen Geldempfang, dem "sit around money", mit dem Einkauf an der sogenannten "Hundeklappe" erledigen.

Heute wird das Kulturgut der Aborigines sehr viel höher geachtet und touristisch massiv vermarktet. Was wäre Australien ohne dieses Kulturgut, den **Ayers Rock** (Uluru), den **Olgas (Tatja Tutja)** und ihren Ureinwohnern mit ihrer nun allgegenwärtigen, in Höhlen unter Felsvorsprüngen verewigten Rock-Art-Kunst. Der Bumerang und das Musikinstrument, das Didgeridoo möchte ich auch nicht vergessen, obgleich sich keine wirklich spezielle Musikrichtung entwickeln konnte. Bis heute ist es bei einem Sing-Sang mit Klopfhölzchen und Didgeridoo Gesumme und Gejodel geblieben. Selbst eigene Trommelnkonstruktionen konnte ich nie auf meinen 3 langen Jahresreisen mit deren einhergehenden Kontakten entdecken.

Derzeit sollen nur noch 2,8% der Gesamtbevölkerung, also rund 649.200 (Stand 2016/2,8%) Aborigines leben, davon 1/4 zumeist in den Städten des "Northern Territory", eine Gegend, wo die weissen Siedler erst sehr spät versuchten sich nieder zu lassen. Straffällig gewordene Aboriginal belegen anteilig zu über 50% die Staatsgefängnisse, berichtete gerade die Deutschen Welle (Stand 2023). Um die Aboriginal "zu schützen" oder anders gesagt, auf bestimmte Gebiete umzusiedeln, hat die Regierung seit den 60er Jahren begonnen, sogenannte "Aboriginal-Community's" einzurichten.

Also sehr großflächige, meist von den europäischen Besiedlern nicht so begehrte, klimatisch heisse Regionen. Hier leben die Ureinwohner ausschliesslich unter sich, dürfen aber auch keinen Alkohol mit in diese "Sperrzonen" einführen. Ebenso ist es weissen Siedlern untersagt, diese Schutzzonen zu betreten, nur wenigen Bediensteten und Regierungsmitgliedern, oder Besuchern mit speziellen Permit's (Genehmigungen) ist es gestattet dort zu leben und zu arbeiten. Riesige Warnschilder stehen dazu an den Zugangsportalen. Und Berge von leeren Spirituosenflaschen, Bierdosen und Weintetrapacks liegen links und rechts vor solchen Eingangstoren - voll krass.

Das Arbeiten ist den meisten Aboriginal untersagt, somit beziehen viele Ureinwohner eine Art wöchentliches, vom Staat festgelegtes Unterhaltsgeld. Der Regierung ist dieser Zustand lieber, als sie in die westliche Marktwirtschaft zu integrieren. Ausnahmen bestätigen aber auch hier die Regel. Der Australischen Regierung kostet dieser Service jedes Jahr viele hunderte Millionen Dollar.

Ansonsten sind die Aboriginal die friedlichsten, dunkel

häutigen Menschen, die ich je getroffen habe. Auch dazu eine meiner persönlichen Reiseerfahrungen.

Nach einem *Great Barrier Reef* Tauchtrip mit anschliessenden, massiven Rückenproblemen, war ich gezwungen 2 Wochen lang, mitten in *Cairns* in einem kleinen Park des Innenstadtbereiches zu campieren, um bei medizinischer Betreuung den "erneuten Bandscheibenvorfall" liegend im Reise - Land Rover auszukurieren. Nachträglich hier noch mal einen grossen Dank an Marina, die mich bestens versorgte, bis ich wieder fit für eine Weiterreise war.

Jeden Nachmittag sind kleine Aboriginal Gruppen am voll geöffneten Land Rover (es war richtig Hochsommer und brütend heiss) barfuß mit Musik aus ihrem Ghettoblaster vorbei geschlendert und haben fast immer leicht betrunken nach gefragt, ob wir Hilfe bräuchten. Also besser geht's nicht, kann ich da nur sagen. In Afrika wäre das so locker mit freiem campieren nicht möglich gewesen, nur auf einer gesicherten Campsite oder Hotel Anlage.

Tipp: Australien's grösstes Aboriginal Tanz & Kunst Festival in Laura - Quinkan...

Wer mehr zu dieser Aboriginalkultur, inklusiv Musik, Tanz und Lebensweise erfahren möchte, kann das jährlich im Juli stattfindende, bunte "Dance Festival" besuchen. Auf dem heiligen "Ang-Gnarra-Festival Ground", rund 330km nördlich von *Cairns* und 15 km ausserhalb der 80 Seelengemeinde *Laura*, also ca. 4 Fahrstunden von Cairns entfernt, geben. rund 500 traditionell bunt gekleidete, wie unterschiedlich geschminkte Tänzergruppen aus 20 verschiedenen Aboriginalgemeinden der gesamten Cape Yorke Halbinsel alles, um ihr Kulturgut und auch das spirituelles Leben ihrer Vorahnen, sehr anschaulich aufrecht und in Erinnerung zu bewahren.

Es ist ein fantastisch buntes Tanz und Kulturfestival unter freiem Himmel, wo auch zahlreiches Kunsthandwerk mit aktiven Handwerksarbeiten, also live zu bestaunenden Händwerkstätigkeiten, wie Dinge zur alltäglichen Arbeit dargeboten werden. Wer etwas Zeit mitbringt, kann ausserdem um *Laura* herum zahlreiche Felszeichnungen und Höhlenmalereien in den umliegenden Bergformationen bewundern.

Aktuelle Termine entnehmt bitte dem Internet.

Freies Zelten und Campieren ist vor dem Festivalgelände auf einem passenden Platz gegen eine bezahlbare Gebühr gegeben und willkommen. Für Frischwasser, Toiletten und Abfallservice wird in ausreichendem Maß gesorgt. Wer will kann sich schminken lassen und bei den Tanzveranstaltungen teil nehmen.

Hier zum Tanzfestival einige bemalte Kinder.

Aboriginal "on panne"...

Auf irgendeinem Küstenabschnitt treffen wir auf Petty & Boyu mit ihrem HJ60 Land Cruiser, die wegen einer defekten Spritleitung ihr Auto nicht wieder gestartet bekommen. Hat doch ein kleiner H-Riss den Motor immer abwürgen lassen, da er Luft an saugt. Zum Glück finde ich das Problem schnell, um den defekten Bereich einfach ab zu schneiden. Danach läuft die Büchse wieder und die zwei können glücklich weiter ziehen.

Kapitel 23 - Land & Leute & Klimazonen

Hierzu starte ich mal mit einer komprimierten, geographischen Zusammenfassung.

Der 5. Kontinent gehörte anfänglich zu der großen, alten Landmasse des Gondwanalandes, was zuvor einen Teil des Urkontinentes Pangäa bildete.

Vor ca.100 Millionen Jahren entstand Australien dann als eigenständiger Kontinent, indem sich die Antarktis abgespalten hatte, um fortan in südliche Richtung weg zu driften.

Auch heute noch ist diese gewaltige Landmasse im Drift und bewegt sich nach letzten Messungen in nördliche Richtung. Somit wird irgendwann in ein paar weiteren, hundert Millionen Jahren, Australien mit dem asiatischen Kontinent zusammen stossen. Aktuell hat Australien eine Landmasse von 7.614.500 Quadratkilometern, ohne die dazugehörigen Inselgruppen, wie auch der grössten Tasmanien. Davon liegen 94% auf nur 300m über Meeresspiegel Niveau. Nur lächerliche 6% davon ragen über 610m hinaus. Danach folgte die längste Bergkette, die **Great Dividing Range** mit ungefähr 1220m ü.N.N. Sie zieht sich von der tropischen **Kap York Halbinsel** bis in den Norden des Bundesstaates **Victoria** und verläuft parallel zur Küstenfront. Sie bildet die Wasser-/ Klimascheide zwischen der feuchten und somit fruchtbaren Küstenfront und dem extrem trockenen Outback. Die höchste australische Erhebung bildet der *Mount Kosciuska* mit 2230m ü.N.N.

Bedenkt man das Australien ursprünglich überwiegend von "ausgesonderten" kriminellen Bewohnern Englands, Schottlands und Irrlands gegründet und besiedelt wurde, also von Unliebsamen, muss man sich heute, kaum 200 Jahre später schon wundern, wie prächtig sich dieser anfängliche, westliche "Brückenschlag" entwickelt hat und wie verdammt friedlich und geordnet dieser Kontinent aktuell doch ist. Wir haben noch nie zuvor in Europa so ein gutes und sicheres Bauchgefühl beim freien Camping und Reisen gehabt, wie hier in Down Under. Selbst in den Großmetropolen liegt die Kriminalitätsrate sehr niedrig. Den Australiern geht es einfach gut.

Für Deutsche kaum vorstellbar, hat man auch nicht ein Leben lang von morgens bis abends gerackert, Woche um Woche, Monat um Monat, Jahr um Jahr. Nein die Australier lieben ihre Freizeitaktivitäten und den gigantischen Freiraum ihren Landes. Die Kinder werden schon mit einer Angel geboren, der Wassersport ist nirgends so verbreitet wie hier und wer kann fliegt einfach mal mit der Cessna in's Outback, um über's Wochenende irgendwo in den Weiten des Bushes, neben einem Billabong, einer Hotspring oder eines Flusses, am Lagerfeuer zu entspannen. Auch der Westernreitsport ist keine elitärisches Vergnügen und das Tennis wie Golf spielen ebenso nicht, nirgends braucht es super edle Clubkleidung, oder eine Clubmitgliedschaft, um in diese Freizeitbereiche Zutritt zu finden.

Bis in die 80er Jahre war es üblich 3 - 6 Monate am Stück zu arbeiten, um dann mindestens 3 Monate am Stück Urlaub zu machen. Danach hat man sich wieder einen neuen Job gesucht und den meist in einer anderen Stadt, nämlich da, wo man gerade seinen Urlaub beendet hat. So bestand ein Groh Australiens aus Wanderarbeitern. Ein Probearbeitstag oder auch mal eine Woche reichte häufig schon aus, um sein "Fachwissen" oder seine "Handwerkskunst" für einen neuen Job auf die "Waagschale zu legen", um schnell den nächsten Job zu erhalten. "Machen" hat mehr gezählt, wie das vorzeigen von vielen bunten, wichtigen Dokumenten.

Das hat sich erst geändert, seit dem vermehrt Deutsche, Schweizer und Österreicher hier ihren Traum von "Auswandern" realisiert haben. Somit brachten sie ausser ihrem gründlich gelernten Fachwissen, auch ihre Tugenden mit nach Australien. Tja und dann ging das auch hier los mit dem zunehmenden Wohlstandgehabe. Eigenes Auto, eigens Boot, eigenes Haus, mit

Swimmingpool natürlich. Die Klassiker und immer schön von den Banken finanziert. Viele hängen zunehmend an der "Nadel dieser Geldinstitute" und zahlen locker das doppelte, um für's Alter Rücklagen zu bilden. Die Jugendzeit bleibt dabei auf der Strecke. Tja so funktioniert nun auch hier die Wirtschaft, bis es mal wieder einen fetten Knall gibt. Denn immer mehr Wachstum mit jährlich steigenden Erfolgsbilanzen kann es ja nicht ewig lang geben.

Auch kennt man in Australien nicht unsere gründliche Berufsausbildung. Da liegen noch Welten dazwischen. Entweder hat einer den Job bei seinen Eltern im eigen Betrieb oder bei Bekannten gelernt, um später das Geschäft zu übernehmen, oder man hat etwas Geld investiert, um ein technisches Fachkollege zu besuchen. Diese sind längst nicht so gründlich, wie eine 3,5 jährige Berufsausbildung, sprich fundierte Lehre. Die Lernschritte wie bei uns mit: Schule, Lehre, Meisterbrief gibt es im Englisch orientierten Bildungssystem so nicht. Viele versuchen sich unmittelbar nach der Schule mit einem Studium, was schlussendlich mit einem Ingenieur Titel endet. Dann allerdings fehlt wieder der Bezug zur Materie. Dazwischen liegt ein Bildungsvakuum und somit gibt es jede Menge Anlernkräfte. Das versucht die australische Regierung nun mit mehr Fachkräften aus Europa aufzufangen, denn anfänglich wurden extrem viele Asiaten in's Land geholt. Davon gibt es aber nun mehr wie genug.

Weiter ist es für technisch gebildete Europäer ein Unding, dass Australien über die weltgrössten Eisenerzvorkommen verfügt, aber diese "nur" abgebaut und an Industrieländer weiter verkauft werden, ohne sie selber für eine eigene Stahlproduktionen zu nutzen. Auch haben die Oussis es bis heute nicht wirklich zum Aufbau einer eigenen Autoindustrie geschafft.

Einfuhr von Hunde & Katzen...

Leider leider ist Australien KEIN Kontinent für Hunde und Katzenfreunde, sofern ihr sie von daheim mitbringen wollt. Der Anflug als solches ist schon zeitlich gesehen der Alptraum, aber schlimmer sind die super langen Quarantänezeiten, um sein Haustier mit einzuführen. Soweit mir bekannt, sind es immer noch 3 volle Monate Kontrollzeit und das in einem recht kleinen Zwinger. Aber fragt aktuell dann selber mal nach.

Kapitel 24 - Klima & Zeitzonen & Reisetabelle
Australien's Klimazonen...

Wie wir sehen, bietet die gesamte australische Landmasse sechs unterschiedliche Klimazonen. Das Groh davon belegt das rote Zentrum mit Sahara ähnlichen Bedingungen, gefolgt von reichlich fruchtbarem Gras und Agrarland, der Küstenregionen entlang und ja logisch, wo Gebirgszüge verlaufen gibts es auch vermehrt dann Niederschläge. Berge haben schon immer Wolken angezogen und das Klima bestimmt, Flüsse entstehen lassen und fruchtbaren Mutterboden an den Talebenen ausgeschwemmt und angelagert.

Besonders der ganzen Ostküste, also zwischen *Sydney, Brisbane Rockhampten, Townsville* hoch bewegt sich am meisten Leben und Geschäftstüchtigkeit in alle Richtungen.

Gefolgt von South Australia mit *Melbourne & Adelaide und Port Augusta* und mit einem riesen Sprung links rüber nach Western Australia auch um *Perth* herum, bleibt es fruchtbar. Der Rest dieses riesigen Kontinentes ist ausser *Darwin & Alice Springs* pure Einöde und Natur - na fast.

Aber zuerst nachfolgend die Klimakarte...

Australia

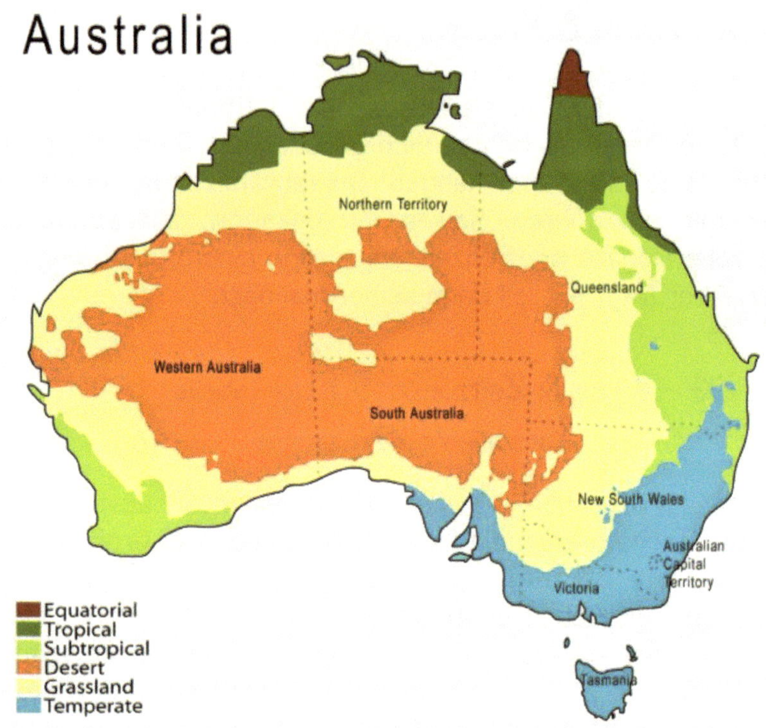

Demzufolge haben sich auch dort die meisten Bewohner nieder gelassen.

Dazu die aktuellen Bewohnerzahlen der Großmetropolen:
(laut Volkszählung vom 8.8.2021 - Quelle: Vicimedia-Liste)
Sydney - 5.231.147 New South Wales
Melbourne - 4.917.750 Victoria
Brisbane - 2.526.238 Queensland
Perth - 2.116.647 Western Australia
Adelaide - 1.387.290 South Australia
Gold Coast Region - 671.386 Queensland/New South Wales
Canbarra Region - 490.181 Australien Capital Region
Newcastle - 348.539 New South Wales
Central Coast - 325.255 New South Wales
Sunshine Coast - 284.131 Queensland

Wollongong - 280.153 New South Wales
Hobart - 197.451 Tasmanien Island
Geelong - 180.239 Victoria
Townsville - 173.724 Queensland
Cairns - 153.181 Queensland
Darwin - 122.207 Northern Territory
Toowoomba - 108.239 Victoria
Ballarat - 105.348 Victoria
Bendigo - 100.649 Victoria

Die Städte unter 100.000 führe ich hier nicht mit auf, da diese Bewohnerzahlen nur mal grob reflektieren sollen, wo sich das Groh der Bevölkerung aufhält.

Tasmanien bildet dagegen so eine Art grüne Enklave, die wir leider nie geschafft haben zu bereisen.
A: da die Fährverbindungen recht teuer sind
B: wir uns zwischendurch auch gerne zur Abwechslung für 3 Monate nach *Neuseeland* orientieren wollten, um gänzlich was neues zu bereisen. Der Spaß mit einem winzigen Mini Cooper und Kuppelzelt unterwegs zu sein, hatte seine ganz eigene Würze der Reisedynamik. Es zeigte uns schnell, wie wertvoll ein voll ausgestatteter Geländewagen ist, bei dem nicht ständig was hin und her geräumt werden muss, um zur Nachtruhe seine Schlaffläche umgebaut zu kriegen.

Australien's Zeitzonen...

Erst um 1890/92 hat die Regierung festgelegte Zeitzonen für den ganzen Kontinent eingeführt. Davor durften alle Kolonien ihre eigene, vor Ort bezogene Lokalzeit bestimmen, was natürlich landesweit sehr kontraproduktiv war, um untereinander sinnvoll Handel treiben zu können. Selbst heute noch ist es schwierig, wenn um 8:00 in *Perth* die Firmenbüros öffnen, aber man erst 1,5 Stunden später mit den Büros in *Darwin* oder gar 3 Stunden später mit den

Geschäftsleuten in *Sydney* korrespondieren kann.

Australien hat also 5 Zeitzonen, was die Wirtschaft wie in einem Gummibandeffekt agieren lässt und so das Geschäftsleben innerhalb dieses Kontinentes nicht wirklich leicht gestaltet.

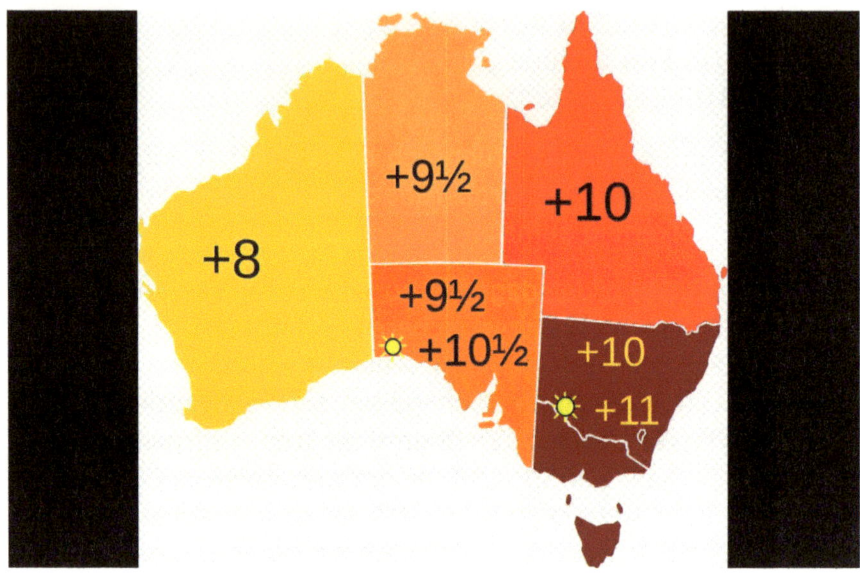

Australien's Reisetabelle...

Wer australienweit unterwegs sein möchte, tut gut daran, zuerst seine Wunsch-Reiseziele in eine Übersichtskarte ein zu tragen und danach dann im Netz zu recherchieren, wann in welchen Regionen die Regenzeit beginnt. Erst danach kann man überlegen, wie man seine Erkundungsreise gestalten möchte. Also wer es eher trocken, warm bis heiss mag, hält sich einfach überwiegend im Outback auf. Dort ist es so trocken, dass nur ganz selten mal ausgiebige Regenfälle nieder gehen und selbst 30 - 40 °C im Schatten einen nicht wirklich heiss vorkommen, da die Luftfeuchtigkeit dann mit 15-30% extrem niedrig ist. Also wer mag, kann sich in Australien immer in seine Wunsch-Klimazone verdrücken, vorausgesetzt du umfährst die lokalen, jahresbedingten Regenzeitregionen. Wer dagegen zu den Wasserratten, also Surfern, Kaitern wie Anglern gehört, orientiert sich eindeutig der Küstenlinie entlang. Dieser gigantische Freiraum den die 25.760 km Wasserfront bildet, findest du so auf keinem anderen Kontinent, innerhalb eines Staates.

Kapitel 25 - Regenzeit

Wenn es dann soweit ist und man in den Bereich der Jahreszeitenwechsel kommt, können sich die Pistenzustände schlagartig ändern. Kurz nach einem kräftigen Regenschauer kann man noch die gefluteten Pistenabschnitte kurz befahren. Steht das Wasser aber schon 2 - 3 Tage oder länger, wird man sich in dem klebrigen Boden unweigerlich festfahren.

Typischer Regenzeit Pistenzustand - WAS nun?

Da hilft nur eines und zwar anhalten, aussteigen und einige Meter zu Fuß in der Fahrbahnmitte den Bodenzustand auf Tragfähigkeit zu prüfen. Wenn der anfänglich zu weich ist und eure Schuhe sich gleich festsaugen, bleibt nur die 2. Option.

Die ist zu Fuß, ob links oder rechts vorbei, eine Bypass spur, passend für eure Fahrzeuggröße weitläufig um die Wassersenken zu erkunden, die für euch geeignet scheint. Dabei sollten vorsorglich alle erdenklichen Hindernisse, wie Äste und Steine aus dem Weg geräumt werden, um die Fahrdynamik nicht auszubremsen. Und wählt eine nicht zu enge Kurvenführung um die Bäume und das Buschwerk herum, denn das verschlechtert auch den Vortrieb.

Sollte das Fahrzeug hängen bleiben, SOFORT stoppen und NICHT weiter fahren! Besser ist es, nochmals mehr Luft aus den Reifen zu lassen (VA max. 0,8bar/HA max. 1,2bar), damit die Auflagefläche erneut vergrössert wird. Auch das zusätzliche vorlegen von Sandblechen oder Traktionshilfen, erleichtert das Anfahren enorm.

Eine typische Afrikamethode wäre noch mit der Machete Unmengen an armdicken Ästen ab zu hacken, um diese 10 - 20 meterlang, dicht an dicht auf eurer Fahrspur zu verlegen. Das aber dauert ewig und geht nur wenn das Wasser nur wenige Zentimeter auf der Fahrspur steht, damit die Hölzer eben nicht aufschwimmen und wegtreiben können. Mit Stahl oder Alu-Bergeblechen kann so was nicht passieren. Wer eine Winde verbaut hat kann natürlich auch damit sein Glück versuchen. Aber einen Baum oder ein 2. Fahrzeug als Zuganker zu nutzen, welches möglichst in Idealrichtung steht, grenzt eher an eine Wunschvorstellung. Und auch da gilt, je grösser die festgefahrene Fahrzeugmasse, desto aufwändiger wird eine Bergeaktion! Aber keine Panik, irgendwie geht's im Leben auch unter solch prekären Fahrsituationen weiter.

Kapitel 26 - Infrastruktur Tankstellen-Netz

Da Australien schon immer ein sehr westlich orientiertes Land war und die stetige Besiedlung europäischer, wie asiatischer Einwanderer den Ausbau der landesweiten Infrastruktur schnell vorangetrieben hat, konnten sich so auch die nötigen Dienstleister, wie Tankstellen, Gasversorger und Kommunikationsfirmen an begünstigten Verteilerknotenpunkten gut etablieren.

Egal wo man sich in Down Under auf den Weg macht, überall findet man in fahrtechnisch sinnvollen wie logischen Abständen zur rechten Zeit immer eine Tankstelle, also "Filling Station" oder "Petrol Station" mit ihrem allumgreifenden Gesamtservice. Ist es mal nicht so, wird dieses mit übergrossen Warnschildern rechtzeitig angekündigt - gut so. Dennoch sollte jeder einen gefüllten 20L Reservekanister gerne dabei haben, um immer eine "extra Reichweite" von ca. 200km realisieren zu können.

Dieser Mindestservice von Diesel (Gasoil), Benzin (Petrol) oder Camping-Gas in Flaschen oder LPG/GLP-Gas zum Kochen, Heizen, Fahren wird landesweit prima sicher gestellt. Jeder Tankstelle sind heute auch kleine Supermärkte angegliedert und weiter im Outback dann auch immer kleine Autowerkstätten inklusiv Reifenservice mit eingebunden. Ob ein undichter Kühler, ein geplatzter Kühlerschlauch, ein zerrissener Keilriemen, oder das Dauerproblem von defekten Reifen ("punch" oder "flat tire"), bei all diesen Problemen wirst du schnelle Hilfe bekommen. Je tiefer man in den Bush, das Outback fährt, desto umfangreicher wird der Service dieser "Tankstellen", bis hin zu angegliederten Campingecken oder kleinen Motel-Bungalow Einheiten mit Spielplatzecke für die Kleinen. Ein kleiner Minipool wird bei Bungalowvermietungen auch meistens mit angeboten.

Immer wieder gerne, Warnschilder auf Freilaufende Tiere.

Der Kracher unter ihnen liegt auf dem **Outnadatta Track**. Das "Pink Roadhouse" in der Lot42 Ikartuka Terrace, **Oodnadatta** SA 5734" ist nicht nur eine Tankstelle, sondern auch schon so was, wie ein kleines Museum mit Campingplatz und Hotelservice. Einfach unglaublich und wirklich einmalig auf diesem fantastischen Kontinent.

*Zu Lebzeiten schon zur australischen Legende mutiert, das
"Pink Roadhouse" von SA 5734 Oodnadatta
eMail: pinkroadhouse@bigpond.com / Freecall: 1800802074*

Erst wenn man sich auf die ganz einsamen Querverbindungen und Bushtracks Australiens begibt, kommen zum Start dieser Tracks oder Langstrecken Warnschilder: "Next 560km NO FUEL!" oder ähnliche. Das ist ein allumgreifender Service Australiens. Die Regierung denkt für die Autofahrer mit, damit ja keiner im Nirgendwo hängen bleibt und verdurstet.

Oder für die richtigen Off-Roadstrecken (aber nur die Hauptpisten!) folgen passende Warnschilder zum Anfang dieser, meist Pisten, wie:

Coution: "Sandy Tracks - Only 4x4 Cars!" Tja, da fährst du gar nicht erst mit einem normal PKW rein, da du eh nicht sehr weit kommen würdest.

Nicht selten trifft man bei den Tankstellen auf junge Landsleute aus der Heimat und wird plötzlich, beim bezahlen in feinstem Hochdeutsch angesprochen. Nicht wundern, denn unsere Weltreisenden Backpacker mit Work & Travel Visum sind dann fleissig am arbeiten, um sich das Sporengeld für den nächsten Reiseabschnitt zusammenzukratzen.

So ist das schon ein lustig positiv Gefühl, beim bezahlen vertraute Klänge in den Ohren zu vernehmen. Also lasst euch einfach überraschen, wenn ihr beim nächsten Tankstopp an die Kasse schreitet.

Kapitel 27 - Baumärkte & Food-Discounter

Wer irgendwie technisches Zeug braucht, ob vom Blumendraht bis hin zu Schrauben, Werkzeug oder Grillzeug usw., wird all dieses und vieles mehr in den zunehmend grösser werdenden Baumarktketten vorfinden. Die kleineren "Hardware-Stores", also Eisenkrämer-Läden sterben auch hier mehr und mehr aus. Einzige Ausnahme bilden da die Tankstellen und Outback-Garagen der einzelnen Inlandstrecken und

Community's. Diese sind dort in den Weiten ein MUSS des Überlebens, um auf seiner Tour mit etwaigen Problemen, Hilfe zu bekommen. Natürlich findet man dort auch jegliche Art von Werkzeug und Kfz.-Zubehör der gebräuchlichsten Dinge.

Genauso allumgreifend haben sich über die Jahrzehnte gewisse Discounterketten etabliert. Auch in Australien sterben leider die kleinen Lebensmittel "Tante-Emmaläden" mehr und mehr weg und können nur noch dort existieren, wo grosse Supermärkte einen zu kleinen Kundenkreis hätten, um ihren Unterhalts, wie Logistikaufwand wirtschaftlich einrechnen zu können.

Kapitel 28 - Australia's 13 Best 4x4 Track's

Wer diesen fantastischen Kontinent nicht nur auf seinen geteerten und nicht sonderlich spannenden Haupt-Highways bereisen möchte, sondern ernsthaft in die Tiefen der einzelnen Terretories (Bundesstaaten) eintauchen möchte, kommt nicht herum sich auf die einzelnen Allradstrecken mit Querpisten zu begeben.

Es wäre in etwa so, als wenn man sich Deutschland nur aus der Perspektive von Autobahnen und Schnellstrassen her anschauen wollte.

Wir durften die wichtigsten, wie spannendsten Pisten über unsere 3 Reisejahre verteilt befahren und hautnah erleben. Genauer betrachtet, sind sie das Salz in der "Reisesuppe". Nicht zwingend ein muss, aber doch die Quintessence und eine riesen Bereicherung, um mal für längere Zeit vom Massenrummel weg zu kommen.

Hier beschreibe ich nachfolgend unsere fahrtechnischen Favoriten, aber nicht chronologisch geordnet, sondern der Länge nach gelistet. Die dabei erlebten Landschaft und Pisteneindrücke unser Streckenbefahrungen habe ich aus unserem Tagebuch mit kleinen Geschichten, wie Anekdoten übernommen und ergänzt. Eine bunte Mischung von Allem. Was für den einen Fahrzeugreisenden und Neueinsteiger kaum machbar erscheint, kann für den geübten Offroader eine Lachnummer sein. Also lasst euch überraschen und habt viel Freude beim lesen, sowie später dann beim eigenen Befahren und Erleben. Wer möchte, kann dieses Kapitel sicher gut zur Reiseplanung verwenden.

Also hier der Länge nach was Australien zu bieten hat...

Die Nr.1 ist die **CANNING STOCK ROUTE** zwischen *Halls Creek - Wiluna*, da sie mit 1969km die längste, fantastischste, auch einsamste Wüstenstrecke Australien's ist   **S.210**

Die Nr.2 wäre der **GULF TRACK** zwischen *Mataranka - Karumba* mit rund 1490km **S.235**

Die Nr.3 wäre dle **NULLARBORE Rail Service Road** zwischen *Glendambo - Kargoorlie* mit rund 1398km **S.243**

Die Nr.4 ist der TANAMI Wüsten Track (auch McGuire Track genannt) mit rund 1300km **S.246**

Die Nr.5 ist der ANNE PEDALL Track mit rund 1300km   **S.259**

Die Nr.6 ist der **OLD TELEGRAPH TRACK** zwischen *Cooktown - The TIP* mit rund 1200km one-way **S.268**

Die Nr.7 ist der HOLLAND Track mit rund 680km   **S.310**

Die Nr.8 ist der MAREE - BIRDSVILLE Track mit 618km   **S.316**

Die Nr.9 ist der DARVIN - OODNADATTA Track 600km   **S.318**

Die Nr.10 der STREZELECKI TRACK zwischen *Innaminka - Moomba - Lindhurst* **mit rund 430km S.328**

Die Nr.11 crossing the "Big Red" mit rund 370km   S.334

Die Nr.12 ist der CHILLAGOE - MAYTOWN Track 350km   S.347

Die Nr.13 ist die komplette Sandinsel *FRASER ISLAND*, das Off-
Road Sand & Beach Paradies mit guten 600 -
1200km, je nachdem was man alles befahren will   S.362

Natürlich kann ich unmöglich alle Outback Strecken tiefer im einzelnen beschreiben, geschweige überhaupt alle Kreuz und Querverbindungen auflisten, dafür ist dieser Kontinent einfach viel zu groß. Es würde dieses Buchprojekt in seiner Gesamtgrösse locker sprengen.

Wer auf Nummer Sicher gehen will, sollte sich zwingend in Papierform (wie heisst es so schön: "Papier ist geduldig") einen DinA4 Strassenatlas zu legen, auf dem sich die wöchentliche Reiseroute, auch heute noch, im digitalen Zeitalter, sicher besser planen lässt.

Einer der Besten wäre der:

AUSTRALIA Road & 4WD Touring Atlas von "HEMA"
ISBN: 9781876413446 zu 37,90€ / 35,00 AU$

Es ist immer gut ein rein manuelles "Navigations-Backup" in Papierform dabei zu haben, sollte mal die Elektronik streiken oder sogar das globale Satellitensystem ausfallen, was natürlich sehr unwahrscheinlich ist. Die Pistenverläufe ändern sich auch nicht alle paar Kilometer, womit man nicht ständig auf seinen Navi klotzen muss, um sich ja nicht zu verfahren, besser die schöne Landschaft geniessen, denn darum ist man ja extra so weit angereist.

Also los geht's...

TrackNr.1 die CSR - Canning Stock Route - 1960km - WA

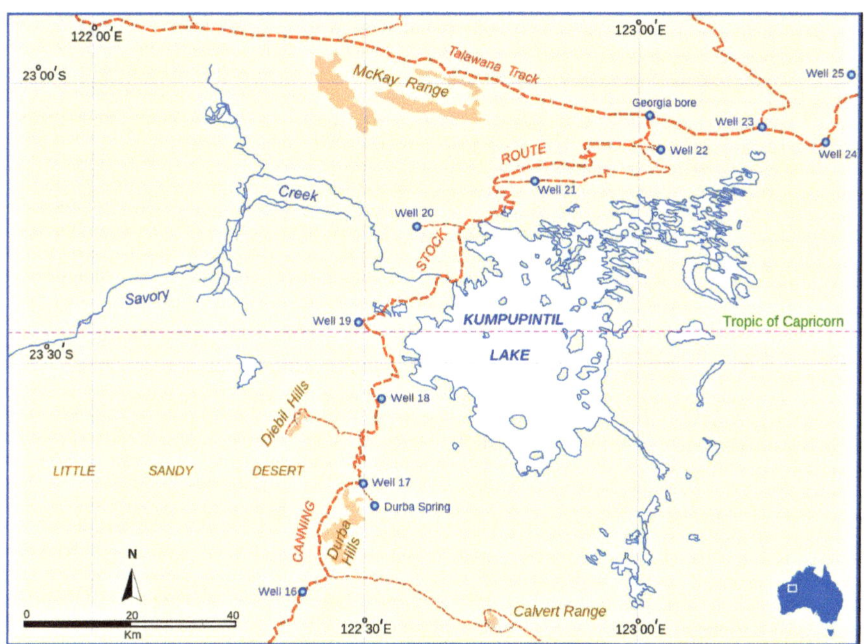

Wer jemals in der Sahara war oder auch nur einmal erleben
möchte, was Einsamkeit und Weite bedeutet, wird auf der
"Canning" genau das erleben, um eine Art Ehrfurcht mit Liebe
für unsere Mutter Natur zu entwickeln. Du wirst für dich lernen,
was die wichtigsten 2 Elemente für einen zum Überleben
bedeuten:

> Wasser und Schatten.

Die **Canning** gilt als längste, einsamste und härteste Outback
Off-Roadstrecke Australiens. Sie führt an 51 von Hand
ausgehobenen Wasserbrunnen (Well's) vorbei, die der Strecke
entlang, durch die **Simpson** und durch die **Große Sandwüste**
angelegt wurden.

Ihr Routenverlauf geht über 1961km von *Halls Creek* in

den Kimberley's bis in's 80km nordöstlich von **Perth** gelegene **Wiluna** - oder umgekehrt. Auch ihre Geschichte ist nicht minder langweilig, wie ihre zu befahrende Landschaftsform.

Genauer betrachtet ist es fast eine reine "Achterbahn-Sanddünen-Fahrt die aus rund 1000 zu überquerenden Dünenkämmen besteht, mit überwiegend bewachsenen, hellsandigen Strukturen. Aber auch Salzseen und andere Unwegsamkeiten, wie Felsformationen müssen zwischendrin umfahren werden, um der Hauptroute weiter folgen zu können. Die Frage ist: wo bitte fängt beim Australier eine Sanddüne an, ab 1m, 5m oder 10m?

Die Canning ist aber auch mit der gefährlichste Off-Road Track, den man befahren kann und das auch nur zur richtigen Jahreszeit. Er ist nichts für Anfänger und Ungeübte. Die Streckenführung ist off-road fahrtechnisch nicht wirklich schwer, aber sie birgt ihre Tücken. Auch sollte man die "Canning" N I E alleine befahren, besser zu zweit oder zu dritt, um bei Problemen immer Hilfe bei sich zu haben.

Weiter muss man sich klar machen, dass man sich für die sehr lange Strecke der Canning, den komplett nötigen Proviant einpacken muss. Wer flott unterwegs ist schafft evtl. 150-200km, wir haben in Ruhe täglich gute 100km geschafft. Ergo ergeben sich max. 19 Tage Einsamkeit, in denen es ausser mehr oder weniger gutes Wasser mit einigen intakten Brunnen, absolut NICHTS gibt!!! Von den Fliegen mal abgesehen ;-)(

Wer also die Canning angehen will, muss zwingend sein Fahrzeug für solch einen Wüstentrip tip-top vorbereitet haben. Da das Groh der Strecke aus Weichsand besteht, wird man gezwungen sein, überwiegend mit sehr niedrigen Reifendruck zu fahren, Stunde um Stunde, Tag für Tag, damit die Profil-Auflagefläche schön weit wird, um ein ständiges "einsanden / festfahren" zu vermeiden. Ansonsten geht es nicht gut voran und man gräbt sich ständig ein, was unnötigen Treibstoff und Kupplungsbelag (ausser bei Automatikgetrieben) kostet. Mit 1 - 1,5 bar für die Vorderachse und mit 1,5 - 2,0 bar für die Hinterachse ist man gut dabei, in der 3,5t Fahrzeugklasse, damit der Sand wie beim Wasserski trägt und du die vielen Dünenkämme überhaupt in einem Rutsch erklimmen kannst.

Klingt einfach, ist auch einfach, wenn du es erst mal raus hast. Für extrem weichsandige, steile Sektionen hilft es obendrein, diese nur in den frühen Morgenstunden, direkt nach dem Sonnenaufgang zu erklimmen, weil die feuchte Sandoberfläche des Nachttaus eine höhere Traglast erlaubt und so den Reifen besseren Grip verleiht.

Auch ist die Canning NICHTS für Überbreite wie schwere Fahrzeuggrössen und auch NICHTS für Anhänger Freunde, da die Haupt-Spurführung ausschließlich mit Land Rover'n, Toyota's und Nissan Patrol's, oder ähnlich weiten Achsführungen befahren wurde und wird. Zwischen den höchsten Dünen Abschnitten findet man aufgegebene Anhängerreste, von Fahrern die sich entweder für ihr Kupplung ihres Zugfahrzeuges, oder für ihren Hänger entscheiden mussten, um lebend das Ende der Strecke zu erreichen. Somit hat man irgendwann die Canning für Großfahrzeuge und Anhänger verboten!

Von den technischen Grundsätzlichkeiten mal abgesehen, sollte man nach meinem Wissen noch folgendes Material zusätzlich dabei haben:

- 2 komplette Ersatzreifen
- ein umfangreiches Reifenflickzeug-Kit mit passenden Werkzeug
- einen starken 12V Luftkompressor
- eine Backup-Hand -/ oder Fuß-Luftpumpe
- ein genaues Reifendruck-Manometer
- einen Ventilschlüssel
- 2 Sandbleche in Aluminium oder Kunststoff Ausführung

- 2 leichte Alu-Sandschaufeln (Schnee-Bergeschaufeln)
- so viele Extra 20L-Treibstoffkanister, um eine Strecke
  von 1960km, am Stück unter Weichsandbedingungen
  bewältigen zu können (der Verbrauch liegt
  ca. 30% höher wie auf Strasse!)
- passende 20L Frischwasserkanister
- Extra Wasser Filteranlage (um aus dem
  Brunnenwasser Trinkwasser zu generieren)
- mindestens 2 Stück 12V/100W Solar-Panele & Reglereinheit
- eine gleich grosse zweite Fahrzeug-Batterie mit Trennschalter,
  damit die Kühlbox über Nacht durchlaufen kann und
  der Motor am nächsten Morgen ja wieder an springt.
- ein extra Sonnensegel
- ein 10L Zink oder Edelstahl-Eimer + Handbügel + 25m Seil dran
- ein Notruf Signalgeber aus der Seefahrt, für
  den absoluten Notfall

Bevor man die Canning an geht, sollten auch der Starter und die Lichtmaschine frisch überholt sein, damit die Akkus immer abends prall voll geladen sind und der Motor jeden Morgen zwingend wieder anspringt!

Auch eure Reifen sollten noch gut sein und nicht schon hart sein und Risse zeigen. Gutes oder schlechtes Profil ist in Weichsand egal, Hauptsache das Gummi ist noch frisch elastisch und verträgt die hohe Abstrahlungshitze des Untergrundes, die dauernde UV-Berieselung am Tag und die zusätzliche Erwärmung durch die erhöhte Walktätigkeit bei niedrigem Luftdruck.

So viel zur Technik.

Für alle aktuellen wie genauen Infos und Vorgaben inkl. der **Permit** Beschaffung (Befahrungserlaubnis, die heute leider verlangt wird), besucht ihr bitte die Internet Seite:

www.ExplorOz.com

Hier erhaltet ihr die aktuellsten Informationen, die zum sicheren Befahren dieser fantastischen Wüstenstrecke nötig sind. Es würde dieses Buch nochmals sprengen, würde ich hier all diese Details auch noch mit aufführen.

**Aber was hat es nun auf sich,
mit dieser Canning Stock Route?!?**

*Man schrieb das Jahr 1906... es begann die grosse Epoche und wilde Zeit des Goldrausches. Zwischen **Kalgoorlie** und **Wiluna** fand man mehr und mehr von diesem Edelmetall auf das die Welt so scharf war. Die kleinen Minidörfer aus schnell zusammen gezimmerten Holz und Wellblech Bretterbuden explodierten in Windeseile. All die neuen Bewohner wollten somit auch bei steigenden Bedarf von Baumaterial und Lebensmitteln möglichst gut versorgt werden. Die Bierbrauereien und das Horizontalgewerbe hatten Hochkonjunktur, frisches Gemüse war im Umfeld durch passende Farmer recht leicht zu organisieren, aber gute Köche, die auch noch Brot backen konnten, waren Mangelware. Auch leistungsstarke Kompressor-Kühlschränke waren noch nicht erfunden, um das frische Bier gut gekühlt geniessen zu dürfen. Leider gab es in dieser überwiegend kargen Landschaft für die Rinderzucht auch keine großflächigen, fruchtbaren Weidegründe. Diese lagen zweieinhalbtausend Kilometer nördlich in den grasreichen, durch die mit Niederschlag gesegneten Bergregionen der **Kimberley's**. Zu allem übel brach dort zu dieser Zeit, genauer im tropischen Norden, das Zeckenfieber („red water fever") aus, eingeführt durch die aus Indien importierten Brahman Rinder. Die Regierung verhängte ein Exportverbot auf dem normalen Verladeweg per Schiff oder der Küste entlang, um diese Seuche einzudämmen. Nur die Weidegründe südlich der **Kimberley's** in den trockenen Wüstenregionen blieben davon verschont, denn dort konnte sich diese Zeckenart nicht weiter entwickeln. So kam es, dass man eine möglichst „kurze Route" mitten durch's rote, sandig heiße Zentrum brauchte.*

229

Mr. Canning auf seinem Expeditions-Kamel

Die Regierung suchte eine geeignete Person, die in der Lage war, eine solche Passage mit den nötigen Wasserstellen zu erkunden und geographisch in den Landkarten zu verankern. Unter der Führung des Landvermessers **Alfred W. Canning** sandte man eine Handvoll Männer aus. Beritten und unterstützt von Lasten-Kamelen ging es auf eine unbekannte, mehrmonatige Erkundungsreise. Wasser und Lebensmittel konnten nur bedingt mitgenommen und transportiert werden, denn es musste ja vor allem noch nötiges Arbeitsmaterial für das Ausheben und Markieren der Wasserstellen mitgeführt werden.

Auf dieser damals geschätzten 1800 km langen Querpassage mussten 4 unterschiedliche Wüstenabschnitte durchquert werden. Die **Tanami Wüste**, die **Little Sandy Wüste, die Great Sandy Wüste** und die **Gibson Wüste**, wobei zu dieser Stunde noch keiner wusste, was ihn genau dort erwarten wird. Denn Google Earth oder MapsMe oder solche ultra modernen Hilfsmittel der Navigation gab's ja noch gar nicht. Auch lagen ein paar Dutzend Salzseen auf dieser Route, die es zu überqueren oder zu umgehen galt, je nach Jahreszeit und Niederschlagsmenge der jeweiligen Regenzeitregion. Natürlich gab es in jenen Tagen auch noch keine Satellitentelefone, GPS-Navigationsgeräte oder diese orangefarbenen SOS-Notruf-Piepser. Nicht in der kühnsten Phantasie konnte man sich zu diesen spannenden Entdeckertagen solche Zaubermittel vorstellen. Kompass und Sextant mit guter Sternenkunde des nächtlichen Himmels mussten genügen, um die Richtung bei zu behalten, unter der Beachtung der Sonnen-Auf-/Untergangs-Richtung, um bei Erfolg die Wasserstellen in den noch blanken Karten zu verzeichnen.

Während ich gerade diesen Bericht tippe.., wird mir erst

richtig bewusst, wie verdammt einsam und ja auch lebensfeindlich die geschilderte Region hier ist. Es zeugt bis heute noch größten Respekt von dem Mut und dem Tatendrang dieser Pioniere. Wie auch immer, es brauchte zwischen 1908 und 1910 noch zwei volle Jahre bis alle 51 Brunnen (Wells) rein von Hand per Hacke, Schaufel und Seileimer ausgehoben und mit Holzbalken befestigt waren (genauer 1,1x1,7m große Holzschächte mit Tiefen zwischen 3 - 16m), inklusive des Aufstellens der aus Metall, vor Ort zusammen genieteten und ja nötigen Wassertränken. Auch dieses recht schwere, vorgefertigte Blechmaterial musste herangeschleppt werden.

Der Brunnentrupp bestand aus 32 Männern, 2 Pferden, 70 Kamelen und über 100 Tonnen Material, welches auf Kutschengestellen von den Kamelen gezogen wurden. Was es bedeutet, ein schmales, scharfkantiges Holzrad über eine weiche 10 bis 30m hohe Sanddüne zu ziehen, "besser zu quälen", können wir uns heute nicht annähernd mehr vorstellen – im Zeitalter der breiten Gummireifen und starken Verbrennungsmotoren. Diese Brunnenbauaktion verschlang 22.000 Britische Pfund, heute würde solch ein Auftrag ca. 5,8 Millionen australische Dollar kosten.

Nun konnte es endlich los gehen -
mit dem lebendigen "Fleischtransport".

Anfang 1911 wurden somit die ersten Rindergruppen von *Halls Creek* nach *Wiluna* auf den Weg geschickt. Sie brauchten gute 3 bis 4 Monate, um mit einem gewissen Schwund an gestressten Tieren diese Strecke zu bewältigen. In den ersten Jahren wurden die Cowboys (Drover) dann zu allem Übel noch von nomadisierenden Aboriginal Gruppen mit Speeren attackiert und zum Teil sogar getötet, bis sich über die Jahre ein normaler Pendelbetrieb etablierte. Auf dem Rückweg nahm man dann Jungpferde (Brumby's) mit, die diese Strecke in nur 8 Wochen schafften.

Das klingt wieder mal recht romantisch, war aber sicher eine Schweinearbeit. Pro Viehtrieb hat man zwischen 300 bis 500 Tiere (mehr gaben die Brunnen an Wasser nicht her) in einem Schwung vor sich her gescheucht. Wer weiss, was allein ein einziger Geländewagen für Staub aufwirbelt, kann in etwa erahnen was 1200 – 2000 Hufe bewirken, wenn sie den trockenen Boden aufreißen. Es muss die Hölle aus Staub, Schweiß und Fliegen für diese hart berittenen Burschen gewesen sein.

So schafften sie 10 bis 12 Meilen, also ca. 20km pro Tag. Abends mussten dann die Boys, bevor sie ihre Stiefel ausziehen durften, noch das Wasser per Kamel und mittels 12 Gallonen (45L) grossen Canvassäcken über Flaschenzugrollen aus den 3 bis 16m tiefen Brunnen hoch ziehen und in die 25m langen Tränken füllen. Nach solch einem Tag sind die Kerle sicher halb tot in die nicht vorhandenen Matratzen gefallen, denn so tolle selbstaufblasbare Campingmatten wie es sie heute gibt, kannte man zu dieser Zeit ja auch noch nicht. 1958 fand dann der letzte Viehtrieb statt, die Zeit der ersten leistungsstarken LKW's machte es nun möglich, die Rinder auf der Strasse viel schneller, bequemer, humaner und ja auch sicherer zu transportieren.

Heute ist diese Wüstenstrecke das letzte große australische Allradabenteuer, was wir nun vorhaben anzugehen.

By the way...

Die allererste motorisierte Teilbefahrung des Canning Vieh Tracks fand 1929 mit zwei 4-Zylinder Chevroletts Pkw's statt, dann folgte 1931 eine Buick-Marquette Limousine und 16 Jahre darauf, 1947 ein 1915er Rolls Royce Silver-Ghost. Erst 1968, also erneut 21 Jahre darauf wurde dann die komplette

Canning Stock Route in einem Stück von Nord nach Süd durchquert, mit zwei durstigen 6-Zyl. Benziner Land Rover'n der Serie II. Soviel dazu, damit auch meine Landy Freunde mal wieder richtig gut durchschlafen können ;-)(

Zeitsprung, nun aber los, auf den Spuren der Entdecker
QUER DURCH - Das Canning Stock Adventure...

Nun wird es spannend. Nachdem wir alle touristisch relevanten Highlights und Formalitäten bewältigt haben, denn dafür braucht man heute ein "Befahrungs-Permit", geht es ins Eingemachte und wir starten zu unserem längsten Wüstenritt, den Australien zu bieten hat.

Die Entfernung zwischen *Halls Creek* und *Wiluna* beträgt runde 1960 km, das entspricht der Strecke Hamburg – Rom, ohne dass eine nennenswerte Behausung dazwischen liegt. Na, so ganz stimmt das nicht, es gibt mittendrin, fast auf halber Strecke eine winzige Aboriginal Community, ***Kunawaritji***, wo es nun nach vorheriger Bestellung, auch Treibstoff und das natürlich gegen gutes Geld zu kaufen gibt.

Ansonsten wird man vergebens auf Verkehrsschilder, Leitplanken, Strommasten, Radarfallen oder Notrufsäulen treffen. Nur du, dein Partner und dein Fahrzeug. Keine Versicherung dieser Welt deckt diesen Desertritt ab und auf "Apollo's", "Britz'is" und "Keha's" werden wir hoffentlich auch nicht stoßen. So weit mir bekannt, ist dieser Track für Mietfahrzeuge absolut tabu. Die Bergekosten für ein Fahrzeug sollen sich zwischen 6.000 – 13.000 Dollar bewegen, je nachdem wo man gerade liegen geblieben ist. Da wir so spontan keine Mitfahrer finden, gehen wir dieses Abenteuer alleine an, bewusst der Tatsache, dass es ein „kalkulierbares Risiko" ist, sofern du dich perfekt vorbereitet hast.

Nach dem Motto: „nur die Harten kommen in den Garten".

Nachdem wir unsere Kiste nochmal richtig durch sortiert und mit frischen Proviant aufgestockt haben, kann es los gehen.

Auf dem Dach ruhen 120L Diesel in 6 Kanistern und unterm Bett nochmal 100L Diesel in 5 schmaleren Blechkanistern.

In *Billiluna* einer Aboriginal Siedlung, tanken wir noch mal nach. Ich quäle die letzten Tropfen Diesel zu 2,6 Dollar/L in unseren an sich schon vollen Tank, aber man weiß ja nie, es könnte das Quäntchen an der Waage sein, denn ab jetzt wird es ernst. Beim Wasser auffüllen muss ich mich beeilen, denn es stinkt erbärmlich nach Pisse - sorry Urin. Die Powerstation die hier rund um die Uhr den nötigen Strom für diese Ansammlung von Blechbuden liefert, verschlingt allein fast eine Million Dollar im Jahr! Aber inzwischen werden sie wohl auch Solarzellen in passender Leistung aufgestellt haben, um ihren Strombedarf zu decken. Der Ort sieht katastrophal aus und reflektiert weiter das ganze Dilemma der „Einheimischen Politik". Auch hier wieder, Chaos, Müll und Betrunkene. Die noch fahrbaren Autos die hier so rum hoppeln würden nicht mal zu 10 Prozent die Deutsche TÜV Richtlinien bestehen. Die an sich modernen Blechhäuser machen mit ihren rausgerissenen Türen, zerschlagenen Scheiben und den Graffiti verseuchten Wänden den Eindruck in Kürze abgerissen zu werden. Ganze Sofaecken und Esstisch-Kombinationen stehen frei zwischen den Blechbuden umher, dazwischen qualmen erloschene Grillfeuer vor sich hin. Absolut „schmerzfrei" verlassen wir also diesen letzten menschlichen Vorposten. Nun wird es einsam und wir sind auf uns gestellt.

Ab jetzt gilt: „stell dir vor du stehst in der Wüste und keiner kann dir helfen!"

Was auch immer unterwegs geschieht, du musst es selber richten können, sonst hast du ein ernstes Problem.

Die Richtlinien des Flying Doctor Service sagen: 1 Tag ohne Wasser, 3 Tage ohne Essen, viel mehr Zeit bleibt dir nicht bis du diesen Planeten für immer verlässt.

Aber keine Panik, der Wagen ist das Stabilste, was Toyota je ohne elektronischen Schnickschnack gebaut hat und ich habe ihn gründlich durchrepariert. Die wichtigsten Ersatzteile haben wir dabei, vor allem aber 3 Ersatzkarkassen und reichlich Flickzeug. Unser Tagesrhythmus ändert sich ab sofort, auch unsere Verbrauchsrichtlinien. Während der Fahrt wird elektrisch alles aufgeladen was nur geht, ob Computer, die AAA Taschenlampen-Batterien oder der Sony Kamera-Akku. Die Kühlbox wird voll aufgedreht, damit sie bis abends allen Inhalt kräftig runter gekühlt hat. Ab sofort gibt es auch keine Standlaufzeiten mehr, um die Fahrzeugakkus eventuell nachzuladen. Maximal Diesel sparen ist angesagt! Die eigentliche Starter-Batterie wird jeden Abend am Minuspol abgeklemmt, damit wir morgens in jedem Fall maximalen Power zum Starten haben, egal wie leer gelutscht der Akku vom Campingbereich auch ist.

Gefahren wird so ökonomisch wie möglich, meistens leider nur im 2. und 3. Gang mit gerade mal etwas Gas geben, mehr gibt die kurvenreiche und holprige Piste mit unserem Saugdiesel-Motordrehmoment nicht her. Das schlimmste ist das Ultra harte Wellblech auf den flachen, harten Dünnenebenen, dem man häufig leider nicht wirklich ausweichen kann, da der Spargelfeld ähnliche Pistenverlauf sehr schmal ist und eher selten die 2 Meter Spurbreite überschreitet.

Wir haben noch einmal auf getoppt und führen nun 350l Diesel, wie 120l Wasser mit, welches wir aber stark limitieren, sofern wir nicht an Brunnen stehen, die überhaupt und noch brauchbares Wasser liefern. 1,5L aus der Spritzi-Plastikflasche müssen für die Körperpflege reichen – von Kopf bis Fuß natürlich, nicht nur um die Wimpern anzufeuchten. Der Rest geht für das Trinken drauf. Die Temperaturen sind weiterhin optimal, tagsüber 28° bis 39°C und nachts sackt das Quecksilber auf zum Schlafen freundliche 8° bis 20° Grad ab. Es ist extrem trocken, also bekommen unsere Lippen wie Nasenlöcher ständig etwas Vaseline drauf geschmiert. Sonnenschutzcreme mit

Faktor 30 ist auch 2 x täglich angesagt, damit die "Pelle" nicht von den Knochen brennt.

Die ersten 3 Tage gibt es kein besonderen Vorkommnisse. Tag 1 bricht nur der Fahrer-Türschloss-Einlauf, Tag 2 fahren wir uns einen 1cm spitzen Stein mitten in eine vordere Karkasse und Tag 3 begegnen wir spät nachmittags den ersten Menschen, die uns mit 2 Autos entgegen kommen, dann sind wir wieder alleine. Die Landschaft wie der Pistenverlauf bleibt sehr abwechslungsreich, es geht kurvig zwischen den bewachsen roten Sanddünen leicht rauf und runter hindurch. Zwischendurch müssen die ca. 10 bis 30m hohen Dünenkuppen im Achterbahnstil überquert werden. 700 bis 1200 Stück sollen noch folgen, nach diversen Schilderungen. Die Gretchenfrage ist wieder mal:

WO bitte fängt beim Australier
eine richtige Sanddüne an? ;-)(

Hier zu möchte ich noch eine wichtige Info erwähnen. Alle Fahrzeuge **MÜSSEN** eine möglichst lange (4-6m Alu & Angel oder Glasfaserstange) mit buntem Fähnchen am oberen Aufbau fixieren. So erkennen sich zwei begegnende Fahrzeuge auf dieser "meist eingleisigen Streckenführung" rechtzeitig, um notfalls abrupt bremsen zu können, bevor es unverhofft auf der Dünenkuppe kracht. All das hat super funktioniert, so im Nachhinein betrachtet und live miterlebt.

Auf jeden Fall geniessen wir jedes mal einen phantastischen Rundblick, wenn wir von dem erhabenen Dünen Plateau's 2 bis 3 Dünenkämme weit voraus blicken können. Viele Büsche blühen derzeit, denn es hat partiell zart geregnet, was unter anderem auch den Sand verfestigt hat und somit die zum Teil langen aufgewühlten Dünenrampen uns leichter passieren lässt. Das schlimmste sind die ausgefahrenen Löcher, welche sich tief ausbilden, wenn sich ungeübte Vollgaspiloten versuchen mit aller Gewalt den Dünen Steigungen hoch zu baggern. Der Wagen verliert deutlich an Schwung und Traktion und schaukelt sich auf, reibt die Löcher noch tiefer aus und bleibt mit abgewürgtem Motor dann hängen. Was machen wir...?

Vereinzelt müssen wir diese Löcher wieder zuschaufeln und ebnen, damit unser nicht so leistungsstarker Veteranen-Toyota durchgehende Traktion, also Vortrieb behält. Schaukeln bremst die Fahrdynamik aus, ergo, glatt schaufeln. Schlussendlich lasse ich nochmals weiter Luft ab, bei 1,2 zu 2,3 bar liegen wir mit unserem total überladenen, sicher gut 4 Tonnen schweren Cruiser dann richtig und können fast immer ohne stecken zu bleiben im 1. Allradstraßengang die Steigungen erklimmen. Ich freu mich jedes mal wenn der 4-Liter Saugdiesel das mit seinem letzten Kolbenschlag bei einem kräftigen Rauchwölkchen, souverän bewältigt hat - toll!

Einige fragen sich bestimmt, warum tun wir uns das schon wieder an?!? Dieser Staub, diese Hitze, die vielen Fliegen und die erhöhte Reisegefahr, was fasziniert uns an solchen Wüstentrips?!?

Nun, wer einmal die Chance in seinem Leben bekam in mitten von "Nichts" sein Nachtlager aufzuschlagen, der wird das schnell verstehen. RUHE und WEITE untermalt von einem grandiosen Sternenzelt das runter bis zum Horizont reicht und das in seiner Reinheit nur noch aus dem All zu überbieten ist, sind die Erlebnisse die einen hier durchfluten. Keine fremden Lichtquellen, keine unnatürlichen Kunstgeräusche, nur du, dein Atem und der Wind, der dir wie ein stiller Begleiter überall hin folgt, bis die Thermik nach dem Sonnenuntergang abflaut und eine totale Stille alles in sich hinein saugt. Dieses gewaltige Gefühl, dass dir diese kurzen Erlebnisse ganz alleine gehören.

Tja, und so was macht süchtig.

Australia's Wildlife...

Man mag es kaum glauben, nun fahren wir schon 14 Tage durch die Tiefen dieses rötlichen Kontinentes und haben noch kein einziges Känguru gesehen. Anfangs einige Wildpferde, dann nur noch wilde Kamele und Nachts streifen fiepend einige Dingos (Wildhunde) um unser Lager, also Schuhe hoch und Mülltüten auf's Dach, sonst hast du am nächsten Morgen ne riesen Sauerei vor der Hütte. Piepmatz Freunde, also Ornithologen werden hier auch voll auf ihre Kosten kommen.

Wilde Kamele, neugierig und mit wachsamen Auge.

Wo es nur kleinste, stehende Wasser Pfützen hat, sieht man auch die kleinen Zebrafinken rum flattern, seltsam surrende Tauben mit einem kleinen spitzen Häubchen und pinkfarbene Kakadu's. Ganz selten gesellt sich auch mal ein "Waran", Echsen Art hinzu. Um einen Hauch an Hilfestellung für die hiesigen Kleintiere zu leisten, lege ich immer wieder neue Wassertränken vor unserem Fahrzeuglager an. Möglichst aus alten Konservendosen, Planenresten oder Hohlsteinen, halt aus allem was sich zur Wasserspeicherung eignet und das immer schön im Schatten einen Busches, damit sie nicht gleich aus trocknen, wenn die Tagessonne vom Himmel brennt.

Grundsätzlich ist jede Art von Regenwasser speichernden Gefässen hilfreich, um die Kleintierwelt während der langen Trockenmonate zu unterstützen. Wie wichtig frisches Wasser ist, wird uns hier täglich bewusst und ehrlich gesagt, macht es mir grosse Freude so handwerklich etwas rum experimentieren, da es auch auf diese konstruktive Art Entspannung bereitet.

Fast schon ein Fabelwesen - der **Thorny Devil.**

Hier eine der zahlreichen Salzsee Umfahrungen.

So weit die Füße tragen...

Zu allem gibt es bekanntlich eine Steigerung. Wenn du glaubst, schon mal was ganz spezielles mit solch einem Allrad-Abenteuer zu unternehmen, dann haste dich geirrt. Nach fast 2 Wochen haben wir ca. die Hälfte der Gesamtstrecke bewältigt, derweil unser Tagesschnitt bei runden 100 Kilometern liegt. Schneller geht's nicht, möchte man noch Zeit zum Lesen, Fotografierten und Relaxen finden. Natürlich auch um nicht sein Fahrzeug zu zerstören. Bis zu dieser Stunde sind uns ganze 11 Autos begegnet, innerhalb 13 Tagen und dann treffen wir auf die „Kamel Frau" Esther. Seit einigen Tagen wissen wir von den entgegen kommen Fahrzeugen, dass da ein junges Mädel ganz alleine mit 3 Kamelen unterwegs sein soll, um die selbe Strecke am Stück zu Fuß zu bewältigen!

Leute, gewaltige 1900 km quer durch die Wüste - zu Fuß!!!

Dummerweise frisst eines ihrer antrainierten, zahmen aber hier nicht heimischen Kamele, reichlich eines sehr schmackhaften, aber giftigen Busches. Die Folge ist nach 3 Tagen Quälerei mit heftigen Magenkoliken - der Tod. Du und „deine besten Freund" inmitten von Nichts aus Sand, Hitze und Weite. Mit ihrer "Winchester" setzt sie ihrem Kamel den Gnadenschuss, damit sich das Tier nicht weiter quälen muss. So sind es nur noch zwei, die ihr Gepäck mit der ganzen Verpflegung tragen müssen. Am *„Georgia Bore Hole"* holen wir sie ein und lernen ihre ganz eigene, wahre Geschichte kennen.

Leute, was soll ich dazu sagen...

R E S P E K T !

Was sind wir doch für Bettnässer dagegen. Dieses Mädel, kaum 30 Jahre alt und dann mal eben ganz alleine quer durch diesen Kontinent, das macht nicht nur Eindruck, es spornt einen auch kräftig an. Ihr müsst wissen, Esther läuft nicht einfach nur den deutlichen Fahrspuren der Autos hinterher, die sich häufig im zick zack um die auslaufenden Dünen schlängeln, oder Salzseen umrunden. Um Kilometer zu sparen, muss sie über viele Dünenkuppen und auch Salzseen geradewegs, im rechten Winkel drüber stiefeln. Das spart rund 30 Prozent Wegstrecke, birgt aber die Gefahr, dass wenn ihr dort was passieren sollte, sie NIE jemand finden würde, von der zusätzlichen, mentalen Belastung mal ganz zu schweigen. Das Vertrauen in ihre geliebten Kamele und Ihre Kondition, geleitet vom Garmin e-Trex muss reichen. Aber sie hat schon "etwas Übung" und ist 2 Jahre zuvor alleine mit ihren 3 Kamelen zu Fuß von **Alice Springs** quer rüber nach **Shark Bay** (Monkey Mia, da wo die Delfine an den Strand kommen) gelaufen – 3000 km!!!

Also wir hätten Esther gerne noch Wochenlang bei ihren Geschichten zu hören können, um all ihre Erfahrungen mit dieser extremen, geräuschlosen, hautnahen Form des Reisens zu erfahren.

Echt irre - Wahnsinn, vollkommen abgefahren ;-)(

Esther mit ihrem "Sultan" an einer der Wassertränken.

Wie eigentlich wenige, die es in ihrem Leben doch tatsächlich schaffen einen grösseren Traum in die Tat umzusetzen, hat auch Esther nicht nur geträumt, sondern sich ein Ziel gesetzt, gespart und sich 3 Kamele gekauft und die nötigsten Dinge im Umgang mit diesen genügsamen Wesen auf einer Kamelfarm erlernt. Ausserdem mussten noch maßgeschneiderte Packtaschen aus Auto-Sicherheitsgurten und Teppichresten, nebst Tragegestellen aus Baustahl recycelt angefertigt werden, um all die schweren Konservendosen transportieren zu können.

Danach ist sie dann einfach mal los gezogen. Du brauchst keine Tankstellen, keine Wartungsarbeiten, kein Reifenflickzeug, keine Fettpresse, und auch keine TÜV-Prüfung, dass Wichtigste was du brauchst - ist das Wissen...

WO gibt es in WELCHEN Abständen TRINKWASSER ?!?
Eigentlich ganz einfach - oder?

Aber es dann auch tatsächlich durchzuführen, ist noch eine ganz andere Hausnummer - wenn man es will. Wie auch immer, viele Fragen gehen mir durch den Kopf und quälen mein Sprachzentrum...

- wie lange braucht man zum Be-/Entladen der Tiere...?
- wie viel kann ein einzelnes Kamel an Gepäck tragen...?
- zu welcher Tageszeit läuft man am besten...?
- wie viele Tageskilometer schafft man mit den Tieren...?
- wie viel trinkt ein Kamel wenn es an Wasser kommt...?
- oder wie lange kommt es ohne Wasser aus...?
- wie sichert man die Tiere beim Übernachten...?
- wie behält man die Orientierung...?
- welche Karten braucht man...?
- und was kosten zur heutigen Zeit solche Tiere...?

Nach einer langen Nacht bricht Esther am nächsten Morgen wieder zum ersten "Büchsenlicht" auf. Zu früh, um in Ruhe ein anständiges Frühstück zu genießen. Eine Dose "Baked

Beans" (Mr. Poppey lässt grüssen) kalt und pur rein geschaufelt muss an Energienachschub reichen, um die nächsten 6 Stunden Fußmarsch kraftvoll zu meistern, danach wird das nächste Camp aufgeschlagen, die Tiere abgesattelt und getränkt und die Knochen ausgestreckt, um die größte Tageshitze im Schatten eines Baumes zu überstehen.

Diesen Tagesrhythmus brauchen ihre Kamele, um im nahen Umfeld, mit Seilen an Bäumen gesichert, sich wieder die Wampe voll zu schlagen. Sie liebt es am knisternden Lagerfeuer ihr Abendessen vorzubereiten, sich nebenbei zu waschen und nach dem Dinner mit ihrer Mundharmonika in den Abend rein zu musizieren. Der überwiegend rötliche Mutterboden untermalt eine heimelige Behaglichkeit, gepaart mit einem kristallklaren Sternenzelt, so dass es an nichts fehlt.

Outback & Harmonie - PUUUR !

Das schnelle Power Breakfast - Baked Beens.

Also genieße ich mit ihr noch einen Abschiedskaffee, während Lilli zur kühlen Morgenstunde ihre Jogging-Runde dreht. Ich kann mir nichts intensiveres an Reisen mehr vorstellen und es ist schwer es überhaupt so schriftlich rüber zu bringen, welche Friedseligkeit und Ruhe Esther und ihre Gefährten ausstrahlen als sie unseren Lagerplatz lautlos verlassen - einfach nur schön.

Ein frisch gebackenes Krustenbrot mit aufgebrühten Kaffee gehört zum unserem morgendlichen Frühstücksritual.

Ach ja, ich vergaß.., "Little Dog"...

Seit der Aboriginal Community *Kunawaritji* hat Esther einen kleinen Hund dabei, als Ersatz für ihr verstorbenes Kamel haben die Aboriginals ihr diesen Hund geschenkt. "Little Dog", so sein Name ist immer hungrig und hat sich nach einer Woche alle Pfoten blank gelaufen. Jeden Tag stundenlang über die heissen, rauen Sanddünen zu rennen, ist er nicht gewohnt. So basteln wir ihm noch geschwind ein Paar Hundeschuhe aus alten Gummischlauchresten. Abends ist Little Dog dann total platt, denn als echter Wüstenhund jagt man natürlich nebenbei gerne Eidechsen und Mäuse, nur "bei Fuß" laufen wäre ja langweilig.

Little Dog "frisch besohlt" und ganz kaputti
von dem ungewohnten Stress.

Aufbruch zur nächsten Fußmarsch-Tagesetappe.

Auf dieser fantastisch abwechslungsreichen Strecke wird es weiterhin nie langweilig. Wenn es nicht die bewachsenen Sanddünen rauf und runter geht, dann tauchen entweder Salzseen, kleine Felsregionen oder ausgebrannte Autowracks auf. Allesamt sind es Benziner der Neuesten Generation, nur ein alter Benzin Land Cruiser hat es auch nicht geschafft. Merke: Benzinfahrzeuge mit den nur kleinsten Leckagen in deren

Schlauchverbindungen, mutieren dann gerne zu fahrenden Bomben. Je wärmer die Umgebungstemperaturen, desto gefährlicher der Umgang mit hoch entzündlichen Brennstoffen!

Die maximal geforderte Motorleistung an den Steigungen der Sanddünen, kombiniert mit der brutale Hitzeentwicklung der Abgasanlage, speziell der rot glühenden Turbolader, kombiniert durch die Wärmereflexionen des eh schon heissen Wüstensandes, trennen hier die Spreu vom Weizen. Das Wellblechgerüttel tut sein übriges. Wir staunen nicht schlecht, wie viele Selbstbau Anhänger ebenfalls auf dieser harten "Teststrecke" das Zeitliche gesegnet haben und entweder ausgebrannt oder mit abgedrehten Achsen oder durchgebrochenen Zuggabeln hier zum Erliegen kamen. Vorm Befahren der scheinbar trockenen Salzseen sollte man sich tunlichst hüten, in null Komma nix geht es da Richtung Erdmittelpunkt! Nach 25 Tagen und 2093 Kilometern erreichen wir mit 4 Reifenreparaturen, einer Kühlerhalterung nachlöten und allen Radlagern nachstellen heil und recht erholt den Zielort *Wiluna*. Zum Glück war die Hauptreisezeit vorbei und wir hatten die ganze Strecke fast für uns alleine. Insgesamt begegneten uns nur 27 Fahrzeuge.

Ach und noch ganz wichtig!

Auch wenn ich mich wiederhole, nehmt unbedingt einen simplen 10 oder 15L Blecheimer zu wenigen Dollar's und mindestens 25m Seil mit, damit ihr überhaupt an das kostbare Wasser, der meist tiefen Brunnen gelangt. Denn Blecheimer tauchen einfach viel leichter ein, wenn man sie in die Tiefe schmeisst, Plastikeimer dümpeln dagegen minutenlang an der Oberfläche bis sie mit Wasservoll laufen. Unsere 120l Frischwasser hätten nur max. 10 Tage gereicht. Ergo ohne die zusätzliche Wasserversorgung dieser Brunnen ginge dieser Trip überhaupt nicht und wäre lebensgefährlich.

Hier mal eine geradlinige Dünen auf-/ab Passage.

Eines der mit schönsten Naturrastplätze der ganzen...
Canning Stock Route, eine Oase im Nichts, wo es immer Bäume
& Felsen & Wasser & schattige Plätze hat, eingesäumt in
rotem Sandstein Felsformationen - fantastisch.

TrackNr.2 der Gulf Savannah Track

zwischen *Mataranka - Karumba* 1490km - NT/QL

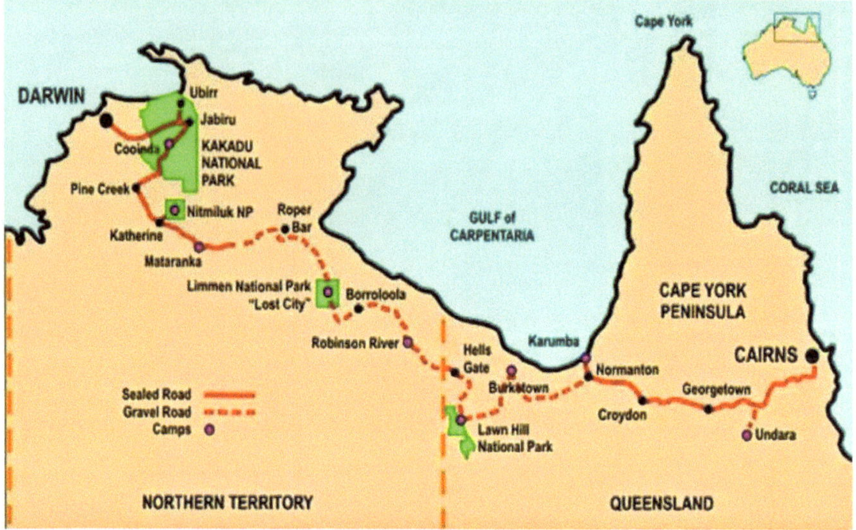

Grob beschrieben verbindet diese Querverbindungsstrecke auf 2/3 von Naturpisten die Hauptstädte *Darwin* mit *Cairns.* Der Rest dieser Strecke ist davor und dahinter befestigt und geteert. Historisch bewegt man sich auf den Spuren der ersten Endecker Robert O'Hara Burge und Ludwig Leichard, die zum Ende des 1800 Jahrhundert auch in dieser Region begonnen haben, große Rinderherden von Queensland in's Northern Territory zu verschieben. Danach erst folgten die Goldgräber, um in den zahlreichen Flüssen nach Gold, Silber und Kupfer zu schürfen. Die gesamte Strecke wird von der Mangroven Küste des tropischen *Gulf of Carpentaria* begleitet und ist mit vielen landschaftlichen Highlights sehr abwechslungsreich.

Wir verlassen also den Stuart Highway beim Abzweiger in dem Ort *Mataranka*, dem "Capital of the Never Never Tribe", mit seiner gleichnamigen Hot Spring dem "Mataranka Thermal Pool".

Eine kleine Landepiste gibt es auch hinter den wenigen Häusern, um für den Notfall schnell Hilfe zu bekommen und während der Regenzeit die Versorgung sicherzustellen. Keine Frage das wir hier nicht nur einige Lebensmittel im Ministore einkaufen, sondern vor allem uns in einem der besten Hot Springs Australien gemächlich entspannen wollen. Der Ort selber ist nicht die Rede wert, dafür entschädigt diese Naturquelle unter einem langgezogenen Palmenhain, um alle Strapazen der Anreise zu kompensieren. Das Süßwasser ist nicht nur unfassbar klar, sondern auch angenehm warm. Auch beherbergt es ausser kleinsten Fischchen sogar einige Wasserschildkröten. Ergo parken wir so dicht es nur neben der Quelle geht ein und richten unser Dschungelcamp ein. Sogar kleine "Wallaby" Kängurus tauchen im Untergestrüpp des Palmenwaldes auf. Zum Sonnenuntergang schwirren Fledermäuse durch die milde Abendluft, um ihre jagt nach Fluginsekten aufzunehmen. Also Natur pur und dass bei bester Trinkwasserqualität.

Mataranka Pool - *der ultimative Chillplatz unter Palmen.*

Ein neugieriges "Wallaby", ein immer gern gesehener Tagesbesucher des Quelllaufes.

Ein Stück hinter **Mataranka** zweigt die Piste nach links gen Norden ab, wo wir dem **Roper & Savannah Way** weiter folgend, nun auf Gravelroad gut durchgeschüttelt den nächsten Ort **Roper Bar** mit seiner landesweit bekannten "Bar" dem "Roper Pub & Store & Roadhouse" erreichen. Aktuell zu erwähnen wäre noch, das solche menschlichen Aussenposten der Zivilisation ihren Energiebedarf zunehmend umgestalten und durch grosse Solaranlagen und Batterieblocks mit 48V=/230V Wechsel-Sinusinvertern abdecken, um von den horrenden Diesel-Betriebskosten alter Stromaggregate wegzukommen. Da wir ja unser "Hotel" dabei haben, tanken wir nur etwas nach, trinken noch eine kalte Coke und gönnen uns auch mal einen Becher Eiscreme mit etwas Obstsalat, aus eigner Fertigung aufgepeppt dazu, bevor wir die nächsten wilden, staubigen 350 km ohne solchen Service abreiten.

Nur 22km weiter durchqueren wir auf einer sehr großzügigen wie breiten und betonierten Furt den **Hodgson**

River, was ohne Allrad ehrlich gesagt recht riskant sein dürfte (natürlich abhängig von Wasserstand wie Strömungsgeschwindigkeit), da diese stetig mit Wasser überspülte Dammfläche doch sehr voller Moos ist und partiell rutschig wie auf Glatteis sein kann.

Die recht starke Fließgeschwindigkeit der Strömung vermittelt dir beim durchfahren der 40cm tiefen Wasserfläche, das Gefühl, dass dein Fahrzeug irgendwie aus der Spur geschoben wird. Also gut, wer da mit permanentem Allrad seinen Vortrieb auf alle 4 Räder umsetzen kann, in dem Fall auch gerne mit allen Achssperren drin, sofern am Auto verbaut.

So machen wir uns weiter auf den Weg zum nächsten Höhepunkt, den wir nach weiteren, kleineren Flusspassagen über mehr oder weniger ausgelutschten Wellblechpisten erreichen. Auf der bisherigen Strecke ergeben sich unzählige, schöne Picknickstellen, wo man sich problemlos für eine Rast seitlich in den Busch schlagen kann. Viel romantischer und entspannter als direkt neben der staubigen Hauptpiste zu parken.

Wir nutzen solche Raststellen immer mal gerne, A: um uns mit einer kleinen Stärkung aus hausgebackenem Brot belegt mit "smoked Qysters" und Zwiebeln sowie einem kalten Bier zu stärken, oder B: auch um kleine, fahrzeugnahe Erkundungen per Fußmarsch zu unternehmen.

Danach noch ein kurzes Hängematten Bubbu und die Fahrt kann vollkommen entspannt und ohne jegliche Verkehrsdichte weiter gehen. All diese kleinen Zwischencamps sind immer wieder ein Bereicherung für die Seele und Körper, denn je heisser es wird, desto langsamer und bedächtiger bewegt man sich, bis die grösste Tageshitze vorbei ist.

Unsere selbstgebaute Hängematte erfüllt wirklich prima ihren Zweck um solche Ruhepausen entspannt zu geniessen. Je luftiger, desto angenehmer ist es für den Körper. Wer da noch irgendwelche Körperertüchtigungen nachkommen möchte, kann dies nur in den sehr frühen wie späten Tagesstunden erledigen.

Easy going - easy travelling ;-)

Die Zauberwelt von "Lost City" - Limmen N.P. - NT...

Eines späten Nachmittags erreichen wir auf dem nachfolgenden **Roper River Track** den *Limmen-Bight Nationalpark,* den sie zu unserem 1. Australienbesuch gerade neu zugänglich gemacht haben und an der frischen Pistenführung noch die Beschilderung fehlt. Nur wenige Kilometer von der Hauptroute entfernt, treffen wir also mehr durch einen glücklichen Zufall auf diese faszinierende Märchenwelt aus schlanken Sandsteinkathedralen.

WOW ! was für eine Traumwelt und wir hier
ganz alleine zwischen diesen "Zauberstäben"!

Pünktlich zum Sonnenuntergang parken wir unseren kleinen Oldtimer Krankenwagen zwischen den traumhaften Sandstein-Kathedralen, die SOOO unglaublich BEEINDRUCKEND auf mich wirken, dass ich vor lauter Aufregung und Adrenalinschübe mich kaum entscheiden kann, wo ich denn zuerst mit dem Fotografieren beginnen soll. Anstatt mental runter zu kommen, um in dieser Traumkulisse das erste "Feierabend-Bier" zu geniessen, starte ich durch. Während Lilli das Abendessen zubereitet, bevor das beste Abendlicht am Horizont verschwunden ist, schau ich mir die 30 bis 50 Meter hohen und steil nach oben eng beieinander stehenden Steinfinger in diversen Schluchten an. All das hat eine gewaltig faszinierende Ausstrahlung auf uns - einfach fantastisch!

Wie in einem Innenhof zwischen lauter im Kreis angeordneter Hochhäuser wirken diese Steinriesen auf das menschliche Auge. Unten am rötlich verbrannten Boden spriessen nach den ersten Regenniederschlägen die zarten Spinifex - Stachelkopfgräser, kontrastreich zur Gesteinsfarbe satt grün empor. Tja und dieser Mutterboden riecht vollkommen blumig-erdig, einfach herrlich und toll.

Während ich also auf diesen gigantischen Teilen versuche hoch zu klettern, verschwindet die Sonne mit jedem Winkelgrad schneller und schneller am Horizont und hüllt diese unglaubliche Szenerie in traumhafte Rotschattierungen. Die Schattenwürfe der verschiedenen Felsformationen nehmen, bis die Sonne versunken ist, immer schneller an Fahrt auf. Leider haben wir noch keine Drohne dabei, um all das an Naturwunder auch mal aus der Vogelperspektive einzufangen.

Egal, wir sind total geflasht! Zu aller Schönheit dann noch diese totale Stille, wenn sich die Nacht mit ihrer "Decke" über alles nieder legt und ein Urfrieden deinen Körper mit wohliger Freude durchflutet, wären da die Drecks Fliegen nicht ;-)(

Klar ist auch, dass ich wieder sehr früh hoch muss, um das erste, sanfte Morgenlicht für weitere Fotos auszunutzen, solche Momente darf man einfach nicht verpennen. Es bleiben mir von 7.00 Uhr an genau 45 Minuten Zeit, um neue Fotomotive durch die "Linse zu brennen". Leider sind auch schon die verdammten Fliegen wieder aktiv und begrüssen mich freudigst mit ihren tollen Fluglandungen in die Augen,- Nasen und Ohrlöchern und natürlich auch auf die Kameralinse.

KLASSE, ich liebe unsere vielseitige Natur (;-)(

Würde sagen: da hat unser Schöpfer (oder war es doch eine Frau?) einen gewaltigen Fehltritt der Evolution hingelegt. Wie ein wildgewordener Junkie kletter ich zwischen diesen Steinkathedralen umher, nach der Suche wieder und wieder den perfekten Moment, ja „Schuss" zu erhaschen. Gut dass ich keine Diafilme mehr nachlegen muss, es wäre ein teurer Tagesstart.

TrackNr.3: die NULLARBORE Rail Service Road zwischen Glendambo - Kalgoorlie 1398km - WT

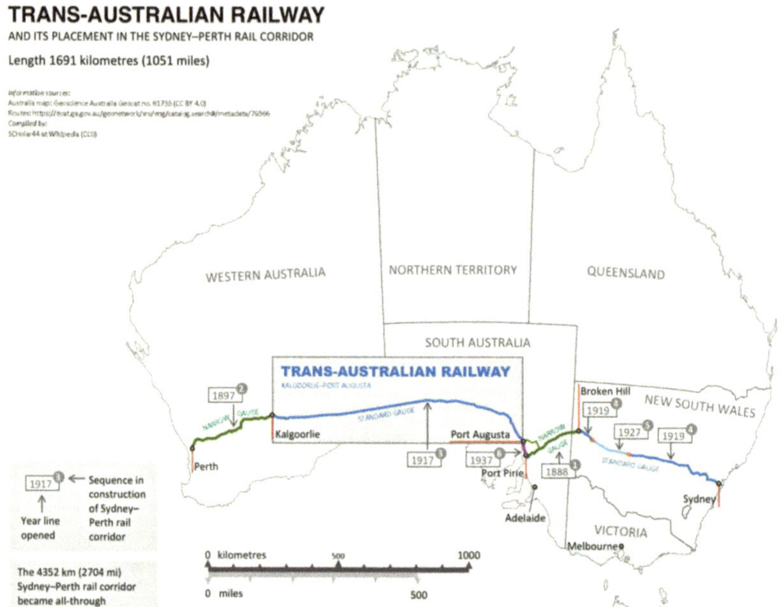

Die einspurige "Trans Australia Railway Line" geht über das gesamte Schienennetz von 4352km zwischen **Perth - Sydney**. Im flachen Teilbereich der "Nullarbor Wüstenebene" geht es schnurgerade über 478km durch diese steinerne Wüste und hält damit den Weltrekord der längsten, geraden Bahntrasse. Dieser wichtige Teilabschnitt von 1691km zwischen **Kalgorlie - Port Augusta**, konnte endlich 1897 fertig gestellt werden. Ausserdem liegt der größte Teil dieser Nullarborebene innerhalb des südaustralischen Teilabschnitts und beherbergt drei Landschaftsschutzgebiete. Diese ganze Region hat durch das stark regenarme, aride bis semiaride Klima eine sehr spärliche Flora, die überwiegend aus kleinem Gestrüpp besteht und somit weitgehend baumlos ist.

Daher der Name "Nullabor" - sinnbildlich "Nichts".

Vorab, die alte, direkt zur Bahntrasse parallel verlaufende Buschpiste und Serviceroad darf man heute nur noch mit einer schriftlichen Genehmigung des Bahnbetreibers befahren!

Vor gut 20 Jahren hat danach noch kein Hahn gekräht, aber durch die zunehmenden, privaten Fahrzeugpannen, wurden dann immer wieder die Züge zum Stopp genötigt, um schnelle "Hilfe" zu erhalten. Aber dazu ist schlichtweg der Aufwand mit Halt eines ganzen Zuges zu aufwändig, denn der hat ja seinen Fahrplan einzuhalten und hätte sowieso keine Kfz.-Teile dabei.

Dennoch gibt es zig parallel verlaufende "Grasspuren" ausserhalb der Sichtweite dieser Bahntrasse, die natürlich schon auf eigenes Risiko befahren werden können. Allerdings solltest du das wenn überhaupt, besser mit ein bis zwei weiteren Fahrzeugen und mit allen Kraftstoffvorräten angehen, um bei Problemen welcher Art auch immer, Hilfe dabei zu haben. Wir reden da von langen 1700km am Stück, ohne eine weitere Betankungsmöglichkeit! Also einer wilden und selten befahrenen Steppenlandschaft, bei der verstärkt mit Reifenschäden zu rechnen ist.

Da wir zu unseren Reisetagen und Zeitfenster alleine waren, haben wir uns für die asphaltierte Küstenroute zwischen **Norseman , Madura und Ceduna** entschieden, um so auch hier und da mal kleine Abstecher an die Sandstein-/Klippenküste zu realisieren.

Hat ja auch was, zwischendurch auf die blauen Weiten des Indischen Ozeans zu blicken, denn es gehen immer mal wieder kleine Seitenpisten Richtung Meer ab und auf halber Strecke führt die Hauptroute zeitweise sehr dicht parallel an die Küstenfront ran, was gerne zum Baden ein lädt.

Ein Teil dieser Autostrecke ist dann auch mit 146,6 Kilometern das längste, gerade verlaufende Strassenstück dieses Kontinentes. Von Westen her kommend trifft man ausserdem kurz vor **Ceduna** auf den weltlängsten Golfplatz.

Das kleine Kaff Namens **Cook** in South Australia startete mal seine Ursprung mit zarten 40 Einwohnern, inklusiv einer kleinen Schule und einem 18-Loch Golfplatz mit gigantischen Längen-Ausmassen.

Die Löcher sind mit dem Auto zu erreichen, da sie bis zu 100 km voneinander entfernt liegen. Um alle Löcher zu bespielen, sollten bis zu 7 Tage eingeplant werden, so die Vorgabe. Tja, das is doch mal ne kräftige Ansage, wo selbst die Amis blass werden.

Wie das alles genauer ablaufen soll, verstehe ich trotzdem nicht. Soll nun eine Begleitperson im Wagen und im Schritttempo nebenher fahren, während der Golfspieler selber sich durch die Gegend schlägt, bis er den Ball am nächst möglichen Loch eingeputet hat?

TrackNr.4: Der Tanami (McGuire) Track 1300km - NT/WT

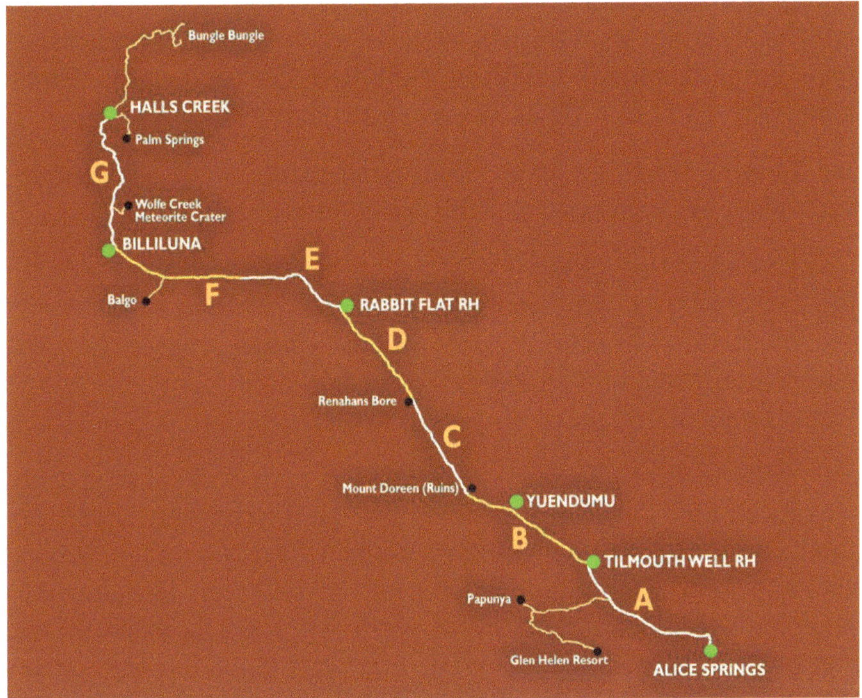

Die Tanami Wüstenroute liegt auf einer 1300km langen Parallelstrecke zum **Steward Highway**, die uns von Katherine zum Red Center, dem Uluru (Ayers Rock) bringen wird.

Wer einmal anständige Roadtrain Lkw-Züge in maximaler Länge und bei voller Fahrt und mit reichlich Staubwolken erleben möchte, wird hier auf dem sehr breiten und großzügig geschobenen **Tanami Track** maximal auf seine Kosten kommen.

Die **Tanami "Road"** geht von *Halls Creek* rüber nach *Alice Springs* und ist eine stark befahrene Querverbindung für den Schwerlastverkehr und das auf vorzüglich präparierter Schotterpiste. Also diese interessante Outback Pistenverbindung führt, anstatt über den öden Stuart Highway,

261

um auf Asphalt zu fahren, über den deutlich abwechslungsreicheren **Tanami Track** , der uns auf einer naturbelassenen Parallelpiste von rund 1300 km Einsamkeit (inkl. Zufahrtswege), ebenfalls zum Red Center - dem **Ayers Rock (Uluru)** mit den **Olgas (Katja Tjuta)** bringt.

Der **Tanami Track** ist eine Hauptverbindung zwischen Central-Australien und dem nord-westen West Australiens.

Wieder voll getankt und mit Lebensmittel aufgestockt, was in unseren ex. Ambulance Land Cruiser rein passt, passieren wir im ersten Abschnitt die *Stokes Range*, die eine sehr abwechslungsreiche, kleinere Gebirgskette im *Gregory Nationalpark* bildet.

Hier erleben wir zum Abend, nach dem Sonnenuntergang ein gewaltiges Gewitterspektakel. Da die stürmische „build up time" ihrem Ende zu geht und es danach bald aus vollen Kübeln schütten wird. Ergo Starkregen in unvorstellbaren Mengen. Wir sitzen im Dunkeln bei Kerzenlicht vorm Auto und beobachten bis weit nach Mitternacht diese kreuz und quer verlaufenden Fächer und Kugelblitze, welche uns ein grandioses Schauspiel am Horizont bieten - fantastisch, WAS für Kräfte!

Besonders die Kugelblitze sehen vollkommen irre aus.

Da wegen vermehrten Niederschlägen mittlerweile auch der *Gregory Nationalpark* an der Grenze zu Western Australia seine gesamten 4x4 Strecken geschlossen hat, wollen wir versuchen uns zwischen beiden Parkhälften kurz vor *Timber Creek* auf privaten Station Tracks (zu deutsch - Farmland Wegen) Richtung Süden durch zu mogeln. Auf dieser Strecke passieren wir dann wohl die zweit grösste Farm die dieser friedliche Kontinent überhaupt zu bieten hat. VRD prangert ganz banal am Zugangsgatter über der Durchfahrt, was für *"Victoria River Downs"* steht.

Nachdem wir sicher über eine ganze Anfahrtsstunde lang, der Beschilderung zum Farmkomplex gefolgt sind, landen wir endlich auf dem Verwaltungs und Wohngeländeplatz dieser gigantisch grossen Rinderfarm. Zu gestaubt angekommen, empfängt uns der drahtige, braun gebrannte Station Manager - Dave, der uns am Hauptgebäude freundlich entgegen kommt und mit seinem übergrossem Cowboyhut und seiner Jeans-Shorts und Lederboots, wie "Crocodile Dundee" ausschaut. Bei ihm erkundigen wir uns nach dem Wegverlauf der Farm eigenen Pistenführungen. Um das Gespräch nicht zu plump zu beginnen, frage ich ob dies ein reiner Familienbetrieb ist, wie viele Leute hier arbeiten und wie groß die Farm denn überhaupt so ist? Der gute Dave schmeisst uns geschwind in seinem Kaugummi-Outback-Slang einige Zahlen an den Kopf, bei denen wir erst mal richtig in's Grübeln geraten...

DREI MILLIONEN ACRES - Mate
3.000.000 - Aaah ha..!

Das wären dann geschwind umgerechnet 12,14 Mil. Quadratmeter, oder anders in Zahlen dargestellt, 110 x 110 km Grundstücks Kantenlänge!

Donnerlüttchen, kann ich da nur sagen.

Natürlich ist ihr Territorium nicht quadratisch, sondern durch die geologische, hügelige, mit Flüssen durchzogene Landschaftsform, reichlich abwechslungsreich. Ergo stehen nicht umsonst auf dem eigenen Flugfeld mit passender Landebahn 9 (in Worten NEUN) kleine Helikopter parat, um ihren Tierbestand unter Kontrolle zu halten und zum Saisonende sie auch alle pünktlich zur Viehauktionszeit in die einzelnen Gatterbereiche (Yards) zusammen treiben zu können, ohne dass es zeitlich Monate verschlingen würde.

Fakt ist, ohne seinen Handzettel mit einigen Skizzen

hätten wir uns jedenfalls gnadenlos verfahren, da es ständig durch kleine Flüsse und sehr viele Gatterbereiche geht und die Pisten sich immer wieder aufteilen oder abbiegen. Lilli kommt so richtig in's schwitzen, da sie ständig aussteigen muss (Gate-Aerobic ;-) um die Tore zu öffnen und nach der Passage auch wieder sofort zu schliessen. Genau DAS war die Bitte des Station Managers, die Tore so nach dem durchfahren wieder zu hinterlassen, wie wir sie vorgefunden haben. Auf bleibt auf, geschlossen soll auch wieder geschlossen werden. Kein Ding, das kriegen wir hin. Auch Strassenschilder stehen nicht sinnlos umher, da ja eh alles Privatland ist und die Arbeiter sich selber dort bestens auskennen.

In *Kalkarindji*, einer Aboriginal Community wie unserem nächsten Zwischenstopp, tanken wir das letzte mal nach und starten zu der gut 1300 Kilometer langen *Tanami Track* Strecke. Keine Schilder, keine Strommasten, keine Leitplanken, keine Notrufsäulen, keine Kängurus (doch.., überfahrene), keine Rinder, nur alte zerschossene Autoreifen und ausgebrannte PKW-Blechhüllen erinnern auf diesem Streckenverlauf an die Zivilisation. Tja und natürlich auch kein "ADAC" Pannenservice wird hier angeboten.

Auf all solchen Strecken fahren wir weiter immer mit offenen Seitenscheiben und ohne Musik. Nicht weil wir nicht gerne Musik hören, sondern weil es so schön luftig ist und wichtiger noch, wir sehr früh die warnenden Signale eines anrollenden Reifenschadens realisieren, sprich hören können können. Auch möglichst nicht schneller wie 60-70km/h, eher 40-50km/h, da sonst der Bremsweg schlicht zu lange wäre, bis man zum Stillstand käme - bei einem Plattfuß. Da wir mit unseren original Toyota Sprengringfelgen (Splitrim's genannt) noch Schlauch fahren, kündigen sich Reifenschäden fast immer mit einem intermittierenden... pfiff... pfiff... pfiff... an. Also bei jeder Rotation, wo der Reifen den Druckpunkt des Bodens passiert, gibt es dieses kurze Zischgeräusch. DAS ist dann DAS SIGNAL sofort anzuhalten, um möglichst schnell den Wagenheber unter die beschädigte Radseite zu stellen, bevor der beschädigte Reifen ganz platt ist und das volle Fahrzeuggewicht mit der scharfen Felgenkante (Felgenhorn) auf die eingefallene Reifenkasse drückt und das Gummigewebe zerstört. Tja, so retten wir fast immer unsere Reifen. Denn wenn sie in dem seitlich dünnen Walkbereich zu stark beschädigt werden, ist der Reifen für immer verloren und du kannst ihn weg schmeissen - leider. Besonders schmerzlich, wenn das Profil noch fast neuwertig ausschaut.

Die grosse „Reifenscheisse" geht los...

Ich könnte heulen vor so viel Beschiss. Nach lächerlichen 18.000 Kilometern, seit Reifenkauf und nun mitten im heissen, trockenem Outback, zeigt sich, dass unsere in *Sydney* neu erworbenen Reifen mürbe werden und - D R E C K S I N D !!!

Nicht ein normaler Plattfuss macht mir Sorgen, nein, der ganze Stahlgewebeaufbau einer hinteren Karkasse löst sich von innen her auf und lässt unzählige, feine Drahtspitzen in den

Reifen Innenraum ragen, was unser Schlauch natürlich gar nicht so toll findet. Dabei schaut das Profil von aussen noch wirklich passabel aus. Da wir also die geteilten Felgen mit Wulstband fahren, bleibt uns nur die Möglichkeit, der Montage einer unser alten Ersatzkarkassen, die nur mit reinem Nylongewebe gefertigt wurden (wo also keine Stahldrähte zur Verstärkung mit eingegossen wurden). Das Profil sieht zwar richtig abgerockt und scheisse aus, aber innen sind sie noch glatt und brauchbar, um einen Schlauch ohne Druckverlust montieren zu können.

Wer auch immer von euch nach Australien kommt und Reifen braucht, KAUFT NIEMALS die Marke - F E D E R A L !!!

Endlosthema - Reifen.., auch für Bergbaufahrzeuge. Hier der Grössenvergleich zwischen Toyota und Mining Truck.

Auch hier könnte ich fast ein ganzes Buch mit technischen Abhandlungen über "Schlauch" oder "Schlauchlos-Reifen" schreiben, was davon besser oder schlechter ist. Beides hat seine Vor- und Nachteile. Bei dem Schlauchreifen hört man einen beginnenden Plattfuß eher, da der Schlauch den Luftverlust verzögert weiter gibt.

Erneut volles Programm: wie zu alten Fahrradzeiten.

Mit Schlauch braucht man aber mehr Teile und hat auch mehr

Gewicht am Rad, kann dafür aber bei teilbaren Felgen die Schlauch und Reifenreparatur vor Ort selber durchführen, wie bei einem Fahrradplattfuß eben auch.

Bei Schlauchlos passiert ein Druckabfall häufig viel schneller und bums springt die Karkasse von dem Felgenhorn. Schlauchlos hat aber den Vorteil, dass du nie mehr Schläuche und Karkassenbänder brauchst. Ergo weniger Gewicht, Ersatzmaterial und Kosten. Dafür lässt sich eine Karkasse nur sehr schwer über den Felgenrand ziehen, um sie zu reparieren.

Mit sehr gemischten Gefühlen rollen wir also weiter, in der Hoffnung, dass es nur ein einziger Materialfehler war und dass es bei der einen Karkasse auch bleibt. Mit der letzten beruhigenden Aussage in einer Polizeistation, bei der wir uns freundlich nach dem derzeitigen Pistenzustand erkundigen, erhalten wir das Feedback, dass doch 1 x die Woche jemand unsere Strecke abfährt.
WOW - WAS für eine Verkehrsdichte!

Auf jeden Fall sehen wir schon seit Tagen keinen einzigen Mietgeländewagen mehr - komisch ;-)(

Nach ungefähr 330km Shortcutpiste durch Aboriginalland zweigen wir dann auf den eigentlichen **Tanami Track** ab, den sie heute zu einer 18m breiten Mammutpiste planiert haben, da in dieser Gegend jetzt nach Uran und Gold gegraben wird und mit Roadtrains der Materialfluss wie Abtransport des wertvollen Gesteines sicher gestellt werden muss.

Bei einer Nachtplatzsuche, passiert dann auch noch, was uns leider auch schon mal in Ostafrikafrika 2 x passierte. Ich fahre zum rückwärts Einparken über einen LÄCHERLICHEN BUSCH und bums... knall... puff... päng... zisch - haben wir einen Platten (flat / punch), der durch einen 1 cm dicken Holzsplitter seitlich in der Reifenflanke verursacht wurde - DRECK,

VERDAMMT NOCHMAL !!!

Da könnte man sich schon wieder selber in den Arsch treten, weil man zu bequem war, doch mal lieber vorher auszusteigen, um nach möglichen Hindernissen Ausschau zu halten, Cool down Tommes - that's Life!

Dabei hatte ich schon gedanklich meine Füsse auf dem Tisch und eine kalte Büchse Bier am Hals. Also die Reparatur lieber umgehend bei moderaten 28°C im Dunkeln erledigt, als früh morgens bei ansteigenden 30°C, wenn die "Gelbe Sau" erneut vom Himmel brennt. Obendrein stelle ich bei dieser Arbeit fest, dass unser Auspuffrohr fast ganz durchvibriert ist und diese Schwachstelle zwingend in **Alice Springs** nach geschweisst werden muss. Auch unsere beiden Differenzial Öl-Wellendichtringe der Kardanwellen fangen verstärkt an zu lecken und müssen möglichst bald erneuert werden.

So kann ich nur jedem Offroad Fahrer empfehlen, dass nach solch langen und vibrationsreichen Pistenfahrten, ein Kontrollieren aller Schrauben und Befestigungspunkte der Kardanwellen und Achsaufhängungen regelmässig obligat ist. Ansonsten kann man sehr unangenehme Überraschungen erleben, die meist dort geschehen, wo man sie reparaturtechnisch gerade nicht gebrauchen kann.

John und sein Roadtrain...

Irgendwann treffen wir auf dieser **Tanami Strecke** auf einen ultra langen Treibstoff Roadtrain, mit tatsächlich 4 Anhängern (genauer Drehschemel-Sattelaufliegern) hinten dran, der gerade seine Mittagspause absolviert. Klar dass mein Gasfuss in die Klötze steigt und ich mich geschwind aus unserem Toyo schwinge, um ausser einigen Fotos, möglichst auch ein kleines Schwätzchen mit dem Fahrer zu halten.

Tja, also John, Zeit seines Lebens LKW Fahrer und in den letzten 2 Jahrzehnten auf Roadtrain Züge umgestiegen und spezialisiert, genauer mit Sonderlizenz für leicht brennbare Gefahrenstofftransporte. Ich sitze also in seiner gut klimatisierten, wie sehr geräumigen "Mack" Sattelzug Doppelkabine und höre mir, nach einigen Fragestellungen, seine Kurzgeschichten an. Während meine Augen fieberhaft und rastermässig den Innenraum abscannen, um ja nichts zu versäumen. Seine gewaltige Mack Haube kommt mir lang wie ein Tischtennisplatte vor. Seine Schlafkabine wirkt ebenso geräumig, wie kuschelig eingerichtet. Schade nur das seine Pause leider viel zu früh zu Ende ist. Ich knipse noch schnell auch von Innen einige Fotos und springe aus dem Fahrerhaus, bevor er die 1. Stufe des 18 Gang Fuller Splitgetriebes einwirft und Vollgas gibt.

WAS FÜR EIN SOUND !

Für unsere LKW Freunde noch schnell
        einige Eckdaten zu John's Roadtrain...

Gesamtlänge: 60m, Gesamttornage: 158 Tonnen (entspricht in etwa 105 Mittelklasse PKW's!), Gesamtbereifung: 86 Stück 11R22,5 Rille-schlauchlos, eigene Kraftstoffkapazität: 2400L Diesel, Motorleistung: aus 16 L Hubraum 700 PS (Cummings V8

Bi-Turbo-Intercooler), Verbrauch 88 l/100km,-, V-Max. 100km/h. PS: es werden nur neue Qualitätsreifen gefahren! Wirtschaftlicher kann nur noch die Bahn Fracht transportieren. Jetzt stellt sich noch die Gretchenfrage: wie bekommt John schnell heraus, wenn einer der vielen Reifen platt ist und wie viele Ersatzreifen mag wohl solch ein Reifenmonster dabei haben?!?

Ganz einfach. Täglich zum Fahrbeginn und nach jeder Mittagspause, geht der Fahrer mit einer langen Eisenstange geschwind um den gesamten Gliederzug und klopft kurz und kräftig jeden einzelnen Reifen an. Sind sie heil, klingen sie hell und federn stark zurück, ist einer platt, klingt es dumpf und nichts federt zurück. Dieser Reifen muss dann sofort getauscht werden, damit die Fahrt ohne Risiko weiter gehen kann. In der Regel haben sie 4 - 6 komplette Reservereifen an Board plus noch reichlich Flickzeug für den weiteren Notfall, falls diese nicht reichen sollten. Tja, das ist Trucker Freiheit mit Abendteuer pur, mehr Auslauf gibts nur noch in Kanada.

Wüstenklima...

Beim Pistenabzweiger **Haasts Bluff** überschreiten wir den **"Tropic of Capricorn"**, also den Wendekreis des Steinbocks. Das "Raumklima" ist schon seit Tagen deutlich anders, wie zuvor an der tropischen Küstenregion. Die Luft wir nun immer trockener, so dass unsere gewaltigen Tagestemperaturen von immer noch über 40°C, einen ganz anders vorkommen und irgendwie kühler wirken. Was uns aber am meisten begeistert, sind die stark abfallenden Nachttemperaturen. Sobald die Sonne hinterm Horizont abgetaucht ist, singt das Quecksilber schnell auf moderate 30°C und nach Mitternacht erreicht es mit um die 27° bis 24°C dann den Tiefststand. Das kommt einen schon so eisig vor, dass du geneigt bist eine lange Hose anzuziehen und wieder mit Bettdecke zu schlafen. Hier können wir endlich vernünftig durchschlafen und fühlen uns nicht mehr so nach eingelegten Mozzarella Käse - so morgens zum Aufwachen ;-))

Der Schwenk über *Haasts Bluff* bringt uns von der **Tanami Wüste** zu der eindrucksvollen Bergkette der *West MacDonnell Range*. Hier im *West MacDonnell Nationalpark* einspringt auch der grösste Fluss Zentralaustraliens, der **Finke River**. Die von West nach Ost verlaufenden Bergrücken werden von unzähligen, malerischen, zum Teil nur Meter breiten Schluchten und Felspassagen zerschnitten, die das Wasser über Jahrtausende aus dem tiefroten Sandstein gefräst hat. Auch dieser Fluss windet sich in seinem zuvor engen Bett, durch die **Finke River Schlucht** und endet nach hunderten von Kilometern, mit seinem weit mäandernden Lauf in den weiten, flachen Sanddünen der **Simpson Wüste,** wo er dann gänzlich versickert. Es gibt wunderschöne Rockpools (Wasserlöcher in Felsmulden aller Couleur), seichte Schilf umstandene Tümpel in den unzähligen Flusswindungen zu entdecken. Jede Kurve bringt ein neues Highlight und die Fahrt ist wirklich spannend und abwechslungsreich. Lustigerweise sind alle Wasserlöcher, ob tiefe Felspools oder nur flache Billabongs erfrischend kühl bis eiskalt. Welch ein Unterschied zu den sonst aufgeheizten Bächen und Flüssen des **Top End**. Endlich mal wieder herrlich kühles Badewasser - fantastisch :-))

Wenige Meter vor *Alice Springs* ereilt uns dann der zweite Reifen-Totalschaden. Zum Glück geht nur eine der alten Ersatzkarkassen kaputt. Bei Tempo 80 löst sich das vollständige Profil schlagartig mit plopenden Schlägen gegen die Radkästen ab. Gott sei Dank bemerke ich es rechtzeitig, durch das Fahren mit geöffneten Fenstern, bevor sich der Reifen ansonsten mit einem letzten Knall total weg sprengt und den Wagen womöglich noch aus der Spur reissen würde.

Merke: KAUFE NIE runderneuerte Reifen, die vertragen keine

grosse Hitze bei länger gesenktem Luftdruck!

Nach 16 Tagen ab *Darwin* stehen wir dann unversehrt in **Alice Springs**, wo wir erst mal nach 2 brauchbaren Reifen Ausschau halten, die defekte Batterie tauschen wollen, den Auspuff nach schweissen müssen und auch alle 3 Stück Wellendichtringe der Kardanwellen erneuern wollen, bevor es reisetechnisch zum Central Rock weiter gehen kann.

Alice macht uns so gar nicht an. Alles drum herum ist gigantisch trocken und farblos. Die Grundstücke sind sehr hoch mit Wellblech umzäunt und das kleine Shopping Zentrum bietet für uns auch absolut keine Ausstrahlung. Hier erwarten uns die teuersten Treibstoffpreise unter allen Grossstädten, ebenso die Lebensmittel und Getränke liegen nochmals einen kräftigen Schlag über den eh schon teuren Preisen von **Darwin**.

Damit es über Weihnachten möglichst heimelig wird, ergattern wir doch glatt in den kitschig-bunt geschmückten Supermarktregalen deutschen Stollen der Marke "Fritz", sowie einige Tüten holländische Spekulatius. Für unser Festessen treiben wir sogar deutschen Kassler mit dänischem Grünkohl in Gläsern auf. Und siehe da, sogar Salami und Mettwurst finden wir in den Delikatessabteilungen! Ich könnte die Firma "Otto Würth" für ihre globale Auslandspräsenz blank knutschen! Nur das gute Vollkornbrot von "Helga" liegt nicht wie erhofft in den letzten Toastbrot Regalreihen, shit noch mal! Aber gut, man muss auch mal Abstriche hinnehmen können.

So ziehen wir kulinarisch bestens gewappnet, erneut in die australische Wildnis. Kann es mehr Freiheit, Frieden und Weite auf diesem Planeten geben?!?

Also wir finden nicht ;-))

TrackNr.5: der 1300km "Anne Beadell Hwy" - WA/SA
rüber zum Opal Mekka *Coober Pedy* und weiter
zur Simpson Desert Durchquerung...

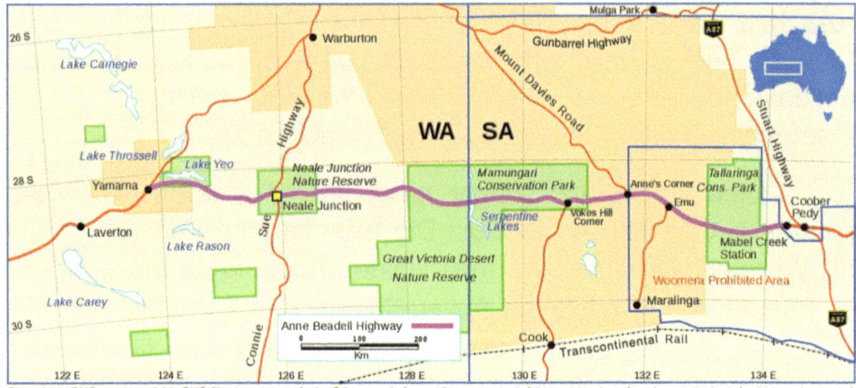

Es ist nicht so leicht für eine klare Reiseplanung zur richtigen Jahreszeit die passenden Querverbindungen zu finden. Da wir gerade "links unten" in Western Australien sind (Achtung! die Streckenbeschreibungen sind nicht chronologisch geordnet, da sie aus 3 Reisejahren bestehen), wollen wir nun quer rüber nach rechts, gen Ostküste, aber bitte nicht auf Teerstrasse, denn die haben wir ja in Europa mehr wie genug.

Also Starten wir unsere fünflängste Offroad Strecke über den ***Anne Beadell Track...***

Die volle Packung...

Wir stehen also in ***Kalgoorlie***, der zweitgrößten Stadt Western Australiens. Eigentlich sind es auch zwei zusammen gewachsene Orte, denn ***Boulder*** gehört heute auch dazu, aber ***Kalgoorlie*** (Coolgardie gesprochen) versprüht irgendwie mehr den Mythos der alten Goldrauschzeiten aus der 1900er Epoche. Egal, auch hier schaut alles weiter wie "Ritter Sport"... quadratisch, praktisch, geordnet aus. Die Verkehrsdichte hält sich deutlich in Grenzen. Das Überqueren der Strassen würde einem 96 jährigen mit verbundenen Augen problemlos gelingen. Wir entdecken richtig solide Bauwerke, ich meine so richtige von Hand geklinkerte Steingebäude mit alten, geschwungenen Verzierungen der Giebelköpfe. Ja, hier haben die Städteplaner und Baumeister sich voll in die Kelle gelegt und mit Klinkern und Zement Bleibendes geschaffen.

Wo sonst nach ein bis zwei Buschbränden oder mehreren Streifzügen von Termitenkolonien alles verschwunden ist, hat das in Stein gemauerte bleibenden Bestand und ja auch historischen Wert behalten. Auffällig sind in jedem Fall die alten, schönen bunt gestrichenen Fördertürme aus der Minenepoche des Untertagebergbaues. Meine Augen kommen richtig in's Glänzen, zum Sonnenuntergang kann ich mir das Ablichten einiger weniger Gebäude nicht verkneifen.

Besonders hervorheben muss ich die traumhaft alte Town Hall mit ihren integrierten Sitzungsräumen, in denen sie sehr wichtige, öffentliche Gerichtsprozesse ausgefochten, oder städteplanerische Sitzungen vollzogen wurden, um dieser Stadt gestalterisch weiter ihre jetzige Struktur zu geben. Der fantastische Saal erinnert mich stark an unsere alte, Hamburger Musikhalle. Die vielen, verschnörkelten Logen Balkone mit ihren Brokatvorhängen gesäumten Säulen sind schön anzusehen.

In dem grossen Saal mit oberen Rang und seitlichen Logen hat man auch stolz das erste, selbst konstruierte Kleinflugzeug Western Australiens präsentiert. Natürlich aus Aluminium und mit Nieten von Hand zusammen getackert. Die 2-sitzige "CAC Wacket" hatte ihren ersten Testflug im September 1939. Insgesamt wurden 202 Einheiten gebaut und auch dieses ist noch nicht so wirklich lange her. Da es zu dieser Epoche noch keine Kunststoffgießtechnik gab (der Ossi würde jetzt "Plaste" sagen), haben diese Maschinen bis heute Bestand, sofern sie nicht alle, bis auf das Museumsstück mutwillig vernichtet wurden.

Egal, wir spulen weiter unser Einkaufsprogramm ab, unsere gesammelte Dreckswäsche versuchen wir auf einem der großen Campingplätze sauber zu kriegen, wieder vergebens. Das Zeug riecht zwar hinterher schön frisch, aber von wirklich sauber sind wir noch Dekaden entfernt. Die Klamotten werden einfach von

Waschgang zu Waschgang grauer, denn all diese unterentwickelten Toplader aus britischer Herkunft sind leider Schrott, wenn nicht sogar massiver Beschiss. Dass sich solch technischer Müll in der heutigen Zeit überhaupt noch verkaufen lässt, wundert uns sehr, die Toleranzgrenze der Oussis muss unerschütterlich sein.

Während sich Lilli danach im "Woolis" Supermarkt austobt und unsere Visa-Card zum schmelzen bringt, kümmere ich mich wieder einmal um unser Auto. Bei einer grossen BP-Tanke hat's ne funktionstüchtige Reifenfüllpistole mit unendlich viel Druckluftvorrat. Genau so was brauche ich jetzt. Also parke ich unsere Camperschüssel genau nebenan auf dem unbebauten, aber asphaltierten Nachbargrundstück ein. Ausser die 2 Reifen zu flicken, wozu ich eben Druckluft brauche, sind auch einige Poly-Lageraugen der Blattfederenden zu erneuern, vom einfachen Abschmieren und Schrauben nachziehen und dem anderen Kleinkram mal abgesehen.

Leider ist auch das wichtige Haupt-Federauge der

achsführenden Blattfederlage gebrochen und muss zwingend durch eine neue 1. Hauptfederlage ersetzt werden.

Derweil ich also unterm Cruiser liege, kriege ich vom Tankstellen Nachbarn Besuch, der mir schon aus dem Augenwinkel unterm Wagen liegend aufgefallen ist. Da er so eine Art Messi Verschnitt sein muss, denn sein ganzes Grundstück ist bis weit über den Wellblechzaun hochhausmässig mit Altlasten (Sperrmüll) bedeckt.

<How are going, I'm Igor, do you have problem's?> kommt es reibeisenmässig aus seiner Raucherkehle geschallt. Igor ist wieder so ein australisches Original, schon sein Auftritt ist bühnenreif. Oben rum trägt er ein altes, abgewetztes Nadelstreifenhemd mit zu kurzen Ärmeln, die aber dafür fein aufgebügelt, gefolgt von einer ebenfalls leicht zu knappen Bundfaltenhose im Silberfaden Design der "Buddy Holly" Ära, ebenfalls korrekt mit strammer Bügelfalte durchgestylt. Der enge Gürtel betont seine staksige Figur. Der Knaller sind dann seine blauen Adidas Flip-Flop Badelatschen, die er doch tatsächlich in Kombination mit weissen Socken trägt. Ich meine, Badelatschen und Socken - geht gar nicht! Ist so wie ein Rollmops auf einem backfrischen Berliner Krapfen drapiert. Nun gut, seine glimmende Zippe im Mundwinkel rundet seine Erscheinung ab, dazu seine mit Haargel ausgerichteten Resthaare. Geht nicht - gibt's nicht in Australien, es ist alles erlaubt, was nicht Netzhautschäden verursacht.

Während ich also unterm Wagen liegend versuche meinen Arbeitspfad beizubehalten, berichtet er mir aus alten Tagen. Seinem Akzent entnehme ich, dass er nicht gebürtiger Australier ist. *<No mate (Freund).., bin 1954 mit dem Schiff von Kroatien rüber gekommen und hab dann nach einigen, wirklich mies bezahlten Farmer Jobs von den Nickelminen in **Kalgoorlie** gehört. Ja, da haben wir noch richtig von Hand Stollen in die Erde getrieben und unsere Lungen waren abends dermassen mit*

Staub gefüllt, dass der Weg in den Pub so eine Art "Pflichtspülung" war>.

Seinem verzücktem Grinsen entnehme ich, dass es eine harte aber aufregende Zeit gewesen sein muss. *<Weisst du Tom, da sind wir mit den Kumpels zünftig einen Bechern gegangen und haben den wenigen flotten Mädels das Leben schwer gemacht. Mal geschwind untern Rock greifen, war da normal im Pub>*. Derweil gönnt er sich einen letzten, tiefen Zug aus seinem Stumpen, der gerade in den Bereich der Filterebene rüber glüht, wow.., wie ekelig denk ich mir so. Seine Nikotin getränkten Finger sprechen Bände, Tonnen von diesem Dreck muss er sich über die Jahrzehnte eingesaugt haben.

<Seit dem der Goldabbau wieder lukrativ wurde, ist es noch verrückter geworden. Nun tragen sie ganze Berge ab, um im riesigen Stil an das güldene Edelmetall zu gelangen. Der Nickel Abbau ist mehr so ein Nebenprodukt. Die Kumpels fahren nach der Arbeit nach Hause, sitzen in ihrer abgedunkelten Buden vor der Glotze oder dem Computer, lassen sich die Arschbacken von der Aircon (Klimanlage) runter kühlen und ziehen sich Pornos und diesen Werbedreck dort rein. Nein, das ist nicht mehr die selbe Welt. Nacht's kann man auch nicht mehr sicher rumlaufen, da treibt sich viel Gesockse umher, denn **Kalgoorlie** *hat nicht nur ein Alkoholproblem mit den Abbos, sondern auch ein kräftiges Drogenproblem mit der Jugend, die an der Nadel hängt oder sich die Birne zu kokst. Die erste Zeit des Goldschürfens war sehr gefährlich, denn zuerst hat man versucht, das Metall mittels Zyanid aus dem fein geschredderten Stein raus zu waschen. Davon sind viele Arbeiter schwer krank geworden, von der massiven Umweltbelastung ganz zu schweigen>*.

Diese Gebiete sind heute noch mit deutlichen Warnschildern markiert und für Jedermann gesperrt. Heute lohnt der Untertageabbau nicht mehr und ist viel zu aufwändig und langsam. Aktuell tragen sie oberirdisch mit riesigen Baggern deutlich schneller die goldführenden Gesteinsschichten ab, die zuvor von Geologen per GPS genau geortet und markiert wurden. Mit kleinen, aber tiefen Bohrungen und gezielten Sprengladungen wird das Gestein dann rund 5 Meter tief aufgelockert, damit die Schaufelbagger das Geröll leichter abtragen können. Das kann man imposant am "Super Pit" Loch beobachten. **https://www.kalgoorlietourism.com**

Das Welt zweitgrösste Goldminenloch reicht heute unglaubliche 500m tief in die Erde und misst mehrere Kilometer im Umfang, einfach gewaltig - MEGA! Aktuell benutzt man grosse Mengen Salzwasser, welches unter hohem Druck mit dem Goldschlamm aufgeschäumt wird, um das Edelmetall vom Trägergestein zu trennen. Dieser Schaum wird dann in übergrossen Zentrifugen getrocknet, um dann in einem weiteren Filtrierungsdurchgang den Goldanteil raus zu extrahieren. Das Spülwasser wird in monströsen Auffangbecken recycelt und wieder verwendet. Denn Frischwasser ist hier sehr kostbar, im super trockenem Outback.

Wen das tiefer interessiert, der kann sich bei der Minenfirma für eine Werksbesichtigung anmelden. Soweit sich nichts geändert hat, werden da Saisonabhängig täglich Rundtouren mit Scenic Flights angeboten. So auch bei allen anderen Abbauunternehmen, wie z.B. der Iren-Or Eisenerzkompanie in *Tom Price*.

Aber weiter, nach gut zwei Stunden kommt Lilli doch tatsächlich wieder von der Shoppingrunde voll beladen zurück und ich packe mein Werkzeug ein und verabschiede mich von Igor. Er hat mir Australiens Entwicklungsgeschichte, so ganz nebenbei, deutlich näher gebracht. Was wäre das Leben ohne solche Zeitzeugen und Kontakte - toll.   Danke dir Igor.

What Next..?

Ende dieses Jahres müssen wir leider wieder in Sydney sein - die Visazeit drückt und das Visum läuft aus. Aber bis dahin sind es noch reichlich Kilometer. Nach einigem Hin und Her entscheiden wir uns dann doch die *Anne Beadell Quer Piste* anzugehen. Sie schreiben zwar Highway, aber mit der Vorstellung einer schnell zu befahrenden, glatten Teerstrasse oder Autobahn hat das hier nichts zu tun. Diese 1300 km Piste durchquert Australien von West nach Ost (links nach rechts).

Eigentlich hat man nicht wirklich viel Auswahl und die Teerstrasse unten an der Küste entlang kennen wir schon und Neues reizt uns deutlich mehr. Denn Asphalt haben wir ja in Europa genug, deswegen braucht man nicht nach Australien zu kommen. Zu den Reisekandidaten, die nur Kilometer abspulen, um später sagen zu können "ha, da waren wir auch schon", gehören wir nicht. Wer diesen Kontinent intensiver erleben möchte, muss Hitze, Staub und Fliegen in Kauf nehmen. Es gäbe noch eine Versorgungspiste parallel der *Nullarbor-Bahnlinie* entlang, aber die ist heute leider wegen zu vieler Touri-Pannen tabu, also gesperrt. Was also bleibt ist einige hundert Kilometer weiter oben/nördlich, den schnurgeraden *Anne Beadell Track* zu nutzen, der *Laverton & Yamarna* mit der Opal Hochburg *Coober Pedy* verbindet.

Den *Anne Beadell* nudeln wir recht gemächlich ab. Dieses mal folgen wir einer vorzüglich geschobenen Sandpiste, die der Landvermesser **Len Beadell** in den 60ziger Jahren im Auftrag der Regierung zwischen den längsverlaufenden Dünenkämmen der *Great Victorian Wüste* durch markiert und mittels Planierraupen geschoben hat. Landschaftlich nicht ganz so prall wie die tolle **Canning Stock Route**, aber deutlich spannender wie die geteerte, monotone *Nullarbor* Asphaltküstenstrasse.

Diese zweitlängste Wüstenstrecke ist eine der wenigen

Pisten die man auch problemlos mit grossen, breiten Fahrzeugen befahren könnte, da sie sich nicht auf eine zarte PKW-Spurbreite begrenzt, sondern gut eine doppelte LKW-Breite her gibt. Dafür aber auch leider aus 600 km nervigem "Waschbrettbelag" besteht. Fahrtechnisch für jeden VW-Busfahrer eine Lachnummer, ich möchte meinen, dass auch ein Mini Cooper das schaffen könnte, zumindest in der Trockenzeit. Von den harten Fahrwerks-Stoßbelastungen durch das mal mehr oder weniger heftig auftretende Wellblech abgesehen. In 14 Tagen treffen wir auf ganze 7 Fahrzeuge, 8 Kamele, 2 Kängurus und einem Dingo - das ist der Vorteil der Nachsaison. Zu berichten gibt es wirklich nicht viel von dieser Strecke - Outback halt.

Auf der Westaustralien Seite hat man inzwischen in dienlichen Abständen Wasserdepots errichtet, nachdem vor einigen Jahren 2 Aboriginal auf dieser Querpassage verdurstet sind. Nur mit Colabüchse, Chips, Zigaretten und Reggae Musik bestückt kommt man halt nicht weit. Darauf haben die einzelnen Aboriginal Community's Alarm geschlagen und entschieden - WIR brauchen WASSERDEPOTS - für den NOTFALL !

Wieder einmal unfassbar. Selbst hier in den Tiefen des Outback's liegt doch tatsächlich neues WC-Papier in der Bio-Komposttoilette parat. Welch ein Aufwand und was für ein grandioser Service der Gemeindeverwaltung und ihren Service Crew's. Auch der runde Wellblech Wassertank spuckt fast eiskaltes Trinkwasser aus, was wir gerne annehmen, um unseren Bordeigenen Bestand zu schonen. Denn nach einem staubigen Tagesritt freut man sich gerne über eine erfrischende Dusche.
So verbringen wir eine gut behütete, ruhige Nacht, fast wie auf dem Campingplatz, aber alleine. We love Australia!

Thank You So Much!

TrackNr.6: der OTT "Old Telegraph Track" 1200km - QLD

Hier komme ich für uns persönlich zum tropischsten und ja auch abwechslungsreichsten, wie schönsten aller Offroadstrecken, die Australien zu bieten hat. Diese meist einspurige, anspruchsvolle aber äusserst facettenreiche Allradstrecke ist für uns mit Abstand die Creme de la Creme aller australischen Naturpisten.

Sie ist nicht die schwierigste, auch nicht die längste, aber dafür die Abwechslungsreichste. Sie hangelt sich quer durch den Busch, folgt stark dem Küstenverlauf und quert etliche Sandbuchten, die nur bei Ebbe (Low Tide) zu befahren sind. Wichtig, man kreuzt immer wieder mal kleine Bach wie Flussläufe, die nicht nur bestes Trinkwasser haben, sondern auch prima Bademöglichkeiten bieten.

Also allerfeinste, freie Campingmöglichkeiten, die mit ihrem magischen Surrounding keine Wünsche offen lassen, um

283

seiner Phantasie eines freien "Robinson & Crusoe" (toller Roman-Klassiker von Daniel Defoe, aus 1719) Lebens, maximalen Spielraum zu lassen.

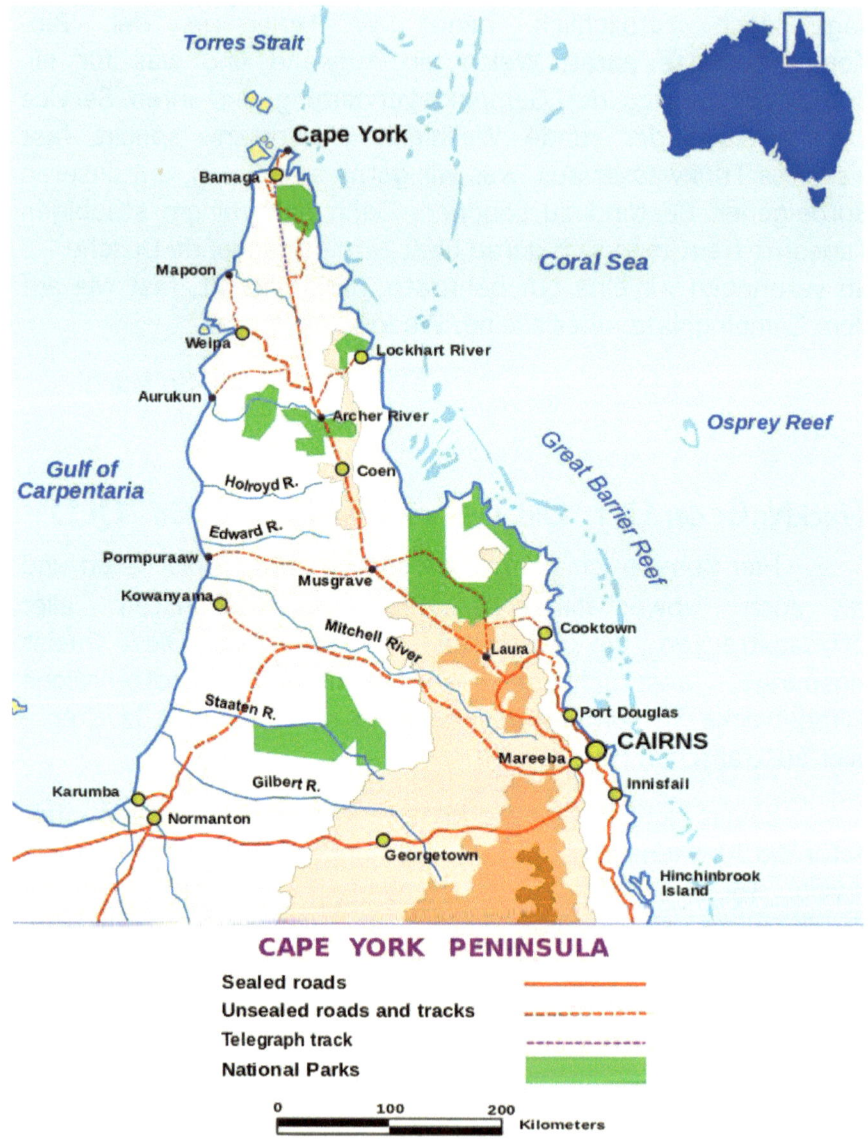

Da in dieser gesamten Region fast keine Großindustrie die Natur belastet, darf man sicher sein, dass das was du hier vorfindest, maximal naturbelassen ist. Der grösste biologische Abdruck der hier vor kommt, ist der den du selber mit deiner Ausrüstung und deinem Verbrennungsmotor und Restmüll produzierst. Also sei dir dessen bewusst! Bitte verbrenne deinen Restmüll alle paar Tage zur letzten Lagerfeuerstunde und stampfe die erkalteten Konservendosen am nächsten Morgen schön zusammen, um sie gut komprimiert wieder mitzunehmen, bis dahin, wo du sie fachgerecht in der nächsten Stadt mit Abfalltonnen oder Mülldeponie entsorgen kannst.

Rahmen-Verwindungstest - wann bricht er wohl durch?

Die Strände werden hoch zum Tip immer tropischer, nicht wenige boten in den 70 - 80er Jahren unser Hippiegeneration traumhafte Rückzugsgebiete um ihren Freigeist vom "Nichtstun" und einem entfesselten Lebensdrang freien Lauf zu lassen. Die Behausungsreste nebst den Bergen von fast unverottbarem Hausmüll kannst du noch heute unter dem "Teppich" eines starken Tropenbewuchs entdecken. Berge von Bierflaschen, Konservendosen, Kochgeschirr, Haushaltsresten, Altgeneratoren, Autofracks und all dem Zeug, was man sonst noch brauchte, um mit einem gewissen Restluxus seinem Freiheitsdrang freien Lauf zu lassen.

Das Endziel, der **Tip of Capricorn** an der **Torres Strait** ist uneingeschränkt der Karibiktraum unter hohen Palmenbestand und lädt maximal zum verweilen ein, bevor man die Rückreise in die Zivilisation wieder antritt. Genau hier treffen die Wassermassen des **Gulf of Carpentaria** und die der **Coral See** zusammen, was du hautnah und live am nördlichsten Punkt Australiens bei Flut mit seiner unterschiedlich farbigen, aufbrausenden Kreuzsee bewundern kann.

So viel in Kurzform.

Aber was hat es auf sich, mit dieser "Telefon Piste"?

Man schrieb das Jahr 1883, die ersten Telegrafenleitungen wurden an Holzmasten mühselig von Hand um die Welt gelegt. Auch Australien sollte nun bis hoch zum Tip der Cape York Halbinsel mit der Zivilisation verbunden werden, damit die dort ansässigen Fischer, Schaf und Rinderfarmer und Minikommunen eine deutlich schnellere Kommunikationsmöglichkeit erhalten. Es vergehen noch zähe 1,5 Jahre bis man die letzten Kilometer bis hoch zur nördlichsten Relaistation am Tip fertig stellen konnte. Das alles quälend langsam per Spitzhacke, Spaten und Pferd mit Wagen. Keine Ahnung wie viele Holzmasten gesetzt werden mussten (schätze mal so alle 150m einer...), auf jeden Fall waren es auch noch zu diesen Tagen ohne moderne Bagger und Hydrauliktechnik, wahre Pionierleistungen.

Seit 1885 konnten dann endlich die ersten Morsecodes über nur 2 Kabeln in alle Welt übermittelt werden. Die moderner werdende Kommunikationstechnik ermöglichte dann seit dem 2. Weltkrieg das Senden von ganzen Sätzen und richtigen Telefongesprächen. Das ging dann noch bis zum Jahr 1987 so, wo die Strecke dank der Satellitentechnik nun gänzlich eingestellt und teilweise zurückgebaut wurde - leider.

Das Zeitalter der Elektronik und Satellitentechnik machten die alten Telefonleitungen somit gänzlich überflüssig. Moderne Richtfunkstrecken konnten die ersten Jahre deutlich grössere Datenmengen übertragen, bis auch sie durch die Satellitenkommunikation abgelöst wurden. Tja, und diese alte "Telefonleitungsstrecke" musste halt damals noch regelmässig kontrolliert und nach Tropenstürmen und Buschbränden ja auch repariert werden. Dazu brauchte man für Pferd und Kutsche eine halbwegs gut befahrbare Buschpiste.

Diese wiederum konnte man nur in der trockenen Sommerzeit zwischen Mai bis Oktober befahren. Ab November, zur beginnenden Regenzeit, schaukelt sich diese über die Folgemonate bis Ende April dann hoch. Während der vollen Regenzeit geht dann fahrtechnisch eher gar nichts mehr. All das kann natürlich auf dieser langen Strecke partiell leicht unterschiedlich ausfallen, je nachdem wo es mal mehr oder weniger kräftige Regengüsse gegeben hat, um die Bäche und Flüsse unpassierbar zu fluten.

Nun aber los...

Da **Cooktown** für uns persönlich nicht so der Hit ist, obwohl der Name an sich schon sehr nach Abenteuer klingt, verlassen wir diese letzte Kleinstadt ohne eine Träne zu vergiessen, aber mit einer Tüte Eiscreme in der Hand und gehen den ersten Abschnitt unserer kleinen **Cape York Expedition**, auf bestens präparierter Piste an.

Der Schilderwald lässt schnell nach, selbst die so

beliebten australienweit bekannten, gelben Warntafeln von: DIP (Senke),- CREST (Hügel),- GRID (Gitterrost/Rindersperre) und FLOODWAY (Wasserfurt) verschwinden mehr und mehr, die wenigen Werbetafeln verlieren sich dann gänzlich.

Guck an, hier beginnt Australien's "Lotterecke" ;-))

Ab jetzt heisst es den „Weitscannerblick" für ausser planmässige Schlaglöcher und Wildlife einzuschalten. Natürlich nicht's, was mit den katastrophalen Pistengegebenheiten in Afrika vergleichbar wäre, bis jetzt zumindest. So kannst du getrost die „Kiste fliegen lassen", bis das nervige Wellblech quasi glatt wird. Zwischen 60 – 80 km/h bei gesenktem Reifendruck, bringt das Fahren dann richtig Freude. Die hört allerdings schlagartig auf, sobald dir ein Fahrzeug, speziell mit Hänger, entgegen rauscht.
MEINE GÜTE – WAS EINE STAUBWOLKE !

Da hilft nur ein's, Gas weg... Luft anhalten – und im Blindflug durch, bis du die Drecksäule hinter dir hast.., hust.., keuch.., nies.

Cape York, wer es noch nicht auf seiner Australienkarte entdeckt hat („rechts oben"), gleicht eher einem Tannenbaum, der durch eine ca. 1200 km, ab *Brome* beginnende Haupttrasse mit wenigen links und rechts abzweigenden Nebenpisten erschlossen wurde. Leider müssen viele Pisten, so auch ein Teil der Hauptroute (Peninsula Developmental Road) doppelt gefahren werden, um das sogenannte *Top End* zu erreichen, welches unter anderem, die dichteste Meeresenge zu Papua Neuguinea bildet.

Aber das soll uns nicht abhalten, dieses letzte kleine australische Abenteuer zu erobern, bevor auch diese Ecke sicher bald zu asphaltiert wird. Von den älteren Locals erfahren wir, wie anstrengend und spannend es noch vor 30 Jahren war. Da konnte man nur in kleinen Teams diesen einsamen Zipfel befahren. Das *Arnhem Land* und die *Kimberley's* sollen noch mit der letzte Geheimtip sein, solange bis auch dort die Pauschalreisegruppen hin gefunden haben und alles zur leichteren Anreise geebnet und begradigt wird.

Nur ein kurzes Stück von unser Küstenhauptpiste entfernt, gönnen wir uns den ersten Abstecher zur *Cape Flattery Landzunge*, die sich über riesige, zugewachsene Dünenformationen mit zwischendrin, eingebetteten, satt grünen "Heidelandschaftsformen" erreichen lässt. Diverse kleinere Sumpfdurchquerungen gestalten die Fahrt spannend und abwechslungsreich, immer wieder heisst es, anhalten um die Wasserfurt auf Tiefe und Untergrund zu prüfen, was nicht immer so einfach ist, da die Wasserfarbe meist dunkelbraun getrübt ist und du gefühlstechnisch da einfach ungern durchschreiten möchtest. Das letzte Nadelöhr, bevor wir wieder einen Blick auf die kristallklare *Coral See* geniessen dürfen, bildet eine mächtig hohe Dünenüberquerung, die eine einzige lange, steile und kräftezehrende Weichsandpassage zeichnet. Ich denke wieder ein wenig an Algerien und Libyen, aber ganz so dramatisch kommt es dann doch nicht.

Die verrückten Kid's von Morgan's Landing...

So kommen wir also mit dem letzten Kolbenschlag
über die Dünenkuppe gekeucht - braver Toyo.
OH JEEE – was ist denn da unten los?!?

Gott oh Gott, unten am Düneneinstieg vollkommen festgefahren und bis auf den Rahmen eingegraben, ein weisser HZJ75 Land Cruiser und 3 junge Mädels und 3 noch jüngere Knaben, deren Brüder in Panikstimmung. Der kleinste Bub mal eben 7 Lenze alt und alle schweißgebadet und vollkommen verdreckt und fertig mit der Welt. Vor ihnen der bis auf den Radkästen versenkte Wagen, davor der Versuch einer holperigen

Anfahrhilfe aus vorgelegten Treibholzresten und eingebuddelten Altreifen, mühsam per Hand verlegt. Auch nicht schlecht, denk ich mir so. Was man in der Not doch alles probiert, um sein Fahrzeug freizubekommen.

Die Mädchen vom Schweiss durchtränkt, die Älteste von ihnen kaum 16 Jahre alt und Fahrerin des Land Cruisers, der Rest der Geschwister deutlich jünger. Alle auf einem kurzen Familienbadeausflug, ohne Eltern - versteht sich. Mal eben alleine von der 60 km entfernten familiären Obstfarm quer durch die Pampa gehoppelt, um ein wenig im Meer zu planschen. Ersatzreifen, Wagenheber, Schaufel, Schneeketten (ja für die matschige Regenzeit), denn Schnee wird hier wohl eher nie fallen, auch Benzinkanister, Trinkwasserflaschen, alles dabei, nur was Daddy vergessen hat, ist ihnen zu erklären, was man macht, wenn es im Weichsand nicht mehr vorwärts geht und Mann/Frau sich bis auf die Achsen eingegraben hat. So beruhigen wir sie erst mal, teilen einige kalte Büchsen Cola mit Biskuit aus und ich versuche ihnen zu erklären, warum Kamele so gut auf Wüstensand laufen können und Pferde mit ihren kantigen Hufen eben nicht. Danach lassen wir erst mal kräftig die Luft aus ihren bentonharten „Pellen", damit es wieder vorwärts geht. 2ter Gang in Untersetzung rein, Kupplung schnalzen lassen und "ab mit der Banane".

Siehe da, geeeht doch – that's Magic ;-))

Wisst ihr wie glückliche Kinderaugen leuchten können und einen anstrahlen, wenn sie gerade noch mal „am Weltuntergang" vorbei geschrappt sInd?!? Oh man, dieses schöne Gefühl, mal wieder helfen zu dürfen - toll.

Nachdem sie fort sind und wir noch geschwind den riesen Pannenkrater glatt geschaufelt haben, geniessen wir endlich diesen phantastischen, einsamen Platz unter Kokospalmen. Eine 43 km lange, fantastische Strandbefahrung bei Ebbe erzeugt mal wieder richtig gute Laune und bereichert das Auge. So ganz nebenbei finden wir endlich ein langes, passendes wie kräftiges Abschleppseil, angeschwemmt wie all der andere Zivilisationsmüll, der bei unseren „umweltbewussten Seefahrern" so über die Reling in den übergrossen, ja praktischen "See-Mülleimer" fliegt.

Es gibt einige Strände entlang der Küste, wo bedingt durch die passende Strömung, wirklich brutal viel Treibgut anlandet. Einige wenige wiederum, bleiben dann davon total verschont. Es ist für uns eine spannende Aufgabe dieses unerschöpfliche Materiallager zu durchkämmen, um es auf Nützliches zu untersuchen. Es erinnert mich total an alte, Hamburger Sperrmülltage. So wird man nebenbei zum "Beachcomber" (Strandgutsammler). Langsam kann ich verstehen, dass man an gewissen Stränden sehr gut überleben könnte und Brauchbares wie Nützliches zum Basteln wie Recyclen nur noch aufpicken müsste.

Strandgutbeute - unser neues Abschleppseil.

Auf unser Findlings-Top-Ten-Liste stehen...

Platz 1: Cola, Wasser, Saft PET-Flaschen in allen Farben
Platz 2: alte Chemie, Öl, Wasser Kanister in jeglicher Art & Form
Platz 3: Badelatschen und Taucherflossen & Füßlinge
Platz 4: alte Fischernetze und Taue
Platz 5: Vierkant Holzbalken & Europaletten
Platz 6: Arbeitsschutzhelme, Gummistiefel, Handschuhe
Platz 7: PKW Altreifen
Platz 8: altes Malerzeug, Farbeimer, Pinsel & Rollen
Platz 9: Mikroplastik, Kugelschreiber, Feuerzeuge, Verschlüsse
Platz10: Coffee To-Go Becher & Fastfood-Verpackungen

Mein Recyclingversuch eines alten, angeschwemmten, grünen Fischernetzes in karorasterform ergibt eine ergonomisch perfekte Hängematte, verschlingt aber auch einen halben Tag Fummelarbeit, um es aus einem riesen Netzklumpen zu befreien. Daneben gibt es Aluleisten, Holzlatten und diverse Auftriebskörper, diese bestens geeignet, um eigene Schwimmerposen für die Angel zu schnitzen.

Ihr seht, die "Arbeit" geht nie aus ;-))

Erschreckend ist aber auch zu beobachten, welcher Gefahr kleine Hochseeyachten oder Motorboote ausgesetzt sind. Ganze Ölfässer, lange Kantholzbalken, fette Tropenholz-Baumstämme und andere sperrige Teile werden so hier und da mal angeschwemmt, die ja normalerweise auf See knapp unter der Wasseroberfläche treiben und bei einer Kollision einen verdammt grossen Schaden anrichten können. Andere Strände wiederum sind total sauber und unberührt. Es ist faszinierend, was Strömungsverhältnisse bewirken und ganz ungewollt das aussortieren, was nicht in unsere Weltmeere gehört.

Australien's Rohstoffecke...

Nur kurz (ist ja meine Stärke ;-)

Hier am Ende dieser traumhaften Bucht wird sehr intensiv das abgebaut, womit ihr Zuhause eure Häuser bestückt, um Licht in's Innere zu bekommen. In einer riesigen Mine wird Silikat abgebaut und auf ewig langen Förderbandstrassen läuft das feinsandige, helle Granulat als Basisrohstoff für die Glasindustrie in die "Erzfrachterbäuche", die wegen dem großen Gezeitenhub hier an der einsamen Pier, sehr weit draussen vor Anker liegen. Es führt tatsächlich keine einzige Strasse hierhin. Alles was gebraucht wird, kommt per Schiff, Flugzeug oder Helikopter.

That's Austalia.

Irgendwann stehen wir dann wieder auf unser schmalen, einspurigen Hauptpiste, die uns als nächstes Etappenziel zum **Cape Melville Nationalpark** bringen soll. Die mittlerweile enger gewordene Sandpiste ist ab jetzt nur noch einspurig und sehr stark von der letzten Regenzeit ausgewaschen.

Um das zu versinnbildlichen:
Stellt Euch Flensburg – München (oder umgekehrt) auf einem einzigen schlechten, ausgewaschenen Waldweg vor, so oder ähnlich geht es hier die nächsten tausend Kilometer weiter.

Aber keine Panik, bis jetzt ist uns noch keiner entgegen gekommen und Verkehrskontrollen oder Radarfallen hatten wir seit Sydney auch noch keine einzige. Hat ja auch was, so ganz ohne Staatskontrollen.

Pro Tag treffen wir genau auf ein Fahrzeug und an einem späten Nachmittag kommt das Unerwartete. Erst denke ich - kann ja nicht sein, spinn ich, hab ich Tomaten auf den Klüsen, nein tatsächlich - ein Polizei Land Cruiser HZJ78, mitten im tiefsten Busch! Die beiden super smarten Beamten aus **Cooktown** berichten uns, dass sie gerade von ihrer 5 wöchigen Buschrunde zurück kommen und so einmal im Jahr ihren ganzen Verwaltungsbezirk abfahren, um die wenigen Farmer live zu besuchen, die in dieser verträumten Ecke ihr Leben meistern. Ja, aber auch um die Pistenverhältnisse zu kontrollieren, damit gegebenenfalls Strassenbautrupps anrücken, um defekte Sektionen und fast unpassierbare Flusspassagen zu begradigen.

Der Pistenverlauf wird doch tatsächlich so übel, dass wir tagelang nur im 1. und 2. Gang voran kommen, ewig lange "Spargelfeldspuren" mit feinstem Lehmstaub gefüllt, prüfen unsere Bodenfreiheit mit Türdichtungen, im stetigen Wechsel mit knietiefen Auswaschungen die unsere Achsverschränkung bis zum Anschlag quälen und die Blattfedern ordentlich von links nach rechts durchkneten. Der durchschnittliche Fahrschnitt liegt bei 15 km/h. Wer hätte das gedacht. Das gibt natürlich einen dicken, „blauen Brief" an den Verkehrsminister (;-)(

Da kann man sich ja glatt sein Auto zerstören!

Späßle gemacht ;-)

Unser neuer, recyclter Flossen-Wegweiser...
NINIAN BAY 17km / BATHURST BAY 20km
Die ganze Gegend ist hier so bergig, da muss es in der Regenzeit

richtig zur Sache gehen. Ständig müssen wir unzählige, ausgetrocknete und spitz zulaufende Bach-/Flussläufe, aber auch mal wasserführende Bachfurten durchqueren, in 2 bis 3 Monaten muss hier die Hölle los sein, worauf dann sicher keiner mehr diese Region befahren kann.

In der *Ninian* und der *Bathurst Bay* hängen wir je 2 volle Tage ab und "verschleudern" die Zeit, indem wir riesige Meeresschildkröten wenige Meter vom Sandstrand beobachten, die genau vor unser Nase hin und her paddeln und alle 3 min. ihre Köpfe zum Luftholen aus dem Wasser strecken.

Dann wieder bei Ebbe und auch hier mit gut 2 m Tidenunterschied, beobachten wir stundenlang einen Seeadler, wie er auf Beutejagd geht und sich hier und da in das seichte Wasser stürzt. Zwischendurch der Blick durch's Fernglas, um einige wenige Containerfrachtschiffe am Horizont vorbei gleiten zu sehen. Ein kurzes, strandnahes, wegen der "Saltis" Krokodile, Abendbad und schon ist wieder Essen kochen angesagt. Tja und schwups ist der Tag mit „Nichts tun" gemeistert.

Wie ihr seht, alles nicht sehr dramatisch, aber dennoch abwechslungsreich und erholsam. Auch wenn wir möglichst die direkte Sonnenbestrahlung meiden, verlangt das dem Körper Energie ab und man schläft abends prächtig ein, wenn dir der Brandungssound, begleitet von einer stetigen Brise kühlender Abendluft einen so in die Träume lullt.

Immer diese Pannen...

Tage später passiert dann das, was passieren musste, auch uns erwischt es einmal. So während der hoppeligen Fahrt wundern wir uns, warum „der Wind heute so ungünstig steht" und es dermassen durch's Fahrzeug staubt.

SCHE...SE NOCH MAL !!! ..., die Hecktür ist
aufgesprungen!

HEY, ICH HÄTTE KOTZEN KÖNNEN, am liebsten hätte ich die komplette KARRE A B G E F A C K E L T !

Der ganze Innenraum schaut aus, als wenn du einen weissen Gipssack entleert hast. Anhalten, Totalräumung mit gründlicher Entstaubung ist angesagt.

Nach dieser dreckigsten Zwangspause, die wir je hatten, verlassen wir diesen sehr abwechslungsreichen und hügeligen *Cape Melville NP* und tauchen keine 100 Kilometer weiter in den *Lakefield Park* ein, der uns von einigen Leuten sehr an's Herz gelegt wurde. Es wird flach und bleibt flach, die ganze Gegend schaut langweilig und nichtssagend aus. Nur wenige, kleine Sumpf- und Feuchtgebiete schenken unserem Auge beim Passieren Abwechslung.

Es wurden kleine Aussichtswege und Holzplattformen mit Sichtschutz zur Vogelbeobachtung angelegt. Die Infoschilder berichten, dass wir hier auf eine der artenreichsten Vogelparadiese Australiens blicken. Aber so sehr wir auch unser Fernglas bemühen, wir können nur wenige Piepmätze entdecken ;-((Aber gut, sicher war gerade die Hochsaison zu Ende.

Hier wird uns wieder bewusst, welch ein gewaltiger Unterschied doch zu Afrika mit seiner Artenvielfalt und Grosstierwelt besteht. Seit *Cairns* haben wir mal gerade eine Handvoll Kängurus (die kleineren Wallabis), 3 Dingos, 2 Warane, 2 Wildschweine, 1 Süsswasserkrokodil und 2 Schlangen entdeckt.

Was du immer und überall zu sehen bekommst, sind Rinder und Fliegen. Wie auch immer die Grossfarmer ihre Tiere wieder finden wollen, du sieht sie ständig, wie sie sich durch den Busch fressen. Ja und gut genährt und gesund scheinen sie auch zu sein. Auch die wilden, schwarzen, weiss gepünkelten

Buschtruthähne (Alectura Lathami) seien hier kurz erwähnt. Auch sie triffst du fast überall in kleinen Gruppen an.

Seit diese Großfußhühner auch unter dem australischen Artenschutzgesetz stehen, konnten sie sich reichlich vermehren. An fast jedem Picknickspot schleichen sie um unser Lager herum. Wieder einmal keimt hier bei uns die Frage auf, warum sich auf diesem riesigen, kaum bevölkerten Kontinent, so wenige Grosstierarten entwickeln konnten?

Auf der anderen Seite ist es natürlich äusserst angenehm, wenn man sich nachmittag's irgendwo in der Natur einen Nachtplatz sucht, das Campingzeug von Tisch und Stühle bis Pött und Pann rausräumt, alle Fenster und Türen sperrangelweit aufstehen hat und das ganze Zeug über Nacht einfach so stehen bleiben kann, ohne dass am folgenden Morgen ein unliebsamer Besucher alles weggetragen hat, oder irgendwelche Wildtiere angelockt wurden.

Also, unkomplizierteres Reisen können wir uns
auch hier wieder einmal nicht mehr vorstellen.

Tage später stehen wir am ***Musgrave Roadhouse***, einer Pistenkreuzung wo sich alle Durchreisenden und Roadtrainfahrer eine Lunchzeit, wie eine Dusche gönnen. Wir tanken nur nach und kaufen uns 2 Liter Frischmilch (zu 5 AU$!), Trinkwasser auffüllen und tschüss. Zum ersten mal stauben wir nun mit flottem Tempo, so zwischen 60 - 80km/h auf der Haupt Peninsula Development Road dahin. Eine mehr oder weniger gepflegte, 12m breite und feste Wellblechsandpiste, die sie weitgehendst gerade durch den offenen Busch geschoben haben. Da hier, mit möglichst wenig Aufwand versucht wird, möglichst viel zu transportieren, muss nun verstärkt mit den berühmten Roadtrains gerechnet werden. Wer immer auf solch ein überlanges Ungetüm an LKW-Zug trifft, sollte reichlich, ich meine gerne 10 - 15m in den Busch zur Seite ausweichen, ansonsten empfängt ihn eine Staubwolke mit Steinhagel - die Frontscheiben kosten kann.

Einige Kilometer weiter biegen wir dann zum *Iron Range NP* ab. Sofort schrumpft die Fahrspur auf 3m Breite zusammen und das lästige Wellblech lässt nach. Welch eine Wohltat. Immer wieder frage ich mich, so während der holprigen Fahrt, warum sich eine fest gewalzte, glatte Piste, so dermassen intensiv zu Waschbrett / Wellblechstruktur umwandeln kann?!?

Die Antwort, auch wenn ich mich wiederhole, meine ich ist simpel. Grosse, besonders breite Pisten verleiten zum rasen (speeding), die Reifen fangen dann leicht an zu hüpfen (besonders bei defekten Stossdämpfern oder zu hohem Reifenluftdruck) und durch den aufvibrierenden Vortriebsrhythmus, gerade bei 4x2 Fahrzeugbetrieb, reibt sich dann mehr und mehr punktuell die Fahrbahnoberfläche ungleichmässig aus. Leider teilweise so gewaltig, dass man fast das Lenkrad verliert und schlimmer dein Fahrzeug bei zu schneller Kurvenfahrt in's Schleudern gerät. Ab 60 km/h wird es erträglich und über 80 dann gefährlich. Nicht umsonst sichten wir immer mal wieder total "zerschossene" Schrottautos überschlagen und zerfetzt am Strassenrand liegen. Das wiederum ist "gefährlich", da mich so was grundsätzlich zum Anhalten zwingt, weil ich neugierig bin, ob sich nicht doch etwas Beute machen lässt, um brauchbare Ersatzteile zu ergattern.

Das Dumme ist, ich finde immer etwas,
was zu unserem Oldtimer passt ;-))

Das "Hippie-Paradies" der Chilli Beach...

Gottlob erreichen wir ohne weitere Ausfälle oder gar Überschläge, den *Iron Range National Park* und laufen zielstrebig die von allen so hoch gepriesene *Chilli Beach* an.

WOW - WAS FÜR EIN ULTRA FEINES PLÄTZCHEN ! (;-))
Hier genügt ein einziger Begriff...

BACCARDI FEELING !!!

Was für die indischen Hippie Freunde *Goa* mal war, so zählte vor 30 – 40 Jahren auch die *Chilli Beach* zum australischen „Pfeifchen Paradies". Nur schade, dass wir da leider 15 Jahre zu spät auf die Welt kamen. Der Staat hat es dann sehr praktisch geregelt und all diese traumhaften Strände „Nichtstuer und Beachcomber Paradiese", zum National Park erklärt.

Kurzerhand haben die Behörden alle "langhaarigen Bombenleger" raus geworfen, die windschiefen Behausungen abgerissen, das Groh der Altlasten fachgerecht entsorgt, einige neue, bunte Schilder aufgestellt und fertig war eine neue, australische Touristen Attraktion.

Die Schönheit ist auch hier nur schwer rüber zu bringen.

Voller Gedenken an diese wilde, zügellose, bunte, von Alkohol, Rauch, Musik und Liebe geprägte Zeit, suchen wir unsere eigene Strandecke zwischen unzähligen Palmen und Felsgruppierungen, die uns irgendwie an die Sychellen erinnern und gönnen uns 3 relaxte Tage Lotterleben in der Hängematte.

Besser geht nicht ;-))

Zwischendurch mal frisches Urbrot backen, etwas Schnorcheln, Wäsche waschen, auf dem Lagerfeuer kochen und bums ist der Sonnen durchflutete Tag wieder rum. Wie immer erledige ich auch meine Fahrzeugwartungsarbeiten, von Abschmieren, Ölstände kontrollieren, Reifendruck prüfen und Schrauben der Feder und Achsaufhängungen nachziehen.

Aber Vorsicht - hier besteht Kokosnuss Fallgefahr!

Wir entdecken ein perfekt traumhaftes Plätzchen unter Kokospalmen, weit ab von der Nationalpark Campsite. Wieder mal müssen wir dafür bei Ebbe am feucht-festen Strand lang düsen. Bei Flut schlägt uns dann die sanfte Brandung bis an unseren Palmengarten, mit seinen dutzenden von frisch austreibenden Kokosnüssen, die hier die Hochwasserlinie mit dem Schwemmgut bilden. Tja, was tut man nicht alles für sein "Last Piece of Paradise" ;-)

Nein wir müssen leider weiter, die Visazeit drängelt und läuft bald aus. Auf selben Breitengrad und rund 200 km Luftlinie weiter westlich (also einmal 90° links quer rüber auf die andere Seite dieses Cape York Zipfels), erreichen wir über die **Frenchman Road,** die unter anderem eine fahrtechnisch anspruchsvolle Offroadstrecke, inklusiv zwei haariger Fluss Durchfahrungen für alle Hardcorefahrer bietet, die Mienenstadt *Weipa*.

Genau zu meinem Geburtsjahr 1956, entdeckte hier ein neugieriger Geologe Bauxit und kurze Zeit darauf, gründeten Investoren die "Comalco" (Commonwealth Aluminium Cooperation). Seit dem werden hier 8 Prozent der Weltförderung, oder anders in Zahlen, 11 Millionen Tonnen hochwertiges Bauxit in Obertageabbau aus dem tief roten Boden gekratzt. Mit den mächtigsten Scraper'n die "CATERPILLAR" mit seinem 2000Ps Monster Typ: 657K zu bieten hat, das dann im „20ziger Pack" synchron nebeneinander herfahrend, wird hier nur kurz unter der "Grassohle" das tennisplatzrote Bauxit Meter um Meter vom Boden gehobelt, gesiebt und auf Zwischenhalden bis zur Weiterverschiffung, unmittelbar vor der Küste am Strand aufgeschüttet. Ähnlich wie bei der Silikatgewinnung, läuft dann das pulvrige Zeug über Kilometer lange Förderbänder bis raus an die Pier und weiter in den Schiffsbauch.

Wir bleiben wie immer genügsam, uns interessieren nur die örtlichen Nachschubmöglichkeiten: Bier, Wein, Wasser, Tanken, Lebensmittel und die gut sortierte Bibliothek mit ihren 5 Internetplätzen (Stunde 3 AU$ mit Mitgliedsausweis / 6 AU$ ohne). Lilli staubt noch so ganz nebenbei und kostenlos einige aussortierte, englische Romane ab. Der ganze Ort wurde über die letzten Jahrzehnte von diesem einen Firmenkonsortium erstellt und ausgebaut. Alle Teerstrassen, ein 25m Freibad, die Schule, mehrere Bowlingplätze, Sportanlagen, Squash , Tennisplätze, Minigolf und Freizeitparks und all dass was 2200

Angestellte noch so zum Leben brauchen, um glücklich und wohl umsorgt ihren Job zu erledigen. Natürlich werden auch alle Gemeindeanlagen mit bunten Blumen und satt grünen Rasenflächen aufwändig gewässert und gepflegt.

Noch eine Feinheit zeichnet diese Region hier aus. Ob jetzt im trockenen Winter oder zur feuchtheissen Sommer Regenzeit, es herrschen immer angenehme Tagestemperaturen um die 30°C. Im Frühjahr wird es nachts mit 20 Grad dagegen richtig frisch. Eine sehr willkommene Tatsache, um problemlos einschlafen zu können. Manno, was könnten wir da in Deutschland Heizkosten und Winterklamotten sparen, hätten wir mal nur ;-((

Visum -Verlängerung...

Vergesslich wie ich bin. Unsere VisaVerlängerung erledigen wir in dieser künstlichen Kleinstadt mit nur einem Telefonat und einigen Formularen nach *Cairns.* Frisch ausgedruckt von der Webseite der australischen Immigration Behörde. Kopien vom Pass und Flugticket plus Kontoauszug bei (1000 AU$ p.P. und Monat sind nachzuweisen) und ab damit in die Briefpost, zum Immigration Head Office nach *Cairns*. Unseren Verlängerungssticker können wir uns dann später in *Cairns* oder *Darwin*, wann immer wir wollen, auch nach Ablauf unseres jetzigen Visums, abholen. Das finden wir nicht nur super und praktisch, sondern auch ungemein zeitsparend.

Kleiner Beigeschmack: für 6 Monate Verlängerungszeit, müssen wir p.P. 200 Australische Dollar (130 Euro) abdrücken (funktioniert nur mit Kreditkarte!).

Das finde ich nicht nur ausserordentlich geschäftstüchtig, für die paar Gramm Papier und Tinte.

Aber immerhin - wir dürfen im Land bleiben ;-))

Zwei entspannte Tage verweilen wir in dieser

Traumkulisse und geniessen die unbeschwingten Stunden am Strand des *Gulf of Carpentaria*, um diesen „Aderlass" zu verdauen, ein wenig zu Lesen, eMails zu beantworten und um Energie zu sparen. Auch einen Waschsalon besuchen wir zwischendurch und mein Bordwerkzeug bekommt erneut etwas Zuwendung, um kleinere Wartungs-/Abschmierarbeiten zu erledigen. Zack sind die Tage wieder verflogen. Das Klima ist nun schlagartig trockener, da wir jetzt auf der westlichen, windstilleren und milderen Seite der *Great Dividing Range* verweilen. Auch geht hier die Sonne nun traumhaft schön im Meer unter, so wie es sich für anständige Reiseparadiese gehört.

Über Nebenpisten, die unter anderem durch 30-60km große Farmlandflächen verlaufen, die auch eigene Airstrips (Landebahnen) unterhalten, geht es weiter auf der neuen, breit geschobenen *Telegraph Road* und einem Teilstück der *Bamaga Road.* Schlussendlich erreichen wir das "Schlüsselloch" zum Tip, den *Jardine River NP*. Auf zarter, rötlich gepuderter Piste steuern wir fast ohne Wellblech die *Captain Billy's Landing* Bucht an, quasi erneut, 200 km quer rüber zur „anderen, rechten Seite" der *Cape York Halbinsel*.

Der tolle Name *Captain Billy's Landing* klingt sehr vielversprechend, klingt ;-)(
Eine geräumige, hellfarbene Sandbucht mit hoch aufragenden Sandsteinklippen am nördlichen Ende, ein steiniger Schottervorplatz zum Übernachten und ganze 5 kleine Büschelpalmen säumen den weiten Strand, untermalt mit kräftigen Wind, der dir locker mal den Schlüpfer wegschiesst, wenn du draussen in der Yogahaltung dein Geschäft verrichten willst.

Ganz nett für eine Nacht, für unsere Kaitfreunde und Windsurfer sicher auch super perfekt, aber für uns deutlich zu stürmisch, um länger auf diesem "Vorfeld" zu verweilen. Man wird ja wählerisch ;-)(und kann sein rollendes Hotel zum Glück geschwind mal umparken. Also weiter. Schlappe 100 km nördlicher erreichen wir auf passablem Pistenverlauf die **Fruit Bat Falls** und einen Katzensprung weiter, auch die **Elliot und Twin Falls**. Ein traumhaftes Wasserparadies in sattgrün umsäumter Baumkulisse mit Trinkwasserqualität.

In Afrika würden die Einheimischen "hier" Wäsche waschen und gleichzeitig das kontaminierte Wasser zum trinken nach Hause schleppen. In Australien wird es höchstens zum baden und relaxen genutzt. Fakten, und die tun manches mal weh, können aber nur durch gute Schulbildung und vernünftige Politik verbessert werden. Übles Thema aller "Drittweltländer".

Das Bade und Plansch-Paradies - die "Twin Falls".

Yeeepy, DAS ist es, was wir gesucht haben !

Einer der Top Plätze, die *Cape York* zu bieten hat. Die Schönheit kann ich auch hier schriftlich nur dürftig und bildlich stark eingeschränkt wiedergeben. Du musst einfach das Gesamtbild, die Geräuschkulisse und die blumigen Gerüche dazu betrachten, das türkisfarbene Wasser plätschern hören, den Wind, der die Baume hin und her wiegt, dazu die all gegenwärtige Vogelgeräuschkulisse und ganz wichtig, das Wasser, welches durch die Sonnenstrahlen in seine farblichen Elemente aufgespalten wird, kristallklar ist und beste Trinkwasserqualität bietet. Keine Industrieanlagen die ihre Abwässer entsorgen oder Ureinwohner die ihre Wäsche am Strand waschen. Nein - alles 100% naturrein. Hier möchte man am liebsten für immer bleiben, ein echtes Paradies!

Nach dieser Seelen und Gemütsstärkung in diesem Traum von Landschaft und Natur teilt sich die Piste zwischen „Rollstuhlfähig" und „Trucktrialstrecke" auf. Da wir ja nicht hier sind, um uns nur zu erholen, sondern doch auch gerne um etwas fahrtechnisches Abenteuer zu erleben, kommt nur die Hardcore Piste, des *Old Telegraph Tracks* in Frage.

Ab HIER ist für Großfahrzeuge Schicht!!!

An dieser Stelle sei für alle LKW Fahrer und Expeditionsmobil Freunde erwähnt, dass ab der...

Sam Creek Passage für alle Fahrzeuge mit mehr wie maximal 2,3m Aufbaubreite Schluss ist!!!

Eine schmale Flussbettpassage (mein 3m Maßband bleibt bei exakt 2,3m stehen...) gibt eindeutig und unwiderlegbar die Fahrzeuggrösse für den folgenden Pistenverlauf vor. Die weitere Strecke bleibt sehr kurvig, eng und dicht zugewachsen. Dennoch, bis zu diesem nördlichen Punkt wären fast alle Pistenbefahrungen auch für LKW's jeglicher Achszahl, Tonnage und Höhe möglich gewesen.

So aus meiner Sicht als DEUTZ Fahrer definiert. Wer hier

mit seinem Adventure Truck weiter will, muss nun die breite aber tödlich langweilige Bypassroad nehmen, um das Top End zu erreichen. Für uns geht es auf dem der Natur überlassenen und nicht mehr gepflegten, uralten Telegraphtrack weiter.

Jetzt wird es spannend und ich erinnere mich meiner ersten Off Road Jahre im Hamburger Land Rover Club, mit den unzähligen Geländefahrstrecken auf stillgelegten Bundeswehr Truppenübungsplätzen der Nordheide. Diese Erfahrungen werden mir in den kommenden Wochen sehr helfen, diese doch sehr ausgenudelte, wie anspruchsvolle Strecke zu meistern, ohne ein Differenzial oder gar das Getriebe zu zerstören.

*Hier die alte **Bridge Creek** Crossing*
wer will kann aber auch eine kleine Bypassspur nehmen.
Jeder wie er mag und sich zu traut.

Alle Flüsse die es nun zu überwinden gilt, führen mindestens 50-

60 cm tiefe Wasserstände, natürlich je nach Jahreszeit bedingt. Obendrein sind die Uferböschungen häufig stark ausgefressen, so dass du dir die einzelnen Sektionen sehr genau anschauen und abgehen solltest, wo und wie sie am günstigsten zu passieren sind. Das beruhigendste aller nun folgenden Flüsse, sie haben keine Krokodile und ihre Wasserqualität ist, bei 28°C Grad Badetemperatur, kristallklar. Perfekt um sich zwischendurch auch mal eine wohlgefüllte "Badewanne" zu gönnen, oder auch um hier und da seinen Frischwassertank nachzufüllen.

Oh je, das kostet Material...

Hier kommt nun vermehrt mein Verlängerungsschnorchel der Luftansaugung zum Einsatz, damit der Motor bei den langen Wasserpassagen ja keinen Wasserschlag erhält. Also Wasser an saugt. Gezwungenermaßen dort zu fahren, wo du zum Spurverlauf optisch keine Kontrolle mehr hast, vermittelt dir ein äusserst seltsames wie unsicheres Bauchgefühl.

Ein krasses Fahrgefühl, sobald das Fahrzeug bis zur Motorhaube untertaucht und der Wasserdruck deutlich zu spüren ist.

Bei dieser 50-70cm tiefen, sehr langen Wasserpassage, drückt es uns vom starken Wasserschwall das Lüfterrad dermassen zum Motor hin durch (obwohl visko gelagert), dass einer der 8 Flügel des rotierenden Plastikteils leider Kontakt bekommt und abbricht. Da grämt es mich schon sehr und ich ärgere mich, dass ich einfach zu faul war, eine kleine Plane vorsorglich vor den Kühlergrill zu spannen, damit beim Wassereintauchen die Bugwelle zu 100% gestoppt werden kann. Um nun die entstandene Unwucht zu kompensieren, säge ich kurzerhand auch den gegenüberliegenden Flügel ab, das war's und die Fahrt kann weiter gehen. Outbackreparatur halt.

Auf dieser Piste finden wir traumhaft schöne Übernachtungsplätze, auf kleinen Sandbänken und mitten im Flusslauf gelegen, quasi Badewanne und Waschbecken direkt vor der Haustür, praktischer und romantischer geht's ja wohl nicht.

Picknickplatz im Halbschatten mit Fußbad - besser geht nicht.

Wenn nicht gerade Krokodile darin schwimmen (Warnschilder

beachten!), solltest du gerne zuvor jede Furt zu Fuß ablaufen und auf tiefere Löcher und grössere Felsbrocken prüfen und diese gegebenenfalls zuschütten oder bei Seite räumen, denn mitten in solch einer Passage hängen zu bleiben, bedingt meist eine grössere Bergeaktion. Welcher Caravan Park könnte schon solche Naturerlebnisse bieten!?! Wir baden und aalen uns, so oft es nur geht in den sandigen Wasserbecken und Rockpools, dass wir schon wieder befürchten müssen, Schwimmhäute zwischen den Gliedmaßen zu kriegen.

4 Waschechte Australier...

Wie der Zufall es so bestimmt, treffen wir genau hier in dieser Region auf Danny, Simon, Garry und Terry mit ihren zwei alten Land Cruiser HJ42 und HJ47 Modellen, natürlich landestypisch, inkl. Anhänger hinten dran. Also ein kleines J4 Land Cruiser Treffen in freier Natur :-))

Nicht dass wir sonst so keine Reisenden kennen lernen würden, aber echte Outbackburschen im "Crocodile Dundee Style" mit historisch alten Toyotas sterben auch in Australien langsam aus. Vier australische Originale der alten Garde, mit dem ewigen Wandertrieb im Arsch. Einige Monate hier oder dort Geld verdienen und ab in die Natur, um die Freiheit unterm Sternhimmel zu geniessen, bis man bei irgendeiner Frau hängen bleibt und eventuell eine Familie gründet. Das Beste ist, Danny ist Toyota Mechaniker und Simon House Constructer und Allroundhandwerker. Beide fahren sie ihr komplettes Werkzeug durch die Gegend. Was soll uns da noch passieren, Also auf bessere Reisepartner hätten wir nicht stossen können. Aber viel wichtigster ist doch, dass die Chemie unter uns sechs Menschen stimmt, alles Weitere ist pures Reisevergnügen.

Tage später stehen wir dann am letzten grossen Hindernis zum **Top End**, dem schnell fliessenden und hier ca. 140m breiten *Jardine River.* Diesen Fluss schauen wir uns sehr genau vorab auf eine möglich passierbare Wasserfurt hin an. Ich erinnere mich der vielen Stories, die wir mittlerweile von zahlreichen Leuten gelesen hatten. Vor nicht allzu langer Zeit konnte dieser breite Fluss gut im Team überquert werden, nun haben die Aboriginals angeblich mutwillig (oder besser aus Profitgier) diese einzige seichte Wasserfurt ausgebaggert, damit ja keiner mehr selbstständig dort durchfahren kann und alle Durchreisenden ihre einzige und teure Pontonfähre benutzen müssen, um überhaupt weiter zu kommen.

Für M E G A G I E R I G E 88 AU$

wird man auf einer lächerlichen "Ponton Fähre" über den hier gerade mal 60m breiten und etwas tieferen Fluss gebracht. Egal wen wir von den reisenden Australiern auch treffen und sprechen., ALLE HABEN EINEN DICKEN HALS über diese Sauerei von ABZOCKE !

Pontonfähre im Land Cruiser Convoi, hier manuell mit einem Auto per Seil hin & her gezogen.

Sieh an, die Ureinwohner haben kräftig dazu gelernt, wie man schnell leichte und gute Geschäfte machen kann. GROLL hin oder her, wir blechen mit bitteren Nachgeschmack die 88 "Tacken", obwohl wir mit Danny und Simon und deren beider

Winden wie Seillängen den weiter oben liegenden, ca.140m breiten, rund 40-60 cm tiefen sandigen *Jardine Fluß* sehr wahrscheinlich an der uralten, flacheren Furt geschafft hätten. Wäre da nicht noch die heftige Strömungsgeschwindigkeit dieses Flusses. Denn sollte man stecken bleiben, werden die Reifen unter Wasser von der Strömung blitzartig unterspült und dann ginge eher nichts mehr. Ja ich muss hier zugeben, unser fetter Deutz hätte sich darüber eher amüsiert, mit seiner deutlich höheren Bodenfreiheit und seinen gewaltigen 395/85R20 Breitreifen.

Ich gehe vorsichtig und langsam Meter um Meter mit einem alten Baugitter unten rum gegen mögliche Krokodilattacken geschützt, in die kräftige Flussströmung hinein, um den Untergrund auf Festigkeit zu prüfen. Aber von einem ausgebaggerten Loch, wie vorgewarnt, kann ich beim durchwaten des Flusses nichts entdecken. Zum Glück beinhaltet der Fährpreis auch das *Land Acces Permit*, also die Eintrittsgebühr zu dieser Aboriginal Kommune am **Top End**, sowie auch für die ganze Camping und Aufenthaltsdauer, des freien Campieren's, wo immer man will.

HIER FÄNGT AFRIKA AN !

Der Hit der kurzen Flusspassage ist, dass seit Monaten der eigene Fährmotor defekt ist und der Ponton mittels zweier Toyotas per Seil hin und her gezogen wird. Also echt, genau wie in Afrika. Diese zirkusreife Darstellung besänftigt meinen Groll über den hohen Fährpreis ein wenig und lockert das ganze Prozedere doch auf.

Auf rötlich breiter Piste erreichen wir also schmerzfrei *Seisia* mit seinem kleinen „Jetty Hafen", von dem aus auch eine wöchentliche Fährverbindung nach *Cairns*, sowie zu den nahen Inseln der *Torres Strait* besteht. Wer auf den langen Rückweg per Auto keine Lust mehr hat, um die tausend staubigen Kilometer erneut abzufahren, kann seine Allradkutsche in einen 20" Container schieben und mit dieser „Barge" inkl. zweier Bordübernachtungen und Vollverpflegung, für bescheidene 1600 AU$ (PKW inkl. 2 Personen, LKW sind nicht möglich!) nach *Cairns* zurück schippern, inklusiv einer *„Great Barrier Reef "* Überquerung. Also eine nette, mögliche Rückreiseoption mit neuen, bunten Reiseeindrücken.

Aber wir bleiben standhaft und spulen auf vorzüglich glatt gewalzter, roter Schotterpiste, die letzten 42 Kilometer zum Tip hoch ab, während der Spannungsfaktor im Bauchraum steigt.., und dann - endlich...

B I N G O - Ziel erreicht!

Nach insgesamt 8831 Kilometern und 102 Reisetagen - seit dem Reisestart in Sydney, erreichen wir vollkommen unbeschadet und ohne Motor, Getriebe, Reifen, oder sonstige Fahrzeugpannen, unseren nördlichsten Reisepunkt Australiens.

THE TIP vom TOP END Australiens.

Noch wenige hundert Meter müssen wir dann zu Fuß über Muschelbänke und Felsbrocken stolpern, bis wir endlich da stehen, wo die Wassermassen und Naturgewalten vom *South Pacific Ocean* und dem *Gulf of Carpentaria* zusammen schlagen - welch ein FANTASTISCHES BAUCHGEFÜHL !!!

Für alle GPS-Freunde hier die Koordinaten:
E 142'31.890 - S 10'41.234

Leute, ich muss nicht extra betonen, dass solch ein Reiseereignis bei jedem Besucher der diesen, doch sehr markanten Zipfel Australien's überhaupt einmal erreichen wird, ein verdammt geiles Magenkribbeln erzeugt. Du kehrst schon in dich, wenn du so auf diese, in türkis Farben gefärbten Meereskräfte blickst und der tropisch milde Wind dir deine Ohren an bläst. Für alle Seefahrer ist es sicher kaum weniger aufregend, wenn sie sich, egal mit welchem hochseetauglichen Schiff auch immer, auf der *Torres Strait* zwischen Australien und Papua Neu Guinea, durchs Wasser schieben.

313

Und genau hier gibt es ein Jubiläum zu feiern.

Genau volle 3 Jahre sind wir nun unterwegs und „AUF ACHSE" und das ohne ein festes Zuhause! Kann man das glauben – es funktioniert und wir sind noch kein bisschen reisemüde ;-))

So übernehmen wir hier gerne einen neuen Aussteigerspruch:

„BESSER ZU FUSS AN DEN STRAND -
ALS MIT DEM BENZ ZUR ARBEIT " ;-)

Ergo gönnen wir uns drei volle Tage „Inkubationszeit", um all diese Freuden mit Glücksgefühlen zu geniessen und die zahlreichen Reiseeindrücke dieser mega schönen Strecke zu verarbeiten, was an dieser absolut nördlichsten, feinsandigen *Frangipani Beach* Australien's, untermalt von einem satt grünen Palmendach, nicht wirklich schwer fällt ;-)) Ich übe mich auch hier wieder beim Angeln, was besonders viel Erfolg bei auflaufender Flut versprechen soll. Aber ausser einiger Dutzend kleiner Rochen (Stingrays), die im seichten Wasser den Meeresgrund auf Kleingetier absaugen, gibt es nur 2 grosse Fische zu sehen. Der Rest sind bunte Minifische mit Muscheln aller Couleur - herrlich.

Wir haben ja nun schon so einiges auf und im Wasser entdeckt, aber gut 2m lange Riffhaie, die bei auflaufender Flut bis auf den 40cm seichten Strand zu geschwommen kommen, wobei ihre Körper dabei halb raus ragen, geben uns ein deutliches Signal, nicht mehr wie auch nur 10m weiter raus zu laufen!

Vor den immer und überall vor gewarnten, grossen Salzwasser-Krokodilen, können wir hier kein einziges Exemplar entdecken. Aber wir sind uns sicher, sie lauern überall unter der Wasseroberfläche auf Beute, denn ein Zeitgefühl scheinen diese Fressmaschinen nicht zu kennen.

Tja und immer mal wieder die Angel ausprobieren, bringt auch so seinen Entspannungsfaktor, um wieder in sich zu kehren.

Mit dem Fahrrad um die Welt... (auch Seite 28-29)

Eine weitere Geschichte die uns auf der 2. einjährigen Umrundung ereilt, ist die Begegnung mit Heinz Stücke (2 facher Weltumrunder der Extraklasse mit mehrmaligen Eintrag in's Guinnes Book of Records) am *Tip* von *Cape York Pininsular.*

Wir stehen am äquatorialen/südlichsten Zipfel Australiens unter hohen, Schatten spendenden Kokospalmen, vor uns läuft die sanfte Brandung des türkisfarbenen Torres Street auf den schneeweissen Korallenstrand. Fast in Sichtweite liegt uns *Papuar Neu Guinea* gegenüber. Ich entfache gerade unseres abendliches Lager-/Kochfeuer und plötzlich steht da wie aus dem Nichts herbei gezaubert, Karl-Heinz mit seinem schwer bepackten Klapprad neben uns. Ich denke mir so, na wie ein Chinese schaut der nicht gerade aus, könnte eher noch ein verrückter Käskopp oder Franzmann sein. Denn wie bekloppt muss man schon sein, um in dieser tropischen Einöde und bei

315

dieser Hitze mit einem lächerlichen Klapprad unterwegs zu sein. Seine Erklärung ist später ziemlich simpel...

Heinz gerade mal 64 Jahre jung, eine perfekte, stramme Figur wie ein 30järiger, Arschbacken hart wie vollgetankte Kamelhöcker, 1960 mit zarten 20 auf die erste Fahrrad-Weltreise gen Indien gestartet, mittlerweile längst alle 193 Länder unseres Planeten beradelt, gute 500.000 Kilometer weggestrampelt, 20 Reisepässe total zu gestempelt, dabei insgesamt nur 2 normale, ungefederte Stahlrahmenfahrräder verschlissen und so ganz nebenbei 1999 den ersten Eintrag in das berühmte **"Guinnessbuch der Rekorde"** geschafft.

Erneut klappert er nun mit seinem englischen, 20" Prompten Mini-Faltrad bestückt und wenig Gepäck, die letzten einsamen Ecken unseres Planeten ab, um nun auch noch die einzelnen Protektorate diverser Kolonialstaaten, nur 1 x kurz betreten zu können, damit er so erneut den Eintrag in's "heilige" Guinnes Book schafft.

Tja und das geht eben nur per Hubschrauber oder Kleinflugzeug und die nehmen nur wenig Gepäck sowie nur ultra kompakte Klappräder mit. Ist doch logisch - oder?!?

Wäret ihr darauf gekommen?

Heinz Stücke schon wieder startklar...

Auch hier der Link zu seinem beeindruckenden Radleben:
https://www.radfahren.de/story/heinz-stuecke-im-interview/

Aber es zeigt auch, dass man schon eine kräftige „Fahrrad Macke" haben muss, um ausschließlich gute 40 Jahre lang auf einem Fahrrad unterwegs zu sein. Global betrachtet, könnte man das sicher jeden zweiten Chinesen fragen ;-)(

DIESE Nacht wird also lang, seeehr lang, das Feuer prasselt, das Bier verdampft... ;-((und eine spannende Reisestory jagt die nächste. Geil, wir stehen voll im Leben.

So schliesse ich hier unser kleines, aber ultra buntes, tropisch angehauchtes **Cape York Abenteuer**, denn wir möchten ja noch für später etwas zu berichten haben. Die folgenden zwei Wochen verbringen wir mit einem gemächlichen Rückweg im Schneckentempo über die Hauptdevelopmentroad und einigen Buschabstechern, nach *Cairns*, wo uns dann blitzartig erneut die Zivilisation wieder einholt. WAS wäre das Leben ohne wechselnde Gegebenheiten.

Resümee Cape York...

Wir hatten uns diesen Landesteil doch viel, viel tropischer vorgestellt, aber es erwartete uns doch mehr ein gemässigtes Klima. Nur sehr wenige Tage hatten wir ähnlich „klebrige Umgebungsluft" mit erdrückend hoher Luftfeuchte, wie man es z.B. von Thailand her kennt und das dann auch nur direkt an einigen Küstenabschnitten. Am Tage schwankten die Temperaturen je nach Bewölkungszustand zwischen 28-34 Grad, nachts sank das Quecksilber auf angenehme 18-22 Grad ab.

Durch die geographische Struktur ergaben sich ständig wechselnde Erlebnisquellen. Nach einigen, wenigen Tropenwald-Befahrungen, folgten täglich unterschiedliche Flusspassagen mit erfrischenden Badeeinlagen. Dann an der spannenden Küste angekommen, wiederum wunderschöne, einsame Strände, vereinzelt mit dem klassischen „Bacardi Feeling". Nie gab es ernsthafte Versorgungsprobleme, wenn man 500km Logistikentfernung in Kauf nimmt und seinen Treibstoff wie Reiseproviant danach auslegt. Das beste Trinkwasser hatten wir aus den kristallklaren Bächen und Flüssen, ohne jeglichen Nebengeschmack oder Chlorgeruch. Der Selbstreinigungsgrad liegt hier enorm hoch. Die Wassertemperaturen lagen immer um die 28 Grad, das gilt für alle Süßwasserflüsse und Salzwasser Strandregionen.

Sehr gefreut haben wir uns zu dieser Jahreszeit, über die extrem wenigen Fliegen und Stechmücken. Die noch schlimmeren, kleineren Sandfliegen traten meistens nur dort auf, wo irgendwo versteckte Feuchtgebiete mit Billabongs (Pfützen) schlummerten und diese von uns nicht gleich erkannt wurden. Besonders nah an Mangrovensümpfen gelegene Stellplätze sind ein Garant für abendliche Sandfliegen und Moskitoangriffe, was dank **"R I D"** (Repellent), "Ballistol" (ja das Waffenöl) oder langer, dünner Trackingklamotten (z.B. die Mückendichten "Fjällreven G-1000 Kleidung") nie ein ernstes Problem war.

Geheimtipp für alle Fahrradfreunde...

Der letzte Abschnitt des **Old Telegraph Track** ist eine ideale Mountainbike Strecke mit nur wenigen Höhenunterschieden. Durch seine recht gut befahrbare Pistenführung, die durch die zahlreiche Wasser führenden Bäche und Flüsse in Trinkwasserqualität verläuft, ist eine optimale Wassergrundversorgung gegeben. Bei ca. 20 - 30 Fahrzeugen Tagesfrequenz in der australischen Haupturlaubszeit, hält sich das Fahrraderlebnis sicher im angenehmen Bereich, ohne beim Strampeln zu sehr von einer Blechlawine überrollt zu werden.

Fazit: Wer *Cape York* bereisen möchte, muss dies in den trockenen Wintermonaten von Anfang Juli bis Ende Oktober angehen, da es zahlreiche, stetig wasserführende Flüsse zu überwinden gilt. Während der Regenzeit herrschen partiell heftige Niederschläge, wodurch verstärkt subtropisches, feucht-warmes Klima entsteht und diese Wasserläufe schlagartig unpassierbar werden. Daraus resultiert eine verstärkte Mückenplage. Auch werden die meisten Nebenpisten mit ihren gefluteten Auswaschungen dann kaum noch befahrbar sein, ausser du hast auch noch "Schneeketten" zur Traktionssteigerung dabei.

Die *Haupt-Peninsula Developmental-Road* bleibt dagegen als grosse Versorgungsader das ganze Jahr über für jede Art von Fahrzeuggrösse passierbar, damit die Grundversorgung aller Bewohner aufrecht erhalten werden kann. 4–6 Wochen Fahrzeit sollte man sich gerne Zeit nehmen, ansonsten artet der Urlaub in reinen Fahrstress aus und NUR wirklich vollwertige 4x4 Geländefahrzeuge machen das Befahren überhaupt erst möglich, da sich viele Weichsandsektionen mit steilen Flussuferpassagen ständig abwechseln. Große, grobstollige Reifen (MT Profil) gepaart mit hoher Bauchfreiheit und kurzem Rampenwinkel erleichtern das überwinden vieler Geländesektionen. Eine vorhandene Geländefahrpraxis kommt hier jedem Fahrer sicher zu Gute und schont die Fahrzeugtechnik.

Merke: auch bei schlammigen Untergrund hilft
massives Luftdruck ablassen enorm !

**Schneeketten wären dann noch die Steigerung dazu
und bringen eine 3 x bessere Traktion, wie Spurtreue,
werden aber in Australien kaum angeboten und
fressen natürlich Kilogramms von der Zuladung weg.**

Zum Glück ist die reine Old Telegraph Track Piste seit einigen Jahren NICHT mehr für Allrad-Mietfahrzeuge freigegeben, was diesen, in seiner Art und Weise einzigartigen und engen Streckenverlauf vom Massentourismus mit dann sicher deutlich gesteigerter Benutzungsfrequenz befreit.

Alle Großfahrzeuge werden, wie schon angerissen, bedingt durch ihre "Überbreite" auch nicht den Zugang finden, was wiederum den weichen Spurverlauf deutlich schont und den Boden vor heftigen Aufwühlungen der schweren LKW-Reifen mit ihren hohen Achslasten verschont. Sonst nämlich werden die Fahrspuren dermassen zu Brei geritten, das sie nach dem Abtrocknen kaum noch zu gebrauchen sind. Gerade so was haben wir in Schwarzafrika häufig nach der Regenzeit, leider auch auf Hauptverbindungen erlebt. Dort aber haben die Bewohner keine andere Möglichkeit, um ihr Leben zu regeln, da der Lebensmittelfluss der einzelnen Kommunen und Dörfer immerzu gesichert werden muss, ansonsten würden sich punktuell Unterversorgungen mit Hungerkatastrophen ergeben und DAS braucht kein Mensch.

Tja, anderer Kontinent, andere Gegebenheiten.

*Hier ein afrikanisches Beispielfoto einer durch LKW's
total zerstörten Piste.*

Die Split Rocks von Quinkan...

Aber wir sind ja im geordneten Australien unterwegs und bleiben hier weiter am Ball.

Eigentlich sollte unsere Cape York Geschichte nun abgeschlossen sein, eigentlich (;-)(

Dummerweise entdeckt Lillli noch eine sehr interessante Nebenstrecke in den **Quinkan Bergen** der **Great Dividing Range**, kurz vor *Cairns*. So steuern wir als nächstes die auf dem Rückweg liegenden "Split Rock" Felsformationen von *Quinkan* an. Zwischen gewaltigen Felsquadern, diese zum Teil von den Wechselwirkungen der Witterung in grosse Teile zersprungen,

321

finden wir hier eine der besterhaltenen Felszeichnungen dieser Region, die mindestens 13.000 Jahre alt sein sollen. Auf einem, mit riesigen Felsbrocken übersäten Bergrücken, der unter anderem eine phantastischen Ausblick über die wunderschöne *Laura* Talebene ermöglicht, bestaunen wir die gut erhaltenen Felszeichnungen und Gravuren mit Schildkröten, Dingo's, Fledermäusen und menschlichen Motiven. Also ein Museum unter freiem Himmel. Auch deutlich für jeden Kunstbanausen zu erken, die unterschiedlichen Künstler, die sich hier mit ihrer Kreativität verewigt haben. Manno, was werde ich noch mal schlau in diesem Leben (;-)(

Als Abschiedsgeschenk für diese Klettermühen, finde ich tatsächlich noch in einer der Parkplatzmülltonnen, in die ich gerade unseren Abfallbeutel rein drücken will, einen vollkommen neuwertigen 20 Liter Treibstoffstahlkanister (Wert 40,- AU$). Nur weil das kleine Belüftungsröhrchen innen lose umher klappert, hat man diesen solieden „Millitärkanister" in die Tonne getreten - krass! Ich stehe also davor, schüttle den Kopf und packe das gute Teil logischerweise ein. Dies ist nun schon der 2. Metallkanister, den wir durch Zufall finden. Wie kann man nur so verschwenderisch mit seinem Geld und Material umgehen. Wenige Kilometerchen weiter zweigen wir dann auf eine uralte Piste der einstigen Goldgräber Route ab. Was uns nun erwartet ahnen wir noch nicht ansatzweise und das ist auch gut so, DENN ES KOMMT RiCHTIG RICHTIG HEFTIG !

Wie immer, wenn man alten Spuren folgt, fangen sie meist ganz harmlos an und je weiter sich der Pistenverlauf dann fort setzt, desto schlechter wird der ursprüngliche Wegeszustand, da die Bodenerosionen über die vielen Jahrzehnte deutlich am Erdmaterial genagt haben.

Siehe weiter hinten die Maytown Goldgräbergeschichte...
TrackNr.12: Chillagoe - Maytown - Laura "old Coach" Trail...
350km reine Pisten-Kilometer zum "Palmer Goldfield" - QLD   Seite 366 - 375

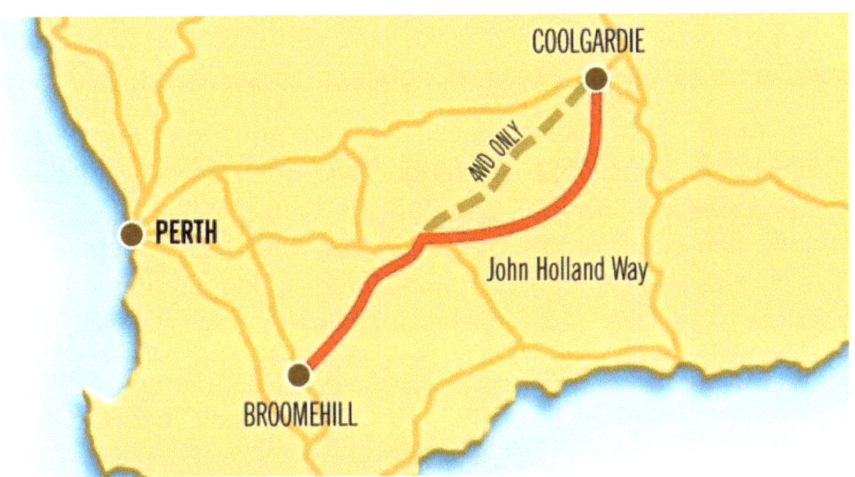

mit möglicher Bypassroute der schwersten Offroad Sektion

Luftaufnahme der fast gerade verlaufenden Pistenstrecke.

Dieser um 1893 frisch angelegte, historische Holland Track (benannt nach dem Explorer John Holland) wurde als eine schnelle Querverbindung für alle Minenarbeiter der Goldfeld Region um *Coolgardie* herum angelegt. Zu unseren heutigen Tagen ist diese Off Road Strecke eine sehr beliebte Abenteuer Strecke für fortgeschrittene Allradfahrer (Saisonabhängig).

Rund 3,5 Fahrstunden und 340km von *Perth* aus kommend, beginnt diese einspurige Sand-Querpisten-Verbindung bei *Broomehill/Hyden* im weitläufigen Weizenanbaugebiet und schiebt sich quer durch's Outback, rüber nach *Coolgardie* in die "Great Western Woodlands" mit ihren Goldgräberlagern. Die gesamte Strecke hält eine Vielzahl von Kultur und Naturschätzen parat, vor allen den schon sehr speziellen

"Wave Rock" bei *Hyden*.

Stehst du dann mal live vor dieser märchenhaften Steinwelle, muss man sich schon tiefer fragen wie die genau so entstehen konnte. Durch die Wölbung schafft man es ein teil hoch zu klettern, bevor die totale Senkrechte beginnt.

Je nach Jahreszeit und Niederschlagsmenge kann dieser Allradstrecke in ihrer Befahrbarkeit sehr spannend ausfallen. Wir starten unsere Outbackreise mit dem schon sehr skurril daher kommenden "Wave Rock" bei *Hyden*. So auf den bekannten Internetfotos schaut das schon eher unwirklich aus, aber sobald du live davor stehst, wirkt diese scheinbar versteinerte Riesenwelle vollkommen verzaubernd auf einen, obwohl es nur eine Konkave Abbruchkante eines grossen Sandstein Plateaus ist. Die vielen Jahrtausende mit ihren Verwitterungsphasen der Regenzeit haben weiter den Rest geformt.

Der Pistenverlauf bleibt überwiegend einfach, erst wenn es zur beginnenden Regenzeit oder halt danach, in den Bodensenken die alten Fahrbahnauswaschungen auftauchen, wo sich schon viele Fahrzeuge festgefahren haben, weil noch nicht ganz abgetrocknet, erst dann wird es hakelig.

Auf der gesamten Strecke gibt es KEINE Versorgungsmöglichkeit, weder für Lebensmittel, noch für Treibstoff. Ergo deckt euch für die volle Distanz mit Allem ein. Natürlich sollte man auch wieder genügend Reifenflickzeug und passende Ersatzteile dabei haben, die für euer Fahrzeug relevant sind. Aber über allem steht natürlich ein ausreichender Wasservorrat, da es hier keine Brunnen gibt.

Da wir nicht zu den Rasern gehören, gönnen wir uns zwischendurch diverse Teepausen und Übernachtungsplätze. Reisen heisst ja auch ruhen und rasten, damit du Zeit bekommst, alle frischen Eindrücke neu aufzunehmen. Der Weg ist das Ziel. Zwischendurch weiter ein Buch lesen, oder sein Tagebuch weiter schreiben, etwas Federball spielen, um weiter fit zu bleiben oder schlichtweg umher zu laufen um Brennholz für das abendliche Campfeuer zu sammeln, bietet auch eine Art Entspannung der Bewegung. Dazu noch etwas Holz passend klein hacken, um zum Abend dann auch alles startklar zu haben und schon ist ein weiterer Reisetag zu Ende und man freut sich auf das leckere Abendessen mit kühlen Erfrischungsgetränk.

Wir spielen zwischendurch immer liebend gerne Federball (sofern es nicht zu wendig ist), um nach dem vielen Sitzen im Auto auch Bewegung zu finden. Nicht wenige australische Outback Reisende haben aber auch einen Fußball oder ihren 8er Satz Boulekugeln dabei, um dann auf einer halbschattig, von Ästen und Gestein frei geräumten Fläche einige Partien gegeneinander auszutragen, so wie die Franzosen es lieben. Unsere 4 harten Outbackburschen vom Top End hatten ihren Pfeil und Bogen, sowie eine Armbrust dabei, um auf mit Sand gefüllte, alte Plastikflaschen zu zielen, oder auch mal auf Kaninchen, Echsen oder auch Schlangen jagen zu gehen. Oder was immer geht, das Münzen Weitwerfen gegen einen zum Boden hin gekippten Campingtisch als "Anschlagwand". Auch Yoga ist willkommen um während des Reisens weiter fit & gelenkig zu bleiben. Und die Männer haben gerne ihre Handeln dabei um dem Muskelverfall entgegen zu wirken. Heutzutage werden vermehrt zur Abendstunde gerne Dronenflüge aufgezeichnet, um diese in der Youtube Berichterstattung mit einzuflechten. Aber unser Ding ist es nicht, sich so privat im

Internet zu präsentieren, um alle Tipps wie Traumplätze zu offenbaren. Diese Art der "Reiseprostitution" ist schon komisch, denn zum einen wird so viel Wert auf "Datenschutz" gelegt und zum Anderen dann wieder diese global offene Reisepräsentation. Man mag sich kaum noch mit anderen Reisenden treffen, um Reiseinfos auszutauschen. Denn durch die Youtube Präsens gehen auch noch die allerletzten Geheimtipps dahin.

TrackNr.8: der Marree - Birdsville Track - 617km - SA

Kommen wir nun zu dem, für uns persönlich nicht so

spannenden *Birdsville - Marree* **Track**. Diese unbefestigte, aber durchgehend geschobene Erdstrasse durchquert dabei die **Tirari-Wüste**, die **Sturts-Steinwüste** und die sandige **Strzelecki-Wüste**. Die reine Ort zu Ort Verbindung ergibt fahrtechnisch 517km, aber mit den jeweiligen Zugangspisten beider Seiten kommen auf unserem nicht geeichten Toyota Tacho 617km zusammen.
Diese Querverbindung soll imm Jahr 1860 angelegt worden sein, um Viehtriebe vom nördlichen Queensland (QL) und dem Nother-Territorium (NT) rüber zu der nächst möglichen Eisenbahnverbindung, anfänglich von *Port Augusta* und Jahre später bis hoch nach *Marree* zu ermöglichen. Obendrein wurde durch diese fertig gestellte Errungenschaft einer modernen wie schnellen Eisenbahnverbindung, aber auch eine für diesen Bundesstaat wichtige Post Verbindung fertig und sichergestellt. Bis in die 1930er Jahre war diese Pistenverbindung nur für berittene Rinderviehtriebe und Kamelkarawanen passierbar.

All dies liegt kaum mal 100 Jahre zurück!

Bis auf die grosse Regenzeit ist diese Strecke heute gut befahrbar, eigentlich auch von 4 x 2 Fahrzeugen, solange es trocken bleibt. Dabei besteht derzeit in *Mungeranie* die einzige Nachtank Versorgung, inklusiv eines kleinen Krämerladens. Also ca. 210km nördlich von *Marree* gelegen.

Die Strecke ist bedingt abwechslungsreich. Von *Marree* aus führt die Hauptverbindung vom *Oodnadatta Track* Richtung Nord/Nordosten. Im Siedlungsbereich des *Lake Harry* passiert man einige wenige Ruinen aus der Gründerzeit. Diese zum Glück heute auch gerne von diversen Offroad Clubs zum Teil wieder neu aufgebaut. Beim Salzsee *Lake Harry* und dem Ort *Clayton* durchbricht die Piste dann den landesweit berühmten "Dingo Zaun".

Später überqueren wir weiter bei *Etadunna* den **Cooper Fluss**, der während der heissen Sommerzeit meist trocken bleibt und hier und da nur kleine "Billabongs" für ein Erfrischungsbad der Durchreisenden parat hält. Weiter geht's durch die **Tirari-Wüste**, in deren Einzugsgebiet auch die einzige Versorgungsmöglichkeit im Ort von *Mungeranie* besteht. Auf einer rund 50km langen, abzweigenden Seitenpiste Richtung *Kalamurina* trifft man auf den Weg gen *Birdsville* auf die besagte Mini Fillingstation. Wer sich unsicher ist, könnte hier noch mal nachtanken.

Weiter geht es auf passabel geschobener Piste durch die steinige *Sturts-Wüste* bis rauf zum klein Örtchen *Clifton Hills,* der am **Warburton Fluss** liegt. Wer mag kann natürlich auf der gesamten Querverbindung, überall dort wo er meint, es schön und fahrtechnisch möglich ist, sich paar hundert Meter seitlich in die Natur verkrümeln, ohne das es irgend jemanden stören würde.

Gerade das zeichnet das australische Outback mit seiner Freiheit & Weiter aus, sich verdammt frei bewegen zu können, ohne mit Anzeigen vorbeilaufender Bewohner rechnen zu müssen, die meinen einen maßregeln zu müssen.

In einem weitläufigen S-Bogen passieren wir dann die **Simpson-Wüste** und später die nicht befahrbare **Goyder-Lagoon** und durchquert die **Strzelecki-Wüste**, bis zur **Walkers-Crossing.**

Hier endet dann nach weiteren 12km wie überschreiten der Queensland Terretorialgrenze, der **"Birdsville-Track** im Ort *Birdsville*, wo es wieder alles zu kaufen gibt, was der moderne Weltenbürger zum Leben so braucht.

Also im grossen und ganzen eine recht einfache wie unbeschwerte Landschaftsfahrt, sofern einen keine Technik- wie Gesundheitsprobleme ereilen. Also immer schon positiv denken und Augen auf und die Nase in den Wind.

Sehr speziell, Kaffeepause mitten im Flusslauf.

Entlang des **Warburton Creeks** ergeben sich einige schöne Camping Spots, um sich vor dem Kaufrausch noch mal richtig zu erholen. Wer zufällig eine Gitterreuse dabei hat, kann im Fluss mit alten Knochen und Grillresten als Köder, auch die sehr beliebten, schwarzen Flusskrebse, "Yubby's" genannt fangen, um sie zur Dinnerzeit dann auf dem Grillfeuer gar zu kriegen, damit man das weisse, feine garnelenartige Fleisch mit etwas Salat, Dressing und Knoblauchbrot, bei einem Glas Rotwein geniessen kann.

Birdsville bietet eimal im Jahr mit seinem "Windorah International Yabby Races" ein kleines Spektakel an. Im Juni findet dann auch ein Musikfestival, das "Birdsville Red Bash" statt, wo der Ort noch mal richtig auflebt. Tja Musik verbindet. Nicht weit entfernt kann man auch angeblich Australiens höchste Sanddüne, die "Big Red" der Simpson Wüste besteigen. Diese sollte man wirklich rechtzeitig zum Sonnenuntergang erklimmen, um von oben mit seinem Liebsten bei einem Bier oder Wein einen wunderschönen Weitblick zu geniessen.

Unser Lieblingstropfen - "Golden Oak - Muscat", der Gute lockert dir sofort die Gehirnzellen :-))

TrackNr.9: von Darwin über den Oodnadatta Track.., Leight Creek und weiter zur South Australia Busch Runde... 600km

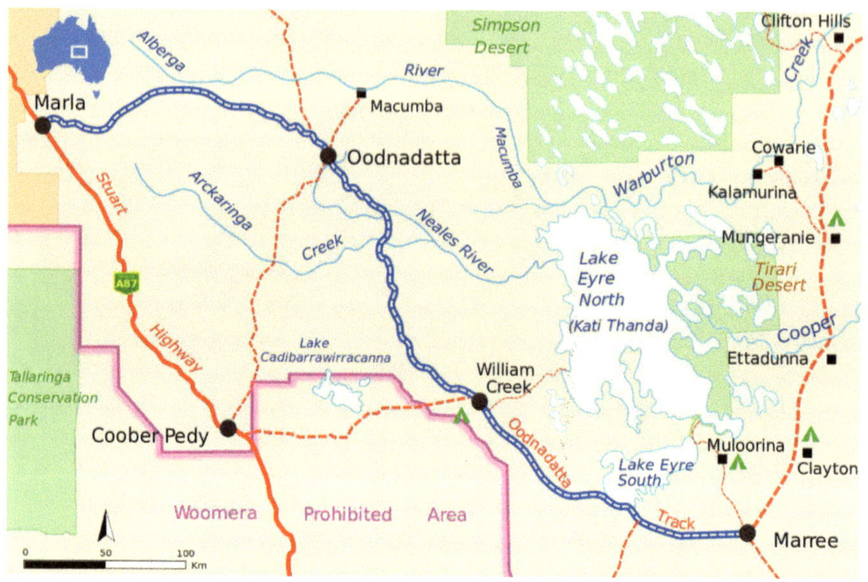

Wie schon erwähnt, sind all unsere befahrenen Outback Tracks NICHT chronologisch geordnet und scheinen etwas wirr, da wir sie ja nicht alle in einem einzigen Reisejahr abgefahren haben, geschweige denn zeitlich abfahren konnten. All diese groben, rein persönlichen Routenbeschreibungen erstrecken sich über insgesamt 3 Reisejahre, mit je einem vollem Visajahr.

Also weiter, es ist Anfang Dezember...

Nun stehen wir oben in Darwin und müssen gestehen, diese Stadt gefällt uns verdammt gut. Die Fächer und Kokospalmen schiessen wie Unkraut aus dem Boden, die unzähligen, fett grünen Parkanlagen bereichern die abwechslungsreiche Sandstein Klippenküste. Kein einziges Privatgrundstück versperrt den Blick auf's Meer und der Verkehr hält sich auch deutlich in Grenzen. Viele Strassenführungen sind 3 bis 4-spurig angelegt, obwohl auch meistens eine Spur reichen würde. Die Kleingeschäfte sind überwiegend verschwunden, der Trend geht auch hier klar zu grossen Einkaufszentren und

Shoppingmall's. Warum? Na wegen den großflächig klimatisierten Geschäftskombinationen. Was wir in Europa über'n Winter für Heizkosten verblasen, passiert hier im umgekehrten Sinne gegen die stetige Hitze und Luftfeuchtigkeit. Im "Bunnings Baumarkt" höre ich bei 120 Deckenlüftern auf zu zählen, ich habe noch NIE so viele an der Decke laufen sehen, wie hier in dieser Baumarktfiliale. An unserem Waschtag stehen wir dann auch in der allerersten Laundry mit Klimaanlage und Großfernseher an der Wand - WOW. Auch die Trommeln entsprechen dem europäischen Standard. Grosse, moderne Frontladermaschinen und nicht diese seltsamen, englischen Pseudomühlen mit ihren hin und her juckelnden Plastikpropellern, wo die Wäsche fast genau so dreckig raus kommt, wie sie vorm Waschgang rein ging. Aber auch das hatte ich schon erwähnt.

Den **_Witjira NP_** lassen wir also hinter uns und gehen den **Oodnadatta Track** an. Sehr schnell stellt sich heraus, dass diese Bezeichnung vollkommen überholt ist, denn eine 16m breit planierte „Sandautobahn" ist eben keine Piste und schon gar nicht erst ein schmaler Track. Nein, diese Strecke macht uns so gar nicht an. Vollkommen öde rauschen wir durch die unendliche Weite.

Einziger Lichtblick ist, dass wir parallel zur ersten, zentralen australischen Eisenbahntrasse fahren, die 1878 eröffnet und Ende 1980, also kaum 100 Jahre später, dann wieder eingestellt wurde. Seit diesen Tagen haben die umliegenden Farmer diese Streckenführung leider geschlachtet. Also alle Gleiskonstruktionen wurden auf diversen Farmgrundstücken zu soliden Weidegattern umfunktioniert (garantiert termitensicher), dass einzige was man NICHT WEGTRAGEN KONNTE, waren die zahlreichen Brückenkonstruktionen.

Ruhiger Nachtplatz neben historischer Eisenbahnbrücke.

Hervorzuheben gilt hier die grösste Stahl-Brückenkonstruktion, die sie zu dieser Zeit in Südaustralien konstruiert haben. Die "**Algebuckina Brücke**" überspannt mit ihren 600m den *Neales River*. An sich nicht so mega spannend. Aber die Tatsache, dass man 1878 ohne moderne Hilfsmittel die unzähligen, schweren Eisenträger und Hauptstützpfeiler 1500 km weit hier mitten in die australische Wüste und ausschließlich mit afghanischen Kamelkaravanen inklusiv all dem Kleinzeug und Proviant transportieren musste, um sie dann vor Ort mit einfachsten Krahngestellen, Umlenkrollen und Flaschenzügen auf zu stellen, ist schon der Wahnsinn. Gute Verbindungspisten für grössere Kutschenfuhrwerke existierten ja noch nicht, darum organisierte man den Transport, auch hier wieder, mit Kamelkarawanen. Der Zusammenbau erfolgte dann mittels geschmiedeter, von Hand gesetzter Vollnieten, denn das schnelle, moderne Elektroschweissen kannte man ja noch nicht.

So taufte man zu Ehren all der fleissigen
Helfer diese Zuglinie - „**THE GHAN**".

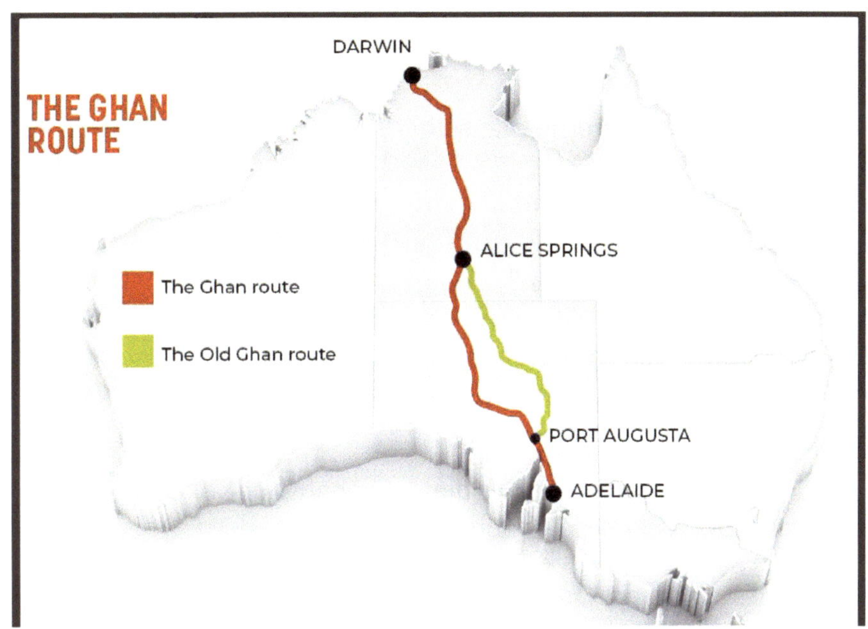

Mit diesem Hintergrundwissen verweilen wir doch recht ehrfürchtig vor diesem stählernen Bauwerk und geniessen unser wildhistorisches Outbacklager. Übrigens kamen die allerersten Kamele 1840 von den Kanarischen Inseln per Schiff rüber und betraten in *Adelaide* den neuen Kontinent. Ihr tatsächlicher Ursprung dürfte aber in Marokko oder Mauretanien liegen. Mittlerweile sollen über 1 Million wilde Kamele im Outback leben.

Also Respekt und Hut ab, vor so viel
Pioniergeist und Manpower der ersten Besiedler!

Ach.., heute bietet der Bahnbetreiber der roten Hauptstrecke sehr luxuriöse Zugreisen in verschiedenen Kategorien an. Diese Strecke eröffnete am 4. August 1926 mit 100 auserwählten Gästen ab *Adelaide* ihren Pendelbetrieb, der bis 2003 in Alice Springs endete. Erst seit 2004 wurde dann die zweite Trassenführung von 1420km bis Darwin hoch fertig.

Die Preise für die volle 4 tägige Bahnreise, sollen aktuell zwischen 4000 - 9200 AU$, je Saison und Kabinenwahl liegen.

Aber schaut gerne mal selber rein: https://theghan.de/

Australien's grösste Farm...

Weiter streifen wir dann auf dieser **Oodnadatta Strecke** die **"Anna Creek Station"** (klingt so winzig), die hier mit gewaltigen 30.000 Quadrat Kilometern Australiens Flächen Rekord bildet, was in etwa der Grösse Belgiens entspricht. Hier findet man auch einen Salzsee mit Australien's längsten Namen, dem *Lake Caddibarrawirracanna.*

Tja Leute, ich such mir diese Sachen nicht extra raus, um euch zu ärgern, damit ihr euch die Zunge verrenkt (:-)(

Das Wasser drückt durch...

Nun ist es zwar etwas kühler geworden, also knapp unterm 40°C Bereich, dafür hat die Luftfeuchtigkeit mit über 90% dermassen zugelegt, dass du dir erst mal 2 Rollen Küchenkrepp unter die Achseln klemmen musst, damit dir nicht gleich die Sosse bis in die Schuhe, besser Flip-Flop's runter läuft. Wer hier Briefmarken kauft, braucht diese nicht extra anfeuchten, damit sie auf dem Umschlag kleben bleiben. Ne echt, das haut dir ganz schön die Poren auf. Selbst meine aktive Squash Zeit war da nicht viel besser, in punkto schwitzen. Was bleibt, ist die vorzügliche Grundversorgung mit Frischwasser, Toiletten und Duschhäuschen an allen erdenklichen Picknick und Rastplätzen. Auch die gasbetriebenen Barbecuebrenner haben weiterhin kostenlosen Bestand. Die unmittelbare Küstenregion von Darwin bietet mehr wie genug Auslauf, leider haben sie auch hier alle netten Plätze mit Camping Verbotsschildern "zu genagelt". Aber was bedeuten schon Schilder, wenn man einen 13er Schlüssel dabei hat.   Neee Quatsch - Spässle gemacht ;-))

Wir finden natürlich wieder unser einsames und ruhiges Plätzchen zwischen **Lee Point** und **Buffalo Creek**.

Wer sucht, der findet - shacka!

Die Stadt ist kostspielig, egal was du hier kaufst liegt ca. 15 - 30% über den landesweiten Schnitt, wie z.B. dem an der stark bewohnten Ostküste entlang. Tja, die extrem langen Lieferwege treiben Australiens Transportkosten massiv in die Höhe, dass kombiniert mit dem aktuellen Energiekostenanstieg, verschärft dieses Problem enorm.

Das Land wird kompliziert...

Noch kurz vor Darwin passiert das Unerwartete. Uns fallen doch glatt 2 ganze 3m Längen Militär-Luftlandebleche (auch Sandbleche genannt, also Anfahrhilfen für Schlamm und Weichsand) auf einer offenen Schrottplatzecke, buchstäblich und für kleines Geld in unsere Hände. Leider in Stahlausführung. Wie schwer diese Teile nun wirklich sind, wird mir erst hier

337

bewusst. Immer hab ich davon geredet, dass die Alusandbleche die „Hälfte" wiegen, nun weiss ich was die zweite Hälfte mehr wiegt - brutal viel.

Egal, wir sind super happy nun endlich echte Bergebleche für einen möglichen Notfall dabei zu haben. Der letzte Joker, wenn du dein Fahrzeug im Weichsand, Schlamm oder bei aktiven Flusspassagen versenkst und festgefahren hast. Tipp: zuerst immer drastisch den Reifendruck senken (VA 1,0 zu HA 1,5bar), das hilft meistens extrem gut, um auch ohne Bleche umgehend frei zu kommen. Aber nun folgt der nächste Schritt zu einer Schlosserei, um die Teile mal geschwind in der Länge zu teilen, aber auch zu entgraten wie die Verbindungshaken zu entfernen, denn mit gut 3m sind sie uns zu lang und unhandlich.

In KEINER der angefragten Fachwerkstätten gelingt es mir für nur mal 30min. an etwas Strom gelangen oder geschweige denn, sich mal einen Trennschleifer (Flex) für paar Minuten ausleihen zu dürfen - NO WAY !

Dieses Land hat sich voll und ganz den amerikanischen Gepflogenheiten unterworfen, nichts, aber auch gar nichts ist mehr möglich, um selber Hand anzulegen. Immer heisst es:
„NEIN das geht aus versicherungstechnischen Gründen nicht!"

BULLSHIT und Kohle Macherei!

Auch jeglicher Zutritt einer Werkstatt ist untersagt...
STRICTLY NO ENTRY !

Was bleibt ist Plan B: und der Gang in den Baumarkt und siehe da, eine flammneue Flex/Trennschleifer zu 12,95AU$/8,50€ !!! mit 6 Monaten Garantie (sie muss bei mir ja nur eine Stunde halten ;-)) wandert sofort in unseren Einkaufswagen. Den passenden Strom finden wir später auf einer strandnahen, alten, verlotterten Picknick Site, wo total verrostete, aber offene

Stromkästen ungesichert an alten Holzmasten rum hängen. Siehe da, geht doch ;-)) Während die Abos in der auflaufenden Flut mit ihren langen, dreizackigen Fischspeeren einen Rochen nach dem anderen aus dem türkisblauen Meer zupfen, quäle ich das 500 Watt Teil bis es mir fast glühend aus der Hand fällt.

Nun sind unsere Bergebleche einen Hauch leichter und deutlich handlicher und die passenden Halter sind auch schnell zurecht gebastelt, damit sie seitlich an den Wagen angebracht werden können. Toll, ab jetzt könnten wir endlich kleine Notbrücken bauen, um Minigräben zu überbrücken, oder den Toyota bei Einsandungen schnell aus der festgefahrenen Lage zu befreien. Welch ein gutes Bauchgefühl. Abends sitzen wir beim Sonnenuntergang, wie ja meistens draussen neben dem seitlich offenen Cruiser und bewundern mit grossen, staunenden Augen dieses, was sich aus den tief hängenden, schwarzen Wolkenbänken befreit. Dieses phantastische Schauspiel zeigt uns, begleitet von heftigen Donnerschlägen, mit welcher gewaltigen Energie es da zur Sache geht. Schade nur, dass wir diese ultra kurzen Energiestösse solcher Naturkräfte noch immer nicht einfangen und speichern können.

Der Weg bleibt das Ziel...

Nach einer Woche sehen wir zu, dass wir uns vom "Acker" machen, bevor wir nur noch aus Haut und Knochen bestehen und der Rest der Körperflüssigkeit verdampft ist. Die Visumzeit drückt. Wegtechnisch haben wir hier Halbzeit und für die Rückreise nach Sydney müssen wir uns etwas sputen, denn gute 3 Monate Restzeit, sind auch keine Ewigkeit. Der nächste Schritt führt uns in den *Litchfield National Park*, der uns gleich von Norden her kommend, mit einer 50km langen, roten Gravel Road, also nervigen Wellblechpiste empfängt ;-))

Ich weiss nicht was es ist, aber dieser Nationalpark gefällt uns auf Anhieb super gut, wie auch schon zuvor, der sehr weitläufige *Kakadu NP* und er kostet noch keinen Pauschaleintritt. Es wird hügeliger und die einzelnen Sehenswürdigkeiten liegen deutlich dichter beisammen.

Die fantastischen *Wangi Falls*, gerade zur Trockenzeit mit wenig Wasseraktivität, dafür aber mit perfektem Frischwasserpool, der wie immer in solch warmen Regionen, gerne zum Baden einlädt. Nur wenige Kilometer weiter schon der nächste Fluss mit Bademöglichkeit. Zwischendrin folgen alte Homesteadts (Wohnsiedlungen), Zinnminen oder sonstige Abwechslungen. Leider haben sie auch hier die meisten 4x4 Strecken gesperrt, um zu verhindern, dass ungeübte Fahrer sich fest baggern und Hilfe bräuchten, aber auch, damit die zum Beginn der Regenzeit aufgeweichten Pisten nicht zu Brei zerwühlt werden.

Hier der *Wangi Wasserfall* (**NT**) mit einem riesigen, in Grün gesäumten Naturbecken davor.

Da kannst du die raue Felswand hoch klettern und an geeigneter Stelle gleich wieder in Wasser springen, oder dir unterm Wasserfall direkt den Rücken durchkneten lassen - perfekt.

Eigentlich ist es sehr irreführend, was da mit den ausgewiesenen 4x4 Off Road Strecken in den National Parks während der Regenzeit passiert.

Wir treffen zum Beispiel auf 2 Franzosen mit ihrem angemieteten "BRITZ Toyota Bushcamper", der ihnen 1400,- AU$, also 910,-€ die Woche aus der Tasche zieht und sie natürlich damit unbedingt einige hundert Kilometer Outback Abenteuer erleben wollen. Dass nun aber viele Allradpisten in den einzelnen Nationalparks zur Monsunzeit geschlossen wurden, haben sie entweder überlesen oder man hat es ihnen nicht deutlich genug gesagt. Auf jeden Fall ist es verdammt ärgerlich, wenn du für einen lang ersehnten 4-Wochen Australienurlaub mit „Allrad Adventure" gute 5600,-AU$/3650,- Euros hin blätterst plus Flug, Sprit und Verpflegung versteht sich und du unterm Strich fast nur Teerstrassen unter die Räder bekommst.

Ergo: Macht Euch rechtzeitig schlau, zu welcher Jahreszeit ihr welche Regionen mit Streckenabschnitten befahren möchtet und auch dürft und mietet euch dann erst ein passendes Fahrzeug, wenn ihr zu den Kurzzeiturlaubern gehört.

Denn in solch einem Fall hätte auch jeder günstigere Standard 4x2 Camper vollauf gereicht und mehr Komfort geboten. Den vielen kommerziellen Allrad-Adventure-Touren geht es jetzt nicht anders. Die armen Touri's werden zu sechst in umgebauten "Safari Autos" reingequetscht und auf allenfalls guter Gravelroad umher geschaukelt. Im klimatisierten Reisebus, der die wichtigen Haupt strecken auch abfährt, hätten sie es sicherlich komfortabler und günstiger gehabt. Aber der Epos des "4x4 Adventure" muss trotz geschlossener Pisten weiter vermarktet werden – hört sich ja auch abenteuerlich an.

Aber egal und nicht unser Problem, uns gefällt diese Gegend jedenfalls super gut. Mehrmals am Tag können wir in einem Bach oder See springen, um wieder und wieder eine Erfrischung zu finden. So etwas war in Afrika leider nie möglich, da entweder immer Einheimische solch begehrte Plätze belegen, oder grundsätzlich eine Billharziose (Schneckenwürmer die durch die Haut gehen) Gefahr besteht, von ganz wenigen Ausnahmen mal abgesehen. Auch kannst du hier dein Fahrzeug mal alleine abstellen, ohne das nach wenigen Stunden die halbe Karre geplündert wurde. Auch das ginge in anderen Ländern nicht so einfach - leider.

Zum Glück ist die hohe Luftfeuchtigkeit deutlich gesunken und das Einatmen "schmeckt" irgendwie würziger. Nachts können wir nun ohne einen nervigen Ventilator wieder prima und ruhig einschlafen. Während ich die letzten Zeilen von Georg und Sabine aus Wien erneut durchlese (der erste leichte Schneefall usw...) denke ich mir zwischendurch: oh ja, jetzt mal wieder so eine schöne, kalte, knackige Winternacht, draussen der kristallklare funkelnde Neuschnee und im warmen Auto meine Decke bis unter die Nasenflügel hoch gezogen. Derweil draussen das Schneetreiben um deine Hütte tobt.

Auf der anderen Seite habe ich nun mein drittes Paar Badelatschen durchgelaufen und fast immer bis Mitternacht draussen vorm Camper sitzen zu können. All dieser Camperluxus ist ja auch nicht so selbstverständlich - oder. Nein, wir dürfen uns wirklich nicht beklagen, so viel Freiheit bei bester Gesundheit geniessen zu dürfen.

Schnorcheln was das Zeug hält...

Wenn ich ehrlich bin, packen wir nach sehr langer Pause erst hier wieder unsere Schnorchelzeug aus, welches wir beim

Aufräumen und Durchsäubern in den Tiefen unseres Fahrzeuges entdecken und was wir ja schon seit Monaten durch Australien schaukeln. Leute, es ist eine ungemeine Bereicherung, auch nur mal eben in den Billabongs, Flüssen oder Wasserfall-Pools unterhalb der Wasseroberfläche zu schnorcheln. Vom kristallklaren, rund 30°C warmen Wasser hatte ich ja mehrfach berichtet, aber dass es doch so viele, kleine Fischarten, Wasserschildkröten, Krebse und sonstige Unterwassertiere hier zu erleben gibt, gestaltet die Sache richtig spannend und abwechslungsreich. Ab jetzt sind wir wie doll und verrückt bei jeder erdenklichen Bademöglichkeit mit unserem Schnorchelzeug unterwegs.

Lilli entdeckt sogar ganz unerwartet zwei zarte Süsswasser Croc's, vor denen zwar auch immer gewarnt wird, du sie aber nur selten mal sehr so nah zu sehen bekommst, zumindest wir nicht. Nun liegen zwei Prachtexemplare unterhalb der Wasserfälle in der prallen Sonne auf einer Sandbank und saugen die letzten, wärmenden Sonnenstrahlen auf.

Scheinbar leblos und doch immer auf der Lauer nach Beute.

Auch wenn Süßwasser-Krokkodile nicht zwingend Menschen angehen, so sind dennoch ihre kräftigen Schwänze mit den scharfen Hornplatten nicht zu unterschätzen. Ein Schlag davon an den Kopf und du bist garantiert für's Leben gezeichnet.

Das Übernachten ist hier im **Litchfield NP** nu auf den ausgewiesenen Campsite's erlaubt, diese aber dem selben landesweiten Standard entsprechen und hier im Northern Territory auch 6,60AU$/4,30€ pro Person und Nacht kosten.

Hotels hat es in den Parks noch keine,
bis jetzt noch nicht - zum Glück.

Nachdem wir erneut ein besonders hohen Wolkenkratzer von Termitenhügel auf einer Nebenpiste entdecken, möchte ich doch auch dazu mal meine Eindrücke reflektieren.

Einigen ist das glaub ich gar nicht so recht bewusst, andere haben so etwas eventuell auch noch nie in ihrem Leben live gesehen. Es ist einfach grandios, was diese kleinen Krabbler für begnadete und fleissige Baukünstler sind, auch wenn sie einigen Haus und Hofbesitzern zum Teil erheblichen Schaden zufügen. Denn sie fressen alles an, was aus Zellulose, also Weichholz besteht und ihnen Energie verschafft.

Termitenhügel, Meister der Baukunst und gigantisch hoch.

Wir Menschen halten uns ja immer für sooo schlau, dabei hat die Natur schon lange vor uns begonnen wirklich UNGLAUBLICHES zu vollbringen. Betrachtet man diese winzigen Tierchen, die nur eine Körpergrösse von etwa 2 - 20mm erreichen und setzt man nun, nur mal diesen einen rund 5 m hohen Termitenbau als Beispiel voraus, wird man feststellen, das gemessen an ihrer Körpergrösse, diese „Kathedralen" ein mehr wie gigantisches Ausmaß mit Umfang und Höhe erreichen.

Wollten wir Menschen, bei einer 2 m Standard - Körperlänge ähnliches vollbringen, müssten wir Wolkenkratzer bauen, DIE UNGLAUBLICHE 5000 METER hoch werden müssten!

Natürlich alles nur durch Speichelmasse, Sand und Zellulose zusammen gehalten, um der Sache gerecht zu werden.

Also ich sehe nicht ansatzweise, dass wir SO ETWAS in den nächsten 1000 Jahren je zustande bringen werden. Drum finde ich es beschämend, wenn es doch immer wieder Vollidioten gibt, die diese Teile mit ihrem Geländewagen einfach umfahren (die kleineren Hügel natürlich), nur weil das Spaß macht. Gasfuss wie ein Elefant, gepaart mit dem IQ einer Banane, aber auch nur der Schale davon - schlimm! (:-)(

Ein wenig mehr Respekt und Ehrfurcht wäre vor solchen Naturkonstellationen schon angebracht.

Noch was, durch die grobporige Verbundbauweise (ähnlich eines Schwammes) entsteht eine extrem gute Isolation, so dass im Inneren annähernd konstante Temperaturen gehalten werden können, auch wenn tagsüber von aussen die Sonne voll drauf brennt. Tja und NICHT EIN EINZIGER Ingenieur oder Statiker hat all das jemals berechnet - irre oder!?!

Auch gibt es doch tatsächlich Termitenhügel (magnetic termit mounts), die hoch und doch flach wie ein Fächer konstruiert sind, damit die Sonne zur intensivsten Einstrahlungszeit, möglichst wenig Angriffsfläche findet. Also "Gebäude“ die nach der gleichen magnetischen Lage ausgerichtet werden. So weit das Auge reicht, alle Termitenhügel genau auf der selben Nord-Süd-Achse ausgerichtet, vollkommen irre.

Weiter stelle ich mir die Frage: WIE organisieren sich diese Mini-Baukunstler, damit solche gleichgeschalteten Meisterbauwerke in dieser Perfektion zu Stande kommen?

Viele Fragezeichen durchfluten mein Gehirn.

Aber weiter zum Reiseabschnitt. Erneut queren wir den bekannten **Stuart Highway**, den wir hinter dem *Adelaid River* auf einer Nebenpiste verlassen. Ein kleiner Abstecher zu den *Robin*

Falls beschert uns wieder ein fantastisches Plätzchen neben einem kühlenden Bachlauf. Denn es bleibt bei 30 Grad Umgebungstemperatur. Dieser Bach erinnert uns sofort an unseren geliebten **Hanfbach** bei *Hennef.* Heimatgefühle flammen auf. Man möchte nicht glauben in Australien zu sein, so vielfältig und facettenreich ist hier die Umgebung mit der Natur. Für uns ein klares Signal, um hier ein kleines Zwischenkamp aufzuschlagen. Sonnensegel mit Hängematte raus und geschwind fixiert und ab in's Wasser ;-))

Muss man da zwingend weiter Kilometer schieben - NEIN!

Kaum 80km weiter, treffen wir 1 Tag später auf die **Douglas Hot Springs**, angeblich die "Oberperle" unter allen australischen Thermalquellen, die zum *Tjuwaliyn N.P.* gehört. Leider versperrt uns ein verschlossenes Tor die Weiterfahrt. Ich fass es nicht, schliessen einfach diese schöne Quelle ab, dabei ist die 7km lange Zufahrtspiste noch vollkommen trocken und wäre für jede 90 jährige Oma in einem Rollstuhl gut befahrbar. Mist noch mal!

Einige Dutzend Kilometer weiter erreichen wir auf dieser Strecke das **Fenton Base Camp**. Ein altes Militär Flugfeld aus dem II. Weltkrieg. Von hier aus haben die Alliierten *Timor* und sonstiges "Feindesgebiet" zusammen mit den Amis bombardiert, was sich unter anderem damals die Japaner "unter den Nagel" reissen wollten. Na ja, heute haben sie es weltweit mit Elektronikartikel und Qualitätsautos geschafft. Wer jetzt glaubt, irgendwelche spannenden Flugzeugreste oder gar historische Gebäude in Form von Bunkeranlagen vorzufinden, der wird sich deutlich besser in Deutschland, Dänemark und Frankreich aufgehoben fühlen, wo es bis heute massive Betonbunker aller Grössen zu bestaunen gibt. Der dortige "Atlantikwall" war zu dieser Geschichtsepoche eine bautechnische Meisterleistung, leider nicht zum Wohle der Menschheit. Dennoch sollten sich

Urlauber dort gerne diese Festungen mal ansehen.

Wie bei allen australischen *"HISTORICAL SITES"*, ist das, was man an altem "Kulturgut" vorfindet, EINE GEWALTIGE LACHNUMMER! In diesem Fall sind es einige verrostete Ölfassreste, diverse Wellblechfetzen der ehemaligen Bedachungen und natürlich einige Betonfundamente, die man kaum noch als solche erkennen kann, da zugewachsen. Sofern man überhaupt noch etwas vor findet. That's it.

Also N A D A. Dafür gibt es fast immer schön gestaltete Informationstafeln, mit alten Fotos und Bauskizzen drauf, inklusiv passenden Erklärungen. Immerhin, besser wie nichts.

Nun wird es grün...

Die letzten Wochen mit vereinzelten, kräftigen Niederschlägen haben deutliche Wirkung gezeigt. Sah bisher alles verdorrt und eher gelblich farblos aus, knallt nun satt grünes Gras und frisches Junggestrüpp nur so aus dem Boden, dass es dir kräftig die Pupillen aufreißt. Welch eine Bereicherung! Teilweise möchte man meinen im Hochsommer durch Deutschland zu fahren, einfach toll. Der rote Mutterboden verstärkt dabei kräftig das Grüngefühl, ein typisch australisches Phänomen.

Weiter geht's dem Zentrum entgegen...

Erneute Batterie Probleme..,

machen mir langsam Sorgen. Nachdem ich abends alle 3 Akkus am Minuspool elektrisch voneinander trenne, wird schon nach der ersten Stunde Wartezeit klar, dass eine der brandneu erworbenen „Haevy Duty 4x4 Off Road" Batterien defekt ist.

"Plattenschluß" sagt der Fachmann dazu.

Auf das Wort „Heavy Duty" will ich nicht erneut eingehen, sonst kann ich wieder nicht einschlafen. Hätte ich nicht solch einen

Hunger, könnte ich schon wieder im weiten Strahl KOTZEN ! Langsam komme ich zur Überzeugung, dass es hier materialtechnisch nicht viel besser, als wie in Afrika zu geht.

Wie halten die Australier das bloß aus?!?

Tage später stehen wir dann zum letzten Mal in *Katherine* um beim "Wooli's" einzukaufen, im hiesigen Waschsalon Wäsche zu waschen und natürlich auch um eMails abzufragen. Hier erleben wir dann abends noch ein kleines Naturspektakel, denn nach dem Sonnenuntergang werden abertausende, grosse Fruitbats (Flughunde) richtig aktiv und schwirren fast geräuschlos durch die milde Abendluft. Wir stehen auf der beleuchteten Brücke über dem **Katherine River** und bewundern dieses Schauspiel. In knappen Abstand zischen diese Flugakrobaten an unseren Köpfen vorbei, wobei man fast durch ihre hauchdünne Flügelbespannung blicken kann. Am Tage sehen wir sie dann wie grosse, schwarz glänzende Trauben nach kühler Luft fächernd, in den Bäumen entlang des **Katherine Flusses** hängen. Dabei ihr typisches Gefiepse im Streit um den besten Schattenplatz tausendfach ertönt.

Es folgt ein erfrischendes Abschlussbad in der örtlichen Quelle, dann erneut das Trinkwasser all unser Kanister auffüllen und weiter geht's - Kilometer machen. Auch hier wird wieder deutlich, dass du Australien in seinen Ausmassen immer wieder vollkommen unterschätzt, da ja nicht wie in Europa so viele Kreuz-/Querverbindungen von Schnellstrassen und Autobahnen existieren, um mal "geschwind" ein paar hundert Kilometer zu schaffen. Also wer es da wirklich eilig hat, wird sein Auto ganz schön quälen müssen, denn auf schnellen Pistenbefahrungen geht das einfach deutlich mehr in's Material, besonders dann bei ausgefahrenen "Wellblech" Untergrund. Das wiederum mögen die Stoßdämpfer und Radlager überhaupt nicht und verschleissen somit deutlich schneller.

Hier wird nichts dem Zufall überlassen!
In der Beschilderung von Pisten und einsamen oder langen
Strecken, meinen die australischen Road-Departements das
wirklich gut, um Pannen zu vermeiden.

Die Neugier wie der Hunger treibt's rein - frische Kekskrümel.

Was meine Spekulatius doch so alles bewirken. Ein wahres

Zaubermittel, um die hiesige Vogelneugier zu wecken, wo wir ansonsten gerne Haferflocken oder Müslikombinationen nehmen, die übrigens auch bei Fischen gut ankommen, um sie anzufüttern, bevor der final Hakenköder den Fang garantiert.

TrackNr.10: der Strzelecki Track - Innamincka to Lyndhorst/Arkarola Village - 430km - SA

Diese Wüsten Querverbindung führt namentlich auf den polnischen Entdecker **Paul Edmund de Strzelecki zurück.**

Ein australischer Viehdieb soll als erster im Jahr 1870 im grossen Stiel diese Outback-Querpiste zum Rindertrieb von über 600 Tieren genutzt haben, um das beliebte, wertvolle Fleisch lebendig und auf eigenen Beinen von *Queensland* nach *South Australia*, bis zum Übernahmepunkt einer Viehstation in *Blanchewater* überführen zu können.

Strzelecki-Track und Routenverlauf

Zu diesen Tagen wurden auch die ersten motorisierten Fahrzeuge auf den Weg geschickt, um unter anderem auch die Brief- und Paketpost sicher und möglichst schnell zwischen den Farmen und Siedlungen zu transportieren. Auch mitfahrende, zahlende Kunden konnten bedingt mitgenommen werden.

Tja, fast genau so wie in unser heutigen, hektischen Zeit, wo sich die Kurierfahrer geschwind Rücken an Rücken geparkt, auf Schnellstrassen nahen Sammelparkplätzen treffen, um ihre Pakete umzuschichten.

*Hier eine historische Umladeaktion in **Carraweena,** wo von einer 6-spännigen Kamel-Kutsche ein Teil der Fracht auf einen Ford Klein-Lkw umgeladen wird.*

352

Von **Lyndhurst** kommend schlängelt sich die befestigte Naturpiste mit einigen mehr oder weniger spannenden Bachlaufpassagen (Jahreszeiten abhängig) zuerst am nördlichen Rand der **Flinders Range** (Bergkette) entlang und zweigt dann in **Mount Freeling** nach Norden ab, wo sie auch den weltberühmten, super langen "Dingozaun" passiert. Weitere Höhepunkte habe ich nicht in unserem Tagebuch vermerkt, oder schlichtweg übersehen.

Teilstück der "Dingo Fence" Zaunstrecke.

Diesen gigantischen Aufwand von 5300km ununterbrochenem Maschengitterzaun, hat man zum Ende der 1880er kontinuierlich ausgebaut, um die wilden Outback Dingos von den Farmflächen der vielen Schafzüchter fernzuhalten. Davor nahmen die toten, gerissenen Schafe gewaltig zu und das wiederum bedeutete einen herben, finanziellen Verlust für viele Schafzüchter Familien. Der Aufwand zu Pferd mit Gewehr, oder mit Wagen in diesen gigantischen Weiten der Graslandflächen kreuz und quer umherzufahren, um gezielt Dingos abzuschiessen, war viel zu Zeit und Material aufwändig. Der Bau eines Schutzzaunes war schlussendlich ein guter Kompromiss, um dieses Übel besser in den Griff zu kriegen.

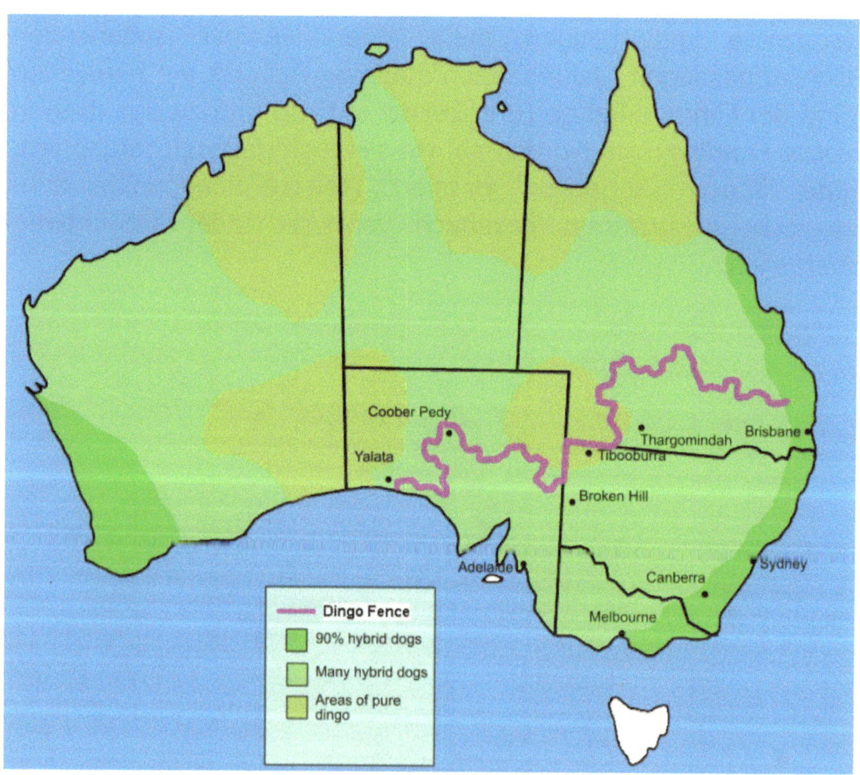

Für weitere Infos wendet euch gerne direkt an die:

"Dog Fence Administration" PO Box 357
Port Augusta 5700 - SA , Telefon: +61 (08) 86485178

Zurück zum letzten Abzweiger, sprich dem passieren des "Dingo Zaunes". Weiter auf der Hauptpiste folgend, die man während der Trockenzeit auch gut mit normalen Pkw's befahren kann, wendet sich diese erneut nach Osten ab, passiert im Südosten den **Lake Blanche** und wenige Kilometer weiter im Nordosten den **Lake Callabonna** und zweigt erneut gen Norden ab.

Begleitet vom typisch dürftigen Outback Buschbewuchs mit sehr wenigen Bäumen, folgen wir parallel dem **Strzelecki Flusslauf** wie der **Strzelecki Halbwüste** und queren bei der **Strzelecki Kreuzun**g diesen Minifluss. Gute 11km östlich hinter dem Örtchen *MertyMerty* entscheiden wir uns an dem Abzweiger "**Cameron Corner**" für die alte, anspruchsvollere, interessante Bachlaufpiste, als dem geschobenen Strassenverlauf zu folgen.

Erstens wird hier mehr das "Allradauge" gefordert und zweitens ergeben sich immer wieder wunderschöne Fotostopps wie Übernachtungsplätze, wo wir zum Sonnenuntergang doch tatsächlich einen fetten Baobabbaum als Nachtlagerplatz entdecken und für uns ganz alleine mit einem prasselnden Lagerfeuer bei leckerem Essen und kalten Bier, den Tag ausklingen lassen. Solche Momente sind dann der Jackpot einer jeden Teilbefahrung und erfüllen einen besonders mit Glücksgefühlen.

Natürlich kann jeder wie er mag zwischendurch auch mal an anderen schönen wie interessanten Geländeabschnitten seinen Wagen einfach seitlich in den Busch parken, um kleine Tages-Wanderungen zu unternehmen. Hier in Australien wird dich keiner aufschreiben, um dich wegen "Flurschädigung" oder Befahrung von Grünstreifen ausserhalb geschlossener Ortschaften anzuzeigen.

Heile Welt - noch ;-))

Unser Baobab Bushcamp, ein Traum von Camping Kulisse.

Die von aussen harten Früchte sind reif ca.15cm groß.

Die Früchte des "Affenbrot" Baumes (Andasonia) sind sehr gesund, enthalten enorm viele Vitamine & Ballaststoffe. Sofern dann reif, muss man sie ausschälen, das Fruchtfleisch pürieren und mit Wasser und frischen Limonensaft gemischt gut runter kühlen, um sie als "Smoothie" Getränk geniessen zu können.

Irgendwo auf dem Reststück dieser bedingt spannenden Strecke, stossen wir dann wieder auf die eigentliche Hauptpiste, passieren noch ein sehr grosses Gasförderfeld mit wirklich vielen Rohrleitungen, Verteilerpunkten und Ventilschiebern, um schlussendlich den Etappen Zielort **Innaminka** zu erreichen.

Dieser **Strzelecki Track** kann natürlich auch umgekehrt, befahren werden. Vorsicht ist dann aber zur beginnenden Regenzeit geboten, denn da sollten einachsig betriebene 4x2 Fahrzeuge wie Wohnmobile mit wenig Bodenfreiheit und kleinen Reifen lieber nicht unterwegs sein, da partiell in Bodensenken die Sandpisten stark aufweichen und nur schwer passierbar werden. Aber gut, all das ist mit Geschick und Feingefühl des Fahrers auch stark unterschiedlich. Die einen bleiben gleich stecken und die Geübten kommen noch mit Schwung durch.

TrackNr. 11: Crossing the "Big Red" - 370km - QLD
die Durchquerung der Simpson Wüste

Nun wird es noch mal spannend. Irgendwie müssen wir den Weg weiter an die Ostküste schaffen, das leichteste wäre, einfach dem asphaltierten **Stuart Highwa**y runter bis **Adelaide** zu folgen, um dann über **Melbourne** und **Canberra** der Küste entlang, **Sydney** zu erreichen. Das ist uns aber auch wieder zu simpel, außerdem kennen wir diese Stecke schon 2 x und die restliche Zeit, die uns noch verbleibt, ist uns dafür auch zu schade. Wir wollen noch einmal etwas Abenteuer verspüren und entscheiden uns für die Durchquerung der **Simpson Wüste**, die unter anderem einer der Welt grössten Wüsten ist, in der sich ausschliesslich eng zusammen liegende und parallel verlaufende Sanddünenkämme über tausende Quadratkilometer erstrecken, die längste über 200km lang, die Höchste über 40m hoch. Es sind zwar nicht solche Sandmonster wie sie in Algerien, Libyen und Namibia stehen, aber immerhin doch verdammt viel Weite, Sand und Einsamkeit.

Es sollen ca. 1100 Sanddünen sein. Es gibt eine in Nordrichtung verlaufende Querpassage, die durchgehend im rechten Winkel zu den Dünenkämmen verläuft. Man hat ihr den simplen Namen *French Line* gegeben. Zuerst denke ich mir bei meinen Vorstellungen so, naaa, auch wieder solch ein Senioren Track, aber denkste. Es soll eine weitere, heftige Fahrprobe unter den Weiten der australischen Sonne, gepaart mit extrem widrigen Wetterverhältnissen werden, aber davon ahnen wir noch nichts. Auf dem Weg dort hin passieren wir zuerst das legendäre "**Pink-Roadhouse**" von *Oodnadatta*.

Lynnie und Adam gründeten diesen menschlichen Aussenposten im Jahr 1983 zuerst unter dem Namen "Oodnadatta Traders" und gaben dem Geschäft schlussendlich mit einem knallig-frischen Anstrich den Namen "Pink Roadhouse". Eine weitere Idee war es dann im weiten Umfeld von 1000km pinkfarbene Hinweisschilder aus alten Ölfass-Deckeln aufzustellen. Also so eine Art "Wegweiser mit Reiseführer und Werbetafel". Was für eine einfache aber doch geniale Idee - toll!

Eine Schildersammlung zu Ehren von Adam, der im August 2012 diesen Planeten für immer verlassen hat.

Da fährst du also nichtsahnend durch die Outbackweiten dieses fantastischen Kontinentes und plötzlich taucht solch ein pinkiges Schildchen auf, mit kurzen Tipp's, was sich dort am Wegesrand befindet oder auch mal vor Jahrzehnten ereignet hat, auch gerne mit witzigen Sprüchlein sowie einer Notrufnummer drauf. Aber auch die Kilometer bis zum Roadhouse werden natürlich mit aufgezeigt.

Ergo man geht nicht verloren und fühlt sich irgendwie und wieder einmal, geborgen aufgehoben, obwohl es im Outback schon verdammt einsam werden kann.

*Das Pink Roadhouse zu den ersten Gründertagen
und meinem allerersten Australienbesuch.*

Beim bezahlen im Roadhouse lernen wir dann auch die 53 jährige Rinderzüchterin Janet kennen, die gerade hier ihren Kleineinkauf tätigt und folgen ihrer Einladung zu ihrer Rinderfarm, die "nur 2 Stunden Fahrzeit"! hinter dem **Pink Roadhouse** inmitten von noch mehr Steinwüste und Outback liegt. Dort im Zweierkonvoi unserer Toyotas angekommen, sind wir sehr erstaunt, dass alles modern und geordnet ausschaut. Vom gut beschatteten Pool über die "Telstra" Satelliten Telefonanlage und der eigenen Solarstrom-, wie Wasserversorgung ist alles vorhanden, was ein modernes Leben, auch hier im Outback lebenswert macht. Sogar eine kleine Müllverbrennungsanlage haben sie sich extra gebaut und noch wichtiger, ein eigenes Kühlhaus, um ihren Fleischbedarf in dieser brüllenden Hitze organisiert zu kriegen, denn 10 Farmangehörige wollen auch ständig mit Steaks und Gemüse versorgt werden.

Wenn der Fleischbestand zu Ende geht, fahren sie einfach raus zu den Rindern, die hier "etwas mehr" Auslauf brauchen, um an das karge Futter, sprich die zart verteilten "Grashalme" zu gelangen. Faustformel: Pro Quadratkilometer - ein Rind. Donner Lottchen! Die Farm hat die "Kleinigkeit" von 7500 km/2 worauf sich im Schnitt 8000 Tiere bewegen. Um den

Gebäudekomplex selber sichten wir nicht ein einziges Tier, nur Fahrzeuge, Technik und Gerätschaften. Also fahren sie mal geschwind mit dem Pick-Up los, picken möglichst ein geschwächtes Tier raus und erlegen es mit einer Winchester an Ort und Stelle. Eine Plastikplane daneben, die besten Filetteile rausgeschnitten, einige weitere grobe Stücke mit "leckeren Innereien" für die Hofhunde und Katzen und ab nach Hause damit. Der Rest vertrocknet oder wird von den wenigen "Raubtieren" wie Raben, Wüsten Adlern, Dingos und auch Ameisen zerlegt. Im Fuhrpark stehen außer den landestypischen Land Cruiser Pick-Up's noch weitere 8 Enduro's zum Zusammentreiben der Rinder bereit und einen eigenen Airstrip (Landebahn) haben sie natürlich auch mit einer Cessna vor der Tür.

Janet lädt uns noch zu einem Barbecue ein und damit es keine Beschwerden gibt geht sie mit mir in ihr Kühlhaus. WOW, was für eine Auswahl! Meine Hände streifen an 8 riesigen, ausgebeinten Rinderhälften entlang, die sich hier bei +6°C dem Zersetzungsprozess hingeben, um anständig auszubluten, damit die Fasern schön zart werden. 1... 2... 3... und weiter bis zu 8 Wochen alt, perfekt und trocken kühl abgehangen - ohne Fliegenbefall!

>Na Tom, was magst du davon probieren?< Also wenn schon denn schon, denke ich mir so und zeige auf das letzte, 8 Wochen alte dunkelrote Teil. Hey Leute, jetzt weiss ich warum bei uns das Fleisch meistens so zäh ist. Na weil unsere Massentierhaltung niemals die Zeit dazu hat, alle Rohfleischprodukte in Ruhe reifen zu lassen. DAS können sich wirklich nur wenige Kleinschlachter erlauben, die dann natürlich auch ihren Preis für solche Qualitätsprodukte verlangen.

Meine Steakauswahl war perfekt. Während ich mit einem begeisterten Genuss wohlig stöhnend in mein mega zartes Filet beisse und der deftige Fleischsaft meine Zahnlücken flutet, reflektiert Jane das mit einem zufrieden Grinsen. Was geniesse ich doch diese Art von Lebensfreiheit, mit immerzu neuen Kontakten. Nach einem ausgiebigen Kaffee und Hofrundgang am folgenden Morgen, hinterlassen wir unsere Telefon und Email Adresse, mit der Vorsichtsmaßnahme: *sollten wir uns nicht bis zum Ende des 10. Tages gemeldet haben, möchten sie doch bitte ein Suchtrupp nach uns losschicken. Erst hinterher erfahren wir, dass die Polizeistationen gegen eine kleine Gebühr Satellitentelefone verleihen, die man dann nach Bewältigung der Strecke am anderen Ende wieder abgeben muss. Hier denken wir zum ersten Mal über ein eigenes Satellitentelefon nach, nur so für den absoluten Notfall in solch ultra ariden Regionen.*

Tage später stehen wir dann bei den wunderschönen, historischen Sandstein Ruinen von *Dalhousie Springs,* die auf dieser Route liegen. Für mich ist es einer der mit magischsten Outbackplätze Australiens. Genau wie in der Sahara, eine richtig grüne in Palmen gesäumte Oase, mitten im Nichts. Hier drückt artesisches Wasser ganz ohne Fremdeinwirkung aus den Tiefen des Erdreichs der 13 Quellgebiete hoch, womit über die Jahrzehnte eine äusserst üppige Schilf- und Palmenvegetation das fruchtbare Ergebnis reflektiert.

Also ein Untergrund-Wasserreservoir, das vor 100-250 Millionen Jahren entstand und ein Viertel des australischen Kontinents umfasst und somit auch der grösste Wasserspeicher unseres Planeten sein soll. Hier haben die ersten Siedler mit soliden, handgemauerten Sandsteingebäuden eine perfekte Basis für diverse Farmprojekte geschaffen. Schon immer ging es zu diesen ersten Tagen der Besiedlung, um nötige Relaistationen der Versorgung. Da allerdings zuerst das Austauschen von Kamelen und Pferden, damit die Kutscher wieder frisch gestärkt durchstarten konnten.

Die aller ersten Durchreisenden, Siedler und Geschäftsleute die von der Küste hier in diese doch sehr wüstenähnliche Region kamen, brachten zu diesen Tagen immer wieder energiereiche, getrocknete, haltbare Datteln zur Nahrungsergänzung mit. Ihre nach Verzehr ausgespuckten Kerne konnten sich zu der nächsten Regenperiode neu entfalten, um dann dieses kleine Paradies weiter gedeihen zu lassen. Das alles so ganz beiläufig zur ersten Besiedlungsphase.

Es zeigt wieder einmal, welche Vielfältigkeiten und Selbstheilungskräfte unsere Mutter Natur parat hält, man muss ihr dazu nur genug Zeit geben. Pferde, Schafe, Ziegen, Kamele und einige Rinder wurden hier gezüchtet. Aber auch Hühner und Gänse dienten der täglichen Versorgung, von einem kleinen Gemüse-/Kräutergarten vor der Tür ganz zu schweigen. Selbstversorger halt und garantiert voll Bio. Der ganze Gebäudekomplex untermalt mit seinem großen Palmenhain, lässt dich mit seinen Ruinen gut an diese alten Gründerzeiten erinnern. Eigentlich eine perfekte Location für alte Western Filme.

Hier ein historisches Karawansarei Bild mit den männlichen, schwer beladenen Transport-Dromedaren. Pferde könnten solche Lasten bei diesen weichsandigen Bodenverhältnissen niemals transportieren.

Auch und natürlich diente dieser menschliche Aussenposten als postalische Relaisstation. So konnten die Kutscher ihre Pferde wie Kamele gegen frisch ausgeruhte und "vollgetankte" wechseln und sich auch mal wieder eine Nacht mit deftiger Hausmannskost verwöhnen lassen und in einem richtigen Zimmer mit Bett und Matratze schlafen. Denn moderne Schaumstoffmatratzen mit Kompfort-Liegenzonen oder geschweige, aufblasbare Camping-Isoliermatten kannte man ja noch nicht, mit Stroh gefüllte Jutesäcke waren schon der grösste Luxus.

Logisch nur, dass uns dieser magische Wüstenort 2 Nächte wert ist, leider natürlich wieder nicht erlaubt, da im Nationalpark liegend. Aber gut, wir "Parken" ja nur hier (;-)(wo kein Kläger, da kein Richter. Die Wahrscheinlichkeit das nun ausgerechnet in diesen 2 Nächten ein Ranger vorbei kommt, wäre schon extremer Zufall.

Jetzt wird die Wurst dick und es wird ernst,
die SIMPSON WÜSTE ruft...

Ab hier treten wir unsere vorerst letzte "Prüfung" an. Nicht wirklich lang, nur ca. 370km (also in etwas Hamburg-Düsseldorf, auf reinem Wüstensand), aber dafür wieder mal alleine und jetzt außerhalb der Saison sehr einsam und ohne jegliche Wasserversorgung. Beim *Pruni Bore*, einer alten Ölbohrung bei der man nach unglaublichen 1880 Metern Tiefe doch "nur auf Wasser" gestossen ist, geniessen wir unsere allerletzte, satte Dusche mit dem von ursprünglichen 85°C auf, über Auslaufbecken, hautfreundliche 45°C runtergekühlten Wasser, manno - welch ein Badeluxus, nach langer Zeit mal wieder.

Solche Naturduschen bieten beim Reisen einen gänzlich anderen Erlebnisfaktor, als eine häufig nur tröpfelnde, teuer erkaufte Campingplatzdusche. Dazu der 360° Panoramablick mit einen kräftigen Brise Wind und du schwebst im Himmel.

Hier beginnt eine Achterbahnfahrt der Superlative, dagegen war die *Canning Stock Route* und die *Anne Beadell Passage* fast eine Autobahn, denn eine Schlechtwetterfront belegt für knapp eine Woche, ausgerechnet jetzt unseren zu durchquerenden Wüstenabschnitt. Hatten wir noch zwei traumhafte, ruhige, sternenklare Nächte inmitten der Oase, geht nun richtig die "Post" ab.

Bei einem heftigem Sandsturm mit wechselhaften Regenschauern, begleitet von bizarren, kurzen Faszinationen durch einen Regenbogen, sitzen wir diese unangenehme Zeit mit viel Tee trinken, im voll geschlossen, stickigen Aufbau aus. Feinster Sand - ÜBERALL! Selbst in den Tiefen deiner Bettwäsche, unglaublich. Nach gut einer Woche beruhigt sich wieder alles und wir können durchatmen. Nach etwas Aufräumen und Entstauben können wir endlich weiter fahren. Leider ist nun von dem zuvor deutlichen Pistenverlauf, fast gar nichts mehr zu erkennen. Meterhohe Sanddünen haben sich neu formatiert und vor uns aufgetürmt. Die Strecke ist somit optisch vollkommen verändert, sprich blockiert. Die Piste ist von Dünenkuppe zu Dünenkuppe kaum noch zu erkennen, eigentlich nur noch zu erahnen. Erst aus der Ferne und das auch nur in direkter, gradliniger Blickrichtung zum alten Wegstrecke, kann man den Pistenverlauf noch erahnen. Steht man kaum mal 50m daneben, ist optisch alles gleich und eine Orientierung, noch dazu bei diesem immer noch sehr diffusen Tageslicht, fast unmöglich.

Ganz ehrlich, sind wir doch froh, dass wir durch unsere diversen Afrika - Algerien, Libyen, Tunesien und Marokko Sahara Befahrungen schon reichlich Übung im Umgang mit solchen Naturgewalten erworben haben. Das hilft uns hier gerade mental enorm weiter und ist nicht selbstverständlich, um nicht gleich in Panik zu verfallen. Die **Simpson Wüste** bietet auf diesem, an sich ja recht kurzen Reiseabschnitt 3 verschiedene Sandformen. Von "Zimtfarben" über "Tennisplatzrot" bis hin zu "Sandkistengelb" ist alles dabei und die Sandstruktur hat dabei immer feinste "Eieruhrqualität". Das heißt aber auch noch feinerer Sand, wie den, den wir zuvor auf der **Canning** erleben durften. Ergo müssen wir noch etwas mehr Luft ablassen, sonst geht gar nichts voran, sondern nur noch gen Erdmittelpunkt. Das wiederum belastet das Gummigewebe der Reifen noch mehr und die Schläuche unserer Sprengringfelgen, haben ordentlich zu arbeiten. Plus die Hitze der walkenden Reifen und Sonne - heftig!

Viele Monate haben wir unsere Sandbleche und Schaufel ungenutzt, eher zur Zierde spazieren gefahren. Nun kommt hier beides zum Einsatz und das nicht nur einmal. Wir müssen ständig neue Passagen suchen und werden gezwungen, zwischen den Dünen hin und her zu fahren, um neue, möglichst niedrige Querverbindungen zu erkunden. Es ist hier in Australien genauso wie damals in der algerischen Sahara, Sand bleibt Sand.

Von den frischen, messerscharf auslaufenden Verwehungen muss ich häufig die scharfen Kanten mit den Füssen flach treten, oder mit dem Armen zur Seiten schieben, damit sich der Wagen, beim drüber fahren möglichst nicht mit dem Bauch aufhängt. Ansonsten ist das Weichsandfahren das Schönste, was man sich unter Offroadfahrern vorstellen kann, fast wie auf Wolken. Sand in dieser Form ist immer extrem sauber, dagegen ist Schlamm und starke Feuchtigkeit der reinste Horror und überhaupt nicht lustig, erst recht nicht, wenn es durch Salzseen geht.

Egal, nach 7 weiteren Tagen kommen wir körperlich etwas fertig und ausgepowert, aber heil und gesund in **Birdsville** an. Bis auf ein paar Kamele haben wir nichts und niemanden getroffen, wo haben sich all die Tiere Australiens versteckt? Mit einem kurzen Rückruf bei Janet und ihrer **Hamilton Farm** melden wir uns heil bei ihr zurück und bedanken uns ein letztes mal für ihre wertvollen Informationen mit ihrer angebotenen "Rettungshilfe" und ihre lieben Gastfreundschaft.

Zum Glück ist alles gut gegangen.
Jane, many thank's for your hospitality!

Aufgehockt - endlich mal wieder eine Schaufelaktion ;-)(

Die meiste Arbeit erzeugt das Freischaufeln der Achskörper, die wenn das Fahrzeug erst mal richtig tief eingesandet ist, wie breite Erdanker den Vortrieb ausbremsen. Nur die Räder frei zu schaufeln wäre schön, reicht aber nicht. Eine möglichst lange Schaufel ist da sehr hilfreich. Ein zweites Fahrzeug wäre auch ideal, so zum rückwärts raus ziehen, aber wir sind ja allein.

Auch war ich wie so häufig einfach zu faul, die meisten Dünenkämme vorher flach zu treten oder zu schaufeln. Leider kannst du auch nicht schon während der Fahrt sehen, was hinter der nächsten Düne folgt und vor allem nicht abschätzen wie steil es dahinter wieder runter geht.

Wer das nicht selber schon mal durchlebt hat, kann sich das so wie hier beschrieben kaum vorstellen. Also Leute - MUT zum Erstversuch, es kann euch nur schlauer machen und stärken. Wenn ihr dieses "Popometergefühl" erst mal begriffen und drauf habt, werdet ihr süchtig danach werden - garantiert!

Was feiner Sand an Vortriebskraftkraft ausbremsen kann, ist unglaublich. Selbst mit dem längsten Anlaufschwung, verpufft die aufgebaute Energie sehr schnell. Der Rest ist dann mühevolle Sandblecharbeit, um auch noch die letzten Meter im 1. Gelände-Untersetzungsgang zu schaffen.

Ebenso solltet ihr nicht einfach nur solch eine besonders schöne Großdüne einfach überqueren, sondern nach erklimmen der höchsten Sektion, gerne oben drauf einparken, um auch mal in solch erhabener Panoramaposition eine luftige Nacht zu verbringen. Denn so viele Möglichkeiten bieten sich im ja sonst meist flachen Outback nicht. Achtet mal darauf, was sich so alles über Nacht an Getier von Nachtspinnen, Schlangen, Skorpionen, Pillendreherkäfern oder evtl. sogar auch kleinen Wüstenfüchsen dort rumtreibt und nachtaktiv ist.

Hierzu noch ein kleiner Forschertipp:

Um herauszufinden was es so im Umfeld eines Lagerplatzes überhaupt an Kleinstlebewesen gibt, hat mir mal vor Jahren in der Algerischen Wüste, ein Naturforscher & Geologe dazu einen kleinen Tipp verraten, der wirklich simpel ist.

Nehmt mal einen Wäschesack, Reissack oder Jutesack

und diesen zur Beschwerung nur leicht mit Sand gefüllt oder ein breiter Besen ginge dazu auch und zieht in einer Doppelreihe einen "Neutralen Kreis" um euer Fahrzeuglager oder auch um die benachbarten Buschformationen. Also eine gleichmässige "Abdruckzone".

Ihr werdet euch am nächsten Morgen wundern, was es dort alles an Lebewesen hat, was ihr nun sehr deutlich anhand der Laufspuren innerhalb dieser "neutralen Zone" entdecken werdet.

Das können gestrichelte Schlangenspuren sein, Abdrücke von Käfern, Skorpionen, Echsen (die immer mit ihrem Schwanz ein Strich hinterher ziehen) oder die wechselseitigen Sprungabdrücke von Hasen, kleinen Kängurus und ähnlichen.

Also diese Art von Endecken birgt auch so ihre Reize, um sich mit der Umgebung und Natur auseinander zu setzen. All diese Sinne und Orientierungshilfen haben wir mit unser moderne Welt fast vollkommen verloren. Unsere heimischen Tierparks ersetzen das echte Wildlifeerlebnis, keiner muss sich mehr gefährlichen Situationen aussetzen, alles ist geregelt.

TrackNr.12: Chillagoe - Maytown - Laura "old Coach" Trail...
350km reine Pisten-Kilometer zum "Palmer Goldfield" - QLD

Wen es als Offroadfreak eh schon in diese Region verschlägt oder sie annähernd passiert, der sollte sich hier gerne die Mühe machen, diesen alten Kutschenweg der Goldgräber in die Berge hoch zu bereisen.

Abenteuer pur garantiert!

Zeitsprung und zurück in die Entdeckergeschichte...

Im Jahre 1872 entdeckte der Pionier **William Hann** beritten zu Pferd in dieser einsamen Region das erste "Flussgold" und noch im selben Jahr begann Australiens grösste Goldgräberepoche. Innerhalb weniger Jahre wächst das *"Palmer Goldfield"* zu ein der gewaltigsten "Maulwurfsiedlungen" heran. Runde 20.000 Menschen sollen hier mal gegraben, geschuftet und geschürft haben. Nur mal am Rande bemerkt, davon 90% Chinesen. Eine neue Goldrausch Ära nahm also seine so eigne

371

Dynamik auf und zog in den Folgejahren rund 20.000 Menschen in ihren Bann, die meisten davon asiatische Tagelöhner. Wer intensiv nach Gold schürfen will, braucht riesige Steinbrecher, Treppenartige Siebe wie Rüttelanlagen und viel, sehr viel Wasser, von dem unzähligen Kleinwerkzeug mal ganz zu schweigen. Für die vielen, harten und ausschliesslich männlichen Goldschürfer und Tagelöhner mussten natürlich auch Unterkünfte, Barbiere, Frisöre und jede Menge an deftiger Nahrung organisiert werden. Aber auch Gallonen von Limonade und Bier wollten beschafft werden. Natürlich diente auch das Horizontalgewerbe der Unterhaltung, damit die Arbeitsmoral im Lot bleibt.

Elnes unserer Busch Camp's mit kontrolliertem Lagerfeuer.

Nach Gold graben klingt immer so schön romantisch und vielversprechend, oder? Aber es war zu dieser Entdeckerepoche mit Sicherheit die aller schlimmste Arbeit, die man einem Menschen antun konnte. Mit blossen Händen, ohne Schutzhandschuhe und nur mit Hammer, Meissel, Pickel wie Schaufel bestückt, ohne jegliche Unterstützung von elektrisch, pneumatisch oder hydraulisch betriebenen Bohrhämmern, bei 30 bis 40 Grad im Schatten, Tag für Tag, Woche um Woche, Monat um Monat und dass alles ohne kalte Getränke, belüftete Tunnelschächte oder ultraheller LED-Beleuchtung. Nur dürftig flackernde Oel und Karbid Funzeln, die einem auch noch die "frische Atemluft" in den engen Tunnelgängen raubten, dienten als Lichtquelle. Wer da nur im Ansatz an Klaustrophobie litt, hatte keine Chance diese Arbeit lange durchzuhalten.

Begriffe wie: Schutzhandschuhe, Sicherheitsschuhe, Staubmaske, Schutzbrille, Krankenkasse, Invaliditätsversicherung oder Arbeitslosengeld, all das kannte man noch nicht.

Nein, hier musste ein jeder für sich entscheiden, ob er diese harte Körperarbeit ausüben will und auch kann.

Es müssen höllische Strapazen gewesen sein, um ein wenig von diesem begehrten Edelmetall dem Erdboden zu entreissen. Auch war es hier in dieser Region, geologisch gesehen strukturell nicht die weicheste und auch nicht die ergiebigste Minenregion. Aus knapp 3,6 Tonnen feinst gemahlenem Gestein, bekam man im besten Fall schlappe 6 Unzen Reingold raus! Was umgerechnet mit rund 170 Gramm kaum mal reicht um 3 Salzstreuer zu füllen.

Ich stehe also mit grösster Ehrfurcht vor all diesen Relikten, starre mit Grauen in die dunklen Stolleneingänge und bewundere den Erfindungsgeist der ersten Konstrukteure und Ingenieure, die diese monströsen Dampfmaschinen gebaut haben, um diese brutale, harte Körperarbeit ein wenig zu erleichtern, wie auch zu beschleunigen. Eines weiss ich heute mit Sicherheit:

ich werde NIEEEMALS Goldgräber!

Alles was man zur Goldgewinnung braucht, ob Spitzhacke, Meissel, Schaufel, Flaschenzüge, Seile, Zinkeimer, terrassenförmige Schüttvorrichtungen und Rüttel -/

Siebanlagen, bis hin zu diesen monströsen, tonnenschweren Dampfkesseln, musste auf dem Rücken von Eseln, Pferden und Kamel-Kutschengespannen in die von *Cairns* 280 Kilometer entfernt liegenden Berge des "Palmer Goldfeldes" nach *Maytown* transportiert werden.

Eine sechsköpfige Siedlerfamilie hoch zu Wagen.

Da diese Gegend sehr bergig ist und über den Küstenrücken der *Great Dividing Range* verläuft, war man gezwungen von Hand schmale Pfade und Passagen durch die felsigen Bergkuppen zu schlagen, um ein Befahren für die schweren und trägen Kutschengespanne überhaupt realisieren zu können. Deutlich sehen wir noch heute die in den Granit Fels gemeisselten Fahrrinnen, die eine ca. 2m breite Fahrspur gewähren.

Unser kleiner, sicher gut 3,8T schwere Toyota schafft die vielen Steigungen mit Gefällstrecken und Abbruchkanten nur im 1. und 2.ten, untersetzten Geländegang. Beim umschichten von losen, zerstreuten Steinhaufen, um eine passende Fahrrampe zu bilden, denke ich mir so: mmm.., wie mag das wohl mit Pferd und Wagen so gegangen sein? Ich höre die eisenbeschlagenen Pferdehufe auf dem glatten Gesteinsboden abrutschen, die Muskelmassen der Vierbeiner nach Halt ringen und sehe die nicht wirklich brauchbaren Kutschenbremsen aus Holzklotz und Lederbelag, wie sie sich auf den Holzrädern in Rauch und Asche auflösen. Eine einzige Berghügelpassage muss ewig gebraucht haben, um sie schadlos zu bewältigen.

Aus England wurden per Schiff bis *Cairns* die ersten, brauchbaren und zu diesen Tagen sicher auch sündhaft teuren Dampfmaschinen und Crusher dazu importiert, was alleine schon ein mega Aufwand mit Kostfaktor war. Welche Strapazen. Nicht selten muss ich dazu per Hand für unsere Land Cruiser Spurbreite Steine umschichten, um die stufigen Passagen überhaupt bewältigen zu können, natürlich möglichst ohne unsere Kupplung zu quälen oder gar zu verbrennen. Trotz moderner Fahrzeugtechnik, sollte man alles dafür geben, sein Fahrzeug möglichst nicht unnötig zu quälen.

Alles geht nur sehr sehr langsam im untersetzten 1. Geländegang. Keine Chance für normale Fahrzeuge ohne Reduziergetriebe!

Fahrfehler solltest du hier möglichst vermeiden, sonst verbrennst du die Kupplung oder opferst sogar das ganze Fahrzeug. Also mal eben so an einem Tag da gemütlich hin und zurück fahren - geht nicht. Auch darf man nicht all zu viel an historischem Kulturgut erwarten. Alles was mal aus Holz aufgebaut wurde, haben entweder Buschfeuer zu Asche verbrannt, oder Termiten weg gefressen, oder einfach auch der normale Alterungs-Zersetzungsprozess durch Sonne und Kälte zu Staub und Asche pulverisiert.

Der anfänglich einfache, problemlose Pistenverlauf..,

376

Wieder und wieder etwas "Steine-Mikado",
damit sich die Achsverschränkungen im Rahmen halten.

Wieder mal muss ich Steine umschichten, bevor es weiter gehen kann. Nicht selten haben wir danach erst mal eine längere Teepause mit deftiger Sardinenbrotzeit eingelegt, denn in den Bergen ist es extrem trocken. Ergo braucht es viel Energie und noch mehr Flüssigkeit, um weiter fit zu bleiben.

Nur wenige gemauerte Gebäudereste haben es bis in die heutige Zeit geschafft. Natürlich auch die massiven, stählernen Ungetüme der Dampfkesselzeit, mit all ihren gusseisernen Schwungrädern, Steinhämmern und Walzen haben bis heute Bestand. Nur wenige Wellblechhütten der Goldgräber wurden hier und da mal von einigen privaten Off-Road Clubs restauriert oder komplett nach gebaut, um das Lebensumfeld dieser Ursiedler weiterhin anschaulich zu dokumentieren. Denn nur aus Erzählungen heraus, lassen sich solche Ereignisse kaum speichern. All diesen Clubs und freiwilligen Helfern muss man wirklich ein sehr grosses Lob und Dankeschön aussprechen, denn ohne ihren persönlichen Einsatz hätte man keinen Schimmer mehr davon, wie das Leben hier wohl ausgesehen haben mag. All das aus privaten Spenden finanziert und in mühevoller Puzzlearbeit Zuhause vorbereitet, um es dann schlussendlich in den Bergen gemeinsam mit Clubfreunden vor Ort aufzubauen oder zu reparieren. Du musst dich immerzu auf neue Pistenzustände einstellen. Hinter jedem Hügel, hinter jeder Kurve, hinter jeder Senke schlummern neue Besonderheiten. Das alles ändert sich jährlich von Monat zu Monat nach jeder Regenzeit. Dann nämlich, wenn die Auswaschungen des Mutterbodens sich erneut tiefer in das Erdreich gefressen haben.

Leider nicht mehr viel - Goldgräber Relikte aus alten Tagen.

Unten am Berghang eine der grossen Dampfkesselmaschinen mit Schwungrad und Treibriemenabgang, weiter berghoch zur Übersetzungseinheit und wieder runter zum Crusherschwungrad. Über eine breite Schütte rutschten dann die groben Steine in die Crusherkammern und auf der anderen Seite kam das pulverisierte Erdreich wiederum heraus, was danach durch lange Waschstrassen mit Rüttelkörben und Auffangbürsten geschleust wurde, um den Goldanteil heraus zu filtrieren. Diese Technik, mit all ihren breiten, schlackernden Ledertreibriemen und den 10 rauf und runter schlagenden Hämmern, musste infernalisch laut gewesen sein.

Obendrauf dann noch die massive Staubbelastung, all das war dann sicher in der Summe der Albtraum. Also an dieser Location könnte man prima einen historischen Film über die ersten Tage der Goldschrauschzeiten drehen, denn die meisten "Requsiten" wären schon da.

Und beim Betrachten dieser Gerätschaften muss man sich auch fragen, welche schlauen Köpfe zu dieser Epoche solche Ideen hatten, um sie praktikabel umzusetzen. Heute fragt man kurz mal "google".., und bums hat bekommt man eine Antwort.

Aber damals konnte man noch keine bestehenden Erkenntnisse zu Rate ziehen. Es musste halt getüftelt und probiert werden, bis es funktioniert und passte.

Pionierzeiten halt.

TrackNr. 13 Fraser Island Bush & Beach Adventure - QL
300km nördlich von Brisbane gelegen, ist ein Sand wie Tropenwaldeiland auf 185.000 Hektar Sandfläche, mit 124 Kilometern meist befahrbaren, breiten Strandflächen, eingestuft unter Weltnaturerbe.

Der australische Winter macht uns etwas zu schaffen, die kälteste Nacht meldet unser Quecksilber mit +4 Grad in den Bergen der **Great Dividing Range.** Uns kommt es vor wie 15 Grad minus! Alles was Decke heisst, kommt oben drauf, unsere 2 Wärmflaschen wissen nicht wohin zuerst, mal bei mir an die Arschbacken, mal bei Lilli vor den Bauch und abwechselnd auch mal an die Füsse. Halt ein ständiger Kampf ums Überleben, "Camper Überleben". Leider hat unser Oldtimer keine Warmluft-Standheizung, aber eigentlich braucht man sie auch zu 90% der Gesamtreisezeit nicht. Zum Glück scheint morgens sehr zuverlässig die Sonne und ab 8 Uhr ist sie endlich so kräftig, dass du dich zum 1. Kaffee raus wagen kannst. Das ist schon ein prima Gefühl, bei dampfenden Kaffeebecher die früh wärmenden Sonnenstrahlen einzusaugen.

Leute - KANN ES ETWAS SCHÖNERES GEBEN !?!

Was sich nun deutlich zu Europa und ja auch zu Afrika unterscheidet, sind die morgendlichen Revierkämpfe der hiesigen Vogelwelt, all das bei einer unglaublichen Artenvielfalt. Im "Kampfgeschwader" donnern diverse Kakadu Formationen, wie auch die deutlich kleineren, ultrabunten Corellas (Nasenkakadu's) über unser Autodach und hechten von einem Baum zum nächsten. Deine Ohren stehen schlagartig im Leben! Also einen Wecker brauchst du hier nicht, eher schon Ohropax.

Selbst in den grösseren Orten der tropischen Ostküste entlang, so etwa ab *Cairns* weiter hoch, zirkuliert auch dort überall das Vogelspektakel. Bei jedem Spielplatz, in jeder Parkanlage, an allen Badebuchten und überhaupt immer und überall. Oft entdecken wir in den Parkanlagen die grün, blau, rot, gelben Lorikeet's (Regenbogenlori). Ein besonders lautes, akustisches Spektakel verbreiten die lieben Piepmätze dann abends zum Sonnenuntergang, wenn ganze Vogelschwärme sich ihre Schlafplätze in den Palmen und Eukalyptusbäumen suchen und sich dabei um die besten Sitzplätze streiten.

Aber der Oberhammer ertönt dann immer zu den frühen Morgen-/Abendstunden, wenn der unglaublich prägnante Zweiklang und nachhallende Peitschenruf des "Kookaburra" (Lachender Hans) erschallt, der einem ein richtiges Outbackgefühl vermittelt. Wer DAS oben in den Bergen der Grade Dividing Range, mitten Im Wald miterleben darf, wird von diesem galaktischen Raumklang schlichtweg verzaubert. Ab 10 Uhr morgens ist dann Shorts und T-Shirt angesagt. Ich muss mich wundern, wie selten wir in den letzten 10 Wochen bewölkten Himmel und überhaupt einmal ein paar Tropfen Regen hatten, das macht Laune ;-)) Für die Natur, Fauna und Landwirtschaft natürlich nicht so schön, aber für uns als Dauercamper perfekt. Besonders wenn wir so aus den eMails vernehmen, wie miese der hiesige Sommer in Deutschland begonnen hat.

Ja nun hangeln wir uns weiter der Ostküste entlang, streifen von Bucht zu Bucht, die alle ausnahmslos mit feinsten, weissen Sandstränden gesegnet sind und deren Betreten zum Glück ohne "Sonderzölle", wie bei uns mit deren Kurtaxenversklavung, für Jedermann freigegeben sind. Leute,, dieses Kontinent ist einfach gesegnet mit seinen 25.760km Küstenlänge. Da wirst du förmlich genötigt morgens und abends barfuss am Strand lang zu joggen.

Wieder gilt hier der Spruch: besser zu Fuß an den Strand, als mit dem Benz zur Arbeit ;-))

Überall wo kleine Parkanlagen vorzufinden sind, gibt es kostenlosen Toiletten & WC-Papier und bestem Trinkwasser. Oder auch sehr großzügige, eingezäunte Kinderspielplätze, in schattigen Ecken angelegt und an den vielen Badebuchten gerne auch mit gebührenfreien Duschen und Grillstationen bestückt, um den nächsten Besucher zu empfangen. So was wäre in Afrika natürlich auch wieder undenkbar, da würden umgehend Einheimische drauf wohnen und ein neues Dorf errichten und in Europa wäre schon längst alles mit Graffiti zugekritzelt. Also wir finden diesen Service als Durchreisende extrem hilfreich und gastfreundschaftlich.

Der typischer Ouzzi fährt seinen Geländewagen mit einem Pop-Up Wohnwagen (die mit dem Ausstelldach) hinten dran durch die Lande, stellt den für gutes Geld auf einem Caravan Park ab und zwiebelt dann solo durch die Prärie und Mutti klebt derweil die „nahrhaften" Sandwiches am Zeltlager zusammen. Ja, so oder ähnlich läuft das Camperleben hier ab. Da fallen wir mit unserem leichten, historischen Integral Ausbau nur unwesentlich auf und das ist mal gut so.

Unser LKW-Reisefreund David dagegen, hat zwar so seine Mühe, denn es ist unglaublich was der Arme immer wieder seine Zunge bemühen muss, um sein grosse Fahrzeug zu erklären. Die Leute fahren voll darauf ab – <is this a Unimog?!? NO.., this is a Standard, German Mercedes Benz Military Truck with a Campingbox on the back – Mate>. Solche Fahrzeuggrössen kennt man hier einfach kaum.

Egal, kurz vorm *Surfers Paradise* der *Gold Coast* entlang, sichten wir zahlreiche Bananen, Mandarinen und Zuckerrohrplantagen. Die Botanik wird zunehmend üppiger und blüht aus allen Ecken. Merklich günstiger und frischer als wie im Supermarkt, kaufen wir nun direkt beim Erzeuger knackiges Gemüse und Obst an den kleinen Holzbuden der hiesigen Farmstände. Zunehmend verspüren wir eine immerzu milder werdende Sommerluft.

Hier treffen wir auf eine Gegend, wie sie wohl ähnlich in Florida zu finden ist. Ewig weite Traumstrände gezeichnet mit kräftiger Brandung, kombiniert mit Zufahrt Wasser- und Asphaltstrassenkombinationen der Villenkomplexe. Fast wie in Venedig hat hier jedes Anwesen einen hauseigenen Meereszugang. Wer hier morgens zur Arbeit will, muss sich entscheiden: nehme ich das Schnellboot..? den Wagen..? oder doch lieber das Motorrad?

Ja, das Leben kann hart sein.

Die mutigen Bodysurfer sind ständig auf der Suche nach der ultimativen Welle und stürzen sie neoprengeschützt in die auftosende Brandung. Allein schon das Zuschauen bringt fürs Auge grosse Freude. Es wirkt immer so spielerisch, bedingt aber einer stetigen Übung und Körperbeherschung.

In *Mooloolaba* an der **Sunshine Coast** werden wir morgens von gewaltig dröhnenden Motorengeräuschen geweckt. Es hört sich an, als wolle ein Jumbo über unserem Autodach landen. Also reisse ich die Türen auf und was sehen wir, vorbei röchelnde Hochseerennboote, die gerade eine imposante Parade abspulen. Wow - da geht was!

Hey so geniessen wir den halben Tag, ganz unfreiwillig mit dieser Sondervorstellung, eines richtigen Offshore Speedbootrennens.

Wenig später streichen wir durch einen riesigen Farnwald und erreichen mit weiteren, bunten Eindrücken scheibchenweise **Brisbane**, unser erstes Etappenziel auf dem Weg zum OTT "Old Telegraph Track". In dieser nicht minder hügeligen, quirligen grünen Großstadt gibt es einiges zu erledigen, auch wollen wir unsere Rückflüge hier schon mal bestätigten lassen, damit eine Lauferei weniger erledigt ist und die 6-monatige Visa-Verlängerung dann später keine Probleme bereitet. Eine Nacht verbringen wir noch wunderschön und ruhig am Brisbane Fluss gelegen, der sich weitläufig und verträumt aufzweigend durch diese 2,4 Millionen Metropole schlängelt.

Der Blick schweift über's ruhige Wasser und Lichtermeer dieses sanften Flusslaufes und ich schwelge in heimatlichen Erinnerungen... <so ähnlich schaut's Daheim auch in **Hamburg** an Wasserkanälen der "Aussenalster" entlang aus>. Wir besuchen noch den fassettenreichen, herrlich fruchtig duftenden botanischen Garten und nehmen einen Rundblick vom höchsten Aussichtspunkt des **Mt. Cootah**, der mit seinen zarten 244m Gipfelhöhe natürlich nicht der Kracher ist. Überhaupt hat Australien auch namensmässig einige Sonderheiten zu verzeichnen. Wo die Oussis ja ansonsten Weltmeister im Abkürzen von Worten oder Sätzen sind, mit ihren mehrsilbigen Aborigines Wörtern übertreffen sie alles, was man sonst so an sonderbaren Wortfetzen auf dieser Welt vorfinden wird.

Zungenbrecher...

Anbei mal einige Namensgebungen die
mindestens 4 gleiche Buchstaben enthalten:
Booroloola, Coogoola, Erunderee, Goobarragandra, Gooloogong, Illilliwa, Jerrawangala, Keeroongooloo,   Koonoomoo, Miriwinni, Moocoorooba, Oonoonba... Tja, das sind tatsächlich alles Orte

mit amtlichen Postleitzahlen - krass oder?

Mit Zielrichtung *Kape York Halbinsel*, rollen wir weiter Richtung **Fraser Island (offiziell heute K'gari)** , der weltgrössten Sandinsel, die man mit einer kleinen Autofähre regulär und mehrmals täglich erreichen kann. Zuvor streifen wir allerdings noch die vorgelagerte **Cooloola** „Halbinsel" des **Great Sandy National Parks**. Ab hier beginnt eines der beliebtesten Eldorados für Weichsandfahrer und Angler an der Ostküste des Süd Pazifischen Ozeans. Ca. 140 km hinter **Brisbane** sind wir da, wo wir endlich mal wieder auf Allrad in Untersetzung schalten dürfen.

Aber bitte zuvor reichlich Luft ablassen, sonst geht's abwärts und nicht mehr vorwärts. Wie heisst der alte Sahara Spruch: "Bodenbelastung pro Quadratzentimeter". Wenn das Verhältnis zur Ladung mit der Reifenauflagefläche nicht passt, bist du mehr am schaufeln, als wie am fahren. Hier, wo das **Great Barrier Reef** langsam beginnt, die Wassertemperaturen zunehmend zum Baden animieren, hier starten wir nun unser sanftes „Abenteuer" und üben uns im sandigen Strandbefahren. Kurz vor **Fraser Island,** genauer hinter **Noosa Heads** fahren wir über eine zarte Sanddüne auf die **Rainbow Beach** zu und reiten die ersten 30 km auf feinsten, glatten wie festem Sandstrand dahin, fast wie auf Asphalt. Zur Linken hoher buschiger Uferbewuchs und zur Rechten immerzu eine lebendig reinrollende, aufschäumende Brandung, soweit das Auge reicht.

Einige Tage verbringen wir mit unzähligen Befahrungen von sandigen 4x4 Inselpisten, die sich kreuz und quer durch den Nationalpark hangeln. Wunderschön und abwechslungsreich geht es ständig im Achterbahnstil über die tolle Küstenlandschaft, durch dichten unberührten Regenwald. Vorbei an verwunschenen Seen streicheln ständig meterhohe Waldfarne und Grasbäume unseren Fahrzeugaufbau.

Solche Riesenfarne wachsen sonst nur noch auf Tasmanien.

Ja unser Auge hat bei all dem satten Grüntönen in allen Ebenen richtig Freude - scheiss auf die Lackkratzer. Auch hier sind die Aussie's im Organisieren und Lenken der Urlauberströme nicht nachlässig. Die ersten 20 km dürfen befahren werden, Camping ist aber verboten, danach folgen die nächsten 15 km mit Camping Erlaubnis (in allen Nationalparks von Queensland 4 Dollar pro Person und Nacht, zu unseren Tagen). Diese wird an den sogenannten Zelt und Ausweich-Buchten und Plätzen an aufgehängten "Tuckerboxen" freiwillig entrichtet (Zettel mit Personen/Fahrzeugdaten ausgefüllt, Geld beigelegt und ab in den Briefkasten. Eine Kopie kommt als Quittung an die Innenscheibe). Der Eintritt in die Nationalparks ist frei, bis auf wenige Ausnahmen, wie **Fraser Island**, wo wir für das Fahrzeug ein Entrypermit von 32,60 AUD für 4 Wochen kaufen. Wo Grillfeuer erlaubt sind, ob der Müll mitgenommen werden muss, ob Angeln erlaubt ist, ob Zelten erlaubt ist, und und und all das wird ständig und überall mit Schildern angezeigt. Auch sehr gut im Griff haben sie die Raucher. An allen beschilderten Sehenswürdigkeiten, hängen im Eingangsbereich kleine PVC-Sammelrohre mit dem Spruch: "Bin Your Butts"!

Auch häufig vor Kanaldeckeln an Ampelanlagen zu finden.

Leute, NULL Kippen verschandeln hier die Landschaft, die Strände oder Parkplätze, es funktioniert. Oh ja, da sind sie knallhart. Wie man sieht, hier braucht man eigentlich keinen eigenen Verstand, du wirst gelenkt wie ein Blinder. Das ist natürlich für einen geübten, mitdenkenden, flexiblen und vorausschauenden Weltreisenden schon etwas befremdend. Aber in der Summe führt es zum Erfolg.

Fraser Island - nun aber, jetzt wird's ernst...

Aber wir sind ja tolerant und erreichen unbeschadet den Fähranleger, der genauer betrachtet keiner ist, sondern nur aus einer weiten, zerfahrenen, weichsandigen Landzunge besteht. Die Fähren rauschen hier unter voller Motorkraft einfach bei halb geöffneter Auffahrrampe an den Strand - fertig! Danach musst du dann zu sehen, wie du da rauf kommst. Für schlappe 10 Minuten „Kreuzfahrt", drücken wir satte 35 Dollar ab. Möchte nicht wissen was das heute aktuell zu unser "Ukraine Ölkrise" kostet. Im **"Fraser Infoblatt"** heisst es dann noch, **>denke bitte an den richtigen Reifendruck!<** bevor du auf den Strand fährst, denn es sieht wirklich dumm aus, wenn du dich gerade hier am Anleger sofort fest baggerst.

Na ja, wir rollen mit richtigen Reifendruck und Gang davon und unser nachfolgendes Neufahrzeug gräbt sich gleich ein, was mir sagt: roter Metalliclack und super Breitreifen können auch ganz schön dämlich aussehen, wenn sie nicht vom Fleck kommen :-)(Egal, nicht lästern Tom, Gas geben, sonst schaffen wir nie die 142 Kilometer Sandküste. Es bringt auf jeden Fall einen tierischen Spass, erneut ausgiebig wieder auf Sand fahren zu dürfen.

Stellt euch Hamburg – Hannover nur auf einfacher Sandspur vor und ständig eine kräftig lebendige, heranrollende Brandung zur Seite, bei blaustem Himmel mit Sonnenschein. Da kannst du das Radio gerne auslassen, einfach irre was das Meer doch laut sein kann. Einige Zugangspunkte der einzelnen Inselabzweigungen, wollen dann auch mit tiefen Wasserpassagen gemeistert werden, damit es voran geht.

Immer mal wieder "gemischte" Süß/Salzwasser Furten,
um zurück auf die Hauptpiste zu gelangen.

Fraser Island bietet ausser Sand noch eine weitere Besonderheit. Hier auf diesem Eiland leben die wohl reinrassigsten Dingos, die man in ganz Australien finden wird. Dadurch dass für Besucher ein absolutes **Hunde Einfuhrverbot** besteht, können sich diese wunderschönen Wildhunde unbeeinflusst untereinander weiter vermehren. Schon nach der ersten Strandnacht schleicht morgens ein Jungtier um unser Lager herum und prüft die Lage, ob doch nicht irgend was Fressbares, besonders die knusprig leckeren Grillreste, vergessen wurden. Mit ausführlichen Infoblättern wird auf den richtigen Umgang mit diesen nicht ganz ungefährlichen Wildhunden hingewiesen. Wer Kleinkinder und Säuglinge dabei hat, sollte diese NIE unbeaufsichtigt im Freien spielen lassen, denn sie zählen in ihrer Größe noch zu den Beuteopfern.

Die Tage verfliegen mit herrlichen Ausflügen der vielen Urwaldpisten entlang. Genau gesagt besteht die ganze Insel aus haushohen, alten Sanddünen, über die sich seit Urgedenken eine eigene, unberührte Flora ausgebreitet hat.

Hier mit neuen Reisebekannten ein typischer Strand Campingspot neben zarten Fächerpalmen.

Verfahren kann man sich eher schwer, da die meisten Tracks wie Eisenbahnschienen unwiderruflich die Laufrichtung vorgeben. Manchmal sind sie sogar so tief, dass du das Lenkrad nicht brauchst. Wir tuckern gemächlich an mehreren Süsswasserseen und Tümpeln vorbei und erfahren so ganz nebenbei (ja Reisen kann ja auch bilden), dass NUR HIER, nicht auf dem Festland, nicht in Afrika, nicht in Südamerika und auch nicht sonst wo auf unserem Planeten, die einzige Hartholzart mit der Bezeichnung "Satinay" (Syncarpia hillii) ansässig ist.

Mit dieser sehr speziellen und besonders Salzwasser resistenten Hartholzart hat man unter anderem und global auch den Suezkanal und die Docks in London befestigt, bis schlussendlich fast alle Bäume abgeholzt waren. Weiter muss ich mich doch wundern, welchen Aufwand unsere Vorfahren seinerzeit schon betrieben haben, um die Mühe nicht zu scheuen, eine solch spezielle Holzart, unglaublich fern der Heimat, über einen so gigantisch weiten Seeweg zu transportieren (8 - 12 Monate Schiffsreise), um ausgerechnet vor ihrer Haustür diese Holzbohlen in den schlammigen Boden zu rammen. Entlang der weiteren, geräumigen Küstenfront sichten wir plötzlich gelbe Warnschilder mit Flugzeugsymbolen drauf, was nicht etwa meint dort geht's zum Flughafen, nein, ab HIER beginnt der Start- und Landebahnbereich, auf dem harten Strandabschnitt - krass.

So fahren wir möglichst weit zur Seite, damit auch die kleinen Propellermaschinen der Tagesbesucher genügend Fläche zum Starten und Landen finden. Am Tage brettern reichlich Touri Geländewagen mit Hundertschaften an Backpackern über'n Strand. Im „8ter Paket" werden sie überwiegend in Toyota's über die Insel geschossen, Zeit ist Geld. Wer es günstiger mag, kann sich im 42-Sitzer HINO-Allradbus über die Insel schaukeln lassen, ist sicherlich deutlich günstiger und der Ausblick hoch oben aus dem Bus ist auch nicht wirklich der Schlechteste.

Eine der zahlreichen Salzwasser Fluss-Passagen, just in dem Moment wo die Brandungswellen zurück laufen. Spannend!

Zum Glück finden wir weiterhin einsame Strandabschnitte, die unserer Vorstellung von Camperfreiheit entsprechen. Abends sind wir wieder unter uns, mit der tosenden Brandung im Hintergrund und einem frisch entfachten Lagerfeuerchen. Fraser ist einfach gigantisch gross und weitläufig, das fällt uns so über die Tage immer mehr auf.

An den Hauptlagerplätzen laden wir gerne unseren Tagesbedarf an fertig gehacktem Brennholz für unser Lagerfeuer auf. Warum denn das? Ganz einfach, die Bezirksverwaltung hat auch dazu gelernt und so geben sie lieber kostenloses Feuerholz ab, als mit anzusehen wie stückchenweise der Baumbestand der gesamten Insel abgeholzt und weiter verheizt wird. Obwohl die meisten Fraser Besucher schon was mitbringen.

Aber was wäre ein Urlaub, ohne ein
romantisch & knisterndes Lagerfeuer.

Beach Camp in Prime Position - besser geht nicht!

Wir füllen bestes Trinkwasser nach, benutzen die gasbetriebenen Heisswasserduschen (6min – 1AU$) und besuchen einen Waschsalon (Laundromat), um mal wieder so richtig die Trommeln zu quälen (pro Maschine 3 AU$) und überall bekommen wir sogar richtig frische Vollmilch in 1,- 2,- oder 3 Liter Flaschen. Aber hallo - das hat doch was.

Dieser Reiseluxus ist mir schon ein wenig in Afrika abgegangen ;-((, da es dort nur selten mal gute Frischmilch, sondern meistens nur H-Milch oder Milchpulver zu kaufen gibt, der fehlenden Kühlketten wegen. Anyway, nach 8 Tagen und aufgerundeten 700 Kilometern ist das Sandvergnügen vorbei und unsere Gummisocken bekommen wieder vollen Luftdruck für den Schnellstraßenbelag. Aber auch eine gründliche Wagenwäsche ist umgehend an einem passenden Waschplatz fällig, bevor uns die ganze Kiste, durch die Salzeinlagerungen unterm Hintern weg rostet.

Tja und dann treten auch mal wieder plötzlich kleine Technikprobleme auf. Irgendwann vernehme ich von hinten so ein Klödergeräusch und fahre danach mal paar Meter mit offener

Seitentür. Irgendwas mit der Hinterachse stimmt nicht, also weg von der Piste und Räder prüfen. Ha, hat sich doch eine Bremsbacke vom Bremsschuh gelöst und sich verkeilt. Also geschwind alles zerlegt, gereinigt und wieder zusammengefixt.

Zwischendurch auch mal kleine Bremstrommelprobleme.

Kapitel 29 - Rock Art Kunst

Wer Down Under umfassend bereist und sich zwischendurch auch mit kurzen Wanderungen die kulturellen Spuren der Ureinwohner erlaufen möchte, wird mit einer vielfältigen, fantastischen Kunst belohnt.

Anbei diverse, über's Land verteilte Beweise ihrer Lebens, der Entwicklungs- und Kunstgeschichte. Immer da zu bewundern, wo die Aboriginals auch länger gelebt und gejagt haben. Vereinzelt findet man meterdicke Schichten von Holzkohle und Steinblöcke mit Reibschalen-Ausformungen, die von alten Kochstellen her zeugen. Häufig gerne unterhalb von weiten Felsüberhängen, damit man auch während der Regenzeit trockene Feuerstellen betreiben konnte. So was gibt es übrigens auch reichlich in der algerischen wie libyschen Wüste zu bewundern. Vor allen Dingen zu Zeiten, wo diese heute kaum noch bewohnbaren Plätze sehr viel fruchtbarer waren und deutlich mehr Niederschläge mit Grundwasser boten.

Hier symbolisch Frauen & Männer beim Liebesakt.

Wenn man vor Ort die Bilder betrachtet, entdeckt man unzählige Feinheiten und Zusammenhänge, der häufig recht bunten Einzelabbildungen von Mensch und Tier. Ob es Männer mit einem Bumerang bei der Jagd sind, oder Frauen die beim Kochen am "Herd" stehen oder beim "Reibschalenstein" Getreide malen.

Von häuslichen Tätigkeiten, bis hin zur täglichen Jagt, um das Überleben zu sichern, ist alles dabei was die Felsenzeichner so über die Jahrzehnte sinnbildlich an den Wänden verewigt haben, so gut es künstlerisch zu diesen Tagen möglich war.

Die "Jahreszeiten Schildkröte". Die lateinische Beschriftung dürfte deutlich spätere hinzu gekommen sein.

Hier eine Frau mit Kind und zwei Hunden.

Eine führende, männliche Stammesperson, die eine Art gefederte Krone trägt, was dahinter liegt ist kaum zu erkennen und schwer zu interpretieren.

Aber auch kleine Kampfszenen kann man aus den Bildern interpretieren. Alles kann dabei sein, so auch deutlich erkennbare Jagdwerkzeuge, wie Pfeil mit Bogen, Speer oder Bumerang, die Männer in den Händen halten. Eine dreidimensionale Zeichentechnik kannte man noch nicht, womit die Bilder sehr flach wirken. Egal, es tut der Schönheit keinen Abbruch. Allein die Gedanken daran, wie alt die Zeichnungen wohl sein mögen, ist schon eine Faszination für sich.

Känguru Jagdszene eines Mannes mit Wurfspeer.

Die meisten Felszeichnungen wurden inzwischen von geübten Künstlern nachgezeichnet, ansonsten wären die unterschiedlichen Motive und Kunstwerke schon lange in ihrer Pracht verblichen.

Weihnachten in der Ferne...

Wie mag das wohl sein, "schutzlos" ohne Familienbeistand und dann noch in der tiefsten australischen Wildnis?!?

Leute - ES IST VOLLKOMMEN ENTSPANNT !

Keine Radio- oder Fernsehwerbung, kein Telefon, kein Internet, keine Einkaufshektik und keinen Geschenkerummel unser modernen Zeit, nur wir und der Toyota im Einklang mit den allgegenwärtigen Fliegen und der herrlich unberührten Natur. Leider sehen wir auch hier weiterhin kaum mal Kängurus, nur vereinzelte, verstreute Rinder. Was nun im **Red Centre** neu ist, sind wilde Kamele und Pferde, die uns beim fahren über den Weg laufen. Alles geht seinen gewohnten Gang. Bloss jetzt nicht hektisch werden und lang eingeübte Tagesrituale ändern ;-))

In den Großstädten läuft dagegen der volle Weihnachttrubel ab. Die Verkäufer in den Discountern laufen kitschig mit Renntiergeweih und roter Bommelmütze umher und die Zugänge wie Kassenbereiche versinken in blinkenden Lametta mit Girlanden Dekorationen. Zu alledem natürlich noch die passende Weihnachtsmusik. Bing Crosby lässt grüssen. Das alles dann bei 30-40°C Sommertemperatur, im Schatten versteht sich. Ne wir brauchen das nicht und kaufen nur etwas Lebensmittel nach.

Kapitel 30 - "TestGelände" Wanagarren Nature Reserve

Nur zwei Fahrstunden westlich von **Perth** liegt an der Bundesstrasse (60), im Küstenabschnitt der **Wedge Island**, ein unscheinbarer, aber fantastischer Sanddünenbereich mit schneeweissen, feinsten Sandverwehungen, der uns mit seinen bewachsenen Sanddünen doch stark an die hellsandigen Teilabschnitte von Sylt oder Fehmarn erinnert.

Dieser Naturpark ist kostenlos und für uns wichtiger, er darf fast überall mit Allradfahrzeugen befahren werden. Wer also sein neu erworbenes Reisefahrzeug in oder um Perth herum gekauft hat und es noch nicht auf Herz & Nieren im Gelände testen konnte, um mal die Feinheiten zwischen "nur Heckantrieb" oder "vollwertigem Allradantrieb" zu prüfen, oder auch den Unterschied fahren mit oder ohne "gelockten Diff-Sperren" zu probieren, kann dies alles hier sehr spielerisch ausprobieren, ohne seine Technik gleich zu ruinieren. Denn solch ein feinsandiger Naturuntergrund lässt alle Traktionsabläufe des Fahrwerkstrankes zum Boden hin, sehr sanft ablaufen, da er genug Schlupf bietet.

In einer karibischen Traumkulisse darf man diese fantastische Sanddünenregion befahren, ohne gleich ein schlechtes Gewissen zu bekommen, die "Natur zu zerstören". Tja, und all das dann auch noch parallel zu einer türkisfarbenen Sichelbucht - der **Jurien Bay.**

Gelegen zwischen den Orten **Gray** und **Mimegarra**. Ergo obendrein ein Schnorchelparadies der Extraklasse. Einziger Haken: es werden an diesem Strandabschnitt keine Hunde erlaubt! Tja und nur wenige Dutzend Kilometer weiter westlich der Küste hoch, taucht dann auch schon der **Nambung National Park** mit seinen skuril-bizarren Sandsteinformationen auf. Auf alle 3 Reisejahre zurückblickend muss ich schon gestehen, dass uns diese wilde Westküste deutlich besser gefallen hat, als die stark bewohnte wie bebaute Ostküste Australiens.

Aber weiter zum nächsten Reisehighlight.

Ein Muss für alle Wüstenfreunde und Westaustralien Besucher sind diese doch einzigartigen und bizarren Sandsteinformationen, die fast wie auf einem Friedhof geordnet, einzeln wie Speerspitzen in den Himmel ragen. Jeder Fotofreund dürfte hier voll auf sein Vergnügen kommen, sofern das Wetter mitspielt und die Zeit für einen Sonnenauf- wie Untergang verbleibt. Diese Zeit gönnen wir uns und haben grosses Glück mit der aktuellen Wetterlage, welche zur Zeit recht gemischt ist. Die nette Dame am Gate sieht unser Campingverbot Schild am Wagen kleben und hält uns gleich eine Predigt, dass wildes Campieren in dieser Märchenlandschaft von geologischer Zeitgeschichte mit 1000,- Dollar Strafe geahndet wird.

Oooh wie aufmerksam und nett (;-)(

Unfassbar welche Ausstrahlung diese "Hinkelsteine" auf einen ausüben. Jeder Besucher wird hier sicherlich mit einem Staunen davor stehen und von dieser Zauberwelt beeindruckt sein.

Wie auch immer, an diese Vorschriften und schlagen uns wenige Kilometer ausserhalb um die Ecke in den Busch, Platz ist ja genug hier. Wäre schon echt toll gewesen, in dieser sehr mystischen Umgebung mal eine Nacht in Träume zu versinken. Aber der Hammer, am nächsten Morgen, bei erneutem Eintritt, entdecken wir doch glatt 2 Fahrzeuge, die sich um das Campingverbot keine Sorgen gemacht haben. Es waren einheimische, weisse Australier mit ihren Allradfahrzeugen und Spezialhänger hinten dran. Sieh an - Querulanten!

Alle Fotografen werden hier an ihre physischen Grenzen
kommen, denn man weiss wirklich nicht wo man zuerst
die "Linse" hinhalten soll.

Laut geologischen Erkenntnissen, standen hier mal grosse Büsche und Bäume, deren Wurzelwerk den Regen in die Tiefe kanalisierten. Über die Jahrtausende wurden diese verdichteten, feuchten Sandpartien als Steinsäulen frei geblasen, nachdem oben rum der Baumbestand abgestorben war, da sie alle auf riesigen Sanddünen ruhten. Der stetig, auflandige Wind tat sein Übriges und wehte die leichteren Sandschichten über die Jahre dann weg. In dieser Märchenkulisse fällt auch hier wieder deutlich auf, dass deine Fotomotive der Bildgestaltung nur mit dem passenden Tageslicht zu realisieren sind. Keine Sonne.., kein Schatten, kein Schatten.., keine Kontraste, keine Kontraste.., keine Tiefenschärfe.

Vor 18 Jahren war dieser Nationalpark kaum bekannt und es stand nur ein kleines Infoschild mit einfachem Plumpsklo vorne am Eingang. Heute haben sie einen riesigen, geteerten Parkplatz hingezaubert. Passt ja so naturgetreu in die Landschaft und ein aufwändiges "Interaktiv - Centrum" stand auch schon zu den ersten Tagen im Bau.

Auch und natürlich muss ein Bild mit unserem Oldtimer dabei sein, damit du einen Grössenvergleich hast.

Dabei stelle ich mir gerade das *Tassili Felsengebirge* in **Algerien**, oder das *Akkakus-Gebierge* in **Libyen,** zum Vergleich mit unseren heimischen Besuchervorschriften vor. Da kann man doch auch gleich in's Museum gehen. Ja, das Entdeckergefühl bleibt bei solch einem Massenandrang leider auf der Strecke. Aber gut, es dient ja zum Erhalt solcher Naturwunder und irgendwie müssen ja auch die heutigen Massen an touristischen Besuchern gelenkt werden, damit von der Gesamtstruktur nicht's zerstört wird. Wir persönlich nehmen für uns die allerschönsten Eindrücke mit auf den Weg, wer weiß schon, wo und ob man so was in dieser Form und Variation auf diesem Planeten noch einmal entdecken wird.

Also weiter, die nächsten Highlight's folgen nur wenige Kilometer weiter.

Kapitel 32 - Schnorchel Adventure - Ningaloo Reef - WA

Weiter der Westküste hoch folgt dann erneut eine "Zauberwelt", die es so geografisch gelegen nur hier in Australien gibt.

Das **Ningaloo Korallen Riff** ist eines der wenigen auf diesem fantastisch bunten Planeten, welches sich direkt zu Fuß vom Festland und somit vom Strand aus erreichen lässt. Wer dort ankommt, parkt einfach sein Fahrzeug auf einem riesigen Parkplatz, springt in sein Badezeug und geht direkt mit Flossen,

Taucherbrille und Schnorchel bestückt bis zum Anfang des linken Strandendes, um von dort so weit und schnell wie möglich in's offene Meer zu schwimmen.

Die Strömung tut dann ihr übriges und treibt einen nun ohne grosse körperliche Anstrengungen quer über dieses gigantische Naturschauspiel einer bunten Korallenwelt. Da man also nicht erst tief tauchen muss, weil hier die Unterwasser Fauna bis knapp unter die Wasseroberfläche hochgewachsen ist, kommt das volle Farbspektrum der unzähligen Fisch wie Korallenarten, maximal perfekt rüber. Natürlich nur wenn die Sonne strahlt, was ja fast täglich der Fall ist. Tauchern bleibt häufig diese enorme Farbenpracht verwehrt, da die meisten Korallenbänke erst unterhalb der 10-15m Tiefe beginnen, nur da bremst die Wasserschicht bereits das Farbspektrum aus und alles wirkt mit zunehmender Tiefe grauer und farbloser.

Diesen optischen Nachteil gibt es nicht am **Ningaloo Reef**.

Begünstigt durch die warme "Leuwin Strömung" aus Indonesien kommend, herrscht direkt vor der Westküste Australiens eine konstant bleibende Strömung, mit einer ebenso recht konstanten Wassertemperatur von 28/29°C. Nirgendwo auf der Welt gibt es auf der Westseite eines Kontinentes ein Korallen Riff.

Dass man hier an der **Turquoise Bay** natürlich nicht seine Zeit mit Fernsehen klotzen verplempert, ist wohl klar, es wird geschnorchelt bis der "Rüssel" abfällt. Es ist schon fast unglaublich, was man alles so komprimiert in wenigen Stunden zu sehen bekommt und erleben darf. Steigt man das erste mal in diese aus filigranen Korallenstöcken, Seeanemonen und unzählig bunt umher schwimmenden Korallenfischen befindet man sich wirklich in einer Märchenwelt.

Selbst als Nichtschwimmer kann man kaum unter gehen, denn

der Salzgehalt ist so hoch, dass man auch ohne Neopren ausgestreckt an der Oberfläche "kleben" bleibt - einfach genial. Jeder Schnorchelgang ist wie ein Weltraumausflug und bringt neue Freuden und Überraschungen, da dich die Strömung mal mehr nach da oder dort rüber drückt und sich somit die Unterwasserkulisse sich ständig ändert.

Einfach unglaublich, einfach fantastisch!

Brille auf und Schnorchel rein und ab geht's...

Fast wie im Aquarium, nur viel viel schöner und lebendiger.

Also wir sind vollkommen hin und weg von diesem tollen Schnorchelerlebnis und reden darüber noch Wochenlang, mit wie wenig Aufwand wir so viel in so kurzem Zeitraum erleben durften. Tja und das alles ohne grosse Extrakosten oder Sondergenehmigungen.

Weiter geht's, erneut nur wenige Dutzend Kilometer der Hauptküstenlinie folgend, treffen wir auch schon auf eine andere Art von Höhepunkt und Naturspektakel. Auch hier wird man sich erst mal Gedanken machen, was das wohl gibt, aber dann wenn alle Parameter stimmen und man auch etwas Glück hat, kommt die nächste Begegnung der anderen Art zwischen Mensch und Tier.

Ein Phänomen was man nicht wirklich in Worte fassen kann und es doch hier und da existiert, wenn einem das Leben die Möglichkeit dazu schenkt. Also auf zum nächsten Highlight.

Kapitel 33 - Die Delfine von *MonkeyMia* - Denham NP - WA

Einige Kilometer weiter kommt also der nächste Höhepunkt der westaustralischen Küste. Ein hautnahes Erlebnis zu den freien Delfinen von **Monky Mia** an der **Shark Bay.** Genau an dieser Bucht hat vor Jahrzehnten irgend ein Fischer angefangen, im seichten Ufer anstatt nur zu angeln, die eh schon sehr dem Menschen zugetanen Delfine, mit kleinen Köderfischen anzufüttern.

Über die Jahrzehnte, ja sogar über Generationen (Delfine werden ca. 20 Jahre in freier Natur alt), haben sich diese intelligenten Meeressäuger, diesen Extraservice gemerkt und untereinander weiter gegeben. Das Resultat ist, dass doch tatsächlich täglich zur selben Uhrzeit zwischen 7:00 - 9:00 Uhr morgens, frei lebende Delfine genau diesen Strandabschnitt anschwimmen, um sich ihre leckere Gabe zu erhaschen.

Das geht so weit, dass die friedlichen Säugetiere, einem im kaum knietiefen Wasser die toten Köderfische buchstäblich aus der Hand zupfen - krass und faszinierend. Tja und so geht da auch mal schnell ein ganzer Vormittag rum, der einem vollkommen neue Lebensmomente schenkt. Ergo eine "Zirkuseinlage" der Extraklasse, ganz friedlich, ganz behutsam und sehr bereichernd.

Es ist unfassbar schön solche Berührungsmomente zwischen Mensch und Tier hautnah miterleben zu dürfen. Leider ist auch das nun mittlerweile zu solch einer grossen Touristenattraktion mutiert, dass man den Besucheransturm begrenzen musste und der Besuch auch nicht mehr kostenlos ist, da alles durch Ranger organisiert wird. Tja und die wollen auch pünktlich ihren Monatslohn erhalten, damit sie mit ihren Familien überleben können.

Eine weitere Nebenattraktion an diesem Küstenfront, sind die seltenen **"Dugongs" (Seekühe), wie** grosse **Meeresschildkröten.** All das kannst du vom hoch gelegenen Sandsteinufer easy mit dem Fernglas beobachten, wenn sie auftauchen um Luft zu holen.

Ein wilder Delphin der von sich aus im seichten Wasser
den Kontakt zum Menschen sucht - fantastisch berührend!

Kapitel 34 - Die Road -Train Geschichte

Ein Buch über Australien zu schreiben, ohne die Strassenkönige des Outbacks zu erwähnen, wäre wie eine Schwarzwälder-Kirschtorte ohne Schattenmorellen belegt zu vermarkten.

Zu diesen ersten Techniktagen durfte das gezogen werden, was die Motoren und Fahrgestelle an Leistung und Technik hergaben. Genaue Gesetze und Vorgaben gab es noch nicht zu diesen ersten Roadtrain Stunden. Man hat probiert, was machbar war. Was nicht hielt, wurde verstärkt bis es funktionierte. Eigens große Entwicklungsabteilungen der ersten Hersteller gab es auch noch nicht. Die damalige Messtechnik von Rechenschieber und Schublehre stand ebenso noch in den Kinderschuhen. An Abgasnormen war damals noch nicht zu denken. Wenn "er" nicht qualmte, passte es - fertig. Und wie groß wohl der "biologische Fußabdruck" eines solchen LKW-Monsters ist, kannte man erst recht noch nicht.

Der findige Buschmechaniker **Kurt Johannsen** soll der Erfinder des allerersten, brauchbaren Roadtrains gewesen sein. Im Auftrag der Regierung sollte er einen Lkw-Zug entwickeln, der in der Lage war, mit nur einer Lkw-Ladung 100 Rinder zu transportieren. Eine starke Vorgabe. Ein "Diamond-T-Tankwagen aus den 2.Weltkrieg, mit 2 selbstgebauten, selbstfahrenden Anhängern hinten dran, war sein erstes Roadtrain Ergebnis.

Gleich ein Foto mit einem der aller ersten "Strassen-Bandwürmer" mit 4-achsigen Zugfahrzeug und zwei Stück 4-achsigen Gliederzuganhängern hinten angekoppelt. Die ersten Fahr-/Bremsversuche mussten sehr spannend, aber auch sehr ernüchtern ausgefallen sein, denn die gleichzeitige Anbremsung mehrerer Anhänger, inklusiv des Zugfahrzeuges brachte die damalige Technik stark an ihre Grenze des technisch Machbaren.

Der Ur-Roadtrain mit 24 Einzelreifen 10.00R20"
und natürlich viel zu wenig Motorleistung.

Fahrtechnisch deutlich stabilere Sattelauflieger-Zugmaschinen wurden erst Mitte 1900 eingeführt und bedienten von *Port Augusta* aus die **Flinders Ranges** in Südaustralien. Die daraus resultierende Fahrstabilität, hat man dann auch auf die nochmals spurtreueren Drehschemel-Anhänger (Dollys) übertragen. Vorher war es fahrtechnisch ein "Eiertanz" und mehr wie 50-60km/h waren bei der instabilen Länge nicht möglich. Heute rasen die wirklich mächtigen, wie leistungsstarken Roadtrains locker mit 80 - 100km/h über die Schotterpisten und den immer mehr durchasphaltierten Hauptrouten. Ein schnelles Ausweichen oder abruptes Abbremsen, bei plötzlich auftretenden Hindernissen, ist schlichtweg durch ihre Gesamtmasse und Länge nicht möglich.

Also bitte überholt diese Strassenmonster bei voller Fahrt N I E !!! Fahrt lieber zur Seite und legt eine 30minütige Teepause ein, danach fahrt ihr gemächlich weiter und müsst nicht den Dreck ihrer aufgewirbelten Staubwolke fressen.

Erstens kann man durch den aufgewirbelten Dreck fast nichts mehr sehen und zweitens fliegen immer wieder aufgewirbelte Steine in die Windschutzscheibe. Ergo Abstand halten!

Fast 54 m Gesamtlänge hören sich nicht viel an, aber wenn man dann den Überholvorgang mal eingeleitet hat und mit kaum 20km/h schnellerem Tempo wie der Roadtrain bei Tempo 80 überholen will, kommen einem die Gesamtlänge plus die Sicherheitsstrecke bis zum Wiedereinscheren schon ewig vor.

Auch Flüssiggas-Tankzüge mit "nur 60 Reifen" wurden dann auf dem Weg geschickt, mit besonders geschulten Personal. Denn die in Tankwägen sich bewegende Flüssigkeit bergen ihre so ganz eigenen Dynamik, Tücken mit Gefahr!

Schwertransporter mit Monsterachsen für Mining-Trucks.

Und hier das längste Monster, was BP auf die Strasse schickt. Eine Sattelzugmaschine plus 4 Stück Drehschemelanhänger hinten dran. Das gibt's nicht mal in Südamerika, Kanada oder den USA.

Wegen einer Kuh, einem wildem Kamel oder einem Känguru wird da nicht extra gebremst, sondern drauf gehalten, weil der Bremsweg eh viel zu lang wäre um rechtzeitig zum stehen zu kommen. Die Gefahr eines Gliederzugausbrechens mit Überschlag und somit Totalverlust würde das Bremsen nicht auf wiegen.

Lieber den kräftigen Alu-Bullbar riskieren und später reparieren, als den ganzen Truck plus Ladung zu zerstören, um ihn schlussendlich als Totalverlust abzuschreiben.

Aral.., BP.., Shell.., sie alle nutzen das Längste was geht.
Starke 130 Tonnen auf unglaublichen 82 Reifen verteilt und von 700 PS gezogen. Auch diese Teile fahren locker mit 100 Sachen über'n Schotter - wenn sie erst mal in Schwung sind.

Kapitel 35 - TURTLE – RESCUE

Morgens beim Strandjogging entdeckt Lilli eine grosse, scheinbar tote Meeresschildkröte. Als ich von meiner Runde zurück komme, hebt sie ganz kurz ihren Kopf, und schlagartig denke ich mir, oh je - wie lange mag wohl die Sonne schon auf ihren trockenen Panzer brennen?! So renne ich blitzartig los, um mehrere Eimer mit Wasser zu holen. Eine halbe Stunde lang begiesse ich sie, bis sie wieder richtig Leben zeigt, um sie danach wieder in ihr Element zu setzen.

Hatte sie sich doch bei Ebbe in ein trocken gefallenes Priel verirrt und wäre bis zur nächsten, auflaufenden Flut, sicher des Hitzetodes gestorben.

Keine Ahnung wie alt das Tierchen war, sie hatte ungefähr einen Durchmesser von 40cm und beim Tragen schätze ich sie auf 15 kg. Oben auf ihrem Panzer befand sie richtig viel Seegrass mit Muschelbewuchs. Es erfüllte uns mit grosser Freude sie dann wieder lebendig davon paddeln zu sehen.

Welch ein schöner Moment und Tagesstart.

Aber die Stadt **Mackay** hat auch so seine Aufgabe, denn hier befindet sich die grösste Zuckerrohrverarbeitung des Landes, obwohl der Weltzuckerpreis vollkommen im Keller hängt. Bei unseren Abstechern in's Landesinnere durchqueren wir nun in dieser Region eine phantastisch, hügelige, grüne Landschaft. Gleiten an ewig weiten Zuckerrohrplantagen vorbei, im Wechsel mit stetig auftauchenden, kleinen Stauseen, die zu den viel verzweigten Bewässerungssystemen gehören. Natürlich probieren wir zwischendurch auch mal ein "Stängelchen" von diesem knackfrischen Zuckerrohr. Olla, da ist er wieder, dieser unwiderstehlich, leckere Zuckerrohrgeschmack – geil.

Da sich ab hier die Hauptküstenstrasse nicht weiter der Wasserfront des Meeres entlang zieht, folgen wir unserer gewählten Inlandroute. Auf einer abwechslungsreichen Off Road Strecke, vorbei am *Eungella Staudamm*, schlängelt sich die gut geschobene Piste über die *Broken River Range*. Im *Broken River* selbst, bestaunen wir die seltenen und urtümlichen Schnabeltiere (Platypus) und erreichen darauf den *Burdekin Falls Staudamm*, der *Townsville* mit Trinkwasser versorgt. Nachdem, was wir so nebenbei aus dem Radio und der Presse erfahren, hat das Land grundsätzlich ernste Probleme mit der Wasserversorgung. Fakt ist, es regnet längst nicht mehr so viel nach, wie über's Jahr schon jetzt verbraucht wurde.

Ausserdem wird überall wie verrückt gebaut. Im Radio hören wir von Wassersparmassnahmen, wie viel eine WC-Spülung verschlingt, wie viel Wasser eine durchschnittliche Dusche verbraucht, was ein Geschirrspüler pro Programmrunde weg schluckt, was ein Pool an gigantischem Frischwasser vernichtet und was sonst so die Gartenbewässerung über Berieselungsanlagen verbraucht. Trotz der behördlichen Mahnungen, sehen wir wie Gartenfreunde am helllichten Tag, bei praller Sonne munter ihre Gärten bewässern. Also da waren Israels Bewohner vor 15 Jahren schon weiter. Da weiss man, dass nachts der Boden viel intensiver das Wasser aufnehmen kann und nicht so viel kostbares Nass durch die extrem hohe UV-Bestrahlung sofort verdunstet und das gezielte Tröpfchenbewässerung nochmals deutliche Einsparungen bringen wird, damit es die wichtigen Wurzelenden im Boden erreicht.

Tja und wir begnügen uns mit guten 10 Liter Wasser am Tag – zu zweit versteht sich. Camperleben halt ;-)) Egal, wir haben keinen Garten und schieben uns weiter durch die trockene Landschaft. Bei Km 109580 erreichen wir unbeschadet und pannenfrei *Townsville*, dem nächsten Etappenziel.

Ab hier sind wir nun da, wo man nur noch eine einzige

Bekleidung braucht, T-Shirt, Shorts, Badeschuhe und die Sonnenbrille nicht zu vergessen.

Diese Küstenstadt, sprich Bucht wurde 1812 vom ersten Europäern mit der Segelfregatte "Mermaid" entdeckt. Zu meinem ersten Besuch war sie noch eine einfach strukturierte Kleinstadt. Was ich wieder erkenne, ist eine Einkauffußgängerzone. Auch hier haben sie inzwischen reichlich gebaut, neue modernere Geschäftsstrassen aus dem Boden gestampft, den Hafen, sprich die Marina neu durchstrukturiert und vergrössert. Ausserdem haben sie hier das weltgrösste (schon wieder), künstliche Unterwasser Korallenriff Aquarium angelegt. Also schauen wir lieber nicht auf den hohen Eintrittspreis und gönnen uns einen Besuch. Den wir nach einer Mittagsrast frisch gestärkt, exakt zur Haifischfütterungszeit, um Punkt 15.00 Uhr antreten.

Leute, der Besuch ist ein MUSS ! Die 20 AU$ pro Person sollte man nicht scheuen. Wir lernen so viel Neues dazu, gerade über die heimische Unterwassertierwelt. Zudem erfahren wir, auf welche giftigen Meerestierchen wir demnächst beim Baden so zu achten haben und wie man nach einem "Box-Jellyfish" Hautkontakt damit um geht.., nämlich sofort und reichlich Essig auf die betroffenen Stellen tupfen, damit das starke Kontaktgift neutralesiert wird. Ausserdem sollte man noch zusätzlich den Notarztservice "000" anrufen, um auf der sicheren Seite zu sein.

Weiter geht's der tropischen Wärme entgegen. Die Landschaft zunehmend ausschließlich von weiten Zuckerrohrplantagen gezeichnet, gehen wir einen Abstecher nach *Lucinda* und seinem Zuckerumschlaghafen an. Über kilometerlange Förderbänder wird hier auf nur einem einzigen, gigantisch langen Stelzen-Jetty (Landungsbrücke) mit beachtlichen 5,7 km, der raffinierte Rohzucker auf die

Frachtschiffe verladen, die wegen dem starken Tidenhub, weit draussen im tieferen Wasser an der Pier vertäut, auf ihre süsse Fracht warten.

Das gute Wetter schlägt leider um und wir drehen erneut landeinwärts ab, um die Berge des ***Lumholtz National Parks*** zu erklimmen. Hier ergiesst sich Australiens höchster und immer aktive Wasserfall, der "Wallaman Fall" der sich mit 268m tosend in die Tiefe stürzt. Eingekleidet in einer wunderschönen Schlucht, die wir leider wegen dem nebeligen Wetter nicht in ihrer vollen Pracht einsehen können.

Aber gut, wir müssen auch mal Abstriche machen. Immerhin finden wir wieder einen super Nachtplatz mit prima Fernblick und ja, sogar gänzlich ohne Moskitos - hat ja auch was. Ihr müsst nun wissen, Mangrovenküste bedeutet ab jetzt auch zu fast 100 Prozent Moskitozuwachs, ausser es windet kräftig, dann hast du deine Ruhe vor diesen lästigen Plagegeistern.

Dennoch besteht aktuell KEINE Malaria Gefahr!
Ich möchte auch noch betonen, dass wir auf unserem bisherigen Weg, seit dem Start in Sydney, keine lästigen Fliegen, keine Moskitos oder geschweige Sandfliegen zu ertragen hatten. Das war bisher schon äusserst angenehm, so „steril" durch die Landschaft zu reisen.

In ***Tully*** steigen wir wieder in die Eisen, um uns Queenslands modernste Zuckerrohrmühle, also Fabrik anzusehen, wovon es vier Fabriken der Küste entlang geben soll. Schlappe zwei Stunden werden wir im Zick-Zack durch das Fabrikgelände geleitet, Treppen rauf und Treppen runter, kilometerlange Rohrverbindungen, mächtige Häckselanlagen, Tonnen schwere Walzenpressen, riesige Heizkesselreihen mit Trommelanlagen. Maximal beeindruckend ist das Entladen der Schmalspur Zuckerrohrwagons, die über eine tiefe Schüttgrube rollen, dann automatisch abgekoppelt werden, um Sekunden danach sich über eine 360 Rolle über Kopf automatisch zu entleeren - Wahnsinn! Meine Gedanken sind bei der „Sendung mit der Maus" und nun wissen wir ganz genau, wie aus Zuckerrohrstangen richtig „gesunder, brauner Rohzucker" gewonnen wird, nicht mit Schwefel gebleicht, sondern in seiner natürlichen hellbraunen Grundfarbe, mit einem leichten Melasse-/Sirup artigen Geschmack. Auch dieses 10 Dollar Ticket hat sich gelohnt.

INFO:

Zuckerrohr hat ca. 13 Prozent Zuckeranteil und aus 8 Tonnen Zuckerrohr gewinnen sie 1 Tonne Rohzucker in 1mm Kristallgrösse. Das Werk erzeugt durch die Verbrennung der geschnitzelten, getrockneten Zuckerrohrabfälle seine eigene Energie.

An dieser Stelle, wo ich gerade vom Geniessen schreibe, möchte ich noch einen dicken Dank der Firma "Hellema" in Holland aussprechen, denn sie sorgen die ganze Reisezeit über, dass ich an meine geliebten Spekulatius komme, tja und Pfeffernüsse haben sie auch im Programm.

Ich meine, muss man deswegen jedes mal gleich Weihnachten feiern, um solche Gaumenfreuden zu geniessen?!?

Was wir uns dann aber doch verkneifen, ist der für Australien längste "White Water Rafting" Trip, der mit einigen Stromschnellen der Güteklasse 4, 2 Stunden und einige kilometerchen lang den **Tully Fluss** runter gehen soll. Zum Glück fahren wir vorher die gesamte Strecke, parallel zum Flusslauf ab, halten bei jeder erdenklichen Stromschnelle an, um die aktuellen Wassermassen optisch zu kontrollieren und kommen zum klaren Entschluss - NEIN. Da zur jetzigen Trockenzeit der Fluss einfach viel zu wenig Strömung zeigt, ist das bisschen Gummibootgeschaukel die 155 Dollar einfach nicht wert und

Rappid's (Stromschnellen) mit Schwierigkeit 3 oder 4 können wir auch gerade nicht erkennen. Ist uns doch, der mit kaum 90US$ teure, ganztägige **Sambesi** Ritt (Victoria Falls) in Sambia/Afrika, noch in bester Erinnerung. Die 20°C Grad Wassertemperatur versprechen auch kein wirkliches Badevergnügen, wenn du hier und da von den starken Wellen aus dem Boot gekickt wirst.

Das liebe Geld...

Nun fragten einige wenige zwischendurch, wie schaut es denn zur Zeit mit den Zahlungsmethoden in Australien aus?

Einfacher geht es nicht mehr, können wir da nur berichten.

Ein Muss ist die Benutzung von Kreditkarten, ein wenig Kleingeld schadet natürlich auch nicht und beruhigt.

Egal wo du hier tankst, im Supermarkt oder sonst wo in kleinen Läden einkaufst, es werden so ziemlich alle gängigen Kreditkarten akzeptiert. Du schiebst das gute Plastikteil auf den Tresen und sagst dazu >on credit< bestätigst mit OK-Tastendruck den Betrag - fertig. Eine Unterschrift, die mit deiner auf der Karte verglichen wird, muss dann noch auf der Kaufquittungskopie geleistet werden, dass war's. Allerdings, Kleinbeträge bis 20 AU Dollar müssen dann doch häufig in kleineren Geschäften bar beglichen werden, sehr warscheinlich damit sich die Bereitstellungsgebühren der Kartenbetreiber rechnen.

Somit machen Traveller Check's in diesem Land absolut keinen Sinn mehr, denn die hohen Einlösegebühren verschlechtern deutlich deine Kaufkraft. Einmal bei der Ankunft einmal einen grösseren Betrag am ATM des Flughafens gezogen, bringt mehr als immer einzelne Kleckerbeträge zu wechseln.

Wer allerdings bei der Deutschen Bank ein Konto

unterhält, kann sich per Anweisung auch ein australisches Konto zulegen, dann besteht, wie bei uns daheim auch, die Möglichkeit der Bezahlung über Karte und PIN-Nummer. Oder ihr eröffnet euch schon daheim ein australisches "ANZ, BARLAYS, NAB oder WESPAC Konto", um vor Ort dann überall gebührenfrei die örtlichen VISA-Karten nutzen zu können. Aktuell im Netzt recherchieren lohnt sich. Ausserdem kann man in fast allen Supermarktketten zusätzlich zu dem zu bezahlenden Einkaufbetrag, sich etwas Bargeld (meine bis zu maximal 200 AU$) vom Kassierer cash auszahlen lassen. Zu dem Einkaufsbetrag sagst du einfach + 150AU$ cash und bekommst somit diese Summe noch ausgezahlt - fertig und eine tolle Idee, damit du weiterhin Kleingeld in der Tasche hast.

Hinter **Tully** folgt ein kurzes Stück Badeküste, welche wir zur Teepause nutzen. An einen flauschigen Nachtplatz unmittelbar den Hauptbadeorten entlang, ist absolut nicht zu denken. Die Campingplatz Maffia hat die Gemeinden hier fest im Griff. Wer hier frei nächtigen will, muss kräftig zahlen und wird gezielt auf ihre Plätze verwiesen. Das kennen wir schon und bleiben hartnäckig, getreu dem Motto "wo Angler ihre Schleichwege haben, müssen sich ruhige, naturbelassene und freie Nachtplätze finden".

Wenige Kilometer weiter stehen wir plötzlich da,
wo es scheinbar aussichtslos erschien ;-))

Nachts bekommen wir Besuch von Wildschweinen und früh morgens zum ersten Büchsenlicht vom ersten Angler, der mit seinem uralten Serie 2a Landy direkt neben uns einparkt. So kommt es, dass ich eine Lehrstunde im hiesigen Anglerlatein nehme. Ein alter Aboriginal zeigt mir einige simple Kniffe und wir tauschen 3 fangfrische Fische, gegen einen anständigen Becher Morgenkaffee inkl. Kekse. Die folgenden Tage gleiten wir weiter über eine abwechslungsreiche, hügelige Landschaft. Die

Zuckerrohrplantagen gehen zunehmend in weitläufige Bananenplantagen über. Sie spenden sattes grün und der Strassenverkauf ihrer Erzeugnisse bereichert unsere Obst & Gemüsebox.

Ein alter, ausgedienter HiLux-Kleinbus schön bunt zum Verkaufsraum mit "Tuckerbox" umfunktioniert - perfekt.

Auch so was funktioniert in diesem Land prima, ohne das die Ware einfach nur geklaut, oder die Kasse geplündert wird, ohne zu bezahlen - toll.

Man mag es kaum glauben, aber hier schaut es nun wieder so wie daheim aus, eine Mischung aus Alpenvorland und Hunsrück gleitet an uns vorbei, von den Bananenstauden mal abgesehen. Wir besuchen einige Wasserfälle, die so Namen wie: **Mungalli Falls**, **Ellinjaa Falls**, **Zillie Falls** und **Millaa Millaa Falls** tragen. Alle nicht sehr spektakulär, aber dennoch eine bunt-feuchte Abwechslung bieten. In dieser Gegend ist nun auch der sehr spezielle und imposante Urwaldlaufvogel, der "Cassowary" heimisch. Eine Mischung aus Emu und übergrossem Truthahn, für meinen Begriff. Mit seinen rund 1,5 Metern Körperhöhe und seinem bunten, unbefederten Kopf und Hals, hebt er sich deutlich von allen anderen Vogelarten ab. Schön sieht er für uns nicht wirklich aus, aber immerhin macht er durch seine grosse Erscheinung mächtig Eindruck.

Der grösste Australische Vogel - der *"Cassowary"*.

Auf einer wunderschönen Bergkuppe finden wir unseren Nachtplatz und mit den ersten Sonnenstrahlen wecken uns drei riesige, schwarze Gummischnauzen, die mit tiefen Schnaufen sich in unser Schlafgemach schieben. Kuck an, eine riesige Milchkuhherde, schwarz/weiss gekleidet, „Holsteiner Bauart" trollt sich an unser Toyo Nussschale vorbei, gefolgt von der Bäuerin, die ihre Herde tuckernd im Schritttempo auf ihrem Quad vor sich hertreibt. Moderne Welt halt. Nun sind wir da, wo satt grün triefende, weite Wiesen und bunte Milchkühe die Landschaft bestimmen. Vereinzelt sichten wir auch Teeplantagen. In **Innot Hot Springs** hüpfen wir für ein Vollbad in die örtliche Thermalquelle, bei 41 Grad lassen wir unsere Körper so richtig durchweichen. Keine 70 Tageskilometer weiter stehen wir dann in einer total anderen Landschaft, die so richtig das trockene, australische Outback reflektiert. Unglaublich was das doch aus macht und wie intensiv die Gebirgsketten das trockene Hinterland zur subtropischen Küste hin abriegeln. Also so was kennen wir von Europa so extrem spürbar, wirklich nicht.

Von Geoff dem Senioren-Angler bekommen
wir einen leckeren Barramundi Fisch geschenkt.

Also echt, in dieser Landesecke ist Australien unglaublich facettenreich, das hat was. Für einen Waschtag laufen wir kurz vor **Cairns**, noch den **Lake Tinaroo** an. Ein wie im Schwarzwald eingekleideter Stausee, alles saftig grün und für Angler ohne Limit, also das ultimative Fischerparadies. "Baramundis" unter 48 cm Länge müssen wieder in's Wasser zurück - irre!!!

Na das ist doch mal eine Ansage und Grössenzuordnung. Natürlich nutzen wir diese herrliche Location, um auch hier an diesem fantastischen Gewässer einen Tag zu verbringen. Warum weiterfahren, wenn gerade das "Paradies" vor der Tür liegt.

Genau das haben wir uns schon seit Längerem

geschworen, nicht einfach nur Kilometer abzuspulen, der Kilometer wegen, nein wir wollen da verweilen, wo es Sinn macht und Freude bereitet das Neue, schöne Umfeld auch mit kleinen Wanderungen zu erkunden. Wäre ja schade drum und Perlen vor die Säue es nicht so zu geniessen und zu nutzen. Aber gut, jeder wie er mag.

Über *Mareeba* mit seinen Ananas und Kaffeeplantagen und weiter über *Kuranda* und seinem Souvenir -/ Kunstzentrum, erreichen wir bei aller bestem Wetter die letzte Großstadt *Cairns*, unser drittes Etappenziel.

Somit werden wir die Kontinentspitze von *Kape York* bald erreichen. Ab hier "nur noch" 1200km...

Wüstenklima...

Beim Pisten Abzweiger **Haasts Bluff** überschreiten wir den **Tropic of Capricorn**, also den Wendekreis des Steinbocks. Das „Raumklima" fühlt sich schon seit Tagen spürbar anders an, wie zuvor an der tropischen Küstenregion. Die Luft ist nun sehr trocken geworden, so dass unsere gewaltigen Tagestemperaturen mit immer noch starken 40°C einem ganz anders und irgendwie erträglicher vorkommen. Aber was uns am meisten begeistert, sind die hier stark sinkenden Nachttemperaturen. Sobald die Sonne am Horizont verschwunden ist, fallen die Temperaturen auf moderate 30°C ab und nach Mitternacht wird es mit um die 24° - 27°C Grad dann fast schon "winterlich". Das kommt einen so eisig vor, dass man geneigt ist eine lange Hose anzuziehen und wieder mit Bettdecke zu schlafen. Hier können wir endlich wieder vernünftig einschlafen und fühlen uns beim Aufwachen nicht wie ein glitschiger Aal.

Der Schwenk über **Haasts Bluff** bringt uns von der *Tanami Wüste* hinüber zu der eindrucksvollen Bergkette der

West MacDonnell Range. Hier im **WMD Nationalpark** entspringt auch der grösste Fluss Zentralaustraliens, der Finke River. Die von West nach Ost verlaufenden Bergrücken werden von unzähligen, malerischen, zum Teil nur Meter breiten Schluchten und Auskeilungen zerschnitten. Über Jahrtausende wurden diese Erosionen durch das Wasser aus dem tiefroten Sandstein gefräst. Auch dieser hier noch jungfräuliche **Finke Fluss** windet sich in seinem schmalen Bett durch die **Finke Schlucht** und beendet seinen Lauf später in den weiten Sanddünenfeldern der **Simpson Wüste**. Es gibt wunderschöne, glasklare Rockpools, also große Wasserlöcher, in einigen gut beschatteten Felsblöcken mit grossen Ausspülungen und auch im Kombi immer wieder mit seichten Schilftümpeln, welche sich in den zahlreichen Flusswindungen und Seitenarmen gebildet haben. Jede Kurve birgt ein neues Highlight und der Pistenverlauf bleibt fahrtechnisch spannend wie abwechslungsreich. Lustigerweise sind alle Wasserlöcher, ob tiefe Felspools oder nur flache Billabongs, erfrischend kühl bis eiskalt. Welch ein Unterschied zu den warmen Flüssen am tropischen Top End. Endlich mal wieder erfrischende Badevergnügen.

Wenige Meter vor *Alice Springs* ereilt uns dann der 2.te Reifentotalschaden, zum Glück geht nur eine der alten Ersatzkarkassen kaputt. Bei Tempo 70 löst sich mit jeder Umdrehung das vollständige Profil mit ploppenden Rotationsgeräuschen von der Gewebekarkasse ab. Gott sei Dank bemerke ich es bei offenem SEitenfenster rechtzeitig, bevor sich der Reifen mit einem letzten Knall total verabschiedet, was wie ein mächtiger Kanonenschlag klingt.

Nach 16 Tagen, seit *Darwin* sind wir dann endlich in *Alice Springs* angekommen, wo wir erst mal nach brauchbaren Reifen Ausschau halten, eine defekte Batterie tauschen wollen, den Auspuff reparieren müssen und die 3 verschlissenen Öl-Wellendichtringe erneuern wollen, bevor es wieder voll getankt und mit frischem Proviant zum Big Rock weiter gehen kann.

Alice macht uns so gar nicht an, alles ist gigantisch trocken und farblos. Die Grundstücke hoch mit Wellblechzäunen verrammelt (wohl wegen dem vielen Sand und Staub) und das kleine Zentrum hat irgendwie auf unsere Gefühlsebene auch keine Ausstrahlung. *Alice Springs* hat die teuersten Treibstoffpreise unter allen Großstädten. Auch die Lebensmittel und Getränke liegen nochmals einen kräftigen Schlag über den eh schon teuren **Darwin** Preisen.

Damit es zu Weihnachten möglichst „heimelig" wird, entdecken wir doch glatt in den Supermarktregalen deutschen Stollen der Marke "Fritz". Auch wieder meine geliebten Spekulatius und für's Festessen, sogar deutschen Kassler inklusiv Grünkohl in Gläsern. Sogar eine fette Salami und Mettwurst treiben wir auf, ich könnte die Firma "Otto Würth" dafür knutschen! Nur das gute Vollkornbrot von "Helga" liegt nicht wie erhofft in den Regalen ;-((shit.., aber gut, man muss auch mal Abstriche machen können. So ziehen wir erneut bestens gewappnet in die australische Wildnis und suchen uns ein würdiges Naturplätzchen, um in Ruhe diese Festtage, wie schon jedes Jahr üblich, auf unsere bescheidene Weise zelebrieren zu können.

Gerade Weihnachten und Sylvester will man eigentlich nicht alleine sein, aber dennoch auch gleichzeitig gerne seine Ruhe haben. Die sonst so üblichen, familiären Festtagsverpflichtungen der gegenseitigen Einladungen entfallen hier nun total. Der Druck für Besuche, Geschenke zu organisieren und mitbringen zu müssen, bricht hier im weiten Outback völlig ein. Kein Zugzwang, keine unnötige Energieverschwendung, was man für wen mit bringen könnte, um ja nicht ohne ein Geschenk da zu stehen. Nein, hier löst sich all dieser Druck in warme Luft auf und dir wird klar, wie gut es dir tut, auch mal an nichts zu denken, um nur die Zeit fliessen zu lassen.

*Der **Echidna**, ein langschnäuziger Igel & Ameisen+Termiten Jäger, der mit seiner harten, langen Nase und noch längeren Zunge, prima tief in die Tunnelgänge der Beutetiere reinschnuppern kann, um an die proteinhaltige Nahrung zu gelangen.*

Kapitel 36 - Der kollektive "Massenwahnsinn"

Im "Red Center" angekommen, erwarten uns dann die 4 grössten Naturwunder Australiens: der *Kings Canyon*, der *Mount Connor* (das vergessene Wunder), der *Ayers Rock* *(Uluru)* und die *Olgas (Kata Tjuta)*.

Der **Kings Canyon** - die Superschlucht ist die...
Heimat des Aboriginal-Stamms der **"Luritja"**.

Wir starten diese nicht gerade kleine 850 km Runde beim **Kings Canyon** mit einer der schönsten Wanderstrecken, die wir bisher erleben durften. 5 Stunden geht es rauf, hinüber auf's Plateau, und dann wieder runter vom Plateau. Quasi in Sichelform umwandern wir diese traumhafte Schlucht auf einer Hochebene. Atemberaubende Aussichtspunkte halten den Adrenalinpegel aufrecht, im 10 Minuten Rhythmus ändern sich die phantastischen Landschaftsbilder. Fast wie ein Adler, bekommst du das Gefühl diese beeindruckende Region aus der Luft zu erleben. Leider haben wir keine Drohne dabei, um all diese Schönheiten auch aus der Vogelperspektive einzufangen.

Vollkommen ermüdet und mit Blasen an den Füssen gönnen wir uns danach eine Pause mit kulinarischer Stärkung, denn so eilig haben wir es ja auch wiederum nicht. Meine Füße schreien förmlich nach meinen Badelatschen - Luft ;-)(Ich gestehe, ich liebe es barfuß zu laufen und Auto zu fahren. In Europa wäre das so nicht möglich, ohne gleich eine Strafe zu kassieren, sofern du überhaupt einmal erwischt wirst. Danach zotteln wir weiter und streifen auf dieser Strecke zum „Big Rock", den vergessenen „Bruder", den **Mt. Conner. Dieser** 300m hohe Tafelberg, ist nur etwas eckiger und schroffer, aber ebenso schön wie der **Ayers Rock**.

Der flache Tafelberg, der Mount Connor (Artilla)

Dieser **Mount Connor** soll tatsächlich genau 300m hoch aus dem Erdreich ragen und liegt 859m über dem Meeresspiegel. Er trägt nach dem Aboriginal Stamm der "**Anangu**" den Namen *Artilla*. Wir gönnen uns in passender Sichtweite eine fantastisch ruhige Nacht, um auch hier den Sonnenauf- und Untergang live mit erleben zu dürfen, sowie auch das volle Farbenspektrum bei einem atemberaubenden Sternenhimmel zu geniessen. All das geht nur aus angemessener Distanz. Zu nah wäre schlecht und zu weit dann auch wiederum. Das Verhältnis sollte halt stimmen.

Ja und dann stehen wir kaum 100 km weiter, mit einer Punktlandung genau zum Jahreswechsel am „Australischen Juwel" und Inselberg dem **Uluru / Ayers Rock** (Pitjantjatjara des Anangu-Stammes) mit seiner Höhe von 350m und inmitten der zentralaustralischen Wüste. Ein einziger, riesiger, rötlicher

Sandsteinfelsen (genauer Arkose) inmitten einer flachen Wüstenlandschaft, das ist keineswegs normal. Hier wohnt die Regenbogenschlange aus der Traumzeit-Mythologie. Man kann es kaum glauben, just hier zum Gruppenfoto parken wir den Toyo genau bei Kilometer Stand 124.000 vor dem Naturmonument ein!

Also wenn das mal kein gutes Omen ist.

Der ca. 550mil. Jahre alte, 348m hohe Ayes Rock/Uluru schaut am Tage eher nicht so spektakulär aus, aber dann erleuchtet er zum Sonnenuntergang doch in seiner vollen Pracht und in allen erdenklichen Rottönen. Ein Juwel aus Sandstein mit hohem Eisenerz-Anteil.

Verbotsschilder...

Zwischendurch mal etwas anderes, denn dieses Thema hatten wir noch nicht. Als Beispiel "Verbotsschilder". Also da fährt du so locker einige hundert Kilometer durch die einsame Landschaft, um das nächste, spannende Reiseziel zu entdecken und plötzlich taucht ein riesen Nationalparkschild auf.

So weit - so gut und auch okay.
ABER kaum 50m dahinter folgen dann häufig und für unseren Verstand nicht nachvollziehbare Verbotsschilder wie:

„No Pets", oder **„No domestic Dogs",** oder wie hier im *Witjira NP* sogar **„No Chainsaws"** !!!

Also was denn nun?

Du fährst hunderte von staubigen Kilometern durch das einsame, heisse australische Outback und dann sollst Du mit einmal an der Nationalparkgrenze deinen Hund erschiessen und dein teuer erstandenes Holzwerkzeug aus dem Fenster werfen, nur um kein schlechtes Gewissen zu bekommen.

Ich meine – WIE SOLL DAS GEHEN ?!?

Da kann man sich doch nur wieder an die Stirn tippen – ODER ?

Hat doch wieder so ein „Büronässer" seiner Phantasie freien Lauf gelassen und solch eine "kluge Idee" zu Papier gebracht.

Wir bleiben standhaft, nach dem Motto: Regeln sind da
    UM SIE ZU BRECHEN, sonst wäre das Leben ja langweilig ;-)

Na ja, zum Glück haben wir ja keinen Hund dabei und erst recht auch keine Kettensäge. Auch haben wir noch nie ein Land erlebt, welches so drastisch gegen Hundebesitzer vorgeht. Fast überall besteht Hundeverbot. Wenn schon Hund, dann hat er daheim auf Haus und Hof aufzupassen, mitgenommen werden sollte er auf keinen Fall. Ob das aktuell heute auch noch so ist, könnt ihr mir gerne mal berichten.

Dafür gibt es die nervigen Schmeissfliegen überall vollkommen umsonst. Vorschriften, wie du sie erschlagen darfst, gibt es zum Glück noch keine. Wenn Du keine Handgelenkprobleme kriegen möchtest, kauft euch also solch

433

ein nützliches Kopfnetz. Darunter eine Schirmmütze, damit das Netz nicht an der Nase schubbert und dann hast du deine Ruhe. Nach dem Sonnenuntergang legen sich alle Fliegen zum Glück schlafen. Zumindest hier hat die Evolution den richtigen Weg eingeschlagen ;-)(Tja und je trockener es wird, desto mehr Fliegenbefall gibt es. In einigen Regionen gehen sie nur auf den Rücken, in anderen eher nur in's Gesicht - vollkommen bekloppt.

Sylvester in der Ferne...

Wir planen nichts und lassen die Dinge auf uns zukommen. Das ganze **Yulara Ressort** liegt gleich angrenzend an den **Uluru/Kata Tjuta - Nationalpark**. Es ist Australiens grösste Hotelanlage mitten im Great Central Dessert und zu Füssen des „Ayers Rock" gelegen, mit kleinem Einkaufszentrum, eigenem Postamt und natürlich einem Supermarkt. Leider finden wir zu unseren Tagen noch kein vollwertiges Internet, nur aufgestellte Münzrechner, die keine Disketten oder USB-Zugang erlauben und obendrein super teuer sind. So müssen wir unsere geplante Reiseberichterstattung auf später verschieben. Heute bieten sie sicherlich einen schnellen wie kostenlosen WiFi-Service an.

Auch der "Ayes Rock" Campingplatz wird bestimmt einer der geräumigsten im ganzen Lande sein. Hier trifft sich ALLES, was jemals diesen Kontinent betreten wird. Dafür kostet der einfachste Stellplatz ohne Strom nur bescheidene 40AU$ pro Fahrzeugeinheit (;-)(und man kann leider noch nicht einmal den „Rock" von seinem Stellplatz aus bewundern, da der gesamte Campground 20 km entfernt in einer weiten Dünensenke liegt. Dafür hört man dann aber ununterbrochen das Notstromaggregat ständig aber leise vor sich hin brummeln, welches das ganze Ressort mit der nötigen Energie versorgt.

Auch hat es einen nationalen Flughafen, denn 500.000 Jahresbesucher kann man nicht einfach nur mit Taxis transportieren. *Alice Springs* liegt fahrtechnisch ca. 500 km entfernt und der Rest Australiens nochmals eine kleine Ewigkeit weiter entfernt.

Eine halbe Million „Rock" Besucher über's Jahr verteilt sind schon eine gewaltige Ansage. Bei 38AU$ Parkgebühr pro Person wären das starke 19 Millionen AU$ Umsatz. Also die pure Gelddruckmaschine. Die nötigen und natürlich auch überzogenen Hotel wie Campingplatz Gebühren noch nicht einmal mit eingerechnet. Wie ja in vielen Prospekten deutlich als „Heiligtum" dargestellt und zu respektieren, hört komischer Weise auch hier wieder, gegen passendes „Kleingeld" alle Heiligkeit auf und man durfte noch bis Ende 2019 den "heiligen Schlangengott Felsen" erklimmen. Aber die seit 1950 37 tödlich verunglückten Kletterer machten die Entscheidung dann leichter um seit Oktober 2019 jegliche Art der Besteigung zu verbieten.

In erster Linie waren es Jugendliche, die beim umheralbern den Halt verloren und ins rutschen kamen und bis unten keinen Halt mehr fanden. Das Tückische am „Ayers Rock" ist seine recht glatte Oberfläche, bei ziemlich gleichbleibender Steigung oder eben Gefälle. Eigentlich kann gar nichts passieren, nur eben, wenn man hinfällt oder stolpert bekommt man einfach kaum noch Halt. Deswegen hatte man anfänglich in der steilsten Haupt - Aufstiegslinie einen Handkettenlauf montiert. Unser Aufstiegt war zumindest spektakulär und der fantastische Panoramablick wurde für uns unvergesslich.

Tipp: Heute werden geführte Umrundungstouren angeboten oder auch fantastische Rundflüge mit Kleinflugzeug oder Helikopter. Wer mag kann aber auch für sich zu Fuß oder per Rad den 10,6 km Rundkurs abspuhlen. Diverse Infotafeln geben dir unterwegs die nötigen Hintergrundinfos der einzelnen Felssektionen. Dieser Rundgang lohnt sich und beschert einen mit immerzu neue Fotomotive. Aber nehmt euch was zu trinken und futtern mit, denn es ist sehr trocken in dieser Region.

Alles was sich APOLLO,- BRITZ,- MAUI,- KEA- oder BACKPACKER nennt, findet sich hier ein. Damit es nicht langweilig wird, gesellen wir uns dazu. Hier stossen wir auf den 4.ten OKA Geländewagen seit unserem Reisestart und schon ist die Sylvesternacht mit neuen Gesprächspartnern und Offroadfreunden gerettet. Judith & Chris aus Frankreich, nun mit 60 Lebensjahren als Frührentner auf Weltreise. Vor kurzem kauften sie günstig ihren OKA (Australischer Geländewagen), um damit diesen Kontinent zu bereisen. In netter, kleiner Runde mit unendlich viel Gesprächsstoff, gelingt es uns fast nüchtern in das Neue Jahr hinein zu prosten.

Unseren perfekten Stellplatz finden wir anschliessend mit unermüdlicher Zielstrebigkeit, genau draussen vor den Toren der Nationalparksgrenze und mit Blick auf den Uluru – versteht sich, schakka! ;-)) Dafür brauchen wir dann auch nichts extra zahlen und richtig ungestört ruhig ist es hier obendrein auch noch. Kaum 50 km weiter stehen wir dann am 1. Neujahrstag bei den *Olgas (Kata Tjuta),* die wir irgendwie viel spannender finden, weil schon von Weitem das Erscheinungsbild einfach gewaltig ist.

Manno, was wird da ein Hype um den *Ayes Rock* gemacht, dabei sind die *Olgas* für uns deutlich facettenreicher. Ausserdem sind sie mit 1069m Höhe nicht nur grösser, sondern auch in ihrer Gesteinsstruktur anders wie des Uluru. Ihre Oberfläche hat zwar fast den selben rötlichen Farbton, aber die Oberfläche bringt bei näherer Betrachtung grosse, eingeschlossene, faustförmige Kieselsteine in diversen Farbnuancen hervor. Das vermittelt dem Betrachter ein Gefühl >als wenn in einem Kuchenteig Zuckerkandis mit eingebacken wurden<. Echt lustig und schön.

So in etwa.

Egal, auch hier starten wir sehr früh Morgen's beim ersten "Büchsenlicht" um 7.00 Uhr mit unser Wanderrunde, die wir der Abwechslung nach, gleich hinter die **Kings Canyon Runde** setzen. Einen faszinierenden Erlebnisfaktor bekommen wir dann abends zum Sonnenuntergang bei einem Starkregen mit kräftigen Blitzen und Donnerschlägen zwischen den ovalen Bergriesen geboten. Regnen tut es hier nur sehr selten. Das Gedonner erhalt wieder und wieder an den Felswänden und wird wie in einem Sprachrohr verstärkt - gewaltig! Es ist eine richtige Erleichterung, weil sich die hohen Tagestemperaturen nach den ersten Regentropfen sofort runter kühlen und alles deutlich erträglicher wird.

ICH LIEBE REGEN ! – das Land braucht Wasser!
...aber bitte nur alle 3 Monate mal,
symbolisch betrachtet ;-))

All diese Highlights werden mittlerweile dermassen von Touristenströmen frequentiert, dass wir das Gefühl haben, halb Japan und Europa sind hier unterwegs. Es ist wirklich nicht einfach, seine „eigenen Fotos" zu schiessen, ohne irgendwelche, fremden Gesichter mit drauf zu bekommen, Katastrophe!

"Jung - Deutschland" auf Australien Tour...

Bei den Olgas treffen wir dann auf Anna und Micha mit ihrem in Sydney für 1200AU$/780€ erstandenen Mitsubishi Kombiwagen, den ihre Oma gesponsert hat. Was soll man dazu sagen. Die zwei mal gerade das Abi in der Tasche und bevor es mit dem langen Studium weiter gehen soll, haben sie sich geschwind für ein volles Jahr „Arbeitsurlaub", also Work & Travel im Oussiland entschieden. Für alle jungen Menschen bis zum 30 Lebensjahr heute kein Problem mehr. Das Work & Travel-Visum erhält man sofort nach der Landung am Einreise - Zollschalter. 3 Monate Arbeiten und den Rest Urlaub schieben, wer will kann natürlich auch mehr schuften, bringt ja auch neue Reisekontakte und Lebenseindrücke.

Tja Leute, das Land braucht willige Arbeitskräfte ;-)) und mittlerweile hängt in Australien ein ganzer Wirtschaftszweig an dieser Backpacker Szene. Es ist in etwa so, wie bei uns Daheim zur Erntezeit mit den polnischen Gemüsepflückern. Egal, die zwei sind allerliebst und erfreuen unsere Herzen. So verbringen wir zusammen einige amüsante Stunden und tauschen gegenseitige Reiseerfahrungen aus. Sie berichten uns, wie es so bei den örtlichen Gemüsefarmern hinter den Kulissen abgeht. Ja, auch hier wird ganz schön mit Chemie gepanscht. Wir zeigen ihnen, wie man die besten wilden Buschcamps findet, die einfachsten Dinge am Auto fixt und noch einige Outback Kochrezepte dazu und verbringen 3 gesellige Abende mit Blick auf den Rock und die Olgas unterm bestem Sternenhimmel. Danach trennen sich unsere Wege wieder.

Wochen später treffen wir auf der ziemlich einsamen *Oodnadatta* Strecke zwei 19jährige Mädels aus München. Ebenfalls mit einem frischen Abi in der Tasche und zwischendurch auch mal eben für ein ganzes Jahr in Australien unterwegs. Sie haben sich mit etwas mehr Geld für einen neueren, nicht ganz so ausgelutschten Kombiwagen entschieden und sitzen nun mit erheblichen Reifenproblemen in *Williams Creek* fest. Sozusagen am Ende der Welt.

Was soll man dazu sagen, fast nichts dabei und dann hier in dieser Einöde umher kutschieren. Unglaublich, wie blauäugig die Reisenden manches mal sind. Aber das zeichnet auch wieder unsere Jugend aus, schmerzfrei, einfach drauf los, während sich andere „zu Tode aufrüsten" damit ja ALLES super perfekt wird, um dann doch nie wirklich los zu kommen.

Hier besteht ein Durchfahrtsrecht mit geduldetem Kurzzeitcamping auf dem Farmgelände. Es ist eigentlich nicht viel anders, wie sonst so im Outback, nur dass man hier mal auf "ge-chip-te Rinder" trifft.

Kein Großfarmer würde sich hier aufregen, wenn du als Privatperson mal einige Tage über sein Farm fährst und sogar ein - zwei Nächte drauf campierst. Hauptsache du nimmst deinen Müll wieder mit und hinterlässt den Platz so naturbelassen und sauber, wie du ihn vorgefunden hast. Einfache Spielregeln und doch gibt es leider immer wieder "Schmierfinken" die sich darum einen Dreck scheren und sich nicht an diese Selbstverständlichen halten.

Überhaupt ist einem in den ersten Reismonaten all diese Lebensfreiheit nicht wirklich bewusst. Erst mit der Zeit fällt einem dieser "Luxus" auf und man nimmt Naturschönheiten und Dinge war, die nicht unbedingt selbstverständlich sind. Gerade im Internetzeitalter verschwinden solche Erkenntnisse, da jeder nur noch digital im Netz unterwegs ist und ständig auf's Handy glotzt - schlimm. Aber gut, es schein der "Zahn der Zeit" zu sein, mal schaun wo das noch alles hin führt.

*30m neben der Spur geparkt und fertig ist unser Nachtlager.
Und keine Sorge, auch hier überfällt dich Nachts keiner.*

*Siehe da, auch einige wilde, neugierige Kängurus
trauen sich in unsere Camp Nähe.*

Invasion aus dem Erdreich...

Wir schlagen wie immer rechtzeitig am frühen
Nachmittag unser nächstes Buschlager auf, damit noch Zeit zum
Verweilen und Relaxen bleibt, bevor der Tag zu Ende geht.

Hierbei gilt es den Stellplatz wie immer unbedingt so zu wählen, dass man das Fahrzeugumfeld zwingend frei von Ameisenstrassen wählt und der Fahrzeugschatten zur richtigen Seite liegt, ansonsten hält man es bei der brüllenden Hitze nicht aus. Ein mögliches Hängematten-Gegenlager in Form eines nächsten Baumes kann auch nicht schaden, um sein Entspannungsspektrum zu erweitern.

Ich weiss nicht nach wie vielen Reisetagen, passiert uns dann das, was wir immer vermeiden wollten. Wir schlafen grundsätzlich bei geöffneter Seitenklappe, der guten Belüftung wegen, ausser in Großstädten. Die 4 kleinen Alu-Dachluken reichen ansonsten kaum aus. In der Nacht kommt dann ein kräftig, böiger Wind auf, zum Schlafen perfekt. Leider weht uns doch glatt ein Spanngurt von den Lebensmittelboxen auf den Boden runter und bildet somit einen Brückenschlag zum Erdreich.
DAS HAT DRAMATISCHE FOLGEN !

Ich wache diese Nacht extrem früh auf und kratze mich am ganzen Körper. Noch immer im Halbschlaf duselnd, frage ich mich warum mich plötzlich so viele „Mücken" plagen ?

NEIN, schnell wird klar..,
WIR WERDEN WEG GETRAGEN - ALARM !

Eine ganzes Bataillon Miniameisen hat unsere "Überlebensarche" geentert. Ganze Heerscharen von "Ameisen Autobahnen" toben durch, in und um unsere Lebensmittelboxen herum und tragen ALLES davon, was irgendwie nach Zucker und Stärke riecht,
H I L F E !

Ich springe aus dem Wagen und FASS ES NICHT !
Die einzige Zugangsstelle ist dieses winzig schmale, am Boden liegende Spanngurtende - KRASS !

Nach dem Motto – ein fahrender Supermarkt hat heute „Tag der offenen Tür" - Scheisse noch mal.

Was folgt ist Licht an, Gurt weg, alle Stauboxen mit Matratze raus und eine massive Reinigungsaktion mit Stirnlampe, bevor die Nachtruhe fortgesetzt werden kann - ALPTRAUM !

Das "Kakadu Paradies"...

Nach ein paar weiteren hundert Kilometern Einöde treffen wir zum X-ten mal auf einen alten Eisenbahnwasserturm der abgebauten "Ghan Eisenbahnstrecke". Wie ja sicher die meisten wissen, kann man eine Dampflock nur betreiben, wenn man in ausreichenden Mengen Wasser zum Kochen bringt und dazu brauchte es Tausende von Kubikmeter gereinigtes, salzfreies Frischwasser. So war man zur Bahntrassenführung gezwungen, in kurzen Abständen Dutzende von Wasserbohrungen zu setzen, um über grosse Stahlhochtanks das Befüllen der Tender (Wassertanks) zu gewährleisten. All dass zu diesen Tagen auch nur wieder, durch Hand gesetzte Nietverbindungen.

Alter Wasserturm und Hochspeicher vor Quellaustritt.

Solche ergiebigen Wasserquellen nutzen wir sehr gerne,
für eine kühlende wie gründliche Körperpflege.

Das war für die damaligen Pioniere ein gigantischer Aufwand, besonders unter diesen wüstenähnlichen Bedingungen. Dafür wählte man die "Ghan" Trasse so und folgte dem grossen artesischen Becken in der Mitte Australiens. Dieses riesige Untergrund-Wasserreservoir bedeckt ein Fünftel der australischen Landmasse und erstreckt sich über 1,7 Millionen Quadratkilometer hinweg. Das Groh dieses Grundwassers stammt ursprünglich von der Küste abgewandten Bergkette der **Great Dividing Range**, die sich ja vom nördlichsten bis zum südlichsten Zipfel Australiens an der Küste entlang zieht.

Es brauchte ca. 2 Millionen Jahre !!! um nun hier in diesem riesigen Becken aus vielen natürlichen, artesischen Einzelquellen heraus zu sprudeln. Somit bildete dieses alte Wasserreservoir auch die Grundlage für die unzähligen Zwischenbohrungen der Bahnstrecke, um all die verstreuten Farmen und kleinen Orte dieser Kontinentmitte mit dem lebenswichtigem "Nass" zu

443

versorgen.

Egal, an einem solchen Stützpunkt verbringen wir eine perfekte Nacht, denn der Ausblick von diesen rund 20m hohen, stählernen Wassertürmen ist einfach genial, wenn sonst alles drum herum eher topfeben aus schaut. An einigen Bohrungen war man leider gezwungen gewaltig grosse Schmutzabscheider (Separatoren) zu montieren, da manche artesischen Wasserbohrungen leider sehr viel Schwemmstoffe (Sedimente&Mineralien) mit nach oben brachten. So musste man auch grosse Erdmulden ausheben, um das Schlammwasser auf zu fangen.

Heute haben sich daraus kleine Paradiese, ja wunderschöne Biotope, mitten in einer absolut trockenen Wüste entwickelt. An unserm Nachtplatz finden sich dann auch zum Sonnenuntergang TAUSENDE von weissen Kakadus ein. Könnt ihr euch annähernd vorstellen WAS DIE FÜR EINEN KRACH MACHEN, wenn es wieder um den besten Nachtplatz geht?!?

Sehr B E E I N D R U C K E N D !

Wir entspannen uns und ziehen weiter. Der nächste Reiseabschnitt bringt uns zu der **Gammon Range** Gebirgskette. Zuvor passieren wir noch den südlichen Teil des gigantisch grossen **Lake Eyre** - Salzsees, der uns nochmals richtig verdeutlicht, was Hitze und Trostlosigkeit bedeutet. Der Versuch, zwischendurch unseren nächsten Reisebericht in *Oodnadatta, Williams Creek* oder *Maree* abzusenden, schlägt leider fehl, da alle dort existierenden Outback-Internet-Services-Stellen mangels Kundschaft geschlossen wurden. So kommen wir erst in der Kohle Abbaustadt *Leigh Creek* dazu, unseren Part 8 zu verschicken, an der Übertragung der wenigen, angehängten Fotos scheitern wir leider zwecks Langsamkeit, aber immerhin ist das Internet in der Bücherei kostenlos, da alles von der Mining Company gesponsert wird.

Police Officer Mark Colling - endlich wieder Wasser satt...

Zu dem Ort *Leigh Creek* gehört dann auch ein eigens angelegter Trinkwasserstausee, der die rund 500 Bewohner mit dem kostbaren Nass versorgt (vor wenigen Jahren sollen es noch bis zu 2000 Einwohner gewesen sein). Wir stehen also für eine Nacht faszinierend MIT BLICK AUF DIESEN SEE oben an dem Ausflugs/Picknickplatz des *Aroona Staudamms.* Camping wie immer an solchen feinen Plätzen verboten! Aber das ist uns nach all dieser unglaublichen Hitze schnurz piep egal, Hauptsache WASSER SATT !

Kaum habe ich die Stühle draussen, kommt doch glatt die Obrigkeit für die letzte Abendrunde vorbei gerollt – MIST !
Wir sehen schon unseren erfrischenden Nachtplatz flöten gehen, ABER in Australien ist ja vieles anders. Nach einem 2 stündigen privaten Smalltalk bei Cola und Bier und gemeinsamen Abendessen mit Officer M.Colling, unterhalten wir uns über Gott und die Welt, über Australien, deren Besucher und deren Problematik. Danach ist unsere Stellplatzfrage geklärt. Selbstverständlich dürfen wir hier stehen bleiben. Man will ja nur verhindern, das sich hier nicht DAUERCAMPER über Wochen einnisten.

Leute, DAS gefällt mir so an diesem Kontinent. Hier sind die Menschen noch nicht ganz so bürokratisch vernagelt. **Mensch sein und Mensch bleiben** spielt hier eine ganz grosse Rolle, ein kleines Schwätzchen gehört hier zur Pflichtübung, egal ob an der Discounterkasse oder bei einer Tankstellenaktion. Das Zwischenmenschliche hat hier noch einen ganz hohen Stellenwert und vermittelt dir irgendwie Geborgenheit, das man, wie schon mal erwähnt, hier aufeinander aufpasst und nicht nur ausschliesslich nur noch mit seinem Handy rum fummelt und die "Aussenwelt" ausblendet. Mich beschleicht dabei immer mehr, dass die Menschen vor ihren Elektronikgeräten vereinsamen.

Kapitel 37 - **24** km zwischen Leben & Tod - **SA**

Hier in der schroffen *Gammon Range* Bergkette beginnt unser letztes, australische Offroad Abenteuer. Genauer fahrtechnisch sind es zwei sehr spannende Gebirgsrunden (wobei das Wort Gebirge nicht so ganz ernst zu nehmen ist), die uns den Abschied von dieser einsamen, heissen Gegend nicht leicht machen. Hier werden wir nochmal Police Officer M.Colling treffen, aber nun aus einer sehr traurigen Situation heraus.

Der erste einspurige, kaum 2m schmale Track führt uns über die **"Illinawortina Runde"**. Hier erleben wir unter anderem das, worauf wir schon seit Monaten gewartet haben.

Am 13. Januar sichten wir an **einem Tag** über 20 graustreifige "Euros" (mittelgrosse Kängurus), 4 Emus und einen Waran, sowie die überall vertretenen weissen Haubenkakadus und wie überall natürlich auch Tauben. Kann man das glauben, richtiges Wildlife! Das stimmt uns sehr glücklich, Leben in dieser Steinwüste vorzufinden ;-)

Die Natur.., ihre Kräfte und Wunder...

Die zweite Gebirgs-Off Road Strecke soll nach Aussagen aller Infoheftchen dann auch mit das ALLERFEINSTE sein, was Australien fahrtechnisch zu bieten hat. Wir sind gespannt. Das besondere ist hier die Tatsache, dass dieser Teil Australiens vor sehr sehr langer Zeit auseinander driftete und für einen noch längeren Zeitraum im Meer versank, bevor sich die 2 Landmassen vor etwa 500 Millionen Jahren wieder schlossen und sich zu den heutigen *Gammon Range* Bergen mit fast 1000m wieder empor hoben. Wir bewegen uns also in einem geologisch hoch spannenden Gebirgsmassiv, wo man die Entwicklung der Erdgeschichte förmlich an den einzelnen Wänden mit Gesteinsschichten ablesen kann. Zum Beispiel findet man ganze Hügelketten mit ausschließlich versteinerten

Algenmatten, die von den ersten auf der Erde entstandenen einzelligen Lebewesen, in einem flachen Ozean, in meterdicken Schichten gebildet wurden. Also die Urform eines Riffes, sozusagen. So gibt es unter anderem nur hier eine artesische Quelle, deren Wasser sich ausschließlich durch radioaktive Bestrahlung auf 82°C Grad aufheizt. Noch interessanter ist die Tatsache, dass die Natur hier an dieser radioaktiv verseuchten Quelle es geschafft hat, Algen zu bilden, die einen Selbstheilungsprozess durchlaufen, um die hohe radioaktive Verstrahlung zu kompensieren - krass!

Solche Erkenntnisse sind für Wissenschaftler **der Schlüssel** zum Durchbruch gegen radioaktive Strahlenschäden und man ist fieberhaft dabei, auch im Rahmen der Krebsbekämpfung, den genetischen Aufbau dieser Pflanzen zu entschlüsseln, um diesen Eigenreparatureffekt dann künstlich für den Menschen nachzubauen.

Verdurstet auf falscher Nebenstrecke †

In Gedenken an den jungen Hokkeyspieler † Martin Putney †

Nachdem wir uns im **Arkaroola Headoffice** des Naturschutzgebietes der *Gammon Range* (verfügt unter anderem über 2 grosse Sternenwarten) über den aktuellen Pistenverlauf informiert haben, gehen wir diese hoch spannende Gebirgsrunde mit einem extra Handzettel und wie immer auch wieder alleine an. Es wäre echt mal nett gewesen mit anderen Reisenden die Strecke gemeinsam zu teilen, aber leider sind aktuell keine weiteren Besucher vor Ort. Egal, diese 4x4 Strecke ist im Schwierigkeitsgrad mit der *Laura - Maytown* Strecke gleich zu setzen und eignet sich zum Teil auch für alle 4x4 - LKW Grössen. Meinen **Deutz & Unimog** Freunden müsste hier das Wasser im Munde zusammen laufen ;-)) Achsverschränkungen und Extremsteigungen bis zum Erbrechen! Nur die Verkehrsdichte dürfte hier etwas höher liegen, als wie bei der

Maytown Strecke und man kann so alle 2 - 3 Tage mal mit einem weiteren Reisefahrzeug rechnen.

Wir fahren wie immer unseren sehr langsamen Stil, aber der ergibt sich automatisch durch den sehr steilen, einspurigen Pistenverlauf von ganz alleine. Fast alles spielt sich im 1. und 2.ten untersetzten Geländegang ab.   Ergo Jogging Tempo.

Kurz vor der allerletzten und steilsten Gebirgspassage, also Kammhöhe, treffen wir auf einen, am ca. 30° steilen Hang festgefahrenen, verlassenen Nissan X-Trail Geländewagen, der uns die Weiterfahrt versperrt... schei..ße noch mal!

NUR 24 Kilometer zwischen LEBEN und TOD !

Am äusserst schrägen Hang muss ich unseren schwer beladenen Reisecruiser dahinter total quer auf dem von Schiefergestein geprägten, brökeligen Track einparken. Ja so richtig verkeilen und sichern, damit wir überhaupt aussteigen können und der Wagen nicht gleich den Hang runter rutscht, denn die Handbremse ist wirklich Mist an unserem Oldtimer Modell. Natürlich wollen, besser müssen wir erst mal in Ruhe die Notlage peilen. Wir warten eine gute Stunde, derweil wir in der Gegend laut schreiend nach dem Fahrzeughalter umher rufen und auch laufen. Auch reichlich hupen tun wir zwischendurch, um auf uns aufmerksam zu machen. Aber keine Antwort, kein Lebenszeichen, nichts! Das Fahrzeug ist offen, aber der Zündschlüssel fehlt und es schaut sehr danach aus, dass eine Einzelperson den Geländewagen bediente und ihn ziemlich panisch verlassen hat.

Nur 150m von dem Nissan entfernt, finden wir weiter oben auf der Hügelspitze, mitten im Gelände je eine Tasche mit brandneuer Grillausrüstung, sowie einem neuen Golferbag. Ansonsten keinerlei Hinweise auf Menschenleben. Ich meine, wer nimmt in solch einer Situation seinen klobigen Grill und eine schwere Golfausrüstung mit?!? Damit sie nicht aus dem Auto geklaut werden, was eh offen ist? Nein, das ist nicht normal. Leider liegt auch kein „Handzettel" am Fahrzeug, mit möglichen Informationen wie: Fahrzeug am XXX und um soundsoviel Uhr in Richtung Nord/Süd verlassen.., bin alleine... usw. - geben könnte.

NULL UND NICHTS !!!

Alles sehr skurril und wir sind weiter am rätseln, wo derjenige, oder diejenige wohl hingelaufen sein mag?!? Ein „Pfeil" symbolisch mit Steinen auf dem Boden oder Zettel mit Hinweis zur Sachlage wäre eine klare Suchhilfe gewesen, aber auch da NICHTS ! Ergo muss die Person in Panik gewesen sein, sonst würde man so nicht sein Fahrzeug verlassen.

Was kann man tun in solch einer Situation?

Weiter WARTEN... ?!? mit dem Wissen, dass da ein Mensch zu Fuß in Not ist, um bei dieser brutalen Hitze versucht Hilfe zu holen. In dieser schroff-bergigen Region? Ich entschliesse mich, nach Begutachtung aller Möglichkeiten, die einspurige Piste von Hand so weit zu verbreitern, frei zu hacken und schaufeln, dass wir zwischen dem Abgrund und dem NISSAN gerade so und langsam vorbei fahren können. Diese Aktion braucht geschlagene 2,5 Stunden und 3 Liter Trinkwasser und danach muss ich erst mal eine gute Pause einlegen, um überhaupt zitterfrei Gas geben, geschweige die Kupplung treten zu können, denn die Temperaturen liegen immer noch im 40°C Bereich. Auch die Millionen von Minischweißfliegen gestalten diese Aktion nicht wirklich leichter, sie nerven enorm, kleben an jedem nur erdenklichen verschweissten Hautfetzen meines Körpers - gebt mir einen Flammenwerfer!

Ich muss gestehen, mir geht ganz schön das "Zäpfchen", in dem Moment, wo ich unseren Toyota versuche zwischen dem wirklich steilen Abgrund und dem NISSAN durch zu jonglieren.

449

Leider bleibe ich bei den immer noch starken Achsverschränkungen zwei weitere male hängen und muss erneut weiter schaufeln (der Boden ist hier knochenhart und sehr steinig), damit die Achsen noch besseren Grip bekommen.

Egal, wir schaffen es genau in dem Moment, wo ein gewaltiger Sandsturm aus der flachen Tiefebene das Gebirge erreicht und schlagartig ALLES in Staub und Regen mit Finsternis verhüllt. Alles um uns herum wirkt äusserst dramatisch gespenstisch. Eine richtige Endzeitstimmung kommt in mir auf und ein kräftiger Schauer durchflutet meinen Körper. Schweißgebadet sitze ich mit klebrigen Fingern das Lenkrad umgreifend im Fahrzeug und bedanke mich bei "meinem Chef da oben" dass nochmal alles gut gegangen ist.

Es hätte auch anders ausgehen gönnen.

Momentsituationen die man NIE vergessen wird!

Nach dieser starken Prüfung und einer winzigen Verschnaufpause, machen wir uns umgehend zu der nun auch gerade einsetzenden Dunkelheit auf den Weiterweg, da ja der Besitzer des NISSAN's irgendwo hingelaufen sein muss und sicher voll in Panik ist. Denn der Rückweg bedeutet durch das sehr bergige Umfeld noch gute 24 km Fussmarsch, rauf und runter, um überhaupt das Hauptquartier in **Arkaroola** erreichen zu können, sofern er nicht **woanders** hin gelaufen ist?

Ständig diskutieren wir bei langsamer Weiterfahrt und des Wegesrand absuchen's und fragen uns, wie weit ein Mensch zu Fuss denn unter diesen Bedingungen wohl kommen mag, wenn man nicht genügend Trinkwasser, oder gar keines dabei hat. Nach gut 1,5 Stunden Fahrzeit erreichen wir bei totaler Finsternis heil das **Arkaroola Headoffice**, ohne unterwegs auf den gesuchten Fahrer gestossen zu sein.

Wir melden umgehend diese Notsituation, da nun klar ist, dass der Vermisste Fahrer auch **hier nie angekommen ist!**

Die Polizei wird sofort verständigt und eine gewaltige Suchaktion beginnt. Zum ersten Tageslicht kommen weitere

Suchkräfte aus den umliegenden Farmen hinzu. So treffen wir noch mal den netten Police Officer M. Colling, der sich schon dachte, das nur wir deutschen mit dem Notfall das gemeldet haben können, da kaum Reisende unterwegs sind. Den ganzen Tag wird fieberhaft das ganze Gebiet mit gut 30 Leuten abgefahren und auch zu Fuss,- mit dem Motorrad und einem Flugzeug durchkämmt. Alle sonst vorhandenen Helikopter sind derzeit leider nicht verfügbar und zur grossen Buschbrandbekämpfung an der Südküste bei Adelaide im Einsatz.

Am späten Nachmittag findet einer der Suchtrupps einen erst 30 jährigen, jungen Mann unter einem kleinen Bäumchen vollkommen dehydriert zusammen gekauert, ohne Gepäck und Kopfbedeckung, leblos am Boden liegen. + + +

In Gedenken an † Martin Putney †

Er ist bei dieser Hitze ohne Wasser und ohne Sonnenschutz **NUR lächerliche 7 Kilometer weit gekommen!!!** und hatte bei einem

Pistenabzweiger (sicher schon geistig und panisch verwirrt), das Wort **"Arkaroola - <u>Springs"</u>** (Quelle) überbewertet und dann diesen falschen Weg eingeschlagen, anstatt auf der deutlich breiteren Hauptpiste zu verbleiben.

Was muss es für ein schreckliches Gefühl sein, wenn man selber erkennt, dass man eine unwiderruflich falsche Entscheidung getroffen hat und nicht mehr zurück kann - GRAUSAM !!!

Und das Ironische an der Geschichte:
diese Quelle führt schon seit Jahren kein Wasser mehr!

Der Fahrer (Martin) MUSSTE VOLLKOMMEN UNSINNIG STERBEN – NUR WEIL ER SEIN AUTO VERLASSEN HAT, anstatt dort auszuharren bis Hilfe herbei naht, denn Wasser und Essen waren noch reichlich im Fahrzeug vorhanden.

Der 2. Fehler war, keine Nachricht zu hinterlassen und der

der 3. Fehler war, ohne genügend Trinkwasser und ohne Kopfbedeckung überhaupt los zu laufen. Um sich dann von der Hauptpiste zu entfernen. Wäre er auf der Hauptpiste geblieben, so hätten wir oder Andere ihn noch rechtzeitig entdeckt.

Und makaber noch dazu, dass es in der folgenden Nacht anfängt für mehrere Stunden kräftig zu regnen. Die Temperaturen fallen innerhalb weniger Stunden von 40°C auf 14°C Grad ab. Unglaublich was die Verdunstungskälte in solchen, sonst extrem heiss - trockenen Regionen bewirkt. Auch DAS hätte 2 Tage zuvor, seine Lage sicher positiv verändert.

Also solch ein Erlebnis macht einen echt fertig und stimmt einen auch unendlich traurig. Aber das Leben geht zum Glück für alle anderen weiter. Noch Wochen danach unterhalten wir uns über dieser Lebenserfahrung, die wir nie vergessen werden.

Ergo: merkt euch, bei Notfällen im einsamen Outback besser so lange es geht am Fahrzeug zu verweilen, denn zu Fuß wird man
A: nicht weit kommen und
B: später würde man bei einer Rettungsaktion einen Menschen kaum aus der Luft erkennen - dagegen ein Fahrzeug was steht deutlich leichter!
Ausserdem bietet ein Fahrzeug bei möglichen Wetterwechseln einen perfekten Schutz!
Und fahrt da wo es sehr einsam wird, wenn möglich mit einem Partnerfahrzeug!

Kapitel 38 - Die "Pancake's" von Purnululu NP - WA
The Bungle Bungles (Gebiet des Kija-Aboriginalstammes)

Wer es auch immer in diese Gegend von Westaustralien und in die Region der Kimberley's schafft, sollte diese Sandsteinzauberwelt aus rot und schwarz geschichteten "Pfannkuchen" zwingend besuchen. Schon allein aus der Ferne bieten sie eine märchenhafte Kulisse, die auch an stehende "Bienenkörbe" erinnert.

Zu unseren Tagen war die Zufahrt noch Gebührenfrei und nur durch einen weichsandigen 4x4 Track mit Warnschild reglementiert, heute kostet das Betreten dieser fantastischen Urzeitregion einen vom Nationalpark erhobenen Tagespreis von runden 18,-AU$ pro Person. Diese Region ist nicht sehr groß, aber steht man erst mal mitten zwischen diesen Schichtbergen und klettert ein wenig umher, was hier super einfach geht, weil alles aus weichen Felsübergängen besteht, wird man schnell eine grosse Begeisterung entwickeln.

Seit 2003 wurde diese einzigartige, domartige Bergregion zum Weltkulturerbe ernannt.

Eine weitere Traumkulisse - die Bungle Bungle

Für Offroad Freunde lässt sich dieser Park rund 300km südlich des Great Northern Highway folgend, aus **Kununurra** kommend über einen 80km langen, sehr weichsandigen 4x4 Track (Spring Creek Track) bis zum **Picanninny Carpark** befahren. Je nach Fotostopps und kleinen Picknickpausen gehen da gerne 3 - 6 Fahrstunden drauf, wir brauchen einen ganzen Tag. Die volle Schönheit kann man aber eher nur mit einem Rundflug aus der Vogelperspektive bewundern. Oder du schlägst dein Nachtlager ausserhalb des Parkes, aber noch in Sichtweite auf und lässt dir die Sonnen Auf- und Untergänge bei einem kühlen Blonden verzaubern.

Dann nämlich, wenn die Sonnenstrahlen diese irre Kulisse in sämtliche Rottöne aufspaltet. Also Freunde, bringt euch Zeit mit, es wäre Perlen vor die Säue, wenn man an dieser Zauberwelt einfach vorbeirauscht. Auf jeden Fall kann man spannende Wanderungen zwischen den zahlreichen Schluchten unternehmen, in welchen man sogar eiskalte Wasserbecken zum baden vorfindet, die in einer eigenen Faune gebettet liegen. Wer hier seine Drohne dabei hat, wird spektakuläre Luftaufnahmen machen können, die so aus der Bodenperspektive ja niemals möglich wären. Wir haben leider noch keine dabei.

Piccaninny Creek - *Dome-Kathedrale, Lilli mitten im Poolbereich*

Die facettenreichen Formationen sind einfach unglaublich.

Kapitel **39** – Die Opalsucher von *Coober Pedy* – SA

*Hier einer der typen Spezialtrucks mit riesigem
"Staubsaugergebläse" und Auswurfkorb.*

Einer der touristischen Hauptattraktionen Australiens ist sicher auch das Opal Mekka um **Coober Pedy** herum. Wer also den Stuart Highway zwischen **Adelaide - Alice Springs** mal befahren wird, passiert zwangsläufig diese wüstenähnliche, flache Region. Nach der Aboriginal Darstellung bedeutet der Ortsname so viel wie "Loch des weißen Mannes". Aktuell sollen hier um die 1400 Menschen leben, davon die meisten in Höhlenwohnungen unter der Erde, da es im Sommer an der Oberfläche brutal heiss wird. Einige Wohnungen wurden mittlerweile soweit ausgebaut, ja eher ausgegraben, dass einige wenige davon als Hotel oder Privatpensionen dienen, um den Durchreisenden einmal live das Gefühl vom "Opal-Rausch" und deren Eigenheiten authentisch vermitteln zu können. Also gönnt euch gerne mal eine Erdlochnacht.

Nächtigen unter der Erde ist schon sehr speziell und vollkommen ungewohnt, da eine totale Stille in den Behausungen vorherrscht. Ausser weniger Windgeräusche oder künstliches Gebläsesäuseln dringen von aussen kaum mal Fremdgeräusche nach unten in die 5 - 10m tiefliegenden, künstlichen   Erdhöhlen. Aber vor allem bieten sie im brüllend heissen Sommer einen herrlich kühlen Rückzugsort.

Aber was hat es auf sich, mit den Opalsuchern Australiens?

*Als erster weißer Siedler soll der Schotte **John McDouall Stewart** im Jahr 1858 hier durchgekommen sein. Die ersten Opale wurden dagegen erst 1915 entdeckt. Worauf zu Beginn 1916 die ersten Bergarbeiter da und dort, anfingen kleine Stollen in die stabile, aber doch recht weiche Erdkruste zu treiben. All das dauerte mit Pickel & Schaufel und über Eimer & Flaschenzüge natürlich ewig lang und war sehr mühsam. Erst durch die Motorisierung konnte dieser Bergbauprozess erheblich, ja turbomässig beschleunigt werden.*

Nachdem die ersten, findigen Tüftler sich Gedanken machten, wie man sonst noch dieses recht weiche Erdreich an die Oberfläche bekommen könnte, kam ein Bastlergenie auf die glorreiche Idee, grosse, überdimensionale Staubsauger zu konstruieren, mit deren riesigen Gebläsen man einen so starken Unterdruck erzeugen konnte, um das Sand und Steingemisch schnell nach oben fördern zu können. Da angekommen, schiessen diese Staubmassen in einen Rotations-Auffangtopf und fallen dann gezielt auf einen Haufen runter. Diese Idee war der Durchbruch der erfolgreichen, wirtschaftlichen Opalsuche.

Somit besteht die gesamte Opal Region aus tausenden, exakt runden Erdlöchern, die es je nach "Staubsaugerleistung" in verschiedenen Durchmessern gibt. Das gängigste sind Förderlöcher zwischen 60 - 120cm Durchmesser. All das hängt von der Konstruktion und Saugleistung dieser Spezial-LKW's ab.

Tiefer erklärt wird eine erste Rohrlänge dem Boden zugeführt und Stück für Stück eine weitere daran gekoppelt, während der starke Unterdruck das Gestein an löst, verwirbelt und nach oben weg saugt und das Saugrohr, Länge um Länge stetig tiefer in's Erdreich sinkt. Nicht wenige dieser Löcher sind 10 - 30m tief und bergen eine sehr grosse Gefahr für unwissende Besucher. Denn wer da mal rein fällt ist für immer weg, ausser er kann sich noch selber im Loch nach oben hangeln, indem er seinen Körper Stück für Stück schräge im Schacht verkeilt. Aber das klinkt einfach, geht aber mega auf die Knochen und Haut-Kontaktpunkte.

Also passt bitte bloß gut auf wenn ihr in dieser sehr speziellen Minenregion mal eine Nacht euer Lager auf schlagt und für's Fotografieren zum Sonnenuntergang wie Aufgang umher lauft! Nehmt euch auch eine starke Taschenlampe mit, damit ihr überhaupt bis auf den Grund dieser Löcher runter schauen könnt. Ein Spiegel täte es aber auch, um die Sonnenstahlen nach unten zu lenken. Und hier und da auch mal ein Steinchen nach unten zu werfen, schadet auch nicht um die Tiefe zu erkunden.

Unser Nachtlager inmitten dieser "Maulwurfhügel".

Übrigens wurden in dieser künstlichen Kraterkulisse schon einige Kinofilme gedreht. Unter anderem der Mad Max Klassiker "Jenseits der Donnerkugel", "Fire in the Stone", "Ground Zero", "Red Planet", "Opal Dream", "Siam Sunset" und einige mehr.

Kapitel 40 - Kunst

*Auch in Coober Pedy haben sich clevere Geschäftsleute
Gedanken gemacht und einen alten Käfer zum "Spinnen
Kunstwerk" umfunktioniert, um Kunden an zu locken.*

**Oder dieses bezaubernde "Urlaubspärchen" mit ihrem
Reisegepäck, schön adrett angezogen - herrlich.**

*Hier mal ein doppeltes Flieger-Kunstwerk senkrecht zum
Himmel gestellt, welches als Eingangstor zu einer Farm fungiert.*

461

Tja und dieses "Schlüpfergate" geht bei mir auch als
Kunstobjekt durch - lustig und welch eine Bereicherung.

Geralton WA - jede Möve steht hier für einen gefallenen
Marinesoldaten, der gesunkenen Fregatte "HMAS Sydney".
Für mich eines der würdevollsten wie elegantesten Kriegsgräber
Denkmähler dieses Planeten.

Kapitel 41 - die 12 Apostel - WA

Nicht weit weg von diesem sehr aufwändigen, wie wunderschönen Marine Kriegsgräberdenkmal, befinden sich an einer der schönsten Sandsteinküstenabschnitte Australiens, die Kathedralen der "12 Apostel", was für 12 Sandsäulen steht. Ob es immer noch tatsächlich 12 sind möchte ich langsam bezweifeln, da einige schon stark dem letzten Zerfallprozess der starken Brandung ausgesetzt sind.

An dieser imposanten Sandsteinküste gibt es viele steile Pfade wie auch extra aufwändig konstruierte Holztreppen zu einigen Strandabschnitten runter. Unten dann angekommen, wird einem erst bewusst wie hoch und steil auch diese Sandsteinwände hier in den Himmel ragen. Dazu die massive Brandung die in ihrer Lautstärke durch die reflektierenden Wände auch noch verstärkt wird.

Wer mag und bereit ist etwas tiefer in seine Reisekasse zu greifen, kann mit kleinen Helikoptern sich hier spontan einen 15-30min Rundflug buchen, um all diese Schönheit live aus der Vogelperspektive zu geniessen. Wir dagegen haben uns bei einem "Scenic Flight" Heli Startplatz hingestellt und 2 Stunden lang zu unser Abendbrotzeit bis zum Sonnenuntergang deren Flugmanöver bewundert. Jeder der 3 Piloten hatte seinen ganz eigenen Start- und Landestil, ähnlich wie bei den reinen Buschpiloten, die in den Kimberleys ihre Kühe aus den grasreichen Schluchten treiben.

Im Australischen Winter muss es hier auch heftig zur Sache gehen, wenn die mächtigen Brandungswellen bei Flut mit voller Wucht und Tonnen an Energie gegen die Sandsteinwände klatschen. Das Tag für Tag, Monat für Monat, unaufhaltsam das ganze Jahr über, nagt es so immerzu an der Klippenstruktur.

Kapitel 42 - Ameisen & Termiten und deren Problematik

*Warum hier der Kraterrand extra mit zarten Nadeln bedeckt ist,
lässt mich höchstens auf eine bessere Isolation hin deuten.*

Auch wenn Australien zu den friedlichsten, wie unproblematischsten Ländern dieses Planeten zählt, möchte ich nochmal das nicht ganz unwichtige Thema Ameisen und Termiten aufgreifen und vertiefen. Mein erster Kontakt zu diesem Thema war die Begegnung mit einem nach Australien ausgewanderten, Schweizer Pärchen, welche mit PKW und Zelthänger unterwegs auf Tour waren, um hier und da etwas zu arbeiten und dann wiederum im Wechsel mehrere Wochen Urlaub zu machen. Also "Work & Travel", aber für Eingewanderte.

Ihre erste, gravierende Ameisenbegegnung und Lernprozess war ganz banal, aber auch sehr wirkungsvoll und schlussendlich äusserst einprägsam. Sie also zwischen den Arbeitseinlagen der Großstädte wieder in den Tiefen des Outbacks unterwegs, irgendwo unter einem Schatten spendenden Eukalyptusbaum ihr Lager aufgeschlagen, um es sich für einige Tage gemütlich zu machen. Ihr selbstgebauter Hänger fungiert untenrum als Gepäckfach, aber oben rum, dann 180° aufgeklappt, ruht über dieser Fläche ein grosses Schlafzelt mit geräumigem Vorzeltbereich. Das ganze mit 4 Leinen zum Boden über Erdanker schön stramm abgespannt, damit alles Windfest ist und seine Richtigkeit hat.

Über Nacht passierte dann folgendes: Während sie schlafen, riechen die umliegenden Ameisenkolonien, das es unten im Hänger Zucker und andere, offene Lebensmittel zu holen gibt. Da Ameisen so ziemlich überall durch passen und dreidimensional leben, ist es für die Minikrabbler ein Leichtes, über die Erdanker und Kabelschnüre den langen Weg, geführt wie auf einer Rolltreppe und Autobahn den oberen Anhängerbereich zu erklimmen. Die zwei unbedarften Schweizer früh morgens vollkommen genervt und vom Juckanfall geplagt, wachen schweißgebadet auf und stellen entsetzt fest, dass sich eine komplette Ameisenkolonie im Hänger ausgebreitet hat, um vor allen, den nicht luftdicht verstauten Zucker ab zu transportieren. Über und unter der Matratze wimmelt es, alles was nach "Supermarkt", also Zucker und Stärke riecht und tragbar ist, wird abtransportiert.

Tja damit war der Hausfrieden schlagartig vorbei und der Hänger musste noch vor dem 1. Morgenkaffee blitzartig geräumt werden, um die Plagegeister wieder loszuwerden.

Und sorry wenn ich mich auch hier in einigen Textpassagen wiederhole (;-)(

Tipp: Ameisen Barriere...

Wer also im australischen Outback unterwegs ist und gerne frei in der schönen Natur stehen möchte, der sollte folgende Regeln zwingend beherzigen:

Stellplatzwahl:

Schaut euch ganz genau das Bodenumfeld an, wo ihr euer Auto und Zelt oder Hänger hinstellen wollt. Es sollte frei von Steinen und jeglicher Art von Ameisen und Termintenspuren sein. Ist das nicht so, besser einige Meter weiter fahren und umparken, um was geeigneteres zu finden. Auch ein Termiten wie Ameisenhügel sollte nicht unmittelbar in eurer Nähe sein.

Camp-Präparation...

Habt ihr euren Traumplatz gefunden, achtet bitte darauf, euren "Hausmüll" in einer Plastiktüte möglichst an einen paar Meter entfernten Baum, weg vom Auto und weg vom Boden auf zu hängen.

Solltet ihr ein Dachzelt benutzen, welches über eine Aluleiter direkten Kontakt zum Boden bekommt, nehmt etwas "Babypuder" (Talkum-Puder) und streut es direkt um die Autoreifen und Leiterfüße herum. Talkum (Steinpuder) ist ein Naturprodukt und ist Umweltfreundlich, die Ameisen machen einen riesen Bogen um dieses Puder, da sie, bei Berührung ihre Orientierung verlieren. "Salmiakgeist" oder "Domestos" ginge auch, stinkt aber enorm und wäre die totale Chemiekeule.

Auch wenn Ameisen nicht den Gummigeruch von Autoreifen mögen, kann es dennoch passieren, wenn die Reifen stark mit Lehmboden verdreckt sind, dass auch dann die Ameisen über die Räder und Fahrwerkselemente den Weg ins Fahrzeuginnere finden. Hat dies erst mal der erste Suchtrupp geschafft, dauert es nicht lange und die ganze Kolonie kommt hinterher gewandert. Unsere eigene Erfahrungsgeschichte habe ich dazu bereits auf Seite 441 **geschildert ("Invasion aus dem Erdreich").** In jeden Fall ist dieses australische Ameisen Phänomen wirklich ernst zu nehmen. Dagegen ist der Umgang mit den Termiten kein Problem, ausser ihr bereist mit einem reinen Holzauto diesen Kontinent.

Zwischendurch fahren wir uns auf den teilweise aufgeweichten Nebenpisten auch mal fest. Hier kommen nun unsere Militär Bergebleche hilfreich zum Einsatz. Denn ohne sie wäre es eine grössere Bergeaktion, um hier raus zu kommen, da kein anderes Fahrzeug zur Verfügung steht und wir auch vorne keine Winde dranhaben.

Kapitel 43 - Krokodile und deren Problematik

Wer Australien intensiv der Küste entlang, aber auch im Landesinneren mit all seinen unzähligen Wasserläufen und Wassertümpeln bereist, wird früher oder später mit den nimmersatten "Fressmaschinen", also Krokodilen in Berührung kommen.   Dazu nun zwei unterschiedliche Themen.

Süßwasser Krokodile...

Diese erkennt man leicht an ihren sehr schmalen Gebissleisten und dem schmalen Kopf. Sie treten fast überall in den nord-tropischen Regionen auf. Das kann in den Flüssen, Seen, in stehenden Gewässern oder auch in den meisten Wasserfall-Pools sein. Diese schlanken und kleineren Krokodile gehen in erster Linie auf Fische, Wasserschlangen, Kröten, Echsen und auf Vögel, die versuchen an den Flussufern und Wasserrandzonen zu trinken. All dort lauern gerne diese Reptilien auf ihre Chance mit Beute.

Das Gute ist, sie gehen nur sehr selten auf erwachsene Menschen, dagegen auf Säuglinge & Kleinstkinder schon, dsie ihr Beuteschema passen. Wer also an solchen Gewässern sein Lager aufschlägt und Kinder dabei hat, sollte ZWINGEND zuvor die Lage peilen, ob es denn in dem Badebereich überhaupt Krokodile hat.

Nicht nur ihre massiv kräftigen Zahnreihen sind gefährlich, nein auch ihre mit heftigen Hornplatten besetzten Schwänze.

Salzwasser Krokodile...

Diese gehören uneingeschränkt zu den gefährlichsten Fressmonstern Australiens. Ihre Körper sind viel größer und ihre Kopfform ebenso, was man sehr gut an den breiten Kieferpartien erkennen kann. Diese Bestien ohne Zeitlimit im Warten auf Beute, findet ihr überall an der nördlich warmen Küstenregion. Warnschilder weisen an allen Camping Stellen, ob

470

wild oder privat, mit der Gefahr von Krokodilen darauf hin.

Was Sie von den Süßwasser Crocks ausserdem noch deutlich unterscheidet, ist, dass sie sich nicht nur im Salzwasser sondern auch Landeinwärts der Flüsse hoch im Süßwasser bewegen können. DAS macht gerade Flussdeltas so gefährlich.

Da die "Salty's" über eine besonders dicke "Nickhaut" verfügen, können sie perfekt das aggressive Salzwasser händeln, was die Süßwasser Crocks umgekehrt nicht können - soweit mir bekannt.

Der Camping Gau ! ...

Auch hierzu unsere kleine, eigene Geschichte zu den möglichen Gefahren mit Salzwasserkrokodilen...

Eines Nachmittags schlagen wir vor der Passage einer breiten Flussfurt noch unmittelbar am Mündungslauf unser Nachtlager auf. Auch hier steht, wie so häufig ein deutliches Krokodil-

Warnschild. Den Toyo parken wir also nicht ganz so dicht an der Wasserfront ein und nutzen eine bereits eingerichtete, alte Feuerstelle, die sicher schon tausendfach von anderen Reisenden genutzt wurde. Wie so üblich, hole ich um unser Fahrzeugeigenes Trinkwasser zu schonen, das Waschwasser aus dem Fluss am Uferbereich, indem ich es mit einem Plastikeimer raus schöpfe.

Diese Gänge erfolgen ZWINGEND an unterschiedlichen Wasserstellen! Warum? Na, weil Salzwasserkrokodile sich genau merken, wenn du regelmässig nur an ein und derselben Stelle das Wasser raus holst. So gilt: NIEMALS regelmässig an ein und derselben Zugangsstelle, Wasser schöpfen! Möglichst mehrere Wasserzugänge unregelmässig benutzen, sofern man überhaupt länger an einem Campspot verweilt. Auch gut wenn möglich, diese seichten Wasserstellen zur tieferen Wasserseite hin mit dicken, ganzen Astgabeln gegen Krokodile blockiert, damit man in dem kleinen Bereich davor sicher das Wasser betreten kann.

Aber "Salty's" können noch mehr Böses!

Genau an unserem Stellplatz passiert 3 Monate später einer Familie mit Zelt und Kleinkind das Unfassbare.

Sie schlagen mit ihrem Fahrzeug genau hier an unserem Platz ihr Camp auf, die eine Partei mit Baby schläft auf dem Fahrzeugeigenem Dachzelt, der Bruder baut sein Kuppelzelt knapp daneben am Boden auf. Nachts fängt das Baby länger an zu schreien, woraufhin ein nahe im Fluss schwimmendes Krokodil gezielt aus dem Wasser kommt und schnurstracks zu dem Zelt am Fahrzeug läuft und den Bruder von aussen durch das Zelt attackiert, um ihn mit dem Zelt in's Wasser reinzuziehen. Der Bruder kämpft minutenlang um sein Leben, erleidet schwerste Kopfverletzungen und kann nur durch die Hilfe seiner Mutter, die mit einer Waffe das Krokodil in letzter Minute erschiesst, mit schweren Bisswunden überleben. Über die nächst mögliche

Flugrettung wird er dann in ein Krankenhaus geflogen.

Ergo hatte das Babygeschreie eine Hilflosigkeit signalisiert und dadurch das Krokodil geradezu angelockt. Tja, das gab es scheinbar so vorher auch noch nie in Australien und wurde natürlich in allen Nachrichten und Printmedien als große Warnung gesendet. Auch mit kleinen Gummiboten sollte man keinen der besagten Flüsse befahren, immer nur mit festen, nicht zu kleinen, bissfesten Alu-/Fieberglas-Booten.

Kapitel 44 - Angeln & Golf - Sport

Ein Australienbuch ohne die beliebtesten Sportarten zu erwähnen - geht ja gar nicht. Eigentlich trifft man nicht einen einzigen Autoreisenden, der nicht mindestens 2-4 Angeln dabei hat. Da dieser Kontinent ja mit reichlich Küste und kilometerlangen Stränden gesegnet ist und auch nicht gerade wenige Flüsse, Stauseen u Wasserfälle zu bieten hat, kommt man um das Angeln kaum herum.

Wer mag, kann aber auch gerne noch eine oder zwei Falt-Reusen mit einpacken, um mit Grillresten an die sehr schmackhaften, dunklen Flusskrebse (Yabbis genannt) zu gelangen. Jeder wie er mag. In jedem Fall sollte man sich gleich zum Reisestart mit einer passenden Angel, plus Köderset eindecken, um sofort startklar zu sein.

Anglershops gibts wirklich an fast jeder Ecke der Küste entlang, aber auch die örtlichen Baumärkte und zum Teil auch die Discountketten, bieten in Extraabteilungen das volle Fischereiprogramm an. Aber Vorsicht, hier kann man richtig Geld versenken. Zur Probe mal eine Mittelgroße Rute mit einigen Ködern, reicht vollkommen um sein Glück zu versuchen.

Meeres-Angeln am seichten Strandufer der Goldküste.

Es schaut schon etwas skurril aus, das türkisfarbene, ruhige Meer mit scheinbar fischarmen Gewässer und dann eine ehrgeizige Anglerin die es an dieser Stelle doch wissen will.

Meeres-Angeln an der Mangroven Küste der Kimberley's.

Fluss-Angeln an einer mächtigen Staustufe einer Wasserfurt.

Nicht's von alledem geschieht beim Angeln in Hektik!
Es ist eher eine Art der Wasser-Meditation ;-))

*Tom beim FKK **"Baum**-Angeln", was sich auch prima im Outback ausüben lässt, damit auch mal die Pobacken Sonne bekommen.*

Die Krönung aller Anglerfotos, ein Filetierplatz mit grossem
Pelikan Publikum. Wer schnappt wohl den nächsten Happen auf?

Tom beim Spiegelbild-Angeln, mitten auf dem Fluss.

Aber weiter zum Bowl-Sport, der bei uns Daheim eher auf kleinen Sandplätzen und wenn überhaupt im Sommer betrieben wird, aber wiederum deutlich mehr bei den Franzosen beliebt ist.

In einigen Kommunen werden noch alte, britische Tugenden aufrechterhalten. So wie hier in *Warwick* mit dem weissen Dresscode aller Mitglieder. Dennoch, unter der Woche kommen die Bowl Begeisterten einfach in ihrer Jeans Freizeitkleidung, um geschwind bei einem Feierabendbier eine gesellige Runde Abwechslung zu finden.

Bei grossen Turnieren mit landesweiten Bowl-Clubs, läuft dann alles sehr feierlich ab. Zwischendurch dann mit Country-Livemusik bei Kaffee & Kuchen, die ihre Frauen zuhause frisch gebacken haben. Zum Final End gibt's dann eine Siegerehrung und danach wird dann deftig gegrillt und getanzt. So in etwa das Freizeitleben solcher Sportclubs ab.

Warwick - Bowl Club, hier mit einem Wochenendturnier.

Zwischendurch und paar Dutzend Kilometer weiter, leisten wir dann auch mal ein wenig Kommunalarbeit. Damit es nicht zu Unfällen kommt, räumen wir einen ausgebrannten Pkw von der blockierten Fahrbahnmitte.

Dieser Job ist für unseren Oldtimer im 1. untersetzten Gang eine Lachnummer. Unglaublich was das Fahrzeug damit gezielt für langsame Schubkräfte entwickelt - toll. Dank der kräftigen Stahl Stoßstange ist das für unsere Fahrzeug auch kein Ding. Jeder moderne Allradler hätte dagegen mit seiner Plastikfront massive Probleme und würde sich den Vorbau verbiegen. Warum man ein solch ausgebranntes Fahrzeug einfach auf der Fahrbahnmitte liegen lässt, kann ich nicht nachvollziehen und wenn es so ist, sollte man doch zumindest diese Unfallstelle beidseitig absichern.

Auf den schnellen Outback Pisten ist Staub nicht gleich Staub. Unfassbar wie es da zum Teil zur Sache geht und die Qualität deiner Türdichtungen auf's Maximale getestet wird.

Aber weiter zum Sport. Eines der ersten Länder mit der hoch dynamischen Wassersportart - **KAITEN**, war sicher Australien. Ähnlich wie in den Staaten, konnten sich hier solche Wassersportarten viel besser entwickelten, da einfach der Küste entlang deutlich bessere Wasser mit Windbedingungen herrschen (gerade um ***Surfers Paradis*** herum).

Der grösste Kick ist und bleibt dabei, möglichst weite wie hohe Sprünge und diese sogar mit Saltos zu schaffen. Aber bis man soweit ist, braucht es sehr schon viele Praxisstunden. Der nächste Schritt ist dann das **Kaite Foiling**, also ein gleiten auf einem schmalen Unterwasserschwert, was vollkommen irre ausschaut. Dagegen gab es das normale Windsurfen schon ewig.

Hier mal ein **Windsurfer**, der auch gerne seinen Hund mit an Board nimmt, damit es ihm im Auto nicht zu langweilig wird.

Von weitem betrachtet schaut das natürlich immer so easy und locker aus. Gute Beweglichkeit mit Übung machen den Meister.

Ein Fernsehteam bei der Begleitung eines Anfängerkurses, bis es für die Teilnehmer alleine auf's Wasser geht.

Und dann die Königsklasse, das Kaiten - Dynamik pur.

Die Sucht & der Kick nach den höchsten & weitesten Sprüngen.

Aber auch der ja sonst so elitäre Golf Sport wird in Down Unter sehr locker gehandhabt und dient wirklich mehr der gemächlichen Abwechslung und Entspannung.

Tja und dieser Golf-Parcour geht doch glatt über eine Strasse.

Kapitel 45 - Briefkästen

Eine weitere, australische Besonderheit sind die facettenreichen Briefkasten, wo der Phantasie keine Grenzen gesetzt wurden. Irre aus was alles die Bewohner so ihre "Hauseigenen Briefkästen und Paketboxen" recycelt haben.

Ein freundlicher Blech-Frosch als Briefkasten.

Eine Doppelläufige Schrotflinte kann nur auf einen Jäger oder Waffenfreund hindeuten.

Oder ein klinisch reiner Edelstahl-Vakuumkessel aus dem Krankenhausbereich.

Der Klassiker unter den Farmzufahrten sind
alte Ölfässer in diversen Ausführungen.

Lustig, der Schweinebriefkasten, die Nase für Zeitungen,
der Mund für die Briefpost - genial.

Dramatisch - der Piranha Fisch-Briefkasten.

Auch perfekt, ein alter Rasenmäher als Postbox.

Tja, was wir Daheim auf den Sperrmüll schmeissen, findet hier noch prima Verwendung für ein "zweites Postleben". Wir sind immer wieder geflasht und begeistert auf was für süsse, liebevolle Ideen die Bewohner so kommen - einfach genial.

Da die Haus und Hof Zufahrtswege bei solchen abseits gelegenen Farmkomplexen meist sehr weit, ja sogar kilometerweit entfernt liegen, montieren viele ihren Postkasten gleich vorne an die Zufahrt. So haben die Postboten und Paketdienste es deutlich leichter, um ihren Job zu erledigen.

*Tja und hier hält sicher fast jeder kurz an, um diesen
witzigen Eyecatcher zu fotografieren.*

Also keine von diesen lustigen Varianten habe ich jemals auf meinen zahlreichen Europareisen entdeckt. Eigentlich traurig, da unsere EU-Gesetze nur Normbriefkästen zulassen. Die Welt wird immer mehr "Mono", reglementierter und langweilig, durch solche Auflagen und Regeln. Von Portugal über Spanien, Frankreich, Italien, Griechenland bis hoch in die Türkei, bestimmen die bekannten Discounter das "Weltgeschehen" und verändern das Landeseigene Kulturgefüge.

Kapitel 46 - Bier & Wein & Mineralwasser

Wer in Australien unterwegs ist, wird natürlich auch gerne seine Lieblingsgetränke nachkaufen wollen. Auch dazu nun einige private Feinheiten und Tipp's, damit ihr etwas Geld sparen könnt und es leichter habt. Auch hier gilt es, wie in jedem neu bereisten Urlaubsland, das Neue Lebensumfeld zu erkunden, um für sich persönlich die geeigneten Parameter neu festzulegen.

Jup, hier mein dunkles, vollmundiges Lieblingsbier ;-)
"TOOHEYS - Old Black Ale 24 x 375ml".

In **Down Under** läuft das anders mit dem Kauf von Alkoholika's. Wo man bei uns alles vom Bier bis zum Wodka in jedem Discounter bekommt, funktioniert das hier nur über reine Getränkeläden mit passendem Lizenzvertrag für jegliche Art von Getränke mit Alkoholanteil. Dieses dient dem Schutz der Jugend, ja aber auch dem kontrollierten Verkauf an Aboriginal. Ansonsten kann und darf jeder Erwachsene über 18 Jahren sich hemmungslos in diesen "Bottle Stores" mit alkoholischen Getränken eindecken. Für faule Autofahrer auch gerne in einigen "Drive In Stores".

Was ich so auch noch nie erlebt habe, sind die übergrossen Kühlräume der Getränkehändler, wo du ganze Getränkekisten und Kartons auf 6°C runter gekühlt kaufen kannst und nicht erst damit Zuhause vor einer Feier anfangen musst. Sehr praktisch und ein super Kundenservice.

Aber Achtung!

Alle alkoholischen Getränke sind in Australien extrem teuer. Eigentlich so teuer, wie in Skandinavien auch, da der Staat natürlich ordentlich daran mitverdienen will.

Hier nun mein Tipp: Probiert zuerst einmal mit Einzelkäufen alle Sorten aus und deckt euch danach dann mit eurer Lieblingsmarke ein. Dann kauft ihr ausschließlich ganze Kartonboxen, meist zu 24 Stk. Dosen a 0,33ml oder auch Flaschen ein. Erst da wird es halbwegs bezahlbar. 0,5L Dosen oder Flaschen sind eher selten im Angebot und noch teurer. Denkt daran, so als Camper sind Dosen gewichtstechnisch ein Muss, denn Glas würde 90% mehr wiegen. Ausserdem kann man sie nach dem entleeren Platz sparend leicht zusammentreten, also komprimieren, um sie später fachgerecht zu entsorgen.

Ein Sixpack 375ml Bier verschlingt hier mindestens 16,- AU\$ und eine Flasche Rotwein bekommst du kaum unter 10,- AU\$. Auch die, bei der Junggeneration beliebten PopUp Mischgetränke, also Cola-Rum oder fertige Gin-Tonic Dosen usw. schlagen richtig zu Buche.

Also haben wir unsere Genussmittel ausschließlich zum Sundowner genossen. Dazu ein Stück Käse & Cracker und die Welt hängt im Lot. Danach schläfst du wie ein Baby. Rotwein haben wir uns dann später im tropischen Queenland und Norden meist verkniffen, da du bei solch hohen Aussentemperaturen den hohe Alkoholanteil deutlich schlechter wegsteckst, als wie mit den milderen Bieren. Deine "Schädeldecke" & Leber wird es dir danken ;-)

Ein Pfandsystem wie bei uns gibt es nicht, dennoch sollte man sein Leergut in dafür getrennt aufgestellte Recycling-Behälter entsorgen.

Anmerkung und Vorsicht !

Wenn ihr später vorhabt Aboriginal Schutzzonen zu bereisen oder auch nur im Transit zu durchfahren, wie z.B. das Ende der Cape York Halbinsel, der darf dort absolut KEIN Alkohol einführen!!!

Davon ausgenommen sind 0,0 Alkohol % Biere!

Wir haben es dann so gehandhabt, dass wir wenige Kilometer vor den Zugangsportalen, unsere Bier und Wein Vorräte in einen festen Plastiksack gewickelt und hundert Meter neben der Piste vergraben haben. Auf dem Rückweg haben wir dann unsere Getränke wieder ausgebuddelt und mitgenommen.

Tipp: Wein Verpackungen...

Wer auch hier Geld sparen möchte, tut gut daran, anstatt einzelne teure wie schwere Glasflaschen zu kaufen, sich besser auf Tetrapack's zu konzentrieren. Das mag zwar nicht so stilvoll erscheinen, macht aber für alle Camper und Reisende deutlich mehr Sinn. Diese eckigen Tetrapack-Weinspender gibt es in 3, 5 und 10L Gebindeeinheiten und sie lassen sich prima verstauen. Auch wiegen sie ca. 95% weniger, wie Glasflaschen und zerbrechen auch nicht auf Rüttelpisten. Natürlich gilt es, sich auch hier zuerst langsam an seine persönliche Lieblingsmarke ranzutasten, bevor du auf ganze Tetra-Karton's umsteigst.

Tipp: Mineralwasser & Tafelwasser...

Eine weitere Besonderheit beim Kauf von Mineralwasser sind die australienweit verbreiteten, grossen, eckigen Trinkwasserkanister, die zu 8L, zu 10L und zu 12L je nach Discounter Marke angeboten werden. Diese durchsichtigen, rechteckigen und stapelbaren Kanister haben praktische, versenkte Griffe und lassen sich prima übereinander stapeln und mit einem Spanngurt sichern. So was habe ich bisher noch nirgends in ganz Europa entdeckt.

Wir haben diese Kanister passend zu unserem Platzbedarf zusammen gekauft und dann gestapelt. Zum besseren Entnehmen haben wir alle Behälter mit einem winzigen Belüftungsloch (heisses, dickes Nähnadelloch) am oberen Kanisterrand versehen, damit sich beim Entnehmen die Behälter nicht zusammen ziehen. Ausserdem haben wir unsere entleerten Kanister dann mit Leitungswasser nach gefüllt. Dazu kann man mit einem "Victorinox" Taschenmesser und deren breiten Schraubendreherklinge diese Einweg-Klippverschlüsse prima runterhebeln und nach Neubefüllung dann auch wieder easy draufklippen. Perfekt und es spart zusätzliches Urlaubsgeld und erzeugt nicht Unmengen an Plastikmüll, so über die vielen Reisemonate zusammengerechnet.

Es gibt auch hoch elastische "Ortlieb-Wassersäcke", die sogar im Kombi mit einem Duschkopf geliefert werden. Diese lassen sich auch prima an jedem Wasserhahn nachfüllen und perfekt zwischen schmalen, leeren Gepäckbereichen verstauen und nach Bedarf entweder als "Wasserhahn" oder auch als "Brausekopf" zum Duschen nutzen. Richtig stabil und über Jahre nutzbar sind dann natürlich die sehr robusten 20L Trinkwasserkanister, die es wiederum von verschiedenen Herstellern, in verschieden Ausführungen mit und ohne Ablasshahn gibt. All das bekommt Ihr im "Bunnings" Baumarkt oder bei den Camping Fachgeschäften.

Kapitel 47 - Reifen Reparatur - unterwegs

Eines der wichtigsten Themen auf Reisen sind die Technikprobleme aller Reisefahrzeuge. Da sind auch große Expeditionsfahrzeug nicht von befreit, weil dieses Thema einfach jeden Reisenden, egal ob Fahrrad, Auto oder Lkw betrifft. Die ganz Schlauen denken sich, och, da nehme ich doch gleich 2 komplette, vormontierte Ersatzreifen mit und gut is.

Einen defekten Reifen nur samt Felge zu tauschen, kann jeder Normalo und musste ja auch jeder bei seiner Führerscheinprüfung lernen. Aber was passiert eigentlich, wenn du eine so grosse Pechsträhne hast, dass es dir in kurzer Folge gleich 2 x einen Reifen zerstört und du dann nach einem weiteren 3. Plattfuß vor einem nicht erwarteten Problem stehst?

Für diesen Moment solltest du gut vorbereitet sein und ein "BACKUPSYSTEM" dabei haben. Das ist kein Hexenwerk, womit ich hiermit versuche, es der Reihe nach zu erklären.

Tipp: Reifenqualität...

Für alle die sich vorgenommen haben möglichst viele, einsame Outback Strecken und somit sehr unterschiedliche Naturpisten zu befahren, empfehle ich möglichst neuwertige Reifen am Start und montiert zu haben. Neureifen haben nicht nur ein ganz frisches, tiefes Profilbild für bestmöglichen Grip, sie haben somit auch eine dickere Gummilauffläche, die mögliche Beschädigungen besser widerstehen. Wichtiger aber ist ihre frische Gummiqualität, die gerade das viele Wellblechpisten befahren, aber später auch die zahlreichen Sandbefahrungen mit wenig Luftdruck deutlich besser verkraften, ohne gleich Risse zu bekommen.
Bei alten Gebrauchtreifen wird die Rohgummimischung immer härter, da über die Jahre die hohe UV wie Ozoneinwirkung, gepaart mit den hohen Umgebungstemperaturen, das Rohgummi extrem altern lässt und sich somit die tragenden Stahl - Nylon-Gewebeschicht schneller vom Gummi trennen kann. Daraus resultieren dann vermehrte Totalschäden, die leider nicht mehr reparabel sind.

Bleibt es bei einem einfachen "Platten" (Flatfoot /

Punch), lässt sich dieser in der Regel sehr schnell auch vor Ort reparieren. Das sogar meist am noch montierten Reifen. Denn

die häufigsten Reifenschäden werden durch alte Schrauben, Nägel, Glasscherben und spitze Steine verursacht, die auf der Fahrspur liegen.

Ich kann nur jedem Reisenden empfehlen, auf allen Outbackpisten mit offnem Fenster und nicht zu schnell und nicht mit zu lauter Musik zu fahren. Warum, weil du dann sehr schnell akustisch mit bekommst, wenn es zu einem Schaden kommt, da jeder Plattfuß sich mit einem intermittierenden Zischgeräusch beim fahren ankündigt.

DAS sollte jeder gleich realisieren um SOFORT an zu anhalten, damit der beschädigte Reifen nicht erst ganz Luftleer wird und die Karkasse von dem harten, kantigen Felgenhorn beschädigt wird. Ein sofortiges Handeln mit schnell unter gelegten Wagenheber rettet häufig einen totalen Karkassenverlust!

Wer das missachtet, wird mit hoher Wahrscheinlichkeit, nicht nur den ganzen Reifen, sondern auch häufig seine Felge beschädigen und somit verlieren. Gerade Alufelgen mögen so was gar nicht! Bei Stahlfegen kann man diese mit einem Brenner vorwärmen, um leichte Dellen des Felgenhornes dann mittels Hammer gerade zu klopfen. Aber bei Alu geht das nicht, da Alu sehr spröde ist und schnell zu Rissbildung, bis hin zu Ausbrüchen neigt - leider.

Wer aber rechtzeitig anhält und das defekte Rad schnell aufbockt, kann gleich mit der Reparatur loslegen - aber nur bei "Schlauchlos-Reifen"! Gerade darum geht es. Dafür muss man sich vorab schon mit passendem Reifenflickzeug inklusiv einer Luftpumpe oder einem kräftigen 12V Elektro-Kompressor eindecken.

Hier das "Tip-Top-REMA" Pilz-Flickzeug-Set.

Es ist derzeit eines der besten Reparaturerfindungen, die zu 100% hält, wenn man die Reparaturpilze richtig und sauber mit Vulkanisationskleber einsetzt und die Klebeflächen vorher schön anraut und fettfrei säubert (Alkohol/Azeton/Bremsenreiniger). Allerdings funktioniert das nur, wenn zuvor die Karkasse demontiert wird, oder zumindest halbseitig aus dem Felgenbett geholt wird, um an die innere Lauffläche zu gelangen. Somit ist es eher nichts für Ungeübte unterwegs, da diese Arbeit sehr schwer ist und man sich kräftig die Finger klemmen kann.

Dagegen ist das günstigere, aus China oder den USA kommende "Klebe-Kordelverfahren" noch bei montiertem wie leicht aufgebocktem Rad möglich und ist eine zu 80% perfekte Option, die am wenigsten Arbeit bereitet und fast immer gleich zum Erfolg führt. Es funktioniert bei Schlauch- wie bei Schlauchlosreifen.
Vorab muss aber der Fremdkörper natürlich mit einer Zange entfernt werden, um das Loch mittels Reibaale leicht und sauber aufzureiben, um danach mit etwas Vulkanisationskleber und den klebrigen Kordelstreifen mittels Einstichahle, das Loch zu verblocken. Beim Rausziehen der Stichlingsahle hängt man dann diese aus der Schlaufe aus. Klingt kompliziert, funktioniert aber

einfach und schnell. Nach weiteren 30min. Vulkanisationszeit, kann man dann den Reifen aufpumpen und weiter fahren.

Auch das gibt es alles bei den Auto Zubehörläden oder zum Teil in den "Bunnings Baumärkten in ihren Kfz.-Abteilungen zu kaufen. Für Schlauch-Reparaturen braucht es natürlich passende Schlauchflicken. Aber mit Schlauch wird im Geländewagenbereich eigentlich nicht mehr gefahren, nur noch bei Oldtimern.

Als Ersatz für eine "Hand-Luftpumpe" oder "Tret-Fußpumpe" nehmen heute die meisten sicher einen kleinen 12V Elektrokompressor mit, um seinen Reifen nach einer Reparatur auch wieder voll gepumpt zu kriegen. Oder auch diese nach langen Weichsandpassagen wieder auffüllen zu können. Ich persönlich habe immer eine mechanische Handpumpe als "Backup" dabei, denn auch E-Kompressoren geben bei Überhitzung in Kombination mit Staub und Sand sehr gerne mal den "Geist" auf und dann ist es gut Ersatz dabei zu haben.

Kapitel 48 - Auswandern

Zum *Final End* noch das Thema Auswandern.

Australien war und galt schon immer als ein sehr begehrtes Auswanderungsland. Selbst mein Vater Harry träumte nach den ersten "zerbombten", Hamburger Nachkriegsjahren 1956/57 davon, mit seinem besten Freund Hugo nach Australien rüber zu gehen, um es endlich warm zu haben und um endlich ein normales Leben führen zu können. Auch mein Onkel Josef erkundigte sich zu diesen bitter armen wie kalten Münchner Nachkriegsjahren darüber, doch sein Weg war die freiwillige, 5 jährige Rekrutierung bei der Fremdenlegion. Seine Lebensgeschichte mit Buch dazu ist als **letzter Zeitzeuge (93)** gerade fertig geworden.

"Das Dunkle Geheimnis Der Strafkompanie der Fremdenlegion"
ISBN-13: 9783757870799 **/ 24,90€**

Die möglichen Gefahren waren zu dieser Zeit zweitrangig, Hauptsache endlich einen geregelten Arbeitsalltag mit einer vernünftigen Aufgabe und dazu ausreichend Nahrung, um satt zu werden und eine saubere Unterkunft, kombiniert mit einem gefederten Bett unterm Arsch, so in etwa seine Worte.

Tja und heute haben wir gerade die langsam umstrittene "Corona Pandemie" überstanden und werden nun durch den Ukrainekrieg wie dem Thema "Klimawandel" mit Lebensängsten überflutet - Katastrophe! Da liegt es schon auf der Hand, dass man nach Ausweichmöglichkeiten sucht.

Also gut, wer tatsächlich auswandern will, sollte sich einige Dinge klarmachen. Auswandern bedeutet ja seine ganzes Leben in einem anderen Land oder sogar Kontinent neu aufzubauen, neu zu gestalten, um sich vor Ort zu integrieren. Das wiederum bedeutet, dass man seinen ganzen, alten Freundeskreis mehr oder weniger aufgibt, auf ein Minimun reduziert. Auch wenn dies durch die verbesserten Kommunikationswege, wie: *eMail*, *WhatsApp* oder *Telegramm* längst nicht mehr zum totalen Kontaktbruch führen muss. Aber es ist und wäre ein elementarer Lebensschritt, welcher einen in ein total neues, erhofft besseres Lebensumfeld katapultiert.

Es bedingt ausserdem, dass man die "neue Sprache" der Wahlheimat gründlich erlernen muss. Nicht nur dieses Urlaubsgeplänkel. Der Umstieg auf einen neuen Lebenskreis bedingt ebenso weitere, kulturelle Anpassungen. Ausserdem wäre es sehr hilfreich den richtigen Beruf mitzubringen, der gerade in dem anvisierten Einsteigerland gefragt ist.

Ich kann nur empfehlen, zuerst einmal für 3 - 6 Monate sich sein Traumland rein als Tourist anzusehen, um in etwa die Gepflogenheiten vor Ort kennen zu lernen. Die ersten Kontakte zu Ex-Einwanderern und gebürtigen Australiern ergeben sich schnell, da die Australier sehr kontaktfreudig wie hilfsbereit sind. Danach, wenn dann alles passt, sollte man erst seinen Einwanderungsantrag stellen. Soweit mir bekannt, muss dieser zwingend von der Heimat aus, in den Botschaften oder Konsulaten des entsprechenden Landes beantragt werden. Was dann aktuell an Papieren gebraucht wird, erfährt man von der australischen Einwanderungsbehörde.

In jedem Fall gibt es da einen Punkteplan, je höher der ausfällt, desto wahrscheinlicher ist es, dass der Antrag genehmigt wird. Das Alter spielt dabei natürlich auch eine grosse

Rolle. Technische Fachkräfte wie gut geschultes medizinisches Personal werden da gerne genommen, vor allem dann, wenn man schon als verheiratetes Paar zusammen anreist.

Aber vergesst bitte eines nicht, Australien liegt weit weit von der deutschen Heimat, wie auch vom kulturell vielfältigen Europa entfernt und mal eben alte Freunde oder seine Verwandtschaft besuchen - geht leider nicht. So was braucht viel Zeit und ist auch richtig teuer geworden, da es ja immer einen Hin und Rückflug bedingt.

Also hat man diesen globalen Spagat geschafft und sogar schon Arbeit gefunden, so muss man mindestens 2 Jahre am Stück im Land verweilen und auch anteilig vor Ort gearbeitet haben, bevor eine Einbürgerung mit Zeremonie und Urkunde und somit neuen Papieren erfolgen kann. Erst dann ist man vollends integriert und neu eingewandert.

Das Ganze wird dann mit einer hoch amtlichen, feierlichen Vereidigungszeremonie zelebriert, bei der man seine australische Staatsbürgerurkunde im Kollektiv erhält.

Danach erst kann jeder für sich über den Erhalt einer Zweitbürgerschaft nachdenken, ob er seinen Heimatpass abgibt, oder doch lieber noch behält, sofern es denn von beiden Seiten erlaubt wird und ist.

Kapitel 49 - Brot & Pizza & Djapattie's

Tja und ganz zum Schluss, hier noch unsere hauseigenen Tipps zur eigenen Brot & Pizza & Djapattie Herstellung.

Wer als Deutscher länger in Australien unterwegs sein möchte, wird sich unweigerlich mit der hiesigen Weißbrotkultur der vormals britischen Siedler auseinander setzen müssen. Eine Zeit lang kann man damit ja ganz gut leben, ob in weichem Rohzustand oder getoastet, oder als Sandwich zusammen geklebt. Auch da gibt es viele Varianten, um satt zu werden.

Wer aber nach einigen Wochen davon genug hat und gerne mal wieder in so ein richtig kräftiges Misch-/Vollkornbrot beissen möchte, der wird da nicht drumherum kommen, unterwegs sein eigenes Brot zu backen. Was in der Tat kein Hexenwerk ist und gemessen einer gesunden Ernährung auch dienlich ist.

Dazu nun unsere eigenen Brot & Pizza Back-Erfahrungen. Genau genommen braucht es NUR 4 DINGE...

1. Weizen oder Roggen, oder Dinkel-Mehl (500 g)
2. Trockenhefe (einen gehäuften Teelöffel)
3. handwarmes Trinkwasser (ca. 350 ml)
4. Speise oder Meer-Salz (einen Teelöffel)

5. bei Pizzateig zwei Esslöffel Olivenöl (je nach Bedarf variabel)
6. bei Djapatties ebenso, aber dafür keine Hefe

Teig Grundrezept...
1. Arbeitsschritt:
Ihr nehmt eine grosse, saubere Edelstahl oder Plastikschüssel, kippt bis auf ca. 100 g Rest euer Lieblingsmehl rein, gebt ringsherum das Salz hinzu und bildet mit den sauberen Fingern in der Mitte eine Mulde/Krater und kippt dort die Trockenhefe rein. Dazu kommt nun ein kleiner Schuss handwarmes Wasser, welches ihr mit der Trockenhefe und etwas Mehl zwischen den Daumen mit Fingern zu einem dünnfüssigen Brei vermengt. In etwa so, als wenn man einen kleinen "Teich" auf diesem Mehlhügel bilden will. Danach deckt ihr die Schüssel mit einem sauberen Tuch ab und lasst diese erste Vormischung ca. 15 - 30 min ruhen.

2. Arbeitsschritt:
Hierzu kippt ihr nun bei weiterem Verrühren der aufgequollenen Hefemasse weiter warmes Wasser (warme Milch oder Trinkjogurt ginge auch) hinzu, so viel bis sich die gesamte Teigmasse, gut verrührt und fluffig - zäh - klebrig in der Schüssel zeigt (ca. 3 min. lang). Das könnt ihr mit einer sauberen Hand oder mit einem grossen Holzlöffel ausüben.
Dann stäubt ihr nochmals etwas Mehl drüber und deckt die Schüssel erneut mit einem sauberen Küchentuch ab und lasst das Ganze ca. 1 - 2 Std. an einem warmen Ort ruhen (kann auch unter einer Bettdecke sein, nur bitte kein Luftzug!).

Dazu mein persönlicher Tipp...
Ich habe diese Brotteig Prozedur immer nach Ankunft eines neu gewählten Nachtplatzes erledigt und die Abwärme des Motors als Wärmequelle genutzt. Das ist je Motortyp etwas unterschiedlich, bei unserem 4L Land Cruiser Motor passte die Schüssel immer mittig auf den Motorblock drauf und die Haube

ging auch noch zu. Evtl. ein kleines Holzbrett als Pufferzone druntergelegt, damit die Schüssel nicht zu heiss wird. Der Motor sollte auch schon gerne eine Stunde lang abgekühlt und nicht noch brüllend heiss sein.

Das Ganze verbleibt über Nacht unter der Motorhaube und wird dann am nächsten Morgen oder Abend nochmals durchgeknetet, um ihn erst nach einen weiteren Fahrtag gen Abend zu backen, jeder wie er mag.

Tipp: Erdloch Holzfeuer Backen...

Habt ihr also euren neuen Campspot gefunden, sucht im Umfeld Feuerholz zusammen und legt schon mal mir einem kleinen Lagerfeuer los und das möglichst in einer kleinen Erdmulde. Während dieser Zeit bereitet ihr den vorgefertigten Teig, entweder als Brotteig oder auch kombiniert als Pizzateig vor. Soll euer Wunschbrot nicht zu groß ausfallen, so könnt ihr Zweigleisig fahren und zum Brotbacken auch gleichzeitig eine Pfannen-Pizza zubereiten.

Knetet euren Brotteig nochmals gründlich mit etwas Mehl durch, bis der Teig nicht mehr an den Händen klebt und füllt ihn dann in einen, gut mit Mehl benetzten Edelstahltopf. Oben schneidet ihr den Teighaufen mit einem Messer über Kreuz 1 cm tief ein und streut erneut etwas Mehl über diesen Teigabschluß. Dann kommt der Deckel (natürlich ohne Plastikgriff!!!) drauf - fertig.

Ein "Dutch Ofen-Gußtopf" wäre dazu die Krönung, wir hatten aus Gewichtsgründen nur unseren leichten Edelstahl-Kochtopf mit Blechdeckel dabei. Die Plastikgriffe haben wir abgeschraubt.

Danach lasst ihr den Topfteig bis zum Backeinsatz in einer möglichst warmen Ecke stehen. Der Teig sollte nach dem letzten Ruhevorgang bis zur Topfmitte hoch reichen.

WICHTIG: Ein gesundes, gut bekömmliches Brot braucht bei der Teigherstellung Ruhe und Zeit, damit die einzelnen Mehl- und Hefeenzyme sich perfekt aufspalten können. Danach schmeckt das gebackene Brot viel intensiver und ist auch deutlich bekömmlicher, ohne dass es wie ein Betonklotz im Magen liegt.

Tipp: Pizzateig backen...

Hierzu knetet ihr den abgezweigten Extrateig mit 2 - 3 Esslöffeln zusätzlichem Olivenöl weiter durch und ergänzt ihn solange mit weiterem Mehl, bis er sich gut und fast klebefrei ausrollen lässt. Das erledigt ihr auf einem mit Mehl bestäubten, sauberen Tisch, Stein oder Arbeitsplatte. Da ich kein Nudelholz dabei habe, nehme ich immer gerne eine volle Dose Bier oder Cola, was den gleichen Zweck erfüllt.

Ist der Pizzateig rund und groß wie eure Pfanne auf ca. 5mm Stärke ausgerollt, legt ihr ihn in die mit Öl oder besser mit Mehl bestäubte Pfanne und belegt ihn nach eurem Geschmack mit Tomatensoße, Zwiebelringen und weiteren Leckereien, die euren Gelüsten belieben. Zum Schluss natürlich noch geraspelter Käse nach Bedarf oben drüber. Auch dieser Pizzateig wird nun abgedeckt, um ihn nochmals kurze Zeit ruhen zu lassen, damit er noch etwas aufgehen kann, um später schön fluffig und doch auch knusprig-bissig zu werden. Nach frühestens 15 min. stellt ihr diese Pizzapfanne mit Blechdeckel abgedeckt auf eine kleine Gas oder e-Kochstelle und schaltet diese auf kleine Flamme. Dadurch geht der Teig auf und fängt an durch zu garen. Nach 5 min. (ohne zu wenden) dreht ihr die Kochstelle auf halbe Leistung, damit die Pizza nun richtig knusprig wie gar wird. Nach insgesamt 10min. sollte die Pizza fertig sein. Evtl. kurze Schnittprobe. Wer einen kleine Gaslötbrenner dabei hat, kann nun noch die Pizza-Oberfläche etwas knusprig, aber vorsichtig anflambieren. Guten Appetit.

Weiter zum Brotbacken...

Euer Holzfeuer sollte mit weiteren Holz nach geschürt werden, damit ihr später genügend Holzkohle rausbekommt, nachdem das Feuer dann runter gebrannt ist. Mit Eukalyptusholz geht das wirklich easy und riecht auch gut.

Inzwischen hebt ihr im Fahrzeugumfeld, in der Größe eures Edelstahltopfes ein kleines, rundes Erdloch aus, was ca. 40 cm tiefer wie der Topf mit Deckel hoch sein sollte. In dieses Loch kommt nun eine 6cm Schicht, noch glühende Holzkohle rein, dadrüber eine ca. 2cm dicke Erd-/Sandschicht, worauf der Topf mit dem Teig raufgestellt wird. Oben auf den Deckel kippt ihr auch ca. 2 cm Sand und dadrauf dann den Rest der Holzkohle. So bekommt der Backtopf gleichmässig Ober- wie Unterhitze. Das Erdreich seitlich schütz den Topf vorm auskühlen. All das passiert nur an einem Tag, wo es nicht oder nur schwach Windig ist, damit man ja keinen Buschbrand entfacht und die Holzkohle auch nicht zu schnell mit ihrer Energie verglüht. Nach ca. 1 1/4 Stunden sollte das Brot fertig und durch sein. Bei mir hat es auf Anhieb geklappt und wir hatten für die nächsten 5 Tage richtig tolles, knuspriges Mischbrot am Start.

Der weiteren Fantasie, in welche Richtung der Geschmack gehen soll, sind kaum Grenzen gesetzt. Mal habe ich 3 große Zwiebeln in kleine Würfeln geschnitten und angeröstet, oder / und auch mal etwas Speckwürfel geschnitten und angebraten, um all solche deftigen Geschmacksträger dem Grundteig bei zu kneten. Die Naturfreunde können natürlich auch gerne ihre Lieblingskörner, wie Sonnenblumenkerne, Kürbiskerne, Karottenraspel, gehackte Nüsse, einige Rosinen usw. beimengen. Es ist alles erlaubt, was kulinarisch glücklich macht.

Tipp: Djapattis...

Eines unser weiteren Lieblings Fladenbrote und auch

eines der schnellsten Teig Gerichte, sind die wohl ursprünglich aus Indien stammenden Djappaties. Sollte euch also das Toastbrot, das Schwarzbrot, das Knäckebrot oder euer selbstgebackenes Brot und auch das Müsli ausgehen, oder nur mal Lust auf eine weitere Geschmacksrichtung aufkeimen, bereitet euch einfach zum Frühstück 2 Djapatties zu. Das haben wir zwischendurch auch immer wieder gemacht, da ultra simpel und schnell, um eine neue Geschmacksrichtung zu erhalten.

Djapattie - Grundteig pro Person:
     2 gehäufte Esslöffel Mehl
     2 Esslöffel Olivenöl
     1 Priese Salz (gerne Meersalz)
     nach Bedarf noch etwas Wasser, so viel bis
                     der Teig ausrollfähig ist

Diese Grundzutaten rührt ihr geschwind in einer kleinen Müslischüssel mit einem Esslöffel zusammen, bis es einen fast klebefreien Teig ergibt. Diesen rollt man nun mit der Blechdose und etwas Mehl bestäubt rund aus, so dass er genau in eure kleine Spiegelei-Pfanne passt. Diese Pfanne mit wenigen Tropfen Öl oder auch Butter auf mittlerer Hitze erwärmen und dann den Mehlteig geschwind beidseitig zart angebacken. Stimmt die Hitze, schlägt der dünne Teig leicht Blasen und wird aussen schön knusprig und innen bleibt er bissfest weich - lecker!

Dazu passend mit Sardinen, Tunfisch, Salami, Streichkäse, Kräutern, Avokado, Tomaten usw., aber auch gerne Richtung süsslich belegt und ihr habt ein perfektes Frühstück oder eine schöne Zwischenmahlzeit. Jeder wie er mag und kreativ begabt ist. Für mehrere Personen verdoppelt oder verdreifacht ihr die Grundmischung des Teiges - fertig.

Pro Personen zählen immer 2 gehäufte Esslöffel Mehl nach eurer Fasson.   Guten Appetit

Resümee - Exploring Australia

Fasse ich meine 3 vollen Jahre Reiseleben auf diesem facettenreichen Kontinent zusammen, bleibt mir nur eines zu sagen,

"Chapeau Australia"!

Welch ein fantastisch freier und immer noch kaum berührter Kontinent, der trotz seines enormen Naturfreiraumes auch genügend westliche Infrastruktur parat hält, dass man darauf vertrauen kann, auch im tiefsten Outback noch Hilfe zu bekommen, wenn man sich passend vorbereitet hat und Hilfe wirklich mal benötigen sollte.

Wer will, kann sich entlang der Küstenlinie und Großmetropolen, im westlichen Sinne "in's Koma schoppen", oder sich nur wenige hundert Kilometer weiter, landeinwärts mit seinem Taten- und Forscherdrang der Natur hingeben.

Das alles mit nur einer Anreise, mit nur einem Visum, mit nur einer Währung und nur einer Sprache - perfekt.

ALL DIES ERLEBTE kannst du nicht einfach für gutes Geld kaufen, bei Youtube gucken, oder irgendwo abkupfern, nein, DU musst es dir selber erreisen und pur erleben!

So was kann süchtig machen, ich glaube...

WIR SIND SÜCHTIG ;-)

Mein Opa Henry sage damals: Thomas, aber

das sehe ich doch auch im Fernseher (;-)(

Ja sicher Opa.

Darauf hab ich ihn gefragt, >und Opa, was meinst du wohl, wie deine gute Chesterfield Zigarette schmecken würde, nur so aus dem Fernseher betrachtet?!? < ;-))

Siehste Opa!

Opa hatte 3 Fernseher im Haus verteilt, es war sein Hobby und er war glücklich damit. Er war mein Lieblings Opa.

Nach den letzten 32.000 Jahreskilometern des 3. Reisejahres und des Umherziehens und Entdeckens, haben wir bis auf 2 Ausnahmen, nur nette, hilfsbereite Menschen getroffen. Auch konnten wir einige neue Freundschaften schliessen und haben uns nicht wirklich über viele Dinge aufregen oder ärgern müssen.

So hatten wir immer ein sehr gutes Bauchgefühl. Besonders, wenn man gefragt wird, wie gefährlich es denn so beim Reisen ist, darf man zu Australienreisen nur gutes berichten (Ausnahmen bestätigen wie immer die Regel).

Tja, so schliesst sich unsere Down Under Runde wieder in Sydney. Unser kleiner Toyota wurde inzwischen über einen eMail-Kontakt verkauft und kurz vorm Abflug übergeben.

Alles hat ein Ende, aber dafür gibt's anderswo einen Neustart.

Good by Australia

"God save the Queen"

*Welch ein himmlisch - berührender Aufruf durch
Kunstflugpiloten zum letzten Jahrestag.*

Es zeigt wie liebevoll die Menschen hier miteinander umgehen
und Symbole setzen - fantastisch!

*Jahresletzter Sonnenuntergang der - **Sydney - Harbour Bridge**
(am 19. März 1932 wurde sie für den Verkehr freigegeben)*

Nightglimmer - **Sydney - Opera House**
Am 20. Oktober 1973 eröffnete dagegen erst die britische
Königin Elisabeth II dieses fantastische Bauwerk.

*Sydneys Start zum Neujahrs-Feuerwerk, das mega Spektakel
und im kollektiven Partyrausch - unvergesslich!*

Go Australia, don't miss that Adventure!

Live your Life - go N O W !

Du wirst es nicht bereuen ;-)

Und benimmt euch anständig, dann gibt's auch keinen Stress.

Ich hoffe ich konnte euch ein wenig mit meinem
Buch begeistern, um euer Reisefieber anzufeuern ;-)

And all the best from the local Police Patrol Team...

Euer Thomas Kreutziger

Bisherige Buch Veröffentlichungen...

im BoD-Direktkauf oder über Amazon/Bücher.de/Spreadshirt.de
und natürlich in allen EU-weiten Buchhandlungen erhältlich.

"Zeit Spielt Keine Rolle" - Transafrika die Ostroute
21.000km mit dem 12t. DEUTZ Truck quer durch Afrika
306 Seiten/Paperback/ISBN-13: 9783751991605 Preis 16,90€

"Magic Massai Culture" - deutsche Ausgabe
94 Seiten/Paperback/ISBN-13: 9783752665130 Preis 24,90€

"Magical Massai Culture" - englische Ausgabe
94 Seiten/Paperback/ISBN-13: 9783754352045 Preis 24,90€

"Das Dunkle Geheimnis der Strafkompanie der Fremdenlegion"
Josef Fuchs - Der Letzte Zeitzeuge
334 Seiten/Paperback/ISBN-13: 9783757870799 Preis 24,90€

In Kürze das nächste Buchprojekt...
"Weltreise Scheibchenweise"

"Ich Will Anders" - **22 Jahre** VanLife - Offroad e**X**trem
Weltreise Scheibchenweise und kein Ende...
Mit dem Expeditions-Deutz Europa & Nordafrika & Sahara, mit
einem Land Rover 110er + einem Land Cruiser HJ47 in
Australien on Tour, mit einem Mini Cooper in Neuseeland
unterwegs, mit einem Land Cruiser HJ60 im südlichen Afrika und
mit dem Safari Cruiser HDJ80 weiter global unterwegs.

Es geht auch anders - als "normal"...